Direito Processual Civil

As Reformas e Questões Atuais do Direito Processual Civil

Homenagem do Departamento de
Direito Processual Civil pelos 60 anos
da Faculdade de Direito da PUCRS

D598   Direito processual civil: as reformas e questões atuais do direito processual civil / coord. Araken de Assis, Luís Gustavo Andrade Madeira; Álvaro Vinícius Paranhos Severo ... [et al.]. – Porto Alegre: Livraria do advogado Editora, 2008.

252 p.; 23 cm.

ISBN 978-85-7348-563-9

1. Direito processual civil. 2. Reforma processual civil. I. Assis, Araken, coord. II. Madeira, Luís Gustavo Andrade, coord. III. Severo, Álvaro Vinícius Paranhos.

CDU – 347.9

Índices para o catálogo sistemático:
Direito processual civil   347.9
Reforma processual civil   347.9

(Bibliotecária responsável: Marta Roberto, CRB-10/652)

Araken de Assis
Luís Gustavo Andrade Madeira
(Coordenadores)

Direito Processual Civil

As Reformas e Questões Atuais do Direito Processual Civil

Homenagem do Departamento de
Direito Processual Civil pelos 60 anos
da Faculdade de Direito da PUCRS

Álvaro Vinícius Paranhos Severo
André Jobim de Azevedo
Araken de Assis
José Bernardo Ramos Boeira
Daniela Courtes Lutzky
Darci Guimarães Ribeiro
Fernanda de Souza Rabello
Fernanda Luiza F. de Medeiros
João Lacê Kuhn
José Maria Rosa Tesheiner
Laura Antunes de Mattos
Letícia Loureiro Correa
Luís Gustavo Andrade Madeira
Márcio Louzada Carpena

©
Álvaro Vinícius Paranhos Severo, André Jobim de Azevedo, Araken de Assis (coord.),
José Bernardo Ramos Boeira, Daniela Courtes Lutzky,
Darci Guimarães Ribeiro, Fernanda de Souza Rabello,
Fernanda Luiza Fontoura de Medeiros, João Lacê Kuhn,
José Maria Rosa Tesheiner, Laura Antunes de Mattos, Letícia Loureiro Correa,
Luís Gustavo Andrade Madeira (coord.) e Márcio Louzada Carpena
2008

Capa, projeto gráfico e diagramação
Livraria do Advogado Editora

Revisão
Betina Denardin Szabo

Direitos desta edição reservados por
Livraria do Advogado Editora Ltda.
Rua Riachuelo, 1338
90010-273 Porto Alegre RS
Fone/fax: 0800-51-7522
editora@livrariadoadvogado.com.br
www.doadvogado.com.br

Impresso no Brasil / Printed in Brazil

Manifestação da Coordenação do Departamento de Direito Processual Civil

Gostaria de, em nome do Departamento de Direito Processual Civil, da Pontifícia Universidade Católica do Rio Grande Do Sul, expressar o meu agradecimento a todos os professores que o integram, pelo empenho e dedicação empregados para a solidificação dos princípios que norteiam esta casa e pela construção de valores outros que os desafios nos apresentam.

Agradeço, em especial, aos professores colaboradores desta obra, alicerçada nos seus pensamentos a respeito dos temas enfrentados, que, certamente, contribuirão na formação da cultura jurídica geral e acadêmica.

A homenagem que este departamento presta aos sessenta anos de nossa faculdade de direito não poderia ser feita de outra forma, que não através desta obra, buscando, com isto, brindar a todos quantos aqui se formaram, aqui tiveram suas vidas, aqui lecionam, aqui trabalham e aqui aprendem.

Parabéns, Faculdade de Direito!

Prof. Luís Gustavo Andrade Madeira
Coordenador Depto. Dir. Proc. Civil
Nov./2007

Sumário

Apresentação – *Orci Paulino Bretanha Teixeira* 7

1. A nova Lei do Agravo (Lei 11.187/2005):
   por uma abordagem crítica ao alcance introduzido pela reforma
   Álvaro Vinícius Paranhos Severo 9
2. Princípio da inafastabilidade do controle jurisdicional, outros e Constituição Federal
   André Jobim de Azevedo 57
3. Recurso Ordinário
   Araken de Assis 67
4. Considerações sobre a nova execução de obrigação pecuniária fundada em título executivo extrajudicial, com base na Lei nº 11.382, de 6 de dezembro de 2006
   José Bernardo Ramos Boeira 105
5. O controle do poder
   Daniela Courtes Lutzky 115
6. A garantia constitucional do postulado da efetividade desde o prisma das sentenças mandamentais
   Darci Guimarães Ribeiro 137
7. A expropriação e a nova Execução (Lei 11.382/06)
   Fernanda de Souza Rabello 157
8. As ações coletivas e o ambiente: o papel do processo na proteção da vida
   Fernanda Luiza Fontoura de Medeiros 165
9. A antecipação de tutela, pedido incontroverso e as sentenças intermediárias
   João Lacê Kuhn 175
10. Da ação – a teoria de Marinoni
    José Maria Rosa Tesheiner 199
11. Tutela ambiental: algumas reflexões processuais
    Laura Antunes de Mattos 205
12. A insuficiência da redação do artigo 522, Código de Processo Civil, quanto ao cabimento do agravo de instrumento
    Letícia Loureiro Correa 219
13. O colapso do sistema processual civil
    Luís Gustavo Andrade Madeira 227
14. Da não apresentação de bens passíveis de penhora e das multas
    Márcio Louzada Carpena 239

Apresentação

ORCI PAULINO BRETANHA TEIXEIRA
Diretor da Faculdade de Direito da PUCRS.

> *Um poder interior me empurra para uma meta e, enquanto ela não for alcançada, sou invulnerável, imbatível, mas, se não tiver mais metas, bastará uma mosca para derrubar-me.*
>
> Napoleão Bonaparte

Para ler com interesse e proveito os textos, deverá o leitor deter-se na análise dos mesmos. Estes expressam o nosso sentimento para com a Pontifícia Universidade Católica do Rio Grande do Sul e a Faculdade de Ciências Jurídicas e Sociais. A Faculdade de Direito da PUCRS se apresenta sólida pela sua natureza institucional e forte pelo espírito de compromisso social para com a vida, tendo como esteios a ética, o meio ambiente ecologicamente equilibrado e a família.

Durante a história e a existência da FADIR, houve a evidente grandeza cultural mantida polo sentimento de seus integrantes como instituição católica e marista, demonstrando ser fortalecida por meio das lições da Educação Moral e Ética do Ensino, sempre almejando a excelência na produção científica e na qualidade da sala de aula.

A FADIR, na presente fase de sua trajetória ascensional, consciente do seu papel social no Rio Grande do Sul e no Brasil, forjou a sua história, ao longo dos seus 60 anos, fiel aos princípios espirituais e morais do humanismo, sob a inspiração de Deus, de Nossa Senhora e de São Marcelino Champanhat.

Importa muito a idéia de que a FADIR tem de si mesma. É fundamental para uma instituição de ensino superior conhecer a si própria, saber quais são as suas reais responsabilidades para com seus integrantes e a sociedade a que serve. Assim, nos últimos anos, a FADIR passou por transformações em razão da evolução social brasileira, cujas mudanças revelam que a instituição cresceu qualitativa e quantitativamente para atender a demanda social, em um mundo em transformação e globalizado. A missão da FADIR, distribuída em seus Departamentos e Direção, sempre foi cumprida sem descurar da qualidade do Ensino voltado ao Direito como instrumento de transformação social.

Esta obra coletiva representa o esforço e a produção científica de Professores da FADIR, integrantes do Departamento de Direito Processual Civil, que no desempenho de suas atribuições compõem um grupo de juristas comprometidos com as metas da PUCRS: ensino de qualidade e compromisso social.

O grande objetivo da FADIR, nos próximos anos, é o de não confundir *aspirações indefinidas* com *objetivo definido*. Aristóteles (354-322 a.C.) dizia: "Toda e qualquer pessoa visa uma meta: o sucesso ou a felicidade. O único caminho para obter o verdadeiro sucesso consiste em servir à sociedade. Deve-se, em primeiro lugar, ter um pensamento definido e concreto, estabelecer a meta e fixar o objetivo. Em segundo lugar, deve-se buscar os meios, a sabedoria, o dinheiro, o material e os métodos para concretizar o objetivo. Em terceiro lugar, é preciso adequar todos os métodos a esse objetivo".

Por fim, decorridos os 60 anos da FADIR, assim como no passado, representado por nossos mais saudosos professores e, hoje, apesar de milhares de livros, manuais e revistas especializadas em ciências jurídicas e sociais, neste mundo globalizado, continuamos com milhares de dúvidas sobre os mais variados temas do mundo jurídico, cada vez mais complexo, o que impõem aos nossos alunos e professores empenho na pesquisa e publicação de obras especializadas que certamente contribuirão para o progresso da humanidade, em atendimento ao compromisso de Nossa Universidade.

Ao Departamento de Direito Processual Civil, os mais sinceros votos de homenagem, e acreditamos que a trajetória continua conforme espírito traçado ao longo de nossa trajetória.

— 1 —

A nova Lei do Agravo (Lei 11.187/2005): por uma abordagem crítica ao alcance introduzido pela reforma

ÁLVARO VINÍCIUS PARANHOS SEVERO

Doutorando em Filosofia pela PUCRS, mestre em Direito pela PUCRS, advogado militante, professor da Faculdade de Direito da PUCRS.

Sumário: 1. Introdução; 2. Conceito e finalidade do recurso; 3. Atos decisórios recorríveis; 4. Breve abordagem histórica do recurso de agravo; 5. Recurso de Agravo no ordenamento jurídico pátrio: suas modalidades de interposição; 6. A nova Lei do Agravo (Lei 11.187/2005) e suas alterações: crítica sobre seu alcance; 7. Considerações finais; 8. Referências bibliográficas.

1. Introdução

A despretensiosa pesquisa almeja tratar do recurso de agravo no sistema jurídico brasileiro e as recentes alterações introduzidas pela Lei 11.187/2005. Nada obstante – para o desenvolvimento da pesquisa – será conceituada a finalidade do recurso, os pronunciamentos judiciais recorríveis e o desenvolvimento histórico do recurso de agravo: para extrair-se a compreensão das reformas operadas sobre este expediente recursal, e finalmente analisar-se-á as alterações introduzidas pela Lei 11.187/2005.

2. Conceito e finalidade do recurso

Convém, antes de examinar-se o conceito de recurso, discorrer sobre os acontecimentos prévios e fundamentais ao surgimento do procedimento recursal. Não se objetiva a abordagem histórica dos recursos, pois existem consagradas obras a respeito,[1] todavia mister traçar considerações preliminares.

---
[1] Entre elas LIMA, Alcides de Mendonça. *Sistema de normas gerais dos recursos cíveis*. Rio de Janeiro: Freitas Bastos, 1963. e SIDOU, Othon J. M. *Os recursos processuais na história do direito*. 2. ed. Rio de Janeiro: Forense, 1978.

É fato notório[2] estar a sociedade brasileira contemporânea constituída por pluralidade de credos, raças, ideologias, culturas e informações. Nesta dicotomia de realidades e relações sociais surgirá inevitavelmente o conflito de interesses entre os homens. Assevera Francesco Carnelutti[3] "onde não há conflito de interesses não pode haver direito, porque nessa hipótese, não há necessidade de direito. Não existe fenômeno jurídico na raiz do qual a análise não procure este conflito", auferindo ser o direito instrumento interventivo e saneador dos dissídios de pretensões dos homens.

Hodiernamente, o grau de civilidade das relações sociais e desenvolvimento das atividades estatais veda ao homem a auto-tutela; exteriorizada no vulgar aforismo popular: "fazer justiça pelas próprias mãos". A origem do monopólio da jurisdição inicia-se no período clássico do Direito Romano. Alvitra Elaine Harzeim Macedo[4] que no período clássico do Direito Romano a atividade jurisdicional apresentava-se com feições privadas e públicas, o primeiro representado pelo processo formular, fruto do sistema de execução privada, atuando árbitros ou juízes leigos e a intervenção do agente público: representado pelo pretor. Insta constatar que neste sistema privado os conflitos de pretensões julgavam-se pelo árbitro ou juiz segundo os ditames das fórmulas postas pelo pretor, decisão praticamente irrecorrível e distante ao alcance dos poderes do príncipe. Em contrapartida, o caráter publicista é fruto direto da natureza do poder que exerce o imperador (*auctoritas*): compreendendo atividade legislativa, administrativa e judiciária, neste compasso a jurisdição ascende como atividade pública: cabendo ao Estado o dever da administração pública.

Com a agudeza que lhes são peculiares apontam José Rogério Cruz e Tucci,[5] José Joaquim Calmon de Passos[6] e Darci Guimarães Ribeiro[7] que o Estado, na sua luta contra a autodefesa, começou por disciplinà-la para depois interdità-la de modo absoluto. Analisando o Direito Romano os autores referidos aludem que a *Lex Júlia privatorum* modificou a órbita do processo privado, retirando o *imperium* e discricionariedade do pretor. A atividade processual desenvolvia-se perante o magistrado-funcionário (única autoridade estatal), proibia-se assim o agir privado. Finalmente o monopólio da jurisdição em Roma dar-se por completo com o decreto de Marco Aurélio intitulado "*Decretum Divi Marci*",[8] punindo

---

[2] Aduz Nelson Palaia "[...] o fato notório está restrito a um certo lugar, onde só é conhecido das pessoas que lá estão ou das que para lá forem. Não existe fato conhecido universalmente. Existem fatos mais ou menos conhecidos. Mais conhecido num lugar e menos em outro. Mais conhecidos em uma época e menos conhecidos em outra"PALAIA, Nelson. *O fato notório*. São Paulo: Saraiva, 1997. p. 23.

[3] CARNELUTTI, Francesco. *Teoria geral do direito*. São Paulo: Lejus, 2000. p. 105.

[4] *Jurisdição e Processo*: crítica histórica e perspectiva para o terceiro milênio. Porto Alegre: Livraria do Advogado, 2005. p. 30-46.

[5] *Jurisdição e Poder*: (contribuição para história dos recursos cíveis). São Paulo: Saraiva, 1987. p. 27-28.

[6] *Da Jurisdição*. Bahia: Livraria Progresso, 1957. p. 1-13.

[7] *La Pretension Procesal y La Tutela Judicial Efectiva*: Hacia uma Teoría Procesal del Derecho. Barcelona: Librería Bosh, S.L, 2004. p. 75.

[8] *Decretum Divi Marci* em Dig. XLVIII, 7,7.

aquele com a perda de seu direito caso não se socorresse da via judicial para declaração e realização deste direito reivindicado. Esta proibição de ordem geral inspirou as legislações contemporâneas. Concernente ao sistema processual pátrio, salvo hipóteses taxativas: defesa da propriedade, legítima defesa, estado de necessidade, arbitragem e transação, a auto-tutela como realização de direito é repulsada pelo ordenamento jurídico e coibida como tipo penal.[9]

Afirma-se seguramente ser tarefa da ordem jurídica harmonizar as relações intersubjetivas, ocasionando a máxima realização dos valores com o mínimo de sacrifício e desgaste.[10] Também incube ao Estado-juiz resolver os conflitos que envolvam os jurisdicionados, julgando as pretensões apresentadas e impondo decisões.[11]

Na acepção de Candido Rangel Dinamarco,[12] o titular da iniciativa de valer-se do Poder Judiciário para buscar a devida tutela jurisdicional às pretensões apresentadas exterioriza no âmago destas distintas modalidades de *crises*. *Crises de certeza* invocando a declaração jurisdicional para expurgar incertezas quanto à relação jurídica debatida. *Crises de adimplemento*, utilizando-se dos meios jurídicos-processuais aptos a suprir a inadimplência obrigacional que de forma natural não restou satisfeita. *Crises de situações jurídicas*, extinguidas com a criação, a extinção ou a modificação da relação jurídica.

Mister asseverar preexistir ao processo *crises de índole subjetiva,* reflexo da contumácia de uma ou ambas as partes ao cumprimento obrigacional oriundo da relação jurídica que as integram. O processo será o instrumento viável para ofertar a tutela jurisdicional às diferentes pretensões requeridas, carecedoras de soluções distintas.

O Estado-juiz, provocado pelo interessado que exerce a demanda,[13] aplica sua jurisdição instituindo um método de composição ao feito. Nesta linha de pensar, sustenta Darci Guimarães Ribeiro:[14] "Quanto a dialética é sabido que o

---

[9] Conforme artigo 345 do Código Penal Brasileiro (Decreto Lei 2848 de 27 de dezembro de 1940), têm-se que: "Art. 345 – Fazer justiça pelas próprias mãos, para satisfazer pretensão, embora legítima, salvo quando a lei o permite:Pena – detenção, de quinze dias a um mês, ou multa, além da pena correspondente à violência. Parágrafo único – Se não há emprego de violência, somente se procede mediante queixa.

[10] CINTRA, Antônio Carlos de Araújo; GRINOVER Ada Pellegrini; DINAMARCO, Cândido Rangel. *Teoria geral do processo*. 20. ed. São Paulo: Malheiros, 2004. p. 22.

[11] Ibid., p. 24.

[12] DINAMARCO, Cândido Rangel. *Instituições de direito processual civil*. 4. ed. atualizada com remissões ao Código Civil de 2002. São Paulo: Malheiros, 2004. v. 3. p. 194-197.

[13] Lembra José Carlos Barbosa Moreira: "Em nosso sistema jurídico, o princípio fundamental é de que o órgão da jurisdição, em matéria civil, só exerce atividade quando provocado: princípio da iniciativa da parte *(ne procedat iudex ex officio)* (art.262). A provocação consiste na demanda, ato pelo qual o autor requer ao estado determinada providencia jurisdicional". MOREIRA, José Carlos Barbosa. *O novo processo civil brasileiro*. 21.ed. Rio de Janeiro: Forense, 2000. p. 4.

[14] RIBEIRO, Darci Guimarães. *Provas atípicas*. Porto Alegre: Livraria do Advogado, 1998. p. 31. Com posicionamento análogo sustenta Eduardo J. Couture: "O processo é em si mesmo, um método de debate. Nele participam elementos humanos: juízes, auxiliares, partes, testemunhas, peritos, etc, os quais atuam segundo certas formas preestabelecidas na lei. Estas formas regulam a produção de atos jurídicos processuais, vale dizer, atos humanos dirigidos pela vontade da lei jurídica. COUTURE, Eduardo J. *Introdução ao estudo do processo*

processo contemporâneo é um processo de partes, onde há uma tese (afirmação do autor), uma antítese (negação do réu) e, finalmente, uma síntese (sentença do juiz)". A formação "do processo civil estatal é, sempre e invariavelmente, produto da iniciativa de um dos seus sujeitos, o autor, configurada pela demanda posta perante o juiz".[15] Consubstanciado na petição inicial que delimitará o objeto da demanda, sobre esta decidirá o julgador.

Haurido nas lições de Araken de Assis,[16] o processo inicialmente cria uma relação jurídica entre demandante e o Estado-juiz (forma linear). O vínculo completar-se-á com o chamamento do réu (forma angular), procedendo à manifestação do Estado-juiz a pretensão material deduzida em juízo. Sem embargos de antigas e atuais dissensões, o processo é o instrumento que se vale o Estado para exercer a atividade jurisdicional; e, no plano da jurisdição contenciosa, a atividade jurisdicional foca-se na composição dos conflitos de pretensões, regulados pelo direito material e qualificados por uma pretensão resistida.

Geralmente, a solução desses conflitos (providência reclamada ao órgão judicial) faz-se através da sentença. Ao juiz incumbe prestar a tutela jurisdicional (procedente ou não, seja declaratória, condenatória, constitutiva, mandamental ou executiva), proferindo sentença e/ou decisões interlocutórias, aplicando a lei ao caso concreto.[17]

Entretanto, a atividade humana é falível, e os pronunciamentos judiciais sujeitam-se a erros e equívocos. Leciona Affonso Fraga:[18] "Os juízes, se fossem inacessíveis ao erro e superiores ao interesse próprio, ás seducções da amizade, do partidismo, á pressão dos governantes e da gente poderosa, em summa, á influencia directa ou indirecta do mal, não profeririam sentenças sujeitas a recursos, pois ellas, traduzindo sempre in concretu os ideaes eternos de justiça, convenceriam os litigantes da sua legitimidade, e, portanto, necessidade de as cumprir como leis indefectíveis da ordem moral e jurídica. Mas os juízes são homens e como taes contingentes sujeitos a todos os males referidos; a suas decisões viciadas podem contrariar a lei; ofender o direito da parte, sancionar a injustiça ou a iniqüidade".

Perante a falibilidade humana – satisfazendo-se à exigência de justiça,[19] primando-se pela excelência dos julgamentos –, é imperativa a "intervenção do

---

civil: discursos, ensaios e conferencias. Traduzido por Hiltomar Martins Oliveira. Belo Horizonte: Líder Cultura Jurídica, 2003. p. 43.

[15] DINAMARCO, Cândido Rangel. *A nova era do processo civil.* São Paulo: Malheiros, 2003. p. 36.

[16] ASSIS, Araken de. *Doutrina e prática do processo civil contemporâneo.* São Paulo: Revista dos Tribunais, 2001. p. 357-358.

[17] JORGE, Flávio Cheim. *Teoria geral dos recursos cíveis.* 2. ed. Rio de Janeiro: Forense, 2004. p. 1.

[18] FRAGA, Affonso. *Instituições do processo civil do Brasil.* São Paulo: Livraria Acadêmica, 1941. t. 3: Recursos. p. 9-10.

[19] MOREIRA, José Carlos Barbosa. *Juízo de admissibilidade no sistema dos recursos cíveis.* Rio de Janeiro: [s.n.], 1968. p. 9.

direito para coibir os efeitos danosos",[20] advindos de pronunciamentos judiciais viciados.[21]

Deste modo, a partir do Código de Processo Civil de 1939, a União Federal – utilizando-se de sua competência legislativa (artigo 22, inciso I, da Constituição Federal de 1988[22]) através da legislação processual e das leis extravagantes – criou expedientes para corrigir os possíveis erros contidos nas decisões judiciais,[23] surgindo a figura processual do *recurso*.

Desprezando-se os diversos significados gramaticais e priorizando-se o enfoque jurídico, recurso traduz-se como o meio processual "voluntário e idôneo"[24] de impugnar-se determinado pronunciamento judicial na mesma relação processual ao alcance das partes, do Ministério Público e de terceiros prejudicados, conforme disposição legal, "ensejando a anulação, a reforma, a integração ou o aclaramento da decisão judicial impugnada".[25]

A possibilidade de opor-se a determinado pronunciamento judicial através de recurso acolhe dois aspectos (um *objetivo* e outro *subjetivo*): haverá o *aprimoramento da prestação jurisdicional* e a *satisfação individual*. Ante a falibilidade inerente à atividade humana, seria ilógico agregar aos atos judiciais caráter de imutabilidade. Erros e equívocos contidos nos atos judiciais, além de lesarem direitos e interesses da(s) parte(s), refletem uma deficiente tutela jurídica (cognição incompleta). Será a presunção de erro na atividade judiciária "o fundamento para a existência dos meios de impugnação".[26]

---

[20] NERY JÚNIOR, Nelson. *Teoria geral dos recursos*. 6. ed. São Paulo: Revista dos Tribunais, 2004. p. 201.

[21] Neste sentido assevera Francisco Cavalcanti Pontes de Miranda "Nem sempre as resoluções judiciais – sentenças, decisões ou despachos- são isentas de faltas ou defeitos quanto ao fundo, ou sem infração das regras jurídicas processuais concernentes à forma, ao procedimento. Desinteressar-se-ia o Estado da realização do seu direito material e formal, se não desse ensejo à correção de tais resoluções defeituosas, ou a confiaria demasiado na probabilidade de acerto do juiz singular, ou do tribunal de inferior instância. Afastando esse perigo e aquele descaso, de regra, o *recurso*, que implica reexame do caso em todos os seus elementos, ou só em alguns dele. Em sentido lato, recorrer significa comunicar vontade de que o feito, ou parte do feito, continue conhecido, não se tendo, portanto, como definitiva a cognição incompleta, ou completa que se operara". MIRANDA, Francisco Cavalcanti Pontes de. *Comentários ao código de processo civil*. 3. ed. Rio de Janeiro: Forense, 2000. t. 7: arts. 496 a 538. p. 1-2.

[22] Dispõe o artigo 22, inciso I, da Constituição Federal de 1988: "Art. 22. Compete privativamente à União legislar sobre: I – direito civil, comercial, penal, processual, eleitoral, agrário, marítimo, aeronáutico, espacial e do trabalho." BRASIL. *Constituição federal, Código civil, Código de processo civil, Código comercial*. São Paulo: Revista dos Tribunais, 2005a. p. 30.

[23] MOREIRA, José Carlos Barbosa. *Comentários ao código de processo civil*. 11. rev. e atual. inclusive de acordo com o novo Código Civil. Rio de Janeiro: Forense, 2003. v. 5.: arts. 476 a 565. p. 229.

[24] MOREIRA, 2003. v. 5, p. 233.

[25] NERY JÚNIOR, 2004, p. 212.

[26] JORGE, 2004, p. 1, afirma também Francesco Carnelluti " Precisamente por que o juízo do juiz, diferentemente do juiz do consultor, tem a eficácia de uma mandato, que como vimos determina a execução forçada, a ponto de aquele a quem for distribuída ficar submetido a ele por força, é especialmente grave o risco do erro, que por infelicidade é inerente a todos os juízes humanos. O regimento do processo esta disposto, pelo menos teoricamente, já que nem sempre do melhor modo indubitavelmente em forma idônea para evitar esse risco. Entretanto, a própria lei reconhece sua gravidade e disponibiliza um meio especial para combatê-lo. Isso se consegue por um instituto ao qual a ciência do processo deu o nome de *impugnação*". CARNELLUTI, Fran-

Inexiste recurso sem erro judicial ou alegação de erro na decisão impugnada. Dos vícios (erros) propensos à revisão recursal, temos *errores in prodecendo* (vícios de atividade) e *errores in iudicando* (vícios de juízo). Contundentemente, Nelson Nery Junior[27] leciona configurar-se erro de atividade quando o magistrado infringe norma procedimental (descumprindo a regra jurídica aplicável ao caso concreto), pois compromete a forma ou o conteúdo dos atos processuais e interfere na relação processual, provocando gravame à(s) parte (s); recai o vício sobre a forma do ato, o que o invalida, não abrangendo seu conteúdo e acarretando-lhe nulidade. Os erros no procedimento podem dar-se no curso do processo à prolação da sentença. Extraem-se do magistério de Flavio Cheim Jorge[28] hipóteses à incidência deste vício *v.g.* sentença proferida em audiência irregular, vício na citação, cerceamento de defesa, ausência de participação obrigatória do Ministério Público, indevido julgamento antecipado de demanda, dentre outros.

A discriminação dos vícios influi na pretensão revisional, visto que o mérito recursal atrela-se ao vício do pronunciamento recorrido. Assenta-se ter função puramente rescindente o recurso fundamentado em *erro de procedimento*, conduzindo-se à anulação da decisão recorrida.[29]

Continuamente, existem os erros de juízo (vicio de atividade) que insurgirão quando o juiz avaliar erroneamente o fato, aplicar inadequadamente o direito "desconhecendo os efeitos jurídicos de lei determinada para a espécie em julgamento ou, ao contrário, reconhece existentes efeitos jurídicos diversos daqueles".[30] Trata-se de vício de fundo, de conteúdo; nesses casos, aludi-se *injustiça* ao ato judicial impugnado. Recursos fundamentados em *errores in iudicando* almejam a reforma substancial da decisão viciada, proferindo-se nova decisão em substituição à impugnada. Incumbe ao órgão *ad quem* proferir nova decisão, substituindo a recorrida; se assim não o fosse, remeter os autos ao juízo impugnado submeteria a causa aos critérios errôneos aplicados pelo julgador, acoimados de incorretos pelo recorrente.[31]

---

cesco. *Como se faz um processo*. Traduzido por Hiltomar Martins Oliveira. 2. ed. Belo Horizonte: Líder Cultura Juridica, 2004. p. 111.

[27] NERY JÚNIOR, op. cit., p. 247-251.

[28] JORGE, 2004, p. 55-58.

[29] José Carlos Barbosa Moreira leciona que "Nunca caso, entretanto, volta a adquirir relevância prática a distinção entre os dois *iudicia*: naquele em que o recorrente, invocando *erro in procedendo* para fundamentar a impugnação, pede que o órgão *ad quem* simplesmente *anule* a decisão recorrida. É o que acontece, por exemplo, quando alguém apela da sentença alegando que foi proferida em audiência irregularmente designada, ou que lhe falta a fundamentação, e assim por diante. Nessas hipóteses, se o órgão *ad quem*, da provimento à apelação, limita-se a *cassar a sentença*. Exaure-se com isso a sua cognição: deixa de existir, desde logo, a decisão de primeiro grau, mas sem que outra a substitua (*rectius*: sem que outra *possa substituí-la*), e o mérito da causa é como se não houvesse sido apreciado. Em tais condições, *não se terá extinguido o ofício jurisdicional do juiz inferior* (art. 463, *caput, a contrario sensu*), e a causa deverá ser-lhe devolvida para outro pronunciamento – que ficará sendo, no primeiro grau, o único: o anterior desapareceu (grifo nosso)". *Comentários ao código de processo civil*. 11. rev. e atual. inclusive de acordo com o novo Código Civil. Rio de Janeiro: Forense 2003, v. 5, p. 403.

[30] NERY JÚNIOR, 2004, p. 250.

[31] FUX, Luiz. *Curso de direito processual civil*. Rio de Janeiro: Forense, 2005. p. 927.

Doravante, interpretar-se-á os expedientes recursais quanto aos aspectos objetivos e subjetivos. Mormente ao *aspecto objetivo*, sugiro dividi-lo em *objetivo direto* e *reflexo*. Concebendo-se os recursos como mecanismos de revisão, ao reexaminar-se um pronunciamento judicial por intermédio deste e o mesmo obtiver resultado favorável, conclui-se que a prestação jurisdicional anteriormente impugnada aprimorou-se, aplicando-se a lei de forma eficiente (o que significa ter-se satisfeito o aspecto *objetivo de forma direta*). Reflexamente, é correto aduzir que a previsão recursal "iniba os equívocos judiciais, atuando como freio junto aos julgadores, no sentido de que reapurem os seus conceitos de juridicidade e os empreste a decisão, visando a evitar a reforma do julgado",[32] possibilitando-se a adequada prestação jurisdicional.

Embora os expedientes recursais possam, inicialmente, influenciar no espírito do julgador, reciclando posicionamentos quanto ao ofício de julgar, tal efeito sustentamos ser de *ordem objetiva na forma reflexa*; isto é, o magistrado julgará fundamentando no direito aplicável ao caso concreto, convicções de ordem íntima não devem sobrepesar aos ditames legais. A par desse argumento, caso a decisão recorrida propicie modificação no posicionamento do julgador (influindo inicialmente de forma subjetiva) acerca de como julga determinada matéria, logrará o recurso o *aspecto objetivo na via reflexa*. Efeitos advindos de novo entendimento repercutirão na presteza e na eficácia da prestação jurisdicional, aplicando-se a lei de forma adequada. Neste sentir, vale trazer os comentários de Valentina Jungmann Cintra Alla[33] ao analisar as lições do doutrinador alemão W. Kisch: "[...] os recursos não servem somente aos interesses das partes, mas também ao geral, já que oferecem uma garantia maior de exatidão das resoluções judiciais e acrescentam a confiança do povo na justiça, ao mesmo tempo que contribuem para que se consiga, através da jurisprudência dos Tribunais superiores, a uniformidade da aplicação do direito".

O segundo aspecto (*subjetivo*) funda-se na insatisfação humana – um dos males os quais agregam-se ao espírito humano – perante a decisão judicial desfavorável. A insatisfação será fracionada em duas categorias: a *insatisfação em sentido estrito* e a *descrença*.

Na primeira modalidade, a insatisfação é fruto da necessidade psicológica de lograr êxito. Insatisfeita, a parte sente-se "vitimizada", "injustiçada" diante do pronunciamento favorável à parte adversa que recorre, almejando a reversão deste "status prejudicial". Além disso, requer, ainda a suspensão da eficácia da decisão impugnada, sob o temor da irreparabilidade do dano jurídico. Alcides de Mendonça Lima dita:[34] "O recurso visa à satisfação de uma tendência inata do

---

[32] FUX, 2005, p. 932.

[33] ALLA, Valentina Jungmann Cintra. *O recurso de agravo e a lei 9.139 de 30.11.1995*. São Paulo: Revista dos Tribunais, 1998. (Recursos no Processo Civil ; 5). p. 50-51.

[34] LIMA, 1963, p. 124. Neste mesmo sentido Sustenta Araken de Assis ser "natural que o vencido, frustrado na sua expectativa de lograr êxito perante o adversário, empreenda uma reação contra o resultado desfavorável". ASSIS, 2001, p. 292. No magistério de Rodolfo de Camargo Mancuso, a base do *animus* a qual motivará a

gênero humano, qual seja de que, em regra, ninguém se conforma com um julgamento desfavorável. Nos mais comezinhos exemplos cotidianos, encontram-se vestígios ou manifestações desse impulso ainda que seja a tentativa de reforma pelo próprio julgador, ante novos argumentos que são invocados, imediatamente, pelo atingido ou prejudicado com a decisão [...] E de grande importância para as partes, nos seus conflitos de interesses, se sentirem imbuídas da noção de que a decisão foi justa, ou, ao menos, de que diminuiu a possibilidade de erro ou de malícia do julgador".

A segunda modalidade reside na *descrença*. O(s) descontente(s), buscando o juízo revisional, descrêem na capacidade de julgar do homem-juiz (*juízo a quo*). Curiosamente, o juiz de primeiro grau (*juízo a quo*) é a mais autêntica manifestação da jurisdição, por ter maior contato com as partes, as provas, os depoentes, as testemunhas e os fatos inerentes à causa, durante o desenvolver da relação processual até a prolação da sentença, incidindo o princípio da imediatidade.[35]

O descontente crê que o órgão colegiado (*juízo ad quem*), por compor-se de magistrados mais experientes – visto que, após o aprendizado da primeira instância ou da advocacia, presumem possuírem maior experiência e conhecimentos jurídicos, em comparação aos juízes de primeiro grau –, detêm maior capacidade intelectual, "inspirando mais respeito"[36] e segurança ao julgamento do pronunciamento recorrido. Francisco Cavalcanti Pontes de Miranda[37] leciona que a "colegialidade das decisões" é regra geral ao julgamento dos recursos, atingindo escopos políticos ao assegurar múltiplos exames à matéria impugnada. Aduz que a prioridade do exame múltiplo, em relação ao exame de um só, satisfaz a pendor íntimo do homem em busca da razão.

Dentro desta compreensão, o Ministro Luiz Flux afirma:[38] "o cidadão tranqüiliza-se ao saber da possibilidade de revisão de sua derrota por um órgão superior composto de membros mais experientes, com competência para derrogar a decisão [...] Pertence a convicção popular que a segunda apreciação da causa é melhor do que a primeira, porque mais amadurecida".

---

parte a impugnar determinado pronunciamento judicial, analisa-se de forma triangular, compondo "um conjunto unitário: A) pressão psicológica, B) anseio de preservação "do justo", C) temor de irreparabilidade do dano jurídico". MANCUSO, Rodolfo de Camargo *Recurso extraordinário e recurso especial*. 7. ed. São Paulo: Revistas dos Tribunais, 2001. (Recursos no Processo Civil ; 3). p. 19-33. De forma minuciosa o processualista sustenta o que anteriormente relatou-se. A parte insatisfeita diante de determinado pronunciamento utilizará todos os meios jurídicos disponíveis a fim de satisfazer suas pretensões, aspirando uma situação mais favorável e afugentando seus anseios de qualquer injusto ou dano advindo do pronunciamento impugnado.

[35] Pugna o professor Ovídio Araújo Baptista da Silva, quanto à importância do princípio da imediatidade, em seus dizeres "Este princípio é tão indispensável à oralidade que nem mesmo seria possível imaginar processo oral sem o contato direito e pessoal do juiz com as partes. Este princípio exige que o juiz que deverá julgar a causa haja assistido a produção das provas, em contato pessoal com as testemunhas, com os peritos e com as próprias partes, a quem deve ouvir, para recepção de depoimento formal e para simples esclarecimento sobre pontos relevantes de suas divergências". SILVA, Ovídio Araújo Baptista da. *Curso de processo civil*. 7. ed. Rio de Janeiro: Forense, 2005. v. 1.: Processo do conhecimento. p. 53.

[36] LIMA, 1963, p. 124.

[37] MIRANDA, 2000, t. 7, p. 7.

[38] FUX, 2005, p. 932.

A sistemática recursal desacolhe a convicção leiga. Não significará necessariamente que o órgão colegiado (*juízo ad quem*) proverá o recurso proposto pelo descontente. O julgamento do recurso poderá ser apreciado monocraticamente (art. 527, inciso I, do Código de Processo Civil), ou provocar o juízo de retratação no *juízo ad quo* (próprio ao recurso de agravo de instrumento). Há recursos no mesmo plano funcional da organização judiciária, v.g. os embargos declaratórios, em sede de primeiro grau, interpõem-se no *juízo ad quo*. Fica facultado ao órgão *ad quem* proferir decisão desfavorável à recorrida, acolhendo matéria conhecível de ofício (pressupostos processuais, condições da ação). Hipóteses contrapostas à idéia popular exposta.

Data vênia, constata-se que o sistema recursal alheio a outras formas impugnativas (sucedâneos recursais e ações autônomas de impugnação) reduziu o homem-juiz à *"administrador de cartório"*, minimizando e deslegitimando a jurisdição de primeiro grau. Pronunciamentos de cunho decisório são impugnáveis por alguma modalidade recursal quando não por outro meio de revisão. A pretensão recursal da excepcionalidade transmutou-se em regra. Transcreve-se, neste sentir, a lição de José Rogério de Cruz e Tucci:[39] "[...] é certo que a sentença proferida pelo juiz de primeiro grau, salvo nas excepcionalíssimas hipóteses em que pode ser executada, na prática não ostenta valor algum. Esse paradoxo decorre da ampla recorribilidade das decisões, mesmo em questões exclusivamente de fato, que põe a perder, à evidência, a utilidade inquestionável da imediatidade, da identidade física do juiz e a da concentração".

Embora sejam relevantes os dois aspectos referidos (*objetivos* e *subjetivo*) – *aprimoramento da prestação jurisdicional* e *satisfação individual* –, assevera-se que os recursos como mecanismos de revisão não estão adstritos apenas ao inconformismo das partes: subordinam-se e limitam-se as diretrizes legislativas. Tais diretrizes e limitações impostas pelo ordenamento jurídico baseiam-se em critérios de conveniência, eis que tornar ampla a impugnabilidade dos pronunciamentos judiciais por intermédio de recurso conduziria ao inconveniente de eternizar o processo e o direito à estabilidade e segurança jurídica é garantia constitucional fruto da coisa julgada.

Desta forma, "adotam as leis posições intermediárias: propiciam remédios, mas limitam-lhe os casos e possibilidades de uso".[40] A atividade cognitiva do juiz da-se de forma tripartida. Neste trinômio analisar-se-ão os pressupostos processuais (regularidades procedimentais), as condições de procedibilidade da ação (legitimidade, possibilidade jurídica do pedido e interesse em agir), transpondo-se finalmente ao exame do mérito. "Desses três assuntos, dois constituem matéria processual, os pressupostos processuais e as condições da ação; o último, perti-

---

[39] CRUZ E TUCCI, José Rogério. *Tempo e processo*: uma análise empírica das repercussões do tempo na fenomenologia processual (civil e penal). São Paulo: Revista dos Tribunais, 1997. p. 102.

[40] MOREIRA, 2003, v. 5, p. 229. Em conformidade, ASSIS, 2001, p. 292; NERY JÚNIOR, 2004, p. 199; CARNELLUTI, 2004, p. 112.

nente a pretensão do autor, normalmente constitui assunto do Direito Material".[41] O magistrado somente adentrará o mérito da decisão caso essa preencha os requisitos prévios, atinente à sua validade e à regularidade formal, e satisfazendo também as condições da ação.

Da mesma forma ocorrerá na seara recursal: para que o órgão a que se recorre analise a pretensão recursal, deverá o recorrente preencher os requisitos necessários ao expediente recursal manejado, sob pena de não ser apreciado em seu objeto. Sistematicamente, José Carlos Barbosa Moreira[42] leciona que a atividade cognitiva do órgão judicial, em razão do recurso, opera-se em dois níveis: a controvérsia de fundo da pretensão recursal, e outro em que se apura a existência ou inexistência dos requisitos necessários à apreciação do objeto recursal. Diz-se juízo de admissibilidade o conjunto de pressupostos necessários à apreciação do recurso e juízo de mérito o julgamento da pretensão recursal.

De seu turno, Nelson Nery Júnior,[43] apreciando o juízo de admissibilidade, assevera que o exame deste antecede cronologicamente ao exame do mérito recursal; situa-se no plano das questões preliminares. Excepcionalmente, alude poder o juízo de admissibilidade portar-se como questão prejudicial no caso do agravo retido (artigo 523 do Código de Processo Civil). Seu julgamento será anterior ao recurso de apelação e, dependendo de seu conteúdo e provimento, será questão prejudicial ao apelo, *v.g.* provido o agravo retido que versa sobre o indeferimento de prova (apoiado na tese do cerceamento de defesa), a sentença será anulada e o recurso de apelação ficará desprovido de objeto. Reforça concentrar-se no órgão *ad quem* a competência definitiva ao exame do juízo de admissibilidade, não se vincula ao juízo provisório de admissibilidade proveniente do órgão *ad quo* (no momento de interposição do recurso). Esmiúça peculiaridade em relação ao agravo de instrumento. Recurso dirigido ao órgão *ad quem*, cabe a esse exercer o juízo de admissibilidade; entretanto, ao juízo *ad quo*, é possível emitir juízo de mérito sobre o agravo de instrumento, proferindo o reexame da decisão recorrida, o que incidirá no juízo de retratação tutelado no artigo 523, § 2º, e 529, ambos do Código de Processo Civil Vigente. Na hipótese de apelação contra indeferimento da peça exordial, é facultado ao magistrado retratar-se, modificando sua decisão, conforme artigo 296 do Código de Processo Civil. Nelson Nery Júnior, sob o pálio da revogabilidade, alude ser lícito ao juízo *ad quo* – depois de haver recebido o recurso – indeferir seu processamento, conforme regra constante no artigo 518, parágrafo único, aplicável aos demais recursos. O juízo positivo de admissibilidade oportunizará a chance para a parte adversa oferecer contra-razões; não se afigura correto recorrer dessa decisão.

Concernente ao objeto do juízo de admissibilidade, trata-se de discriminação dos requisitos necessários para que o órgão *ad quem* examine a pretensão

---

[41] ARAGÃO, Egas Dirceu Moniz de. *Comentários ao código de processo civil*. 10. ed. Rio de Janeiro: Forense, 2005. v. 2. artigo 154 a 269. p. 415.
[42] MOREIRA, *Juízo de admissibilidade no sistema dos recursos cíveis*. Rio de Janeiro: [s.n.], 1968. p. 31-33.
[43] NERY JÚNIOR, *Teoria geral dos recursos*. 6. ed. São Paulo: Revista dos Tribunais, 2004. p. 253-255.

recursal. Adotar-se-á a classificação[44] de José Carlos Barbosa Moreira, alinhando os requisitos em intrínsecos (concernente à própria existência do direito de recorrer[45]) e extrínsecos (relativos ao modo de exercer o direito de recorrer[46]).

Dos pressupostos intrínsecos tem-se: *cabimento, legitimação para recorrer e interesse em recorrer*. Dizem respeito "a decisão recorrida em si mesma considerada. Para serem aferidos, leva-se em consideração o conteúdo e a forma da decisão impugnada".[47] Na instância recursal, as condições da ação desdobram-se nos pressupostos intrínsecos. O cabimento corresponde à possibilidade jurídica do pedido; a legitimidade para recorrer, no mesmo sentido que a legitimidade para demandar; e o interesse em recorrer, à manifestação do interesse processual. Os pressupostos extrínsecos estão relacionados a fatores externos à decisão impugnada, alistam-se: t*empestividade, regularidades formal, inexistência de fato impeditivo ou extintivo do poder de recorrer*.

3. Atos decisórios recorríveis

Os atos praticados pelo magistrado no desenrolar da atividade jurisdicional interessam à compreensão dos expedientes recursais. O processo, desde seu ajuizamento à conclusão, encerra-se com a realização de variados atos praticados pelos protagonistas processuais. Será conceituado o ato processual reportando-se à doutrina de Enrico Túllio Liebmam,[48] asseverando: "uma declaração ou manifestação do pensamento, feita voluntariamente por um dos sujeitos do processo, que entre numa das categorias de atos previstos na lei processual e pertença a um procedimento, com eficácia constitutiva, modificativa ou extintiva sobre a correspondente relação processual".

Neste sentir, os atos processuais (atos dos sujeitos do processo) distinguem-se em atos das partes e atos do órgão judicial. Dos atos das partes (autor, réu, litisconsortes, assistente, Ministério Público), no escólio de Ovídio Araújo Baptista da Silva,[49] tem-se: *atos postulatórios* (meio pelo qual as parte buscam o pronunciamento judicial quanto às pretensões de direito material por essas exteriorizadas, constante na petição inicial, igualmente no manejo da contestação, recurso, chamamento ao processo, denunciação da lide), *atos instrutórios* (atos que aportam ao processo meios de prova à procedência do pedido, ou requerem a produção de provas, v.g. prova testemunhal, depoimento pessoal, pericial), *atos dispositivos* (concernente as faculdades processuais dispostas às partes, v.g. renúncia de direitos, desistência da ação, do recurso, de produção de prova, transação) e, concluindo, *atos reais* (visua-

---

[44] MOREIRA, 1968, p. 46-47.
[45] MOREIRA, 2003, v. 5, p. 262.
[46] Ibid., p. 262.
[47] NERY JÚNIOR, 2004, p .273.
[48] LIEBMAM, Enrico Túllio. *Manual de direito processual civil*. Tocantins: Intelectos, 2003. v. 1. p. 192.
[49] SILVA, 2005, p. 184-186.

lizados pela conduta processual real, *v.g.* comparecimento em audiência, pagamento de custas, dentre outros).

Neste escopo, tem-se ainda, os atos do órgão jurisdicional (exteriorizados na pessoa do homem-juiz), tais como atos decisórios, atos de documentação e atos reais.[50] Pondera Thereza Arruda Alvim Wambier[51] que o "ato judicial é categoria mais ampla que abrange, por exemplo, a oitiva de testemunhas e a realização da inspeção judicial". Logo nos interessam atos judiciais de cunho decisório, visto como somente os atos decisórios do juiz são passíveis de recurso;[52] e, em matéria de recorribilidade, o "sistema recursal adotou o princípio da correspondência dos recursos, o que significa que para cada uma espécie de decisão existirá um recurso previsto",[53] estabelecendo-se a conexão do artigo 162 do atual Código de Processo Civil com os artigos 504, 513 e 522, todos do Diploma Processual Pátrio vigente.

Alude Enrico Tullio Liebmam[54] que "a sentença é conceitual e historicamente o ato jurisdicional, por excelência, aquele que se exprime de maneira mais característica a essência do *jurisdicto*: o ato de julgar". Igualmente afirma Francesco Carnelutti[55] "como a decisão é a um tempo a exposição e a imposição da opinião do juiz acerca das questões, recebe, geralmente, o nome de sentença [...] provimento jurisdicional definitivo é o que encerra (define) o processo".

Defini-se, no art. 162, § 1º, do Código de Processo Civil de 1973, a sentença como "ato do juiz que implica alguma das situações previstas nos arts. 267 e 269 desta Lei (Redação dada pela Lei n º 11.232, de 2005)". A classificação adotada pelo Código de Processo Civil satisfaz mais finalidades práticas do que científicas, facilitando determinar-se o recurso cabível à expressão sentencial. O que supera controvérsias do pretérito Código de Processo Civil de 1939, tocante ao manejo dos recursos para cada espécie de decisão judicial.[56] O extinto diploma processual de 1939 comportava duas categorias de pronunciamentos finais, "a sentença definitiva contra a qual era cabível apelação e a sentença terminativa, contra a qual era cabível o agravo de petição".[57]

O Código Buzaid simplificou a determinação do recurso cabível ao pronunciamento decisório impugnado. Hoje a Lei nº 11.232, de 2005, alterou a redação

---

[50] SILVA, 2005, p. 184-186.

[51] WAMBIER, Thereza Arruda Alvim. *Os agravos no CPC brasileiro*. 3. ed. São Paulo: Revista dos Tribunais, 2000. p. 77.

[52] Nelson Nery Junior alega " no direito processual civil brasileiro, somente os atos dos juiz são passíveis de recurso. Os atos processuais das partes, do Ministério Público, bem como dos auxiliares do juízo (escrevente oficial de justiça, perito, entre outros) são insuscetíveis de recurso. Isto porque, entre nós, não têm conteúdo decisório capaz de causar gravame às partes, já que sofrem controle pelo juiz". NERY JÚNIOR, 2004, p. 234.

[53] JORGE, 2004, p. 25.

[54] LIEBMAM, 2003, v. 1, p. 207.

[55] *Sistema de Direito Processual Civil*. Traduzido por Hiltomar Martins de Oliveira. Vol II. 2ª ed. São Paulo: Lemos e Cruz, 2004. p.243.

[56] SILVA, 2005, p. 379.

[57] ARAGÃO, Egas Dirceu Moniz de. *Comentários ao código de processo civil*. 10. ed. Rio de Janeiro: Forense, 2005. v. 2. artigo 154 a 269. p. 37.

dos arts. 162, § 1º, 267 e 269 do CPC vigente; conceituando a sentença como ato do juiz que implica alguma das situações previstas nos art. 267 e 269. Egas Dirceu Moniz de Aragão e Antonio Carlos de Araújo Cintra consignam suas insatisfações à classificação da expressão sentencial, como ato extintivo do processo de 1º grau. Egas Dirceu Moniz de Aragão, avesso à conceituação da sentença pelo efeito de extinção do processo, infere ser a sentença de mérito ato decisório proporcional ao desfecho natural do processo. Neste sentir, coladona-se passagem de seu magistério:[58] "a definição de sentença, porém não está acorde com a melhor doutrina. De fato, somente o julgamento do mérito da causa, acolhendo ou repelindo o pedido do autor, define-a [...]"

Antonio Carlos de Araújo Cintra[59] crê no ato do juiz que decide o mérito da demanda, legítima prestação jurisdicional: "ato pelo qual o juiz decide o mérito, dá-se o nome de sentença definitiva [...] com a publicação da sentença definitiva, diz-se que o juiz cumpre a acaba seu ofício". Hoje a redação do artigo 463 restou alterada. Sentença de mérito é entendida como ato do juiz que resolve o mérito: fundamentado nas hipóteses do artigo 269 do Código de Processo Civil.

Contrariamente, situam-se as sentenças *extintivas*, dispostas no artigo 267 do Código de Processo Civil. Reportando ao posicionamento de Egas Dirceu Moniz de Aragão,[60] a extinção normal do processo visa à sentença de mérito, ocorrendo a prestação jurisdicional do Estado. Nada obstante, o processo poderá ter fim anormal, impossibilitando ao Estado pronunciar-se sobre o mérito da demanda, porquanto necessário à demanda satisfazer requisitos prévios a análise do objeto desta, pressupostos processuais e condições da ação. Ausente algum desses requisitos, o juiz ficará impossibilitado de proferir sentença a respeito do mérito.

Tracejadas algumas premissas diferenciadoras das sentenças extintivas e terminativas, consoante sustenta Thereza Arruda Alvim Wambier, dentre os pronunciamentos do juiz (sentença, decisão interlocutória e despachos), a nota marcante à identificação da sentença reside no seu conteúdo. O pronunciamento judicial que julgue matéria abrigada no rol dos artigos 267 ou 269, ambos do Código de Processo Civil de 1973, relevar-se-á como sentença. Deste modo, alude ao rol taxativo dos artigos 267 a 279 do vigente Diploma Processual Civil os objetos materiais das sentenças.[61] Passemos as decisões interlocutórias.

Contundentemente, Ovídio Araújo Baptista da Silva[62] adverte que o conceito de decisão interlocutória atrela-se aos princípios da oralidade e da concentração. Insurgência de decisões interlocutórias reflete que dado sistema processual

---
[58] ARAGÃO, 2005, v. 2, p. 36-37.
[59] CINTRA, Antonio Carlos de Araujo. *Comentários ao código de processo civil*. 2. ed. Rio de Janeiro: Forense, 2003. p. 275.
[60] ARAGÃO, 2005, v. 2, p. 413-418.
[61] WAMBIER, op. cit., p. 29-30.
[62] SILVA, 2001, p. 3-5.

afasta-se do princípio da oralidade e da concentração, o que torna o rito processual ordinário, preponderando atos escritos sobre orais.

Comumente, no decorrer do processo até a prolação da sentença – sobrepesando a natureza da demanda especialmente na fase instrutória –, o juiz poderá proferir decisões antes de sentenciar o processo: as decisões interlocutórias têm maior incidência na primeira instância do que no procedimento recursal e "podem ser proferidas em processos de conhecimento, de execução, cautelar, de rito ordinário ou sumário e em procedimentos especiais".[63]

O conceito de decisão interlocutória está determinado no art. 162, § 2º, do Código de Processo Civil de 1973 – foi universalizado pelo direito brasileiro – abrangendo todos os provimentos decisórios que não correspondam à decisão final sobre a causa.

As decisões interlocutórias caracterizam-se por possuírem *natureza decisória,*[64] resolvendo *questão incidental*[65] insuscetível de pôr fim ao processo. Das decisões interlocutórias, listam-se[66] questões que versam sobre provas; que concedem ou negam liminares (ou que de ofício determinem questões de índole cautelar); que são relativas a recursos (verificação do juízo de admissibilidade, bem como dos efeitos dos recursos, tanto em primeira instância como no órgão *ad quem*); que são relativas a nulidades (que repelem ou acatam nulidades absolutas ou nulidades relativas). Com maior relevo temos a decisão saneadora e a antecipação de tutela.

A decisão interlocutória julgará questão incidental, não pondo termo ao processo, independente da natureza ou espécie da questão.[67] Em síntese as características das decisões interlocutórias, segue-se em análise os despachos.

Os despachos, dispostos no §3º do art.162 do Código de Processo Civil de 1973, são todos os demais atos praticados pelo magistrado de oficio ou a requerimento das partes, não implicando atividade cognitiva capaz de agregar a este conteúdo decisório,[68] ou de "causar algum gravame a qualquer das partes".[69]

Provimentos que findam a mera impulsão processual possibilitam o andamento do processo e a movimentação procedimental. Os despachos "permitem esse impulso oficial pretendido pelo legislador e torna-se imprescindível para a prestação da tutela jurisdicional",[70] *v.g.* designar audiência, ordenar a intimação, juntada de documentos, dentre outras hipóteses. Pragmaticamente, a nota distin-

---

[63] ALLA, 1998, p. 53.
[64] WAMBIER, 2000, p.79.
[65] NERY JÚNIOR, 2004, p. 235.
[66] WAMBIER, op. cit., p. 93
[67] JORGE, 2004, p. 31-32.
[68] Tereza Arruda Wambier Alvim afirma "Os despachos se caracterizam, de fato, por terem conteúdo decisório não significativo, na medida que na maioria das vezes representam a aplicação quase automática não envolvendo pois de regra nenhuma atividade de natureza interpretativa". WAMBIER, 2000, p. 96
[69] SILVA, 2005, p. 188.
[70] JORGE, 2004, p. 32.

tiva é o critério de exclusão:[71] não possuindo carga decisória (decisão interlocutória), não incidindo gravame à(s) parte(s), tampouco capacidade de pôr termo ao processo, os demais atos praticados pelo juiz considerar-se-ão despacho,[72] a diferença reside no conteúdo e não na forma do ato.

Oportunamente, Flavio Cheim Jorge[73] destaca não incidir preclusão ou dever constitucional de fundamentação nos despachos (artigo 165 do Código de Processo Civil e artigo 93, inciso IX, da Constituição Federal), por não serem considerados decisões, podendo ser revisto a qualquer tempo pelo juiz, ante o requerimento da(s) parte(s).

A importância de diferenciarem-se os pronunciamentos decisórios diz respeito à recorribilidade. A decisão *interlocutória* é impugnável mediante o recurso de agravo (art. 162, § 2º, cc/ art. 522, ambos do Código de Processo Civil de 1973), e contra *sentença* o recurso adequado será a apelação (art. 162, § 1º, cc/ art. 513 ambos do Código de Processo Civil de 1973).[74] Os despachos não comportam impugnação recursal. Expressa vedação redigida no artigo 504 do Diploma Processual Vigente.

O *princípio da unicidade*,[75] também denominado *singularidade*[76] ou *unirrecorribilidade*, vige no ordenamento processual pátrio estabelecendo, de um modo geral, que para cada ato judicial recorrível comporta-se apenas um recurso específico.[77] Isto é, veda o uso concomitante ou cumulativo de dois ou mais recursos interpostos contra o mesmo ato judicial. Embora o diploma processual vigente não o tenha previsto de forma expressa (ao contrário do art. 809 do Código de Processo Civil de 1939[78]), sua subsistência no direito vigente decorre da interpretação sistemática que se faz do art.496, catalogando os recursos do Código Processual Civil de 1973, e correlacionando o art.162 com os artigos 504, 513 e 522, todos do Código de Processo Civil vigente.

O ato judicial o qual se pretende impugnar é indivisível, cabível à figura recursal própria. Há outra característica desse princípio: impedindo-se a duplicidade de recurso sobre o mesmo ato judicial, afasta-se a possibilidade de jul-

---

[71] MOREIRA, 2003, v. 5, p. 243.

[72] Não é completa a afirmativa, eis que outros atos judiciais estão tipificados em dispositivos diversos no CPC ex: depoimento pessoal (art. 342) inquirição de testemunhas (art. 416) ou da parte (art. 344), a inspeção de pessoa ou coisa (art. 440) conciliação das partes (art. 331) abertura de testamento (art. 1145) e outros atos. Tais atos não se configuram nem em sentença, decisões interlocutórias ou despachos.

[73] JORGE, 2004, p. 33.

[74] Ressalva-se que a sentença por seu conteúdo finalístico é mais abrangente[55] do que uma decisão interlocutória. NERY JÚNIOR, op. cit., p. 122.

[75] MOREIRA, 2003, v. 5, p. 248.

[76] NERY JÚNIOR, op. cit., p. 119; ORIONE NETO, 2002; JORGE, op. cit., p. 180.

[77] FAGUNDES, 1946, p. 145.

[78] Dispunha o artigo 809 do Código de Processo Civil de 1939: "Art. 809. A parte poderá variar de recurso dentro do prazo legal, não podendo, todavia, usar, ao mesmo tempo, de mais de um recurso"., não reiterou o diploma processual vigente, a vedação expressa contida no artigo descrito. BRASIL. *Decreto-Lei nº 1.608*, de 18 de setembro de 1939. Disponível em: <https://www.planalto.gov.br/ccivil_03/Decreto-Lei/1937-1946/Del1608.htm>. Acesso em: 15 set. 2005.

gamentos contraditórios[79] em grau de recurso. A preclusão[80] reflete a incidência deste princípio. Não manteve o diploma processual vigente a possibilidade de variar-se o recurso, consoante preterido Código de Processo Civil de 1939.[81] Interposto o expediente recursal próprio ao ato judicial pretenso de revisão, operar-se-á a preclusão consumativa.[82-83] O que se proíbe é a proliferação de vários recursos contra o mesmo ato judicial.[84]

Compreendido que a decisão *interlocutória* é proferida no curso do processo, impugnável mediante o recurso de agravo (art. 162, § 2º, cc/ art. 522, ambos do Código de Processo Civil de 1973), segue a análise do desenvolvimento do recurso de agravo.

4. Breve abordagem histórica do recurso de agravo

O despretensioso estudo não almeja profundidade acerca do desenvolvimento histórico do recurso de agravo, e a análise do direito comparado. Insta-se, apenas, tecer breve notícia sobre o surgimento deste meio recursal.

Ante a influência exercida sobre os ordenamentos jurídicos da civilização ocidental, inicialmente o caminhar histórico nos remete ao Direito Romano: onde, consoante melhor doutrina, extrai-se de forma unívoca que a arquitetura processual romana não comportava recorribilidade das decisões proferidas no curso do processo (interlocutórias). Giuseppe Chiovenda,[85] em minucioso estudo, relata que o conceito romano de sentença materializava-se em ato final do processo, contendo absolvição ou condenação (rejeição ou acolhimento da demanda): distinto dos pronunciamentos necessários no curso do processo (*interlocutiones*). Estes pronunciamentos divergem quanto à forma, efeitos, formação de coisa julgada e, especialmente, a recorribilidade: ao passo que a sentença era recorrível por meio de apelação e a decisão interlocutória não comportava recurso.

---

[79] FAGUNDES, op. cit., p. 145.

[80] JORGE, 2004, p. 181.

[81] Dispunha o artigo 809 do Código de Processo Civil de 1939: "Art. 809. A parte poderá variar de recurso dentro do prazo legal, não podendo, todavia, usar, ao mesmo tempo, de mais de um recurso". . BRASIL, 1939.

[82] Ovídio Araújo Baptista da Silva assim define "A preclusão consumativa dá-se quando uma determinada faculdade processual já foi proveitosamente exercida, no momento adequado, tornando-se impossível o exercício posterior da mesma faculdade de que o interessado já se valeu. A parte a quem se confere o direito de apelar da sentença que lhe seja desfavorável poderá fazê-lo nos quinze dias subseqüentes à intimação (artigo 184, § 2º, e 240 do CPC). Se, todavia, em vez de valer-se de todo o prazo, a parte oferecer seus recurso, por exemplo, no décimo dia, não lhe será permitido propor uma segunda apelação mais ampla ou diversa da anterior, ainda que dentro do prazo legal". SILVA, 2005, p. 196.

[83] NERY JÚNIOR, 2004, p. 192.

[84] NERY JÚNIOR, 2004, p. 135; ORIONE NETO, 2002, p. 178.

[85] *Instituições de Direito Processual Civil*. Vol. I. 3ª ed, com anotações do Prof. Enrico Tullio Liebman. Campinas: Bookseler. 2002, p.156-160.

"Os juristas romanos desconheciam as sentenças interlocutórias, expressão que seria para eles contradição *in adiecto*".[86] Ao longo do desenvolvimento processual romano verificou-se distintas formas de impugnação das decisões judiciais (*provocatio ad populum, intercessio, vindex, restituo in integrum, revocation in duplun*),[87] porém não se destinavam a decisões interlocutórias e como típico expediente recursal tinha-se a *appelattio* e, posteriormente, a via extraordinária da *supplicatio*.

A apelação a partir de Augusto concretiza-se como meio recursório. Consoante as lições de Alcides de Mendonça Lima, a apelação "tinha desde seus albores, por finalidade corrigir a injustiça e a ignorância dos juízes"[88] e adiante aduz "concentra-se a origem de todo o ordenamento recursório".[89] Inquestionável o acerto dos dizeres sustentados, nada obstante, a implementação do recurso de apelação, em seu bojo histórico, demonstrou-se como "meio de concentração política e administrativa",[90] visando "a unificação do ordenamento jurídico em todos os quadrantes do império".[91] Todavia o recurso de apelação foi acolhido pelas experiências jurídicas sucessivas, tornando-se um instituto de secular tradição, presente em quase todos os ordenamentos processuais contemporâneos.

Interessa-nos analisar a *Supplicatio* surgida a partir de Adriano,[92] visto que, para parte da doutrina, se translada como o fecundo surgimento ao recurso de agravo. Hauridos nas lições de Aufredo Buzaid,[93] Afonso Fraga[94] e Carlos Silveira Noronha,[95] a súplica surge no Direito Romano, adstrito ao sentimento de inconformismo e justiça, como expediente moderador as decisões dos dignitários do Estado (príncipe e seu delegado, prefeito do pretório e o procurador do sacro palácio), pois, considerados hierarquicamente superiores, suas decisões não ensejavam a parte o direito de recorrer (entenda-se: interposição de apelação). Assim atenuando a censura criou-se o expediente "em que, sem afrontar a autoridade que proferia a decisão, pondo em dúvida a justiça do julgado, a parte apenas su-

---

[86] PONTES DE MIRANDA, Francisco Cavalcanti. *Comentários ao Código de Processo Civil*. Tomo VII: arts. 496 a 538. Rio de Janeiro: Forense, 2000. p. 217.

[87] SIDOU, J.M. Othon. Op.cit. 17-31. Nesta obra a excelência da pesquisa laborada permite ao leitor desvendar as características dos meios impugnativos anteriores ao surgimento do recurso de *appellatio* e *supplicatio*, bem como, cuidadosamente, o autor comenta o julgamento de Horácio: permitindo-se conhecer uma das primeiras oportunidades registradas pela história sobre o julgamento de um expediente recursal.

[88] 1963, p 19.

[89] 1963, op. cit. p. 20.

[90] SIDOU, J.M. Othon. 1978, p. 26.

[91] CRUZ E TUCCI, José Rogério.1987, p.40.

[92] CRUZ E TUCCI, Op.cit. p.41.

[93] *Do Agravo de Petição no Sistema do Código de Processo Civil*. 2ª ed.rev. e ampliada. São Paulo: Saraiva, 1956. p. 30-34.

[94] 1941, p. 160-162.

[95] *Do Agravo de Instrumento*. Rio de Janeiro: Forense, 1976, p. 11-15.

plicava, implorava a mesma autoridade prolatora da sentença que reexaminasse a causa".[96]

A *supplicatio* era interposta contra ilegalidade cometida pelos dignitários do Estado (atos como: obstaculizar a participação das partes, tumultuar a marcha processual, mesmo após a sentença, ou deixar de receber a apelação). No estudo empreendido por José Rogério Cruz e Tucci, quanto à súplica, assevera que o tribunal imperial estava ao alcance de todos, não só como órgão de ultima instância, mas sim no início da controvérsia; denota-se pela recorribilidade de uma decisão interlocutória, além disso, este recurso não suspendia a execução do julgado (contemplava exceção no caso de caução) e podia ser manejado única vez contra o ato recorrido. "Os praxistas luso-brasileiros pretendem situar nesse *remedium finis* o óvulo do agravo ordinário do antigo direito português". O precedente romano influenciou o direito português.[97]

Mister necessário referirmos a abordagem histórica desempenhada por Aufredo Buzaid.[98] Assevera o autor que no direito germânico o processo compõe-se de duas fases fundamentais: a probatória e a decisória, as quais se julgam por sentenças distintas. Deste modo a tradição germânica compreende sentenças interlocutórias e sentenças definitivas: ambas recorríveis por apelação e formadoras de coisa julgada, rompendo com a concepção romana da irrecorribilidade das interlocutórias. Igualmente, no direito canônico difunde-se o princípio da ampla apelabilidade dos pronunciamentos decisórios, fossem sentença interlocutória ou sentença definitiva. Finalmente alude que o sistema recursal do direito comum (séculos XII e XIII) é conseqüência inerente da concepção canônica-germânica do processo, sediada na doutrina da apelabilidade das sentenças interlocutórias, preclusão e formação da coisa julgada. Sob esse compasso extraíram os primeiros monarcas lusitanos os princípios e a orientação à promulgação de suas legislações iniciais.

Adentrado o direito lusitano, norteados pelos ensinamentos de Carlos Silveira Noronha[99] e Aufredo Buzaid,[100] tem-se que a esfera do processo civil português adquire relevo no reinado de D. Afonso III. A doutrina processual do século XIII concebia duas categorias de sentenças (definitiva e interlocutória), recorríveis por único expediente recursal: a apelação. Ao lado do recurso de apelação havia a *sopricação*, criada para abrandar a iniqüidade que poderia advir da irrecorribilidade das decisões proferidas pela alta casta julgadora (juízes das relações, corregedores da corte e da cidade de Lisboa, juízes da Índia, minas e conversadores dos estrangeiros), onde a parte vencida requeria a Casa de Suplicação (que ministrou seus trabalhos no ano de 1425 e 1429) revisão do

---

[96] ALVIM WAMBIER, Thereza Arruda. *Os Agravos no CPC Brasileiro*. 4ª ed.rev. ampliada e atualizada.de acordo com a nova Lei do Agravo (Lei 11.187/2005). São Paulo: Revista dos Tribunais. 2005, p. 37.
[97] NORONHA, 1976, p. 13.
[98] 1956. p.15-27.
[99] 1976, p. 11-16.
[100] Op.cit, p.28-34.

julgamento. A ampla recorribilidade (reforçada na lei de D. Diniz de 19 de março de 1317), proliferou o número de expediente recursais: estimulando chicana e protelação a marcha processual. Portanto coube a D. Afonso IV restabelecer a ordem, vedando a recorribilidade das decisões interlocutórias (rompendo com a tradição canônica-germânica e resgatando a concepção do direito romano medieval), salvo caso de danos irreparáveis até a sentença final ou em face de execução do julgado.

Ao tempo de D. Diniz, em encontro as lições de Afonso Fraga[101] a *soprição* (fonte comum de todos os recurso de agravo) inspirou o direito português à criação do *agravo ordinário*. Na agudeza de seus comentários assenta Francisco Cavalcanti Pontes de Miranda[102] que "a graduação dos juízes, excluía às vezes, a apelação e o vácuo provocou a repulsa e a corrigenda com o agravo". A primeira modalidade de agravo conhecido no direito português foi o *agravo ordinário*. Este era interposto contra as sentenças definitivas ou interlocutórias com força de definitivas proferidas por juizes de graduação superior: pronunciamentos decisórios que eram irrecorríveis (idêntica à vedação do Direito Romano), destinado a Casa de Suplicação. Thereza Arruda Alvim Wambier sustenta que o *agravo ordinário* era recurso de estrito direito, objeto e devolutividade limitada, e a restituição operava-se apenas em favor de menores. Finalmente com o Decreto de 24 de maio de 1832, desaparece o *agravo ordinário* como sucedâneo da apelação; não sendo este reincorporado ao sistema processual lusitano.

O "recurso de agravo surgiu no velho direito português como reação da prática judiciária ante a restrição imposta por Afonso IV a faculdade de apelar contra as interlocutória".[103] Sob a égide das Ordenações Afonsinas (instituídas por Afonso V em 1446) narra Carlos Silveira Noronha[104] que as partes prejudicadas pela irrecorribilidade das decisões interlocutórias, impostas no governo de D. Afonso IV, serviam-se de petições manifestando suas queixas (conhecidas como *querimas* ou *querimônias*) endereçadas ao magistrado de grau superior ou soberano: onde a resposta chamava-se *carta de justiça*.

Consoante Aufredo Buzaid,[105] as *cartas de justiça* incorriam em vicissitudes, visto que as informações postuladas, muitas vezes, não condiziam com a veracidade do direito e dos fatos: assim o inconveniente desta prática foi suprimido em D. Duarte, onde por lei vedou a concessão de *cartas diretas*. Exigiu-se então que os pedidos tivessem intervenção de oficial público (quando elaboradas pelo escrivão designava-se *Carta Testemunhal* e por tabelião, *instrumento do agravo*): assim as *querimas* passaram a ser encaminhadas à autoridade judiciária superior com resposta do magistrado inferior.

---

[101] 1941, p. 161-162
[102] 2000, p. 213.
[103] BARBOSA MOREIRA. 2003, p. 482.
[104] 1976, p. 17.
[105] 1956. p. 34-37

No desenvolver processual lusitano, ainda nas Ordenações Afonsinas deu-se a criação do *agravo de ordenação não guardada*, "oponíveis somente nos casos expressos em lei, e este o ser contra toda e qualquer sentença que não guardasse a Ordenação, no tocante aos preceitos de direito material quer aos da ordem processual".[106] Logo lograva a parte que as autoridades judicantes superiores (Desembargadores da Casa do Porto, Corregedores e Ouvidores) declarassem a nulidade ao verificarem que na marcha processual atuou o magistrado (seja por decisão interlocutória ou despacho) de forma temerária afrontando a lei processual civil (não guardando a Ordenação), para que a parte percebesse a devida indenização.[107] Esta modalidade de agravo foi extinta antes do primeiro Código de Processo Civil Português (1876).

Em 1521 as Ordenações de Afonso V, a mando de D. Manuel, foram revistas, emendadas e reformadas pelo Chanceler Mor Rui Boto, o licenciado Rui da Grã e o bacharel Rui Cotrim; resultando em 1521 as Ordenações Manuelinas (Código Manuelino).[108] Surge em junho 1526, por carta régia de D. João III, o *agravo no auto do processo*, interposto contra sentença ou decisão interlocutória que visasse ordenar o processo, para ser conhecido pelo juiz superior em virtude de qualquer outro recurso. Noticia-se o primeiro recurso de efeito devolutivo diferido (como ocorre no agravo retido presente no sistema recursal brasileiro), esta modalidade de agravo manteve-se nas ordenações filipinas e no primeiro Código de Processo Civil português: sendo extinto apenas em 1926 pelo Decreto 12.353 de 22 de novembro de 1926.[109]

Prosseguindo, discorrer-se-á sobre o *agravo de instrumento*. Sua origem dar-se a partir da lei de D. Duarte, proibindo as cartas diretas, conforme se noticiou, e, nas Ordenações Afonsinas o *agravo de instrumento* adquiriu seu contorno. Tanto na Ordenação Manuelina como na Filipina, tinham-se três classificações dos atos decisórios,[110] compreendidos em: sentença definitiva, sentença interlocutória simples e interlocutória mista. Das sentenças interlocutórias cabiam o recuso de agravo (na modalidade de instrumento ou de petição), fulcro em enumeração casuística. O agravo de instrumento foi extinto após a promulgação do Código de Processo Civil Português em 1876, "no entanto manteve-se ainda por algum tempo na legislação lusitana para utilização nos processos comerciais e criminais";[111] pouco tempo após aboliu-se essa modalidade de agravo.

Apontado por parte da doutrina[112] como mérito das Ordenações Manuelinas (embora os subsídios históricos ponham em questão se foi criação das Ordenações

---

[106] 1941, p. 165.
[107] WAMBIER. 2005, p. 42-43.
[108] BUZAID. Op.cit. p. 38
[109] NORONHA. 1976, p. 21-22.
[110] BUZAID. 1956. p. 39 e NORONHA. Op.cit. p. 28-39.
[111] NORONHA. Id ibem. p.30.
[112] WAMBIER. 2005, p. 44. e BUZAID. 1956. p. 43-44 e NORONHA. 1976. p. 29, o Ex-Ministro Athos Gusmão Carneiro sustenta ser mérito das Ordenações Afonsinas a criação do agravo de petição, conforme pas-

Manuelina ou lei extravagante a época das Ordenações Afonsinas, a criação do agravo de petição), tem-se o *agravo de petição*. Sustenta Alfredo Buzaid[113] que os juristas portugueses criaram o agravo de petição, para atender critérios geográficos, economia de tempo e maior facilidade ao conhecimento do processo. Esta modalidade de agravo era interposta por simples petição quando averiguado que entre o juízo *a quo* e o juízo *ad quem* havia distância inferior a cinco léguas. Deste modo, dispensava-se a formação de instrumento. Thereza Arruda Alvim Wambier[114] apurou que o agravo de petição fora concebido como meio recursal no primeiro Código de Processo Civil Português (08.11.1976), não mais contemplado dessa forma pelo atual diploma processo civil lusitano.

O hodierno diploma processual lusitano foi instituído pelo Decreto Lei 44.129 de 28.12.1961, que alterou a disciplina dos recursos de agravo: não mais nomeando os agravos, mas apenas diferenciam-lhes os efeitos e procedimentos.

Atualmente, no direito luso, tem-se que o agravo "pode ser interposto na primeira instância (art.733) e na segunda instância (art.754), divide-se em agravo de *subida imediata* (art. 734) e agravo de *subida diferida* (art.735)",[115] subia nos próprios autos ou em separado (art. 734 a 737). Os agravos de *subida imediata*[116] (decisões terminativas do processo: impedimentos do julgador, declaração de incompetência, despacho após a decisão final, tornando inútil a retenção) detinham efeito suspensivo, sendo facultado ao julgador agregar tal efeito ao recurso, nos demais casos subiam em autos separados devendo a parte copiar as peças que o instruiriam (742). Conforme Thereza Arruda Alvim Wambier,[117] o agravo interposto na segunda instância era de fundamentação vinculada em que se invoca nulidade ou aplicação equivocada da lei material ou processual: interposto das sentenças do tribunal da comarca que violasse regras de competência internacional e acórdão que fosse recorrível, mas não por meio de recurso de revista ou apelação.

O agravo de *subida diferida* chegaria a apreciação do órgão recorrido com a interposição do primeiro recurso posterior, como ocorre no agravo retido do sistema recursal brasileiro, e o agravo de subida imediata guarda relação com o agravo de instrumento do direito brasileiro. Diante do breve histórico abordado, passa-se ao desenvolvimento do recurso de agravo no direito brasileiro.

---

sagem de seus estudos: "Com o tempo, aparecem duas formas de agravo: em estando o juízo de origem situado na Corte ou perto darredor cinco legoas, o agravo seria por mera petição ou seja, subida nos próprios autos; se maior a distancia, subiria através de instrumento. Este critério geográfico esta nas Ord, Afonsinas (1446) e foi confirmada nas Ord. Manuelinas (1514 – 1 publicação; 1521, 2ª publicação), para diferencias os dois tipos de agravo". *Recurso Especial, agravos e agravo interno*: exposição didática: arca do processo civil, com sabe na jurisprudência do Superior Tribunal de Justiça. Rio de Janeiro: Forense, 2001. p. 94 .

[113] BUZAID. Op.cit. p. 41-43
[114] 2005, p. 46-47.
[115] NORONHA, 1976, p. 31.
[116] NORONHA. Ib. idem, p. 31
[117] Op. cit. p. 48-49.

5. Recurso de Agravo no ordenamento Jurídico Pátrio: suas modalidades de interposição.

Preliminarmente à abordagem do recurso de agravo do direito pátrio, trazem-se os comentários de José Carlos Barbosa Moreira.[118] Alude que todo sistema recursal reflete as características da estrutura do procedimento de grau inferior, e num processo de estrutura concentrada impera restrições ao elenco de recursos cabíveis contra a primeira instância, consagrando, muitas vezes, único recurso apto a analisar todas as questões decididas no curso processual. Diversamente é a concepção brasileira quanto ao sistema de recorribilidade das decisões interlocutórias, onde a diversidade de decisões interlocutórias proferidas ao longo do processo podem ser suscitadas e revistas em sede recursal. Sob essa premissa prossegue-se ao cotejo histórico.

Em 7 de setembro de 1822, ao tempo que na legislação portuguesa as decisões interlocutórias eram recorríveis por cinco modalidades de agravo (agravo ordinário, agravo de ordenação não guardada, agravo no auto do processo, agravo de instrumento, agravo de petição), rompeu o Brasil os grilhões de sua dependência política para com Portugal. Nada obstante, "haverá sempre, um período intermediário, durante o qual as relações jurídicas continuarão a ser regidas por diplomas alheios até que se processe a promulgação gradativa dos ordenamentos nacionais".[119]

Destarte o ritmo legislativo apto a constituir a organização judiciária brasileira, não se encontrava no contingente da proclamada independência, para esse mister instalou-se em 03 de maio de 1823 a Assembléia Constituinte e Legislativa. Esta "promulgou lei de 20 de outubro de 1823, determinando que as Ordenações e demais leis portuguesas fossem aplicadas naquilo em que não estivessem revogadas e não contraviessem aos princípios da revolução vencedora".[120]

Vigeram no sistema jurídico brasileiro as cinco modalidades de recurso de agravo do direito lusitano. Contudo não tardaria o início das atividades legislativas brasileiras, haja vista que a emancipação do Brasil traria como conseqüência a reforma dos diplomas legislativos, amoldando-os a ordem jurídica à estrutura e condições nacionais do território brasileiro.

Em 15 de outubro de 1827 e 18 de setembro de 1828, editaram-se leis aptas a dispor sobre a organização judiciária brasileira e criou-se o Supremo Tribunal de Justiça. Contudo o período de autonomia do direito processual brasileiro iniciou-se em 29 de novembro de 1832 com a edição do Código de Processo Criminal do Império, "trazendo em seu bojo Disposição Provisória acerca da administração da justiça civil, revogando a legislação portuguesa (art. 27)".[121]

---
[118] 2003, p. 484-488.
[119] MENDONÇA. 1963. p 33.
[120] NORONHA. 1976, p. 35.
[121] NORONHA. 1976, p. 35.

Deste marco iniciou-se a emancipação legislativa. Posteriormente, com a publicação do Decreto n° 143 de 15.03.1842, foram extintos definitivamente o *agravo de ordenação não guardada e o agravo ordinário*; remanescendo o *agravo de instrumento, de petição e no auto do processo*. O recurso de agravo de instrumento e de petição cabia das hipóteses casuisticamente enumeradas. A atividade legislativa continuou aflorando, em 25 de junho de 1859, por meio da Lei 556, editou-se o Código Comercial, disciplinando processualmente as demandas comerciais. Todavia o êxito e aperfeiçoamento legislativo (especialmente nas disposições processuais) atingiu sua maturação com o Regulamento n° 737 de 25.11.1980: este teve por escopo "apenas o processo comercial, até que fosse estendido às causas civis, por força do Decreto 763 de 19 de setembro de 1890 do Governo Provisório da República".[122]

Anterior e ao tempo do Regulamento 737, surgem legislações extravagantes ampliando as hipóteses de cabimento do agravo de instrumento. Thereza Arruda Alvim Wambier, discorrendo sobre o alcance do Regulamento 737, refere que o mesmo influenciou os códigos estaduais e acabou por vigorar nos Estados Federados que não implementaram seus códigos próprios.[123]

Alcides de Mendonça Lima,[124] ao situar o recurso de agravo na égide do Regulamento 737, menciona que o *agravo no auto do processo* foi cancelado, vigendo, tão somente, o agravo de instrumento e petição. Ao *agravo de petição*, da mesma forma que a ordem jurídica lusitana, aplicava-se ao seu cabimento o critério territorial (distância inferior de cinco léguas entre o juízo *a quo* e o *ad quem*) e/ou casos expressos. Relativo aos efeitos dos agravos: eram devolutivo ou suspensivo e, curiosamente, estes efeitos operavam-se não em face do direito posto em causa ou iminência de riscos e danos, mas ao fato dos autos permanecerem ou não na sede do juízo. Encerra ministrando que o recurso de agravo gerou inúmeras legislações extravagantes, ampliando as hipóteses de seu cabimento, sendo que o maior malefício do Regulamento 737 foi a legislação esparsa surgida, entravando a marcha processual e estimulando a chicana.

Visando a unificação da legislação processual e leis extravagantes, o Governo Imperial determinou ao conselheiro Antonio Joaquim Ribas que promovesse a consolidação da legislação do processo civil. Respaldado pelo estudo de Carlos Silveira Noronha;[125] tem-se que a síntese legislativa subsidiada em princípios do direito romano e consuetudinário científico colimou na Resolução de Consulta de 28 de dezembro de 1976. Desta data o presente estatuto disciplinou o processo civil, vigorando três espécies de agravo: agravo no *auto do processo, de instrumento e de petição*; o Regulamento 737 continuou a regulamentar causa de natureza comercial. A consolidação vigeu por pouco tempo, e após o Decreto

---

[122] Para maiores detalhamentos consultar MENDONÇA. 1963. p 35-46.
[123] 2005, p. 51-52.
[124] 1963. p 42.43
[125] 1976, p 38-39.

9.549 de 23 de janeiro 1886, o Regulamento 737 estendeu-se às demandas de naturezas cíveis.

Nesse diapasão adveio a Constituição Republicana de 1891, instalando no país a dualidade de processo por parte do Estado Membro e Estados Federados,[126] deste marco iniciar-se-iam a atividade legislativa dos Estados editando seus Códigos próprios, visto que eram "competentes para organizar sua justiça e legislar sobre o direito adjetivo – Processo Civil e Processo Penal".[127] O Regulamento 737 influenciou os Códigos Estaduais, e nos Estados que não publicaram Códigos a omissão legislativa foi suprida pelo Regulamento 737, conservando o critério de enumeração casuística: os Estados de São Paulo e de Mato Grosso foram os únicos a não publicarem Códigos.[128]

Thereza Arruda Alvim Wambier, em monografia específica, tratou das datas, publicações, casos de cabimento (rol variável numericamente em cada diploma) do recurso de agravo, efeitos e peculiaridades dos Códigos Estaduais surgidos. Para que não percamos o enfoque objetivo, passaremos ao apontamento dos aspectos comuns do recurso de agravo nos diplomas estaduais surgidos. Exceto o Estado do Rio Grande Sul (que não "admitiu a tradicional distinção entre agravo de instrumento e de petição",[129] mais tarde por legislação complementar incorporou o agravo de instrumento), todos os Códigos Estaduais previam o recurso de *agravo de instrumento e agravo de petição*, o rol das hipóteses de cabimento variavam bem como os casos de efeito suspensivo; não há registro de grandes dissensões entre os diplomas estaduais.

O professor Alcides de Mendonça Lima,[130] em refinada pesquisa histórica, censura o sistema dualista de organização judiciária imposta pela Constituição Federal de 1891, onde aos Estados Membros incumbiam legislar sobre processo civil e processo penal; em contrapartida a União legislava sobre direito civil, comercial, criminal e o sistema processual na justiça federal. Relata que o sistema de pluralidade processual conduziu aos atrasos e quebra da unidade do direito (visto que a evolução do direito atrela-se ao desenvolvimento e a concepção social da comunidade, não era plausível conceber que este se desenvolveria em vertentes e proporções diferenciadas em cada Estado membro), tanto que alguns estados membros não editaram legislação processual, permanecendo o regulamento 737. Relata ainda, que muitos projetos pugnando pela unidade processual foram lançados, inclusive Ruy Barbosa nesse sentido manifestou-se. Os Estados e a comunidade jurídica não lograram avanço com o sistema federado, a reforma do sistema era o próximo passo: inspirando a Constituição de 1934.

---

[126] NORONHA. Op.cit. p. 39
[127] MENDONÇA. 1963. p 47.
[128] WAMBIER. 2005, p. 52.
[129] NORONHA. 1976, p. 40
[130] Op. cit. p.54-61

A Carta Constitucional de 1934 restaurou a unidade do direito processual, outorgando à União competência privativa para legislar sobre direito penal, comercial, civil, aéreo e processo civil, fundamentado no artigo 5º, inciso XIX, alínea a). "A legislação – portanto de cunho processual – como a material, só podia ter origem federal e ser de âmbito nacional".[131] Embora vigesse a concepção da unidade sobre o território nacional, a situação de fato era a dualidade de direito, visto que nesse período transitório a União não tomou providencia concreta e imediata, logo por força de disposição transitória (artigo 11, § 2º) até a edição de um código nacional, continuavam em vigor os códigos dos Estados Membros; o que "gerou alguns distúrbios na ordem jurídica originando situações inconstitucionais estranhas".[132] O advento do Código de Processo Civil de 1939 tornaria operante e exeqüível o propósito de unidade legislativa.

Na esteira das lições de Aufredo Buzaid,[133] em 18 de setembro de 1939 – por meio do Decreto lei n° 1.608 – passava a viger o Código de Processo Civil de 1939 (primeiro Código Nacional). O novo diploma separou as questões ditas de "mérito" das questões que precedem o seu conhecimento; proferindo-se distintas decisões sujeitas a impugnação por recursos diferentes. No artigo 808 do CPC/39 estavam dispostos os expedientes recursais (apelação, embargos de nulidade e infringentes, agravo, revista, embargos de declaração, recurso extraordinário). Afora os embargos declaratórios e os embargos de nulidade e infringentes, os demais recursos eram julgados por órgãos de instancia superior: sujeitos ao duplo grau de jurisdição. Na vigência do Diploma Processual de 1939 tinham-se três espécies de recurso de agravo: *agravo de instrumento, agravo de petição* e *agravo no auto do processo*.

No pretérito diploma os recursos de agravo estavam tutelados no artigo 841 a 852. O agravo de instrumento era cabível de decisões interlocutórias taxativas, presentes no rol do art. 842.[134] Contra as sentenças terminativas (sem análise do

---

[131] MENDONÇA. 1963. p. 47.
[132] MENDONÇA. Op. cit. p.64.
[133] 1956. p. 75-78.
[134] Dispunha o artigo 842 do Código de Processo Civil de 1939 (Decreto Lei 1.608 de 18 de setembro de 1939): "Art. 842. Além dos casos em que a lei expressamente o permite, dar-se-á agravo de instrumento das decisões; I – que não admitirem a intervenção de terceiro na causa; II – que julgarem a exceção de incompetência; III – que denegarem ou concederem medidas requeridas como preparatórias da ação; IV – que não concederem vista para embargos de terceiro, ou que os julgarem; V – que denegarem ou revogarem o benefício de gratuidade; VI – que ordenarem a prisão; VII – que nomearem, ou destituírem inventariante, tutor, curador, testamenteiro ou liquidante; VIII – que arbitrarem, ou deixarem de arbitrar a remuneração dos liquidantes ou a vintena dos testamenteiros; IX – que denegarem a apelação, inclusive a de terceiro prejudicado, a julgarem deserta, ou a relevarem da deserção; X – que decidirem a respeito de êrro de conta; XI – que concederem, ou não, a adjudicação ou a remissão de bens; XII – que anularem a arrematação, adjudicação ou remissão cujos efeitos legais já se tenham produzido; XIII – que admitirem, ou não, o concurso de credores, ou ordenarem a inclusão ou exclusão de créditos; XIV – que julgarem, ou não, prestadas as contas; XV – que julgarem os processos de que tratam os Títulos XV a XXII do Livro V, ou os respectivos incidentes, ressalvadas as exceções expressas; XVI – que negarem alimentos provisionais; XVII – que, sem caução idônea, ou independentemente de sentença anterior, autorizarem a entrega de dinheiro ou quaisquer outros bens, ou a alienação, hipoteca, permuta, subrogação ou arrendamento de bens".

mérito) era interponível o *agravo de petição*;[135] e o cabimento do *agravo no auto do processo* disciplinava-se no artigo 851.[136] Em síntese o sistema recursal era simplificado;[137] às sentenças definitivas cabia apelação; às sentenças que não julgavam o mérito caberia agravo de petição, entretanto o sistema recursal de 1939 era imperfeito e, quanto ao cabimento dos recursos de agravo, dissensões surgiram em face do vácuo legislativo.

Cingindo-se ao sistema recursal de 1939: dentre os aspectos passíveis de críticas, tinha-se a enumeração taxativa das decisões interlocutórias. A pretensão legislativa de situar-se todas as decisões interlocutórias não logrou êxito, visto que existiam outras decisões interlocutórias não previstas no diploma. Sob o prisma pragmático, na ausência de recurso a impugnação da decisão interlocutória "estranha" ao estatuto processual, caberia à parte manejar a correição parcial (sucedâneo recursal contra ato do julgador atentatório ao regular desenvolvimento processual) e na década de 50 em diante, o uso de Mandado de Segurança.

Relativo *ao agravo de petição*, a guisa das idéias de Aufredo Buzaid,[138] Carlos Silveira Noronha[139] e Thereza Arruda Alvim,[140] era cabível contra decisões terminativas (sem julgamento do mérito: bem da vida postulado), e mesmo sendo terminativa não poderia se tratar de hipótese de agravo de instrumento, além disso, deveria ser proferida em processo principal; eram estes os pressupostos especiais que individuavam o *agravo de petição*. Na vigência do Estatuto Processual de 1939 foi tormentoso aos operadores do direito diferenciarem decisões de mérito das decisões finais terminativas, visto que ao contrário do atual diploma processual, inexistia dispositivo similar ao artigo 267[141] que alista os conteúdos extintivos da sentença (condições de procedibilidade da ação, inexistências de pressupostos processuais positivos e existências de pressupostos pro-

---

[135] Dispunha o artigo 846 do Código de Processo Civil de 1939 (Decreto Lei 1.608 de 18 de setembro de 1939): "Art. 846. Salvo os casos expressos de agravo de instrumento, admitir-se-á agravo de petição, que se processará nos próprios autos, das decisões que impliquem a terminação do processo principal, sem lhe resolverem o mérito".

[136] Dispunha o artigo 851 do Código de Processo Civil de 1939 (Decreto Lei 1.608 de 18 de setembro de 1939): "Art. 851. Caberá agravo no auto do processo das decisões: I – que julgarem improcedentes as exeções de litispendência e coisa julgada; II – que não admitirem a prova requerida ou cercearem, de qualquer forma, a defesa do interessado; III – que concederem, na pendência da lide, medidas preventivas; IV – que considerarem, ou não; saneado o processo, ressalvando-se, quanto à última hipótese o disposto no art. 846".

[137] NORONHA. 1976, p.45

[138] 1956. p. 132-148.

[139] NORONHA. 1976, p. 44-46

[140] 2005, p. 63-70.

[141] Art. 267. Extingue-se o processo, sem resolução de mérito: I – quando o juiz indeferir a petição inicial;II – quando ficar parado durante mais de 1 (um) ano por negligência das partes;III – quando, por não promover os atos e diligências que lhe competir, o autor abandonar a causa por mais de 30 (trinta) dias;IV – quando se verificar a ausência de pressupostos de constituição e de desenvolvimento válido e regular do processo;V – quando o juiz acolher a alegação de perempção, litispendência ou de coisa julgada;VI – quando não concorrer qualquer das condições da ação, como a possibilidade jurídica, a legitimidade das partes e o interesse processual;VII – pelo compromisso arbitral;VII – pela convenção de arbitragem; VIII – quando o autor desistir da ação;IX – quando a ação for considerada intransmissível por disposição legal;X – quando ocorrer confusão entre autor e réu;XI – nos demais casos prescritos neste Código.

cessuais negativos) e artigo 269,[142] contemplando o conteúdo terminativo das sentenças, necessitava-se na vigência do CPC de 1939 dedicar-se a "uma exposição ordenada das matérias, que precedem o conhecimento da lide".[143] Finalmente ressalta-se que o julgador ao receber o agravo de petição poderia retratar-se da decisão ou não o fazendo seguiria o recurso ao julgamento por órgão *ad quem*. No caso do não recebimento do agravo de petição, poderia a parte convertê-lo em agravo de instrumento. O agravo de petição detinha duplo efeito (devolutivo e suspensivo), no entanto o efeito suspensivo no recurso de agravo de petição era inócuo, pois "efeito algum decorria da sentença terminativa, para o autor, senão o trancamento do processo, por impossibilidade jurídica do prosseguimento do mesmo".[144]

Continuando tinha-se o *agravo na auto do processo*: antigo expediente recursal, surgido no direito lusitano em D. João III com a carta régia de 5 de julho de 1526,[145] não acolhido pelas codificações estaduais processuais, porém ressurgido no diploma processual de 1939. Enrico Túlio Liebman,[146] M. Seabra Fagundes[147] e Jorge Beltrão[148] aduzem que esta modalidade de agravo não procrastinava o processo, não detinha procedimento na instância interposta, indispensável ao afastamento da preclusão, e sua apreciação e julgamento destinavam-se ao órgão *ad quem*. O cabimento deste condicionava-se às hipóteses do artigo 851 do CPC/1939; nada obstante – *quanto ao indeferimento de prova e cerceamento de defesa* – tornavam-se vastos os casos de cabimento deste agravo. Lograva como finalidade principal o afastamento da preclusão da decisão recorrida.

O *agravo no auto do processo* era interposto por petição ou oralmente, reduzido a termo nos autos, deduzindo-se as razões recursais e discriminando a decisão interlocutória recorrida. O agravo era recurso autônomo e seria apreciado como questão preliminar de recurso de apelação interposto, fosse manejado pelo agravante ou agravado (em sede de contra-razões); a não suscitação do agravo como questão preliminar conduzia a sua renúncia tácita. O provimento do agravo importaria a extinção do processo; a decretação de validez do ato recorrido; ou deferimento de diligências (típico ao deferimento da produção de certa prova). Oscilante era a doutrina – na época – quanto à hipótese de juízo de retratação por força do agravo no auto do processo, permanecendo majoritário o entendimento pela negativa deste. Finalmente tinha-se que esta espécie de agravo condicionava-se ao juízo de admissibilidade positivo (conhecimento) do recurso de ape-

---

[142] Art. 269. Haverá resolução de mérito: I – quando o juiz acolher ou rejeitar o pedido do autor; II – quando o réu reconhecer a procedência do pedido; III – quando as partes transigirem; IV – quando o juiz pronunciar a decadência ou a prescrição; V – quando o autor renunciar ao direito sobre que se funda a ação.

[143] BUZAID, op. cit. p. 132.

[144] WAMBIER. 2005, p. 69.

[145] NORONHA, 1976. p. 244.

[146] *Estudos Sobre Processo Civil Brasileiro*. São Paulo: Bestbook. 2004, p. 131-135.

[147] *Dos Recursos Ordinários em Matéria Civil*. Rio de Janeiro: Revista Forense. 1946, p. 358- 370.

[148] *Do agravo no auto do processo*. 2. ed.rev.aum. São Paulo : Sugestões Literárias, 1967.p. 41-55.

lação, não preenchendo o recurso de apelo o juízo de admissibilidade, inerente aos recursos, o agravo no auto do processo não seria apreciado. Embora silente a doutrina consultada, extrai-se que este tipo de agravo comportava, unicamente, efeito devolutivo.

Por fim comenta-se a última modalidade de agravo no pretérito diploma processual, *o agravo de instrumento*. Em acorde a M. Seabra Fagundes,[149] Afonso Fraga[150] e Thereza Arruda Alvim Wambier[151], o agravo de instrumento era interposto de decisões taxativas constantes no rol do artigo 852 do estatuto processual de 1939. O artigo 845[152] do mesmo diploma legal sistematizava o procedimento da formação do instrumento, prazos para o juiz proferir o juízo de retratação, resposta do agravado, e não acorrendo reforma da decisão pelo juízo *a quo*: a remessa do recurso ao órgão *ad quem*. Durante a vigência do Código de Processo Civil de 1939 esta modalidade de agravo era interposto na primeira instância, e as hipóteses de efeito suspensivo restavam estritamente taxadas no artigo 843, § 1º e § 2º[153] (denegar ou revogar o benefício da assistência judiciária, ordenar prisão, concessão ou denegação de adjudicação ou arrematação de bens; sem caução idônea, ou independentemente de sentença anterior, autorizarem a entrega de dinheiro ou quaisquer outros bens, ou a alienação, hipoteca, permuta, subrogação ou arrendamento de bens). Na hipótese de obstaculização na instância recorrida ao processamento do agravo de instrumento, restava à parte ajuizar Mandado de Segurança ou o expediente da correição parcial. Assevera-se serem – à época do Código de Processo Civil de 1939 – estes os traços distintivos do agravo de instrumento.

A guisa de desfecho alvitra-se que na seara recursal de 1939, tangente aos recursos de agravos (especialmente a modalidade de instrumento e por petição) o

---

[149] 1946, p. 310- 350.

[150] 1941. p. 176-198.

[151] 2005. p.81.

[152] Dispunha o artigo 845 do Código de Processo Civil de 1939 (Decreto Lei 1.608 de 18 de setembro de 1939): "Art. 845. Serão trasladadas a decisão recorrida e a respectiva certidão de intimação, si houver. § 1º O traslado será extraído, conferido e concertado no prazo de cinco (5) dias. § 2º Formado o instrumento, dele se abrirá vista, por quarenta e oito (48) horas, para oferecimento de contraminuta, ao agravado, que poderá pedir, a expensas próprias, o traslado de outras peças dos autos. § 3º Essas novas peças serão extraídas e juntas aos autos no prazo de três (3) dias. § 4º O agravante e o agravado podarão, com documentos novos, instruir respectivamente a petição e a contraminuta, não se abrindo vista do processo ao agravante para dizer sobre os documentos oferecidas pelo agravado. § 5º Preparados e conclusos os autos dentro em vinte e quatro (24) horas depois da extinção do prazo para a contraminuta, ou para o traslado de peças requeridas pelo agravado, o juiz dentro em quarenta e oito (48) horas, reformará ou manterá a decisão agravada, podendo, si a mantiver, ordenar a extração e juntada, no prazo de dois (2) dias, de outras peças dos autos. § 6º Mantida a decisão, o escrivão remeterá o recurso à superior instância, dentro em quarenta e oito (48) horas, ou, si fôr necessário tirar traslado, dentro em cinco (5) dias. § 7º Si o juiz reformar a decisão e couber agravo, o agravado poderá requerer, dentro de quarenta e oito (48) horas, a remessa imediata dos autos à superior instância".

[153] Dispunha o artigo 843, § 1º e § 2º, do Código de Processo Civil de 1939 (Decreto Lei 1.608 de 18 de setembro de 1939): "Art. 843. O agravo de instrumento não suspenderá o processo. § 1º O recurso interposto do despacho referido no nº V do artigo anterior suspenderá apenas a obrigação do pagamento das custas. § 2º Nos casos previstos nos ns. VI, XI e XVII, o juiz suspenderá o processo, si não puder suspender apenas a execução da ordem"

cabimento recursal era regulado a partir de enumeração taxativa (*numerus clausus*) das decisões interlocutórias. No entanto inúmeras outras decisões interlocutórias suscetíveis de gravames de difícil reparação às partes, por não estarem contempladas no rol da recorribilidade, permaneciam imunes a impugnações recursais; fomentando o manejo de sucedâneos recursais (correição parcial, pedido de reconsideração, reclamação, mandato de segurança, e outros). Parte destas imperfeições e lacunas legislativas foi suprimida no atual diploma processual pátrio.

Alude Candido Rangel Dinamarco que o diploma processual de 1939 representou avanço significativo no aspecto da técnica processual, visando superar a tradição legislativa do direito lusitano das Ordenações. Conduto atribui falhas ao diploma referido em virtude deste não amoldar-se à "profunda reforma científica operada na ciência processual e presente na produção de estudiosos italianos e alemães da segunda metade do século XIX e do início do século XX".[154] O Código Buzaid foi uma obra de seu tempo, superou em muitos pontos as carências técnicas do diploma revogado. Aperfeiçoou os institutos processuais incorporando os conhecimentos inseridos na cultura brasileira na década de setenta, com forte influência em Enrico Tullio Libeman e a Escola Processual de São Paulo. Porém, mesmo, o Código Buzaid não lograria a perfeição e imutabilidade, suas limitações e os anseios das novas tutelas jurídicas surgidas desde então, principalmente após a promulgação da Carta Constitucional de 1988, vêm sendo objeto das reformas constantes iniciadas desde 1974.

Atinente ao sistema recursal, o Código de Processo Civil de 1973 tomou rumo diverso. Alvitrado anteriormente, adotou-se o critério finalístico ao classificar os pronunciamentos judiciais de cunho decisório (art. 162), superando as mazelas do CPC/39. Caberá recurso de apelação às sentenças que julguem ou não o mérito; recurso de agravo contra decisões interlocutórias; e os despachos (atos de impulsão processual) são irrecorríveis. "O novo estatuto abandonou definitivamente o princípio da não recorribilidade em separada das interlocutórias",[155] não mais determinando em rol taxativo as decisão passíveis do recurso de agravo.

Extinguiu-se o agravo de petição e agravo no auto do processo. No surgimento do Código Buzaid havia o agravo *de instrumento ou de subida imediata* e o agravo *retido* (com origem no Código Manuelino).[156] Os agravos eram interpostos inicialmente no juízo *a quo*: ao agravo retido, sua interposição dava-se por petição e seu julgamento condicionava-se a sua reiteração como preliminar no recurso de apelação ou contra-razões; da mesma forma o agravo de instrumento era interposto no juízo recorrido com posterior remessa ao tribunal. Respeitante ao recurso de agravo (fosse retido ou instrumento), era vetado o juízo de admissibi-

---
[154] *A Reforma da Reforma*. 6ª ed.rev. e atualizada. São Paulo: Malheiros. 2003, p. 21-23.
[155] NORONHA. 1976. p. 48
[156] WAMBIER, 2005. p.82. e NORONHA. op.cit, p. 47-48 e 242-246.

lidade por parte do juízo recorrido, nada obstante autorizava-se o juízo de mérito, quando o julgador se retratasse da decisão agravada (juízo de retratação).[157]

O recurso de agravo a fim de não procrastinar a marcha processual e, convenientemente, não deixar a parte desamparada de meio recursal, detinha como regra, somente, efeito devolutivo (diz-se efeito devolutivo diferido, no caso do agravo retido, onde a matéria apenas seria objeto de devolução caso fosse o recurso reiterado em apelação ou contra-razões de apelo, era recurso de efeito devolutivo unicamente, visto que a concessão de efeito suspensivo conduziria a suspensão indevida da atividade jurisdicional); contudo, em caso de danos de difícil reparação, poderia agregar-se efeito suspensivo sobre a decisão agravável por instrumento; caso contrário caberia o manejo do mandado de segurança para buscar a suspensão da decisão agravada.[158] A formação de instrumento não era ônus do recorrente.[159]

No sistema anterior à Lei 9139/95, "assistia ao magistrado, com a devida prudência, ponderar a respeito do interesse do recorrente em uma ou outra modalidade de agravo, a respeito da utilidade prática"[160] do agravo interposto: a decisão que convertesse o recurso de agravo, fosse em instrumento para forma retida ou do regime de retenção à formação de instrumento, dava-se na primeira instância e era irrecorrível.[161]

Nestes traços manteve-se o recurso de agravo até 1995: onde, a partir daí, sensíveis mudanças fruto da reforma processual consumaram-se sobre o procedimento de agravo. Valentina Jungmann Cintra Alla,[162] ao comentar as inovações propagadas pela Lei 9.139 de 30.11.1995, destaca: a) alteração no regime de interposição do agravo, sendo por *instrumento* ou *retido*; b) a opção do regime de interposição era limitada ao recorrente, visto que de algumas decisões (antecipação de tutela, provimentos liminares, mandado de segurança, intervenção de terceiros, incidentes processuais e outros) o regime retido do agravo não preencheria o requisito do interesse recursal; c) "aumentou-se o prazo de interposição do agravo, de cinco para dez dias, a contar da data da intimação ou da ciência inequívoca da decisão".[163]

Dentre as inovações: o agravo de instrumento passou a ser interposto diretamente no tribunal, além disso, passou-se "a permitir que ao agravo de instrumento pudesse ser atribuído efeito suspensivo",[164] eliminando-se o manejo do

---

[157] NORONHA. op. cit. p. 104-107 e WAMBIER, op. cit. p.82-83.
[158] NORONHA. op. cit p. 265-282.
[159] WAMBIER, op. cit. p.83
[160] CARNEIRO. 2001 p. 109.
[161] CARNEIRO. Ib. idem. p.109
[162] 1998, p. 27.
[163] JÚNIOR, Nelson Nery e ANDRADE NERY, Rosa Maria. *Código de Processo Civil Comentado*: e legislação processual civil extravagante em vigor. 4ª ed. ver. e ampliada. São Paulo: Editora Revista dos Tribunais, 1999. p. 1019.
[164] WAMBIER, 2005. p.84.

mandado de segurança para perquirir este fim, igualmente a formação de instrumento era ônus do recorrente ("ao contrário do regime anterior, em que o recorrente limitava-se a indicar as peças dos autos que deveriam ser transcritas para o instrumento")[165] e requisito indispensável ao conhecimento deste agravo. Existia também o agravo interno contra as decisões singulares do relator[166] (conflito de competência, indeferimento liminar de embargos infringentes, provimento ou improvimento de agravo de instrumento contra decisão que denegou recurso especial ou extraordinário, provimento ou improvimento de recurso). No entanto nesta época a quantidade de agravos de instrumento proliferou-se, especialmente em função do instituto da antecipação de tutela e outras decisões de cognição sumária (liminares em possessórias, processo cautelar, mandado de segurança, lei de locações e outras), problemática a ser objeto de posterior reforma.

Avançando, nos deparamos com a Lei 10.352/2001, que modificou a seara recursal no expediente de agravo. Com o fito de minorar as hipóteses de cabimento do agravo de instrumento (ungindo-se aos casos de dano de difícil ou incerta reparação), ampliaram-se "o rol de situações em que o agravo fica obrigatoriamente retido".[167] Imperioso, consoante afirma Luiz Fux,[168] expor que a adoção compulsória do agravo retido visa à agilização da prestação jurisdicional, mercê de algumas decisões as quais podem aguardar o resultado final do processo. O regime da retenção se impôs nas decisões posteriores à sentença, proferidas em audiência e decisão sobre matéria probatória no procedimento sumário, bem como qualquer outra interlocutória não fundada em urgência, ou dano de difícil e/ou incerta reparação. Ainda a "reforma da reforma limitou-se a ampliar de cinco para dez dias o prazo para resposta"[169] ao recurso de agravo.

Inovou a Lei 10.352/2001 ao permitir que o relator do agravo de instrumento o converta em agravo retido na hipótese de não visualizar a urgência ou relevantes gravames ao recorrente. Porém o êxito ficou aquém do intuito reformista, pois a decisão de conversão do agravo de instrumento em retido era recorrível por outro expediente recursal, denominado agravo interno, que por sua vez poderia sujeitar-se a outros expedientes recursais.

Neste diapasão histórico o recurso agravo, de ascendência exclusivamente lusitana e que "não encontra similar em outros sistemas contemporâneos",[170] ao tempo das Ordenações Reinícolas sujeitou-se a constantes modificações e ampliações. No curso do desenvolvimento processual-recursal brasileiro, o fenômeno reiterou-se, onde as cinco espécies originais do recurso de agravo se reduziram a duas formas únicas de interposição (retido ou instrumento), bem como há outras modalidades de agravo constantes no diploma processual civil e legislação

---

[165] BAPTISTA DA SILVA, 2005. p. 417.
[166] JÚNIOR, Nelson Nery e ANDRADE NERY, Rosa Maria. Op. cit. p.1018.
[167] WAMBIER, 2005. p.85.
[168] 2005. p.1111
[169] DINAMARCO. 2003, p. 174.
[170] BAPTISTA DA SILVA. 2005. p. 415.

esparsa. Adstrito ao campo recursal, o recurso de agravo tornou-se o expediente recursal mais trabalhado nas propostas reformistas do Código de Processo Civil. Finalmente temos a Lei 11.187/2005 trazendo novas mudanças ao recurso de agravo, passa-se à análise destas.

6. A nova Lei do Agravo (Lei 11.187/2005) e suas alterações: crítica sobre seu alcance.

A disciplina dos recursos vem sendo terreno de eleição das reformas processuais; recaindo – especialmente – sobre o recurso de agravo de instrumento associação ao retardamento das demandas e "chicanas processuais que impedem o Poder Judiciário de cumprir sua função de dirimir conflitos".[171] Logo – de forma despretensiosa –, antes de analisarmos a Lei. 11187/2005, mister apontarmos as razões pelas quais os meios recursais não são expedientes procrastinatórios à tutela judicial impugnada.

Ora, o processo, para cumprir sua função, alicerça-se à perspectiva de temporalidade. O tempo é elemento inexorável ao desenvolver da demanda: o processo fulcra-se nas garantias constitucionais do contraditório e do devido processo legal. A técnica processual prima pela dialética, o que impossibilita a não-dilação do tempo entre o ajuizamento do feito e a entrega da prestação jurisdicional, seja pelo juiz ou pelo tribunal. Em contra partida, como o processo importa em avançar, o ato de recorrer representa um retrocesso, pois obsta – de modo geral – a marcha do processo e os efeitos da decisão recorrida, condicionando-a ao novo julgamento.

No que tange ao Estado-juiz, o crescente número de demandas induz, de modo geral, à prestação jurisdicional intempestiva. O número de processos tornou-se "humanamente invencível", influindo na qualidade dos julgamentos e desprestigiando o Poder Judiciário.

O que se observa nas primeiras premissas sobre a necessidade dos recursos é que a falibilidade decisória tornou-se intensa. Isso se deve em parte à complexidade de muitos processos, somados à quantidade de feitos que recaem sobre a responsabilidade do magistrado.[172] Ininteligível não prever que a sobrecarga de trabalho influi na qualidade jurídica dos pronunciamentos judiciais (sentenças, decisões interlocutórias, decisões saneadoras, acórdãos), propiciando macular os atos decisórios de vicissitudes, atentando-se à efetiva prestação jurisdicional prolatada.

Os expedientes recursais não são as únicas razões a intempestiva tutela jurisdicional. José Rogério Cruz e Tucci,[173] concatenando a problemática da intem-

---

[171] SOUZA, André Pagani de. In NERY JÚNIOR e WAMBIER, Thereza Arruda Alvim et al. (Coord.). *Aspectos Polêmicos e atuais dos recursos cíveis e assuntos afins:* (série aspectos polêmicos e atuais dos recursos ;v.10). São Paulo: Revista dos Tribunais, 2006. p. 30

[172] FERNANDES, Luís Eduardo Simardi. *Embargos de declaração*: efeitos infringentes, prequestionamento, e outros aspectos polêmicos. São Paulo: Revista dos Tribunais, 2003. (Recursos no Processo Civil ; 11). p. 83.

[173] CRUZ E TUCCI, 1997, p. 98-110.

pestividade da prestação jurisdicional, interpreta-a como reflexo de três fatores: *institucionais, de ordem técnica e subjetiva, decorrentes da insuficiência material*. Concernente ao fator institucional, aborda a problemática do desprestígio do Poder Judiciário diante dos demais poderes (Executivo e Legislativo); aduz que o Estado (grande consumidor da prestação jurisdicional, na forma passiva da relação processual) não presta qualquer contribuição material para imprimir maior celeridade procedimental.

Atinente aos fatores de ordem técnica e subjetiva, foca sua crítica na pessoa do magistrado. Assevera que os proventos dos julgadores são fonte de desestímulo e desprestígio à árdua tarefa de julgar, a regra da oralidade não se vê presente e, ao mesmo tempo, o elevado grau de processos submetidos aos magistrados retiram destes o tempo para o necessário aperfeiçoamento cultural. Ocorre displicência por parte dos julgadores e cartórios ao cumprimento dos prazos que lhes destinam. Concluindo, eclodem-se os fatores derivados da insuficiência material: ao crescente número de demandas não aparelhou-se o Judiciário, pois as dependências deste poder são precárias e, nas diferentes regiões do território nacional, não há a devida informatização dos órgãos judiciários. Em suma, a falta de substrato informático e tecnológico afasta a capacidade do Poder Judiciário de atender ao crescente grau de litigiosidade, conduzindo-se à irremediável tutela tardia.

Indubitavelmente, incorre em equívoco crer-se que a problemática da morosidade com que a atividade processual presta-se restringe-se ao ordenamento pátrio. José Carlos Barbosa Moreira,[174] oportunamente, aponta que mazela da excessiva duração do processo não é peculiar tão somente ao Judiciário brasileiro. Em estudo comparativo, analisando os ordenamentos jurídicos da França, Alemanha, Itália, denota que a morosidade processual está presente em sistemas estrangeiros. No caso da Itália, sua letargia à prestação da tutela jurisdicional dá-se de forma mais grave que o ordenamento pátrio. José Rogério Cruz e Tucci,[175] concentrando seu estudo comparado no direito francês, aponta o excessivo trâmite processual no primeiro e segundo grau: no ordenamento jurídico francês, a atividade jurisdicional não se da de forma efetiva, tampouco tempestiva.

O direito objetivo ao processo sem dilações indevidas, agora disposto como garantia constitucional, no art. 5º, inciso LXXVIII, da Constituição Federal de 1988 (introduzido pela Emenda Constitucional nº 45), encontrava-se recepcionado em nossa Carta Constitucional por força do artigo 5º, § 2º, da Constituição Federal de 1988, tornando efetivo o artigo 8º, 1, da Convenção Americana de Direito Humanos (Pacto San José da Costa Rica) – da qual o Brasil é signatário – que contempla o direito ao processo dentro de um prazo razoável.

De saída à garantia da tutela jurisdicional dentro de um prazo razoável, derivava-se de três garantias constitucionais. Filiada à primeira corrente, Alessandra

---

[174] MOREIRA, José Carlos Barbosa. A duração dos processos: alguns dados comparativos. *Revista Síntese de Direito Civil e Processual Civil*, Porto Alegre, ano 5, n. 29, p. 28-36, maio/jun. 2004a.
[175] CRUZ E TUCCI, 1997, p. 89-98.

Mendes Spalding[176] aduz que anterior à Emenda Constitucional nº 45, o direito constitucional à tutela tempestiva decorria do princípio da inafastabilidade do Poder Judiciário, fulcro no artigo 5º, inciso XXXV, da Constituição Federal de 1988. Ademais, por ser direito fundamental, era aplicável de imediato, consoante artigo 5º, § 1º, da Constituição Federal de 1988. José Rogério Cruz e Tucci[177] expressa ser o direito à prestação da tutela jurisdicional tempestiva decorrência do princípio do devido processo legal (artigo 5º, inciso LV, da Constituição Federal). Comungando desse posicionamento, Nelson Nery Júnior,[178] discorrendo sobre a garantia constitucional do devido processo legal, visualiza-o como princípio fundamental ao processo civil, gênero do qual todo os demais princípios constitucionais processuais são espécie. No prisma processual, arrolando as garantias oriundas do devido processo legal, menciona o "direito a um rápido e público julgamento".[179] A terceira corrente[180] menciona ser reflexo da garantia constitucional do acesso à justiça o direito à célere prestação jurisdicional.

Embora se requeira que a atividade processual, do ajuizamento da demanda à entrega da prestação jurisdicional, desenvolva-se em dilações indevidas (atrasos por inobservância dos prazos e termos procedimentais), a perspectiva do tempo é inafastável, havendo de segregar-se harmonicamente os valores segurança jurídica e efetividade processual. O "grande desafio do processo civil contemporâneo reside no equacionamento desses dois valores: tempo e segurança",[181] celeridade não se confunde com precipitação, e segurança não se confunde com eternidade.

Nesse interregno, não se equacionando as garantias do devido processo legal com a duração razoável do processo, influir-se-á na qualidade dos julgados. Priorizar a aceleração da prestação jurisdicional optando pela cognição sumária traduzirá diminuição das garantias processuais, dará margem a equívocos e erros nas decisões judiciais e, conseqüentemente, aportará o número de recursos visando sanar vícios contidos nos pronunciamentos judiciais.

Luiz Rodrigues Wambier, Tereza Arruda Alvim Wambier e José Miguel Garcia Medina em trabalho coletivo,[182] comentam que o direito à razoável duração do processo é desdobramento do princípio da inafastabilidade do controle

---

[176] SPALDING, Alessandra Mendes. Direito fundamental à tutela jurisdicional tempestiva a luz do inciso LXXVIII do art. 5º da CF/ inserido pela EC nº 45/2004. In: WAMBIER, Teresa Arruda Alvim (Coord.). *Reforma do judiciário*: primeiros ensaios críticos sobre a EC n 45/2004. São Paulo: Revista dos Tribunais, 2005. p. 31-40.

[177] CRUZ E TUCCI, 1997, p. 88

[178] NERY JÚNIOR, Nelson. *Princípios do processo civil na constituição federal*. 7. ed. rev. e atualizada com as Leis 10.352/2001 e 10.358/2001.2001. São Paulo: Revista dos Tribunais, 2001. p. 32-42.

[179] NERY JÚNIOR, 2001, p. 41.

[180] CARVALHO, Fabiano. Reafirmação da garantia da razoável duração do processo. In: WAMBIER, Teresa Arruda Alvim (Coord.). *Reforma do judiciário*: primeiros ensaios críticos sobre a EC n 45/2004. São Paulo: Revista dos Tribunais, 2005. p. 215-223.

[181] GAJARDONI, 2003, p. 41.

[182] WAMBIER, Luiz Rodrigues; WAMBIER, Tereza Arruda Alvim; MEDINA, José Miguel Garcia. *Breves comentários à nova sistemática processual civil*: emenda constitucional nº 45 (reforma do judiciário); leis 10.444/2002; 10.358/2001 e 10.352/2001. 3. ed. São Paulo: Revista dos Tribunais, 2005. p. 25-31.

judicial. Afirmam que eficaz será a tutela prestada tempestivamente, e auferem que a prestação jurisdicional tardia é fator de insegurança, intranqüilidade e descrédito do Poder Judiciário. Nessas premissas positivas, interpretam a duração razoável do processo como meio-termo da segura existência do direito e a realização rápida ao direito declarado existente.

Reitera-se a problemática. A criação de mecanismos fundados em cognição sumária repercutem inevitavelmente na seara recursal. Discorda-se de Fernando Gajardoni da Fonseca,[183] quando aduz preferível, em prol da pacificação social, uma decisão fundada em cognição superficial, mas prestada em tempo útil, pois se atingiria a finalidade do processo.

Pronunciamentos judiciais fundados em cognição sumária contêm maior probabilidade de erros. No magistério de Kazuo Watanabe,[184] a cognição (atividade prestada pelo magistrado em conhecer as razões da tutela jurisdicional invocada pelas partes) pode ser visualizada no plano *horizontal* (extensão) e *vertical* (profundidade). No plano da verticalidade, consoante o grau de profundidade, será exauriente (completa) ou sumária (incompleta); relata que a cognição exauriente é o procedimento comum do processo (seja ordinário ou sumário). Em contrapartida, a cognição sumária é uma cognição superficial, instituída em juízo de probabilidade (iminência de danos irreparáveis, temporariedade, *fumus boni iuris*), mero instrumento à garantia de um direito, não serve à declaração de direito, é técnica de processo para concepção de procedimentos ágeis (v.g. tutela antecipada, procedimento monitório, tutela cautelar, tutela sumária satisfativa), rápidos e de compasso ajustado ao ritmo da sociedade moderna.

A cognição sumária decorre de juízo de verossimilhança: não há certeza ao direito alegado, pretenso da tutela urgente. Nesse diapasão, denota-se que o grau de certeza e segurança nessa modalidade de cognição é limitado, passível de erro e equívoco. Ao encontro do exposto, transcreve-se a opinião una[185] de Luiz Rodrigues Wambier, Tereza Arruda Alvim Wambier e José Miguel Garcia Medina: "Assim a construção de um sistema jurídico-processual racional requer não apenas instrumentos que possibilitem a realização de tutelas de urgência, normalmente fundadas em cognição sumária, mas instrumentos que permitam a realização segura dos direitos, sem instabilidade. É que a inconstância jurídica das decisões, normalmente, repercutirá em "respostas" das partes e da sociedade, que poderão provocar a dilatação da litigiosidade, através de recursos contra as decisões judiciais ou do ajuizamento de novas ações. Por exemplo, as reformas processuais realizadas na década de 1990 tiveram por finalidade melhorar a qualidade da tutela jurisdicional, mas reflexamente os Tribunais viram multiplicar-se os recursos, demorando-se ainda mais a resolução definitiva dos conflitos. É que tais reformas recentes aumentaram os poderes de interpretação do juiz, permitindo que se realizem de imediato os direi-

---
[183] GAJARDONI, 2003, p. 64.
[184] WATANABE, Kazuo. *Da cognição no processo civil*. 2. ed. atual. Campina: Bookseller, 2000. p. 111-148.
[185] WAMBIER; WAMBIER; MEDINA, 2005, p. 27-28.

tos verificados com base em remos juízos de verossimilhança. Evidentemente, com a qualidade da decisão judicial fundada em cognição sumária tende a ser inferior aquela realizada em cognição exauriente, é mais fácil encontrar incorreções e motivos para recorrer em tais decisões. Como em sede recursal, muitas vezes a parte provocará a prolação de decisão fundada em cognição sumária (cf..., p.ex. arts. 527, III, e 558 do CPC), tende-se a recorrer mais uma vez, manejando-se todos os recursos previstos no ordenamento jurídico-processual, até se encontrar uma solução jurídica definitiva".

No afã da efetividade, prodigalizar a cognição sumária como instrumento garantidor da prestação jurisdicional em tempo razoável potencializa erros e equívocos aos pronunciamentos judiciais, emergindo a utilidade dos expedientes recursais.

Portanto a tutela jurídica tempestiva deverá harmonizar os valores segurança jurídica e efetividade, minorando o elastério entre o ajuizamento da demanda e a entrega da prestação jurisdicional; do contrário, sumarizar a cognição para acelerar o processo afrontará o devido processo legal, viabilizando o direito de recorrer, garantido nesse princípio processual fundamental.

A tutela recursal está assegurada constitucionalmente, hermenêutica extraída da garantia constitucional ao contraditório e à ampla defesa, com todos os meios e recursos inerentes fundados no artigo 5º, inciso LV, da Constituição Federal de 1988. De forma simplificada, demonstrou-se não ser o sistema recursal o causador da intempestividade da tutela jurisdicional: passa-se à Lei 11.187/2005.

Thereza Arruda Alvim Wambier, Luiz Rodrigues Wambier e José Miguel Garcia Medina[186] sustentam o inócuo alcance da Lei 11.187/2005, intitulando como "mais uma experiência de ensaio de erro", ressaltando – a nosso ver corretamente – que a reforma operada no recurso de agravo (iniciada em 1995 e 2001) não intenta solucionar as mazelas inerentes ao Poder Judiciário, mas sim dirimir a carga de trabalho dos tribunais. Aduzem que um sistema efetivo de controle das decisões judiciais deverá valorar a cada espécie de decisão interlocutória, não admitindo sua recorribilidade indistintamente. Alude, também, o dever dos órgãos judiciais em fundamentarem adequadamente suas decisões, assim como, a vedação à instância superior afronta as garantias constitucionais do acesso à justiça e inafastabilidade do controle judicial.

A pletora de agravos, consoante Athos Gusmão Carneiro,[187] é inerente ao processo civil moderno, haja vista a exigência de celeridade – repelindo o paradigma da decisão plenária – condicionando que as diferentes técnicas de tutela jurídica (antecipações, inibitórias, cautelares) prestem-se, em sua maioria, em sede de cognição sumária ou juízo de verossimilhança (cognição provisória).

---

[186] *Breves comentários à nova sistemática processual civil II* :Leis 11.187/2005, 11.232/2005, 11.276/2006, 11.277/2006 e 11.180/2006. São Paulo: Editora Revista dos Tribunais, 2006 p. 239-246.

[187] *Do recurso de Agravo ante a Lei 11.187/2005.* In: NERY JÚNIOR e, WAMBIER, Thereza Arruda Alvim et al. (Coord.). *Aspectos Polêmicos e atuais dos recursos cíveis e assuntos afins:* (série aspectos polêmicos e atuais dos recursos;v.10). São Paulo: Revista dos Tribunais, 2006. p.34-48.

Dispondo sobre a Lei 11.187/2005, exalta a predileção legislativa ao regime de retenção do agravo como forma-padrão, resguardando o instrumento aos casos de *lesão grave* e/ou de *difícil reparação*, inadmissão da apelação e seus efeitos.

A "interpretação literal, todavia, é sabidamente a pior forma de captação da vontade de lei".[188] A pretensão recursal (*lesão grave* e/ou de *difícil reparação*) que autoriza o agravo de instrumento avaliar-se-á sob o pálio da utilidade e capacidade do recurso manter – no lapso temporal que será julgado – a reparação do gravame recorrido.[189] Mesmo a produção de prova indeferida poderá ser agravável por instrumento (ex. perícia onde o decurso do tempo torne a prova impossível), alheio às decisões proferidas no curso da execução; não se exaurindo as hipóteses de lesão ou difícil reparação.

Ao encontro do exposto, Thereza Arruda Alvim Wambier, Luiz Rodrigues Wambier e José Miguel Garcia Medina[190] em uno magistério detalham que a lesão grave ou dano de incerta reparação – legitimador ao agravo de instrumento – não se acomete apenas em virtude do direito subjetivo (direito material), poderá haver dano de natureza *processual*. Exemplificam com a decisão de rejeição da exceção de incompetência, que colimaria em nulidade do julgado na acepção de impor-se o regime retido do agravo: manifestando retrocesso à atividade jurisdicional e afrontado a garantia – constitucionalizada – da duração razoável do processo.

Sucessivamente será inviável o regime retido do agravo em decisões que venham a influir, subjetivamente, em algum pólo da demanda (inadmissão da reconvenção ou intervenção de terceiros).

A reforma impôs que a decisão interlocutória proferida na audiência de instrução e julgamento seja agravável oralmente e depois reduzida a termo. O recurso deverá ser interposto imediatamente à decisão interlocutória, sob pena da preclusão. (Alguns pontos ressalvam-se:[191] a) tratando-se de decisão fundada em urgência ou lesão (cautelar, antecipação de tutela, e outros), o recurso cabível será o agravo de instrumento; b) no agravo retido oral, o contraditório será oral e ofertado na audiência – imediatamente – após a exposição das razões do agravante; c) a lei alude às audiências de instrução e julgamento, concluindo que as decisões tomadas no curso das audiências preliminares não deverão ser necessariamente objeto de recurso oral, mas sim agravo retido ou – sendo o caso – instrumento.

Data Vênia, discorda-se dos referidos autores e a interpretação literal por estes proposta, onde as decisões proferidas em audiência apenas seriam agraváveis: tratando-se de audiência de instrução e julgamento e não audiência preliminar. Acreditamos que o intuito da reforma que agora impõe o regime do agravo retido e sua interposição oral de forma instantânea é extensiva a quaisquer audiências.

---

[188] CARNEIRO, 2006, p. 44-45.
[189] CARNEIRO, Ib. idem
[190] 2006, p. 253-55
[191] WAMBIER, WAMBIER, MEDINA, Op.cit. p.259-261

Prosseguindo o exame, a reforma tolheu a recorribilidade da decisão de conversão do agravo de instrumento em retido (impugnável no regime alterado pelo agravo interno), das decisões que suspende a eficácia da decisão agravada e as que concedem efeito ativo total ou parcial no recurso. Retrocedendo à era Romana em que se criou o *Supplicattio,* expediente moderador às decisões dos dignitários do Estado, pois eram considerados hierarquicamente superiores, e suas decisões não ensejavam a parte o direito de recorrer.

Luiz Guilherme Marinoni e Sérgio Cruz Arenhart[192] tomam por elogiável a conduta do legislador ao suprimir o agravo interno. Tendo por justificativa auferir credibilidade às decisões do relator, aludem que o manejo do pedido de reconsideração (sucedâneo recursal) é o expediente apto a impugnar a decisão de conversão.

Data Vênia, a opção legislativa traduz-se em retrocesso. O direito de recorrer é exercício legítimo assegurado constitucionalmente, quando logre a parte demonstrar os requisitos para instaurar-se o procedimento recursal. A supressão de expediente recursal colimará desarmonia no trâmite processual: instigando o emprego dos sucedâneos recursais. O limitado espírito legislativo, ao eliminar a recorribilidade do ato que converte o agravo de instrumento em retido, visou a redução das pautas dos tribunais e reflexamente – com um discurso que a poucos convencem – auferir maior legitimidade aos atos do relator; condicionando o recorrente ao aceite e satisfação desta decisão.

Na era da massificação de processos onde os erros dos julgados proliferam-se dando azo à tese da relativização da coisa julgada – sob o manto da injustiça, erros e equívocos constáveis nos pronunciamentos judiciais –, suprimir um expediente recursal, antes ao alcance do recorrente, crendo que o jurisdicionado satisfazer-se-á com a decisão monocrática de conversão do recurso (condicionando-o à cristalização do tempo e, eventual reapreciação, em futuro novo recurso), transmuta-se em "ingenuidade" do legislador-reformista crer poder solidificar tal realidade. A cega intenção não ponderou o estímulo aos mandados de seguranças, cautelares inominadas, recursos ordinários constitucionais e recursos de feição excepcional (especial e extraordinário).

A guisa disto recai a primeira crítica do presente estudo: no afã da aplicação do instituto da conversão do recurso de agravo, subsistirá prestação jurisdicional zelosa à aferição da *lesão grave* e ou *difícil reparação*? Caberá ao relator, como "juiz preparador do recurso, dar concretude a esse conceito legal indeterminado (lesão grave ou difícil reparação)",[193] auferindo-o caso a caso. No Egrégio Tribunal de Justiça gaúcho, tornam-se diárias as decisões de conversão do agravo de instrumento em retido, nas variadas câmaras cíveis.[194]

---

[192] *Manual do Processo de Conhecimento*. 5ª.ed.rev. e ampl. São Paulo: Editora Revista dos Tribunais, 2006 p.553

[193] JÚNIOR, Nelson Nery e ANDRADE NERY, Rosa Maria. *Código de Processo Civil Comentado*: e legislação processual civil extravagante em vigor. 9ª ed.rev. e ampliada até 1º.3.2006. Rio de Janeiro: Editora Revista dos Tribunais, 2006. p. 757.

[194] Constatável na pesquisa jurisprudencial no site oficial do TJ/RS: <http://www.tj.rs.gov.br/site_php/jprud2/resultado.php>, as decisões de conversão entre o ajuizamento do agravo de instrumento e a decisão estão com

João Lace Kun,[195] discorrendo sobre as tutelas de urgência a luz da Constituição Federal de 1988, assevera residir no princípio da inafastabilidade do controle judicial (art. 5º, inciso XXXV, da Carta Constitucional) a garantia que o ordenamento jurídico disporá aos jurisdicionados, técnicas jurídicas aptas a concretização de seus direitos: lografo a satisfação ou segurança do direito subjetivo reivindicado. O jurisdicionado que invoca urgência e grave lesão dar-se-ia satisfeito frente à decisão que lhe converte o expediente recursal adequado e o condiciona ao efeito do tempo? Haverá prestação jurisdicional efetiva nessa decisão? Se ao tempo do agravo retido que for apreciado em sede de apelação ou contra-razões, o ato recorrido consumar-se, haverá utilidade e conseqüente interesse no recurso retido?

A segunda crítica situa-se na conversão do agravo de instrumento em retido. Houve a supressão do direito de recorrer assegurado constitucionalmente (lógica enraizada na garantia da ampla defesa), concomitante a negativa de prestação jurisdicional disposta no artigo 5º, inciso XXXV, da Carta Constitucional de 1988, uma vez que consumado o ato recorrido inexistirá interesse recursal no agravo retido.

Ao dissertar sobre a questão do interesse em recorrer, José Carlos Barbosa Moreira[196] busca critério idôneo para identificar este requisito intrínseco, afastando conceitos vagos os quais ("injustiça", "situação desfavorável", "prejuízo") não primam pela nitidez. Adota o critério de *utilidade*, recaindo como ônus ao recorrente, na prova do interesse de suas pretensões recursais, demonstrar a utilidade que a impugnação recursal poderá acarretar-lhe. Complementa aludindo que a utilidade deverá operar-se no plano prático, donde a atividade jurisdicional não é palco para discussões de teses acadêmicas, tampouco é palco de debates. No desenvolvimento dos seus estudos, alude ao segundo elemento configurador do interesse de recorrer, a *necessidade*. De saída sustenta existir o interesse em recorrer, conquanto o recorrente prove o binômio *utilidade-necessidade* ao recurso interposto.

Nelson Nery Júnior[197] comunga da mesma formulação proposta por José Carlos Barbosa Moreira: identifica o interesse recursal no binômio utilidade-necessidade. Da necessidade extrai-se o único meio de o recorrente obter no processo vantagem oriunda da impugnação da decisão judicial. No tocante à utilidade, coliga-se às expressões sucumbência, gravame, prejuízo, tendo o diploma processual civil em vigor falado em parte vencida como legítima a recorrer. Lembra Nelson Nery Junior haver sucumbência quando a decisão diverge do que foi pedido na demanda, ou quando a decisão acarretar à parte situação jurídica pior ao tempo do ajuizamento do processo. Essa sucumbência é aferível sob o ângulo objetivo,

---
dias de variações entre 5 a 7 dias. Ora nota-se a célere aplicação do instituto da conversão pondo em dúvida se ocorre a apreciação da lesão e dano invocado nos recursos.

[195] *Justificativas Constitucionais da Tutela de Urgência.*
[196] BARBOSA MOREIRA, 1968, p. 69-92.
[197] NERY JÚNIOR, 2004, p. 313.

partindo da análise da decisão judicial e do prejuízo acarretado à esfera jurídica do recorrente.

A justificativa a inócua existência do agravo retido é a de evitar a preclusão, entretanto nas hipóteses de lesão grave ou dano de incerta reparação, o agravo de instrumento cumulado com pedido suspensivo ou efeito ativo (antecipação dos efeitos da tutela) é o meio apto a reformar a decisão de urgência do postulante. Na hipótese da errônea conversão (ato monocrático irrecorrível) para o regime retido do agravo, consumando-se o ato urgente e/ou de difícil reparação recorrido: tornar-se-á inútil o agravo retido, visto que embora não preclusa a questão, não haverá utilidade-necessidade ao recurso interposto, retirando-se o *interesse recursal*.

Em conformidade a doutrina,[198] a irrecorribilidade da conversão do recurso se sujeita ao mandado de segurança – tornando operável a garantia constitucional da inafastabilidade do controle judicial, sediada no art. 5º, inciso XXXV, da Carta Constitucional. Acordamos com Thereza Arruda Alvim Wambier, Luiz Rodrigues Wambier[199] e José Miguel Garcia Medina ao demonstrarem que estamos "andado em círculos", visto que a primeira reforma operada no recurso de agravo ocorreu justamente para evitar o uso de mandado de segurança contra ato judicial. A Lei 11.187/2205 retrocedeu, legitimando o emprego do mandado de segurança para uma efetiva proteção ao interesse das partes.

Dentre os comentários desprendidos pela doutrina, deve-se averiguar que a nova reforma não alterou o cabimento recursal. O cabimento permanece inalterado: as decisões interlocutórias são recorríveis por recurso de agravo. Modificou-se o regime de interposição, onde a regra é pela retenção do agravo e excepcionalmente a formação de instrumento. Nada obstante comunga-se da afirmativa de Athos Gusmão Carneiro: "bem pensado o recurso padrão das interlocutórias era, e continuará a ser, o agravo de instrumento, permissivo de uma breve solução da questão incidental, mantendo-se o agravo retido numa posição ancilar, empregado em hipóteses de menor importância".[200]

---

[198] BARBOSA GARCIA, Gustavo Filipe. A nova disciplina do agravo no processo civil da decorrente Lei 11.187/2005. In: NERY JÚNIOR e, WAMBIER, Thereza Arruda Alvim et al. (Coord.). Aspectos Polêmicos e atuais dos recursos cíveis e assuntos afins: (série aspectos polêmicos e atuais dos recursos;v.10). São Paulo: Revista dos Tribunais, 2006, p. 138 -151, CARNEIRO, Athos Gusmão. Do recurso de Agravo ante a Lei 11.187/2005. In: NERY JÚNIOR e, WAMBIER, Thereza Arruda Alvim et al. (Coord.). Aspectos Polêmicos e atuais dos recursos cíveis e assuntos afins: (série aspectos polêmicos e atuais dos recursos;v.10). São Paulo: Revista dos Tribunais, 2006, p. 34-48; FERREIRA FILHO, Manoel Caetano.Considerações sobre a Lei 11.187, de 19.10.2005, que altera a disciplina do agravo de instrumento. In: NERY JÚNIOR e, WAMBIER, Thereza Arruda Alvim et al. (Coord.). Aspectos Polêmicos e atuais dos recursos cíveis e assuntos afins: (série polêmicos e atuais dos recursos;v.10). São Paulo: Revista dos Tribunais, 2006, p. 317-328; NERY JÚNIOR, Nelson; NERY, Rosa Maria Andrade. Código de processo civil comentado e legislação processual civil extravagante em vigor. 9. ed. São Paulo: Revista dos Tribunais, 2006; WAMBIER, Luiz Rodrigues; WAMBIER, Tereza Arruda Alvim; MEDINA, José Miguel Garcia. *Breves comentários à nova sistemática processual civil II* :Leis 11.187/2005, 11.232/2005, 11.276/2006, 11.277/2006 e 11.180/2006. São Paulo: Editora Revista dos Tribunais, 2006, p. 271.

[199] 2006, p. 271-273

[200] 2006, p. 47

Convêm sinalar não integrar o cabimento recursal os requisitos de urgência ou perigo de dano: mas sim qualificadoras do interesse recursal, podendo eventualmente ser o próprio objeto do recurso.

A guisa do exposto sintetiza-se as inovações fruto da Lei 11.187/2205: a) o regime do agravo retido tornou-se a regra, excepcionalmente reserva-se a modalidade de instrumento na presença de lesão grave ou difícil reparação, inadmissão da apelação e seus efeitos, embora o conceito aberto de lesão ou dano sejam auferíveis no caso concreto; b) há irrecorribilidade das decisões monocráticas no caso de conversão do agravo de instrumento em retido, concessão ou negativa de efeito suspensivo e efeito ativo; c) A reforma impôs que a decisão interlocutória proferida na audiência de instrução e julgamento seja agravável oralmente e depois reduzida a termo. O recurso deverá ser interposto imediatamente à decisão interlocutória, sob pena da preclusão, salvo se a decisão fundar-se em urgência ou lesão (cautelar, antecipação de tutela e outros), o recurso cabível será o agravo de instrumento.

As críticas doutrinárias estão arrazoadas: o alcance da Lei 11.187/2005 à problemática da intempestividade da prestação jurisdicional é imperceptível. A reforma satisfez o pendor da magistratura – diminuindo parte de sua assoberbada pauta –, contudo o jurisdicionado não encontrará no sistema recursal guarida à garantia da inafastabilidade do controle judicial em apreciar lesão de direitos, haja vista a irrecorribilidade dos atos monocráticos – especialmente o que converte o agravo. Nesse compasso há retrocesso legislativo, como foi no CPC/1939 e originário Código Buzaid (modificado a partir das reformas de 1994), devendo a parte utilizar-se do mandado de segurança para tutelar direito ameaçado e não apreciado na urgência em que se fundamenta. Deixemos que a experiência forense esmiúce o desacerto legislativo.

7. Considerações finais

Para ter-se tratado do recurso de agravo e as reformas operadas, foi necessário analisar o conceito de recurso e os atos decisórios recorríveis.

Asseveramos que o Estado-juiz provocado pela parte – através do processo – exercerá a atividade jurisdicional julgando os conflitos de pretensões envolvendo os jurisdicionados, regulados pelo direito material e qualificados por uma pretensão resistida.

Geralmente a solução desses conflitos (providência reclamada ao órgão judicial) faz-se através da sentença. Do ajuizamento do processo à prolação da sentença, atos processuais das mais variadas espécies (atos materiais, postulatórios, atos decisórios) são realizados. Dos atos processuais de maior relevo têm-se os atos decisórios, exclusivos do magistrado. Entretanto a atividade humana é falível, e os pronunciamentos judiciais sujeitam-se a erros e equívocos.

Os pronunciamentos recorríveis estão alistados no artigo 162 do Código de Processo Civil: a sentença que desafia o recurso de apelação e a decisão interlocutória desafia o recurso de agravo. As decisões judiciais de primeiro grau comportam único recurso, consoante o princípio da singularidade, a exceção versa sobre as decisões colegiadas.

Os recursos instituídos pela competência legislativa da União Federal (artigo 22, inciso I, da Constituição Federal de 1988) são o meio processual voluntário e idôneo de impugnar-se determinado pronunciamento judicial na mesma relação processual, ao alcance das partes, Ministério Público e terceiros prejudicados, conforme disposição legal, ensejando a anulação, a reforma, a integração ou o aclaramento da decisão judicial impugnada. A tutela recursal está assegurada constitucionalmente, hermenêutica extraída da garantia constitucional ao contraditório e ampla defesa, com todos os meios e recursos inerentes fundados no artigo 5º, inciso LV, da Constituição Federal de 1988.

Os expedientes recursais satisfazem dois aspectos: o *objetivo* e o *subjetivo*. Mormente ao *aspecto objetivo*, fraciona-se em: *objetivo direto* (aplicação da lei de forma eficiente) e *objetivo reflexo* (influencia no espírito do julgador, reciclando posicionamentos quanto ao ofício de julgar). Tocante ao subjetivo fraciona-se na: *insatisfação em sentido estrito* (fruto da necessidade psicológica de lograr êxito) e a *descrença* (descrença na capacidade de julgar do juiz).

Das razões à intempestividade da prestação jurisdicional têm-se três fatores negativos: os *institucionais, os de ordem técnica e subjetiva, e os decorrentes da insuficiência material,* onde o recurso é o menos grave. No afã da efetividade, prodigalizar a cognição sumária como instrumento garantidor da prestação jurisdicional em tempo razoável potencializará erros e equívocos aos pronunciamentos judiciais, emergindo a utilidade dos expedientes recursais.

Afirmamos também que na seara recursal, para que o órgão a que se recorre analise a pretensão recursal, deverá o recorrente preencher os requisitos necessários ao expediente recursal manejado, sob pena de não ser apreciado em seu objeto. Diz-se juízo de admissibilidade o conjunto de pressupostos necessários à apreciação do recurso, e juízo de mérito, o julgamento da pretensão recursal.

Concernente ao objeto do juízo de admissibilidade, trata-se de discriminação dos requisitos necessários para que o órgão *ad quem* examine a pretensão recursal, alinhando os requisitos em intrínsecos (concernente à própria existência do direito de recorrer) e extrínsecos (relativos ao modo de exercer o direito de recorrer). Dos pressupostos intrínsecos têm-se o: *cabimento, legitimação para recorrer e o interesse em recorrer.* Os pressupostos extrínsecos estão relacionados a fatores externos à decisão impugnada, alistam-se a: *tempestividade, regularidades formal, inexistência de fato impeditivo ou extintivo do poder de recorrer*).

Concernente ao desenvolvimento histórico do recurso de agravo, a *Supplicatio* surgida no Direito Romano a partir de Adriano se translada como o fecundo surgimento ao recurso de agravo. O recurso de agravo desenvolveu-se de forma efetiva no direito lusitano, fonte de inspiração ao legislador brasileiro. A primeira modalidade de agravo conhecido no direito português foi o *agravo ordinário*. Este era interposto contra as sentenças definitivas ou interlocutórias com força de definitiva proferidas por juízes de graduação superior: pronunciamentos decisórios que eram irrecorríveis. No desenvolver processual lusitano, ainda nas Ordenações Afonsinas deu-se a criação do *agravo de ordenação não guardada*, oponíveis somente nos casos expressos em lei, e este o ser contra toda e qualquer sentença que não guardasse a Ordenação, no tocante aos preceitos de direito material quer aos da ordem processual.

Continuamente no direito lusitano partir da lei de D. Duarte, e nas Ordenações Afonsinas, o *agravo de instrumento* adquiriu seu contorno. Nas Ordenações Manuelina criou-se o *agravo de petição*. Surge em junho de 1526, por carta régia de D. João III, o *agravo no auto do processo*, interposto contra sentença ou decisão interlocutória que visasse ordenar o processo, para ser conhecido pelo juiz superior em virtude de qualquer outro recurso.

O direito português concebeu em seus primórdios cinco espécies de recurso de agravo. O hodierno diploma processual lusitano foi instituído pelo Decreto Lei 44.129 de 28.12.1961, que alterou a disciplina dos recursos de agravo: não mais nomeando os agravos, mas apenas diferenciam-lhes os efeitos e procedimentos. Atualmente, no direito luso, tem-se que o agravo pode ser interposto na primeira instância (art.733) e na segunda instância (art.754), divide-se em agravo de *subida imediata* (art. 734) e agravo de *subida diferida* (art.735), subida nos próprios autos ou em separado (art. 734 a 737).

Concernente ao sistema jurídico pátrio, embora em 07 de setembro de 1822 o Brasil rompesse com sua dependência política para com Portugal, nada obstante, o ritmo legislativo apto a constituir a organização judiciária brasileira não se encontrava no contingente da proclamada independência, logo as Ordenações e demais leis portuguesas fossem aplicadas, até a produção legislativa nacional tomar relevo.

Inicialmente vigeram no Brasil as cinco espécies primitivas de recurso de agravo do direito português. Em 29 de novembro de 1832, com a edição do Código de Processo Criminal do Império, iniciava-se a emancipação legislativa do Brasil. Com o Decreto n º 143 de 15.03.1842 foram extintos definitivamente o *agravo de ordenação não guardada e o agravo ordinário*, remanescendo o *agravo de instrumento, petição e no auto do processo*.

O Regulamento 737 representou avançado diploma, o qual expandiu as hipóteses de cabimento do agravo de instrumento. Com a Constituição Federal de 1891 instalou-se no país a dualidade de processo por parte do Estado Membro e Estados Federados, os quais editaram seus Códigos próprios, visto que eram competentes para organizar sua justiça e legislar sobre o direito adjetivo – Processo Civil e Processo Penal.

A Carta Constitucional de 1934 restaurou a unidade do direito processual, outorgando à União competência privativa para legislar processo civil. Em 18 de setembro de 1939 – por meio do Decreto lei nº 1.608 –, passava a viger o Código de Processo Civil de 1939 (primeiro Código Nacional). Na vigência do Diploma Processual de 1939 tinham-se três espécies de recurso de agravo: *agravo de instrumento, agravo de petição* e *agravo no auto do processo*.

O Diploma Processual de 1939, tangente aos recursos de agravos (especialmente a modalidade de instrumento e por petição), o cabimento recursal era regulado a partir de enumeração taxativa (*numerus clausus*) das decisões interlocutórias. No entanto inúmeras outras decisões interlocutórias suscetíveis de gravames de difícil reparação às partes, por não estarem contempladas no rol da recorribilidade, permaneciam imunes a impugnações recursais, fomentando o manejo de sucedâneos recursais (correição parcial, pedido de reconsideração, reclamação, mandato de segurança e outros). Parte destas imperfeições e lacunas legislativas foi suprimida no atual diploma processual pátrio.

O Código de Processo Civil de 1973 tomou rumo diverso. Adotou o critério finalístico ao classificar os pronunciamentos judiciais de cunho decisório (art. 162), superando as mazelas do CPC/39. Recurso de apelação às sentenças que julguem ou não o mérito, recurso de agravo contra decisões interlocutórias e despachos (atos de impulsão processual) são irrecorríveis. Extinguiu-se o agravo de petição e agravo no auto do processo. No surgimento do Código Buzaid havia o agravo *de instrumento ou de subida imediata* e o agravo *retido*.

Nestes traços manteve-se o recurso de agravo até 1995: onde, a partir daí, sensíveis mudanças fruto da reforma processual consumaram-se sobre o procedimento de agravo. Dentre estas: a) alteração no regime de interposição do agravo, sendo por *instrumento* ou *retido*; b) a opção do regime de interposição era limitada ao recorrente, visto que de algumas decisões (antecipação de tutela, provimentos liminares, mandado de segurança, intervenção de terceiros, incidentes processuais e outros) o regime retido do agravo não preencheria o requisito do interesse recursal; c) aumentou-se o prazo de interposição do agravo, de cinco para dez dias, a contar da data da intimação ou da ciência inequívoca da decisão.

Dentre as inovações: o agravo de instrumento passou a ser interposto diretamente no tribunal, além disso, passou-se a permitir que ao agravo de instrumento pudesse ser atribuído efeito suspensivo. Existia também o agravo interno contra as decisões singulares do relator. Contudo em 2001 novas alterações recairiam sobre o recurso do agravo.

A Lei 10.352/2001 modificou a seara recursal no expediente de agravo, minorando as hipóteses de cabimento do agravo de instrumento (ungindo-se aos casos de dano de difícil ou incerta reparação), ampliaram-se o rol de situações em que o agravo fica obrigatoriamente retido. Inovou a Lei 10.352/2001 ao permitir que o relator do agravo de instrumento o converta em agravo retido na hipótese de não visualizar a urgência ou relevantes gravames ao recorrente. Porém o êxito ficou aquém do intuito reformista, pois a decisão de conversão do agravo de instrumento em retido, era recorrível por outro expediente recursal, denominado agravo interno, que por sua vez poderia sujeitar-se a outros expedientes recursais.

E no quadro evolutivo nos deparamos com a Lei 11.187/2005. Esta exalta a predileção legislativa ao regime de retenção do agravo como forma-padrão, resguardando o instrumento aos casos de *lesão grave* e/ou de *difícil reparação*, inadmissão da apelação e seus efeitos. A reforma impôs que a decisão interlocutória proferida na audiência de instrução e julgamento seja agravável oralmente e depois reduzida a termo. O recurso deverá ser interposto imediatamente à decisão interlocutória, sob pena da preclusão.

A reforma tolheu a recorribilidade da decisão de conversão do agravo de instrumento em retido (impugnável no regime alterado pelo agravo interno), das decisões que suspende a eficácia da decisão agravada e as que concedem efeito ativo total ou parcial no recurso. Retrocedendo à era Romana em que se criou o *Supplicattio,* expediente moderador das decisões dos dignitários do Estado, pois eram considerados hierarquicamente superiores, e suas decisões não ensejavam à parte o direito de recorrer.

O direito de recorrer é exercício legítimo assegurado constitucionalmente quando logre à parte demonstrar os requisitos para instaurar-se o procedimento recursal. A supressão de expediente recursal colimará desarmonia no trâmite processual, instigando o emprego dos sucedâneos recursais. O limitado espírito legislativo, ao eliminar a recorribilidade do ato que converte o agravo de instrumento em retido, visou a redução das pautas dos tribunais e reflexamente – com um discurso que a poucos convencem – auferir maior legitimidade aos atos do relator, condicionando o recorrente ao aceite e satisfação desta decisão.

A conversão do agravo de instrumento em retido conduzirá à supressão do direito de recorrer assegurado constitucionalmente (lógica enraizada na garantia da ampla defesa), concomitante a negativa de prestação jurisdicional disposta no artigo 5º, inciso XXXV, da Carta Constitucional de 1988; uma vez que consumado o ato recorrido inexistirá interesse recursal no agravo retido. A irrecorribilidade da conversão do recurso se sujeita ao mandado de segurança – tornando operável a garantia constitucional da inafastabilidade do controle judicial, sediada no art. 5º, inciso XXXV, da Carta Constitucional.

A guisa do exposto extrai-se que o recurso agravo, de ascendência exclusivamente lusitana e que não encontra similar em outros sistemas contemporâneos, ao tempo das Ordenações Reinícolas sujeitou-se a constantes modificações e ampliações. No curso do desenvolvimento processual-recursal brasileiro, o fenômeno reiterou-se, onde as cinco espécies originais do recurso de agravo se reduziram a duas formas únicas de interposição (retido ou instrumento), bem como há outras modalidades de agravo constantes no diploma processual civil e legislação esparsa. Adstrito ao campo recursal o recurso de agravo tornou-se o expediente recursal mais trabalhado nas propostas reformistas do Código de Processo Civil.

E quanto às críticas reflexas da Lei 11.187/2005, caberá à experiência forense esmiuçar o desacerto legislativo.

8. Referências bibliográficas

ALLA, Valentina Jungmann Cintra. *O recurso de agravo e a lei 9.139 de 30.11.1995*. São Paulo: Revista dos Tribunais, 1998. (Recursos no Processo Civil ; 5).

Aragão, Egas Dirceu Moniz de. *Comentários ao código de processo civil*. 10. ed. Rio de Janeiro: Forense, 2005.

ASSIS, Araken de. *Doutrina e prática do processo civil contemporâneo*. São Paulo: Revista dos Tribunais, 2001.

——. *Manual do processo de execução*. 8. ed. São Paulo: Revista dos Tribunais, 2002.

BARBOSA GARCIA, Gustavo Filipe. *A nova disciplina do agravo no processo civil da decorrente Lei 11.187/2005*. In: NERY JÚNIOR e, WAMBIER, Thereza Arruda Alvim et al. (Coord.). *Aspectos Polêmicos e atuais dos recursos cíveis e assuntos afins:* (série aspectos polêmicos e atuais dos recursos;v.10). São Paulo: Revista dos Tribunais, 2006.

BEDAQUE, José Roberto dos Santos. *Direito e processo*: influência do direito material sobre o processo. 3. ed. São Paulo: Malheiros, 2003.

BELTRAO, Jorge. *Do agravo no auto do processo*. 2ª ed. São Paulo: Sugestões Literárias, 1967.

BUZAID, Aufredo. *Do Agravo de Petição no Sistema do Código de Processo Civil*. 2ª ed. rev. e ampliada. São Paulo: Saraiva, 1956.

CAPPELLETTI, Mauro. *Acesso à justiça*. Tradução de Ellen Gracie Northfleet. Porto Alegre: Fabris, 1988.

CARNEIRO, Athos Gusmão. *Recurso especial, agravos e agravo interno*. Rio de Janeiro: Forense, 2001.

——. *Do recurso de Agravo ante a Lei 11.187/2005*. In: NERY JÚNIOR e, WAMBIER, Thereza Arruda Alvim et al. (Coord.). *Aspectos Polêmicos e atuais dos recursos cíveis e assuntos afins:* (série aspectos polêmicos e atuais dos recursos; v.10). São Paulo: Revista dos Tribunais, 2006. p.34-48.

CARNELLUTI, Francesco. *Como se faz um processo*. Traduzido por Hiltomar Martins Oliveira. 2. ed. Belo Horizonte: Líder Cultura Juridica, 2004a.

——. *Teoria geral do direito*. São Paulo: Lejus, 2000b.

——. *Sistema de Direito Processual Civil*. Traduzido por Hiltomar Martins de Oliveira. Vol II. 2ª ed. São Paulo: Lemos e Cruz, 2004c.

CINTRA, Antonio Carlos de Araujo. *Comentários ao código de processo civil*. 2. ed. Rio de Janeiro: Forense, 2003.

CINTRA, Antônio Carlos de Araújo; GRINOVER Ada Pellegrini; DINAMARCO, Cândido Rangel. *Teoria geral do processo*. 20. ed. São Paulo: Malheiros, 2004.

CHIOVENDA, Giuseppe. *Instituições de Direito Processual Civil*. Vol. I. 3. ed, com anotações do Prof. Enrico Tullio Liebman. Campinas: Bookseler. 2002.

COUTURE, Eduardo J. *Introdução ao estudo do processo civil: discursos, ensaios e conferências*. Traduzido por Hiltomar Martins Oliveira. Belo Horizonte: Líder Cultura Jurídica, 2003.

Cresci Sobrinho, Elicio de. O juiz e as máximas de experiência. *Revista Forense*, Rio de Janeiro, v. 82, n. 296, p. 430-436, out.dez. 1986.

CRUZ E TUCCI, José Rogério. *Tempo e processo*: uma análise empírica das repercussões do tempo na fenomenologia processual (civil e penal). São Paulo: Revista dos Tribunais, 1997a.

——. *Jurisdição e Poder*. (contribuição para história dos recursos cíveis). São Paulo: Saraiva, 1987b.

DINAMARCO, Candido Rangel. *A instrumentalidade do processo*. 11. ed. São Paulo: Malheiros, 2003a.

——. *A nova era do processo civil*. São Paulo: Malheiros, 2003b.

——. *Instituições de direito processual civil*. 4. ed. atualizada com remissões ao Código Civil de 2002. São Paulo: Malheiros, 2004. v. 3.

——. *A Reforma da Reforma*. 6. ed. rev. e atualizada. São Paulo: Malheiros. 2003.

FAGUNDES, M. Seabra. *Dos recursos ordinários em matéria civil*. Rio de Janeiro: Forense, 1946.

FERNANDES, Luís Eduardo Simardi. *Embargos de declaração*: efeitos infringentes, prequestionamento, e outros aspectos polêmicos. São Paulo: Revista dos Tribunais, 2003. (Recursos no Processo Civil ; 11).

FERREIRA FILHO, Manoel Caetano. *Comentários ao código de processo civil*. São Paulo: Revista dos Tribunais, 2001. v. 7. Do processo de conhecimento. Arts. 496 a 565.

———. *Considerações sobre a Lei 11.187, de 19.10.2005, que altera a disciplina do agravo de instrumento*. In: NERY JÚNIOR e, WAMBIER, Thereza Arruda Alvim et al. (Coord.). *Aspectos Polêmicos e atuais dos recursos cíveis e assuntos afins*: (série aspectos polêmicos e atuais dos recursos;v.10). São Paulo: Revista dos Tribunais, 2006. p.317-328.

FRAGA, Affonso. *Instituições do processo civil do Brasil*. São Paulo: Livraria Acadêmica, 1941. t. 3: Recursos.

FUX, Luiz. *Curso de direito processual civil*. Rio de Janeiro: Forense, 2005.

JORGE, Flavio Cheim. *Apelação cível*: teoria e admissibilidade. 2. ed. São Paulo: Revista dos Tribunais, 2002. (Recursos no Processo Civil ; 7).

———. *Teoria geral dos recursos cíveis*. 2. ed. Rio de Janeiro: Forense, 2004.

KOZIKOSKI, Sandro Marcelo. *Embargos de declaração*: teoria geral e efeitos infringentes. São Paulo: Revista dos Tribunais, 2004.

KUHN, João Lace. *Justificativas Constitucionais da Tutela de Urgência*.

LIEBMAM, Enrico Túllio. *Manual de direito processual civil*. Tocantins: Intelectos, 2003. v. 1.

———. *Estudos Sobre Processo Civil Brasileiro*. São Paulo: Bestbook. 2004.

LIMA, Alcides de Mendonça. *Sistema de normas gerais dos recursos cíveis*. Rio de Janeiro: Freitas Bastos, 1963.

MACEDO, Elaine Harzeim. *Jurisdição e Processo*: crítica histórica e perspectiva para o terceiro milênio. Porto Alegre: Livraria do Advogado, 2005.

MANCUSO, Rodolfo de Camargo. *Recurso extraordinário e recurso especial*. 7. ed. São Paulo: Revistas dos Tribunais, 2001. (Recursos no Processo Civil ; 3).

MARINONI, Luiz Guilherme e ARENHART, Sérgio Cruz *Manual do Processo de Conhecimento*. 5ª.ed. São Paulo: Editora Revista dos Tribunais, 2006.

MEDINA, José Miguel Garcia; WAMBIER, Luiz Rodrigues; WAMBIER, Teresa Arruda Alvim. *Direito fundamental à tutela jurisdicional tempestiva a luz do inciso LXXVIII do art. 5º da CF/ inserido pela EC nº 45/2004*. In: WAMBIER, Teresa Arruda Alvim et al. (Coord.). *Reforma do judiciário: primeiros ensaios críticos sobre a EC n 45/2004*. São Paulo: Revista dos Tribunais, 2005. p. 373-389.

MIRANDA, Francisco Cavalcanti Pontes de. *Comentários ao código de processo civil*. 3. ed. Rio de Janeiro: Forense, 2000. t. 7: arts. 496 a 538.

MOREIRA, José Carlos Barbosa. A duração dos processos: alguns dados comparativos. *Revista Síntese de Direito Civil e Processual Civil*, Porto Alegre, ano 5, n. 29, p. 28-36, maio/jun. 2004a.

———. *Comentários ao código de processo civil*. 11. rev. e atual. inclusive de acordo com o novo Código Civil. Rio de Janeiro: Forense, 2003. v. 5.: arts. 476 a 565.

———. *Juízo de admissibilidade no sistema dos recursos cíveis*. Rio de Janeiro: [s.n.], 1968.

———. O futuro da justiça: alguns mitos. In: _____. *Temas de direito processual*: oitava série. São Paulo: Saraiva, 2004b. p. 1-13.

———. *O novo processo civil brasileiro*. 21.ed. Rio de Janeiro: Forense, 2000.

MOUTA ARAÚJO, José Henrique. *Primeiras impressões sobre o novo regime do agravo*. In: NERY JÚNIOR e, WAMBIER, Thereza Arruda Alvim et al. (Coord.). *Aspectos Polêmicos e atuais dos recursos cíveis e assuntos afins*: (série aspectos polêmicos e atuais dos recursos; v.10). São Paulo: Revista dos Tribunais, 2006. p. 200-230

NERY JÚNIOR, Nelson. *Princípios do processo civil na Constituição Federal*. 7. ed. rev. e atualizada com as Leis 10.352/2001 e 10.358/2001.2001. São Paulo: Revista dos Tribunais, 2001.

———. *Teoria geral dos recursos*. 6. ed. São Paulo: Revista dos Tribunais, 2004.

NERY JÚNIOR, Nelson; Nery, Rosa Maria Andrade. *Código de processo civil comentado e legislação processual civil extravagante em vigor*. 4. ed. São Paulo: Revista dos Tribunais, 1999.

———. *Código de processo civil comentado e legislação processual civil extravagante em vigor*. 9. ed. São Paulo: Revista dos Tribunais, 2006.

———; WAMBIER, Thereza Arruda Alvim et al. (Coord.). *Aspectos Polêmicos e atuais dos recursos cíveis e assuntos afins*: (série aspectos polêmicos e atuais dos recursos ;v.10). São Paulo: Revista dos Tribunais, 2006.

NORONHA, Carlos Silveira. *Do Agravo de Instrumento*. Rio de Janeiro: Forense, 1976.

PALAIA, Nelson. *O fato notório*. São Paulo: Saraiva, 1997.

PASSOS, José Joaquim Calmom de. *Comentários ao código de processo civil*. 9. ed. Rio de Janeiro: Forense, 2004. v. 3.: arts. 270 a 331a.

———. *Da Jurisdição*. Bahia: Livraria Progresso, 1957b.

RIBEIRO, Darci Guimarães. *Provas atípicas*. Porto Alegre: Livraria do Advogado, 1998a.

——. *La Pretension Procesal y La Tutela Judicial Efectiva*: Hacia uma Teoría Procesal del Derecho. Barcelona: Libreria Bosh, S.L, 2004

SIDOU, Othon J. M. *Os recursos processuais na história do direito*. 2. ed. Rio de Janeiro: Forense, 1978.

SILVA, Ovídio Araújo Baptista da. *Curso de processo civil*. 7. ed. Rio de Janeiro: Forense, 2005. v. 1.: Processo do conhecimento.

SOUZA, André Pagani de. *O regime de retenção do agravo como regra geral*. In: NERY JÚNIOR e, WAMBIER, Thereza Arruda Alvim et al. (Coord.). *Aspectos Polêmicos e atuais dos recursos cíveis e assuntos afins:* (série aspectos polêmicos e atuais dos recursos;v.10). São Paulo: Revista dos Tribunais, 2006. p.18-33.

SPALDING. Alessandra Mendes. Direito fundamental à tutela jurisdicional tempestiva a luz do inciso LXXVIII do art. 5º da CF/ inserido pela EC nº 45/2004. In: WAMBIER, Teresa Arruda Alvim (Coord.). *Reforma do judiciário*: primeiros ensaios críticos sobre a EC n 45/2004. São Paulo: Revista dos Tribunais, 2005. p. 31-40.

WAMBIER, Luiz Rodrigues; WAMBIER, Tereza Arruda Alvim; MEDINA, José Miguel Garcia. *Breves comentários à nova sistemática processual civil*: emenda constitucional nº 45 (reforma do judiciário); leis 10.444/2002; 10.358/2001 e 10.352/2001. 3. ed. São Paulo: Revista dos Tribunais, 2005.

WAMBIER, Luiz Rodrigues; WAMBIER, Tereza Arruda Alvim; MEDINA, José Miguel Garcia. *Breves comentários à nova sistemática processual civil II* :Leis 11.187/2005, 11.232/2005, 11.276/2006, 11.277/2006 e 11.180/2006. São Paulo: Editora Revista dos Tribunais, 2006.

WAMBIER, Thereza Arruda Avim. *Nulidades do processo e da sentença*. 5. ed. São Paulo: Revista dos Tribunais. 2004.

——. *Os agravos no CPC brasileiro*. 3. ed. São Paulo: Revista dos Tribunais, 2000.

——. *Os Agravos no CPC Brasileiro*. 4ª ed. rev. ampliada e atual. de acordo com a nova Lei do Agravo (Lei 11.187/2005). São Paulo: Revista dos Tribunais. 2005

WATANABE, Kazuo. *Da cognição no processo civil*. 2. ed. atual. Campina: Bookseller, 2000.

ZANFERDINI, Flávia de Almeida Montingelli. *O processo civil no 3º milênio e os principais obstáculos ao alcance de sua efetividade*: morosidade da justiça, insuficiência de poderes de *imperium* do magistrado e as deficiências da execução civil. Rio de Janeiro: Forense, 2004.

—2—

Princípio da inafastabilidade do controle jurisdicional, outros e Constituição Federal

ANDRÉ JOBIM DE AZEVEDO
Mestre em Direito – Professor da PUCRS – Advogado

Sumário: Introdução; Constituição Federal; Princípios; Princípios fundamentais e processuais; Bibliografia.

Introdução

Originariamente em tempos de auto composição dos conflitos entre os homens pela Lei de Talião, a aplicação do "olho por olho, dente por dente" era a solução. A supremacia do império da força, no entanto, foi incapaz de manter a paz social.

A Intervenção do Estado – substitutiva ao particular na solução de conflitos – avançou na tentativa de melhor responder às necessidades de relacionamento e proteção dos cidadãos.

Proibida a reação privada imediata como regra, a jurisdição se apresentou como melhor forma de definir o direito ("juris et dictio").

Monopólio do Estado na solução dos conflitos, essa evolui para além da simples atribuição do Direito a quem o tenha, para alcançar coercitividade de execução.

A jurisdição se afirma como necessidade de fazer valer na prática o regramento prévio e teórico instituído pelo direito em determinado sistema jurídico. É a aplicação "in concreto" das normas jurídicas. Dizer e fazer – julgar e realizar as controvérsias. Atuar no sentido do conhecimento das demandas e execução das decisões e julgamentos.

O caminho socialmente evoluído, civilizado e aceitável é o processo, já que por vias próprias não mais é possível a implementação de soluções.

O processo judicial tem missão nobre e assim deve ser adequadamente disposto e regrado como forma de proteção à cidadania, afastando a barbárie da convivência social.

Pois este instrumento de realização do direito material é a via própria para manter a convivência social harmonizada.

Não parece, no entanto, que o mesmo tenha se perfectibilizado por completo à vista da ausência de efetividade escancarada e que não se limita ao ambiente pátrio.

É celebre a notável afirmação do processualista italiano Chiovenda de que o processo deve dar a quem tem um direito tudo aquilo e precisamente aquilo que ela tem o direito de obter.

Assim deve ser direito de todos a utilização do processo (instrumento da jurisdição) na busca, no dizer de Carnelutti, "da justa composição da lide". A solução da controvérsia, na melhor condição possível.

O Direito Processual como ciência autônoma se fortalece e ao mesmo tempo necessita de proteção. Ação do Estado para que cumpra seu mister relativamente a todo aquele que dele necessitar e garanta essa possibilidade como um direito amplo que a todos beneficie.

Hoje cercado de complexos estudos científicos, o Direito Processual Civil é servido por normatização positivada de toda a ordem, bem como de firme principiologia que o instrui e fundamenta.

Constituição Federal

Nesse sentido e finalizando estabilizar e bem orientar a solução das controvérsias, a codificação é caminho importante, mas nem sempre estável o suficiente.

As regras atinentes à judicialização das quizílias são capazes de colocar em pé de igualdade aqueles que se apresentam para busca de definição.

Importante caminho o da legislação ordinária, o qual, entretanto, por si só é incapaz de realizar tão majestosos objetivos, especialmente em sistemas e regimes jurídicos e políticos menos estáveis.

Nesse sentido a existência e aplicação de princípios, retaguarda a correta condução do processo e de alguma maneira dá ao sistema maior confiabilidade.

Ocorre que o procedimento de produção legislativa pela via ordinária é notoriamente instável, no sentido de que basta edição de outra norma ordinária para que a matéria tenha seu rumo alterado, gerando insegurança, quer quanto ao próprio direito processual, quer quanto à proteção da qual se incumbe o Estado e à qual se obriga.

Por conta dessa inegável realidade, o sistema brasileiro acabou estendendo ao processo civil uma estratégia utilizada em outros ramos do direito, a constitucionalização.

Em nosso sentir não significando apenas, e quem sabe, um desvirtuamento da finalidade e formato constitucional, mas acima de tudo uma saída, um clamor em alta voz à uma condição mais segura. Um apelo à uma sedimentação e estabilidade maior que é própria das Constituições Federais.

Em um país como o Brasil, onde por mais de 20 anos suportaram-se regimes autoritários e ditatoriais, alguma compreensão deve ter-se dessa, por nós chamada, atecnia constitucional. A hesitação e mutação legislativa, ao sabor dos interesses, causou trauma, ensejando, na primeira oportunidade de redemocratização do país e formulação de Carta Constitucional, a construção quase ordinária desse diploma orientador maior que é a Constituição Federal.

E aqui se concentra a crítica ao excessivo detalhismo e particularização da Carta que a torna inaceitavelmente distante daqueles aos quais se destina, os cidadãos da nação. Uma carta constitucional que ainda é adolescente (1988) já conta surpreendentemente com mais de 50 emendas. Compare-se a estruturação e organização trazida pelas centenárias Constituições Francesa e Norte Americana, que com um rol restrito de orientações estruturais e definições políticas foram capazes de atravessar os anos e continuam a ser instrumento de orientação dos povos aos quais se destinam. Em especial, a duocentenária norte-americana, contando ainda hoje com pouco mais de 20 emendas. São regências de conhecimento e convicção da população, diferentemente do que se passa em terra nacional, onde nem mesmo sequer os profissionais do direito têm a devida intimidade com a mesma, o que se dirá da pobre e inculta população deste país, para dizer o menos.

No Brasil, desde a Constituição Federal de 1946 se pretende garantir o acesso amplo da cidadania ao Poder Judiciário. A vigente Carta Constitucional de 1988 é pródiga em detalhes em geral em seus 250 artigos e mais 83 artigos de atos de disposições constitucionais transitórias, o que a faz rapidamente desatualizada e enseja formulação de emendas...

Assim é de alguma ocorrência a existência de tensão constitucional entre normas que protegem interesses diversos e que podem ser postas em situação de antagonismo. Importante remédio é a compatibilização para convivência simultânea dos princípios fundamentais envolvidos. O sistema jurídico deve ser compreendido como um todo aberto permeável, lacunoso e antinômico (com contradições). É com o Princípio da Proporcionalidade que se dá o adequado manejo a estas ocorrências.

Especificamente no caso do processo, já se fala em "processo civil constitucional", ante a evidente inclusão no Diploma Maior de normas dessa natureza, especialmente quanto aos princípios processuais, nela incluídos.

O acesso ao Poder Judiciário é *garantia constitucional pétrea*, conforme artigo 5º, XXXV, da Carta Magna, sendo que as normas destas disposições não podem ser alteradas por emenda constitucional, senão por constituinte exclusiva com finalidade de formulação constitucional. Essa a previsão constitucional do artigo 60, parágrafo 4º, inciso IV.

Assim está constitucionalmente positivado que "a lei não excluirá da apreciação do Poder Judiciário lesão ou ameaça de direito".

Princípios

Norteadores da compreensão do fenômeno jurídico como instrumento de referência de um problema jurídico qualquer, os princípios são fundamentais para higidez do sistema. Não princípios físicos, inafastáveis a que os fenômenos da natureza se submetem inexoravelmente, como por exemplo, a gravitação.

Como proposições básicas, fundamentais que embasam, servem de assento à estrutura de determinada ciência. Preparam a organização e desenvolvimento da mesma. Ponto de partida para o desenvolvimento de qualquer sistema de conhecimento e que a este conferem validade, tidos por verdades fundamentais.

Também no Processo Civil, onde são considerados como verdades ou juízos fundamentais. São pilares jurídicos de maior grandeza, "holofotes", os quais iluminam com grande intensidade qualquer entendimento amparado na legislação positivada.

São norteadores para a edificação das normas jurídicas e para a aplicação do direito processual "in concreto".

Alguns constitucionalizados, constituindo-se em normas jurídicas qualificadas, da mais alta hierarquia normativa.

Garantem a hegemonia e a unidade do sistema jurídico, determinando que as normas de hierarquia inferior guardem respeito e observância aos mesmos, em termos hierárquicos.

Orientam a criação do direito infraconstitucional, com sua previsão "in abstrato", e que deve ser erigido em consonância com os mesmos.

Princípios Processuais não têm sentido absolutamente autônomos e limites rígidos. Se interpenetram em zona "gris" de relação entre os mesmos, e até eventualmente se confundem.

Princípios fundamentais e processuais

Não se poderia tratar dos princípios processuais sem algumas breves observações sobre aqueles *gerais* e *fundamentais*.

O artigo 5º da Constituição Federal brasileira, incluído no Título II – Dos Direitos e Garantias Fundamentais, e no capítulo I – Dos Deveres e Garantias Individuais e Coletivos –, contém as consagradas Cláusula Pétreas (artigo 60, § 4º, inciso 4º, da Constituição Federal), NÃO passíveis de alteração ou supressão, nem por emenda constitucional (tal como a Forma Federativa do Estado, o Voto Direto Secreto, Universal e Periódico, a Separação dos Poderes). Constitui-se em núcleo intangível da Constituição Federal.

Este artigo 5º da Constituição Federal, em seu caput assegura a todos os cidadãos igualdade de tratamento, inclusive, conseqüentemente, às partes no processo, o que vem reiterado no artigo 125, inciso I, Código de Processo Civil.

O verdadeiro princípio da igualdade é o da igualdade substancial: a lei dá tratamento igual às partes iguais e desigual às partes desiguais, como única forma de atingir verdadeira igualdade, o que deve ser feito fundamentadamente.

Como exemplo de adequada vazão do mesmo, a previsão legal de prazo de defesa em dobro para a Defensoria Pública e prerrogativa de intimação pessoal (artigo 5º, § 5º, Lei 1.060/50, 44, inciso I; 89, inciso I; 128. inciso I; Lei Complementar 80/94), como necessária proteção à defensoria pública, alcançada a todo o cidadão, comparativamente aos Escritórios de advocacia, em face das distintas condições de infra estrutura, volume de atendimentos, etc, pelo que justificável a previsão legal da exceção. Verdadeira aplicação do princípio da igualdade.

Esse princípio deve ser examinado conjunta e harmonicamente com o Princípio da Legalidade, do inciso II do mesmo artigo constitucional 5º, que reza que "ninguém será obrigado a fazer ou deixar de fazer algo senão em virtude da lei".

Legalidade esta de há muito consagrada pela Declaração Universal dos Direitos do Homem 1948, artigo XXIX, bem com no asseverar de que a "Liberdade é o direito de fazer tudo aquilo que as leis permitem" na indispensável clássica obra de Montesquieu, "De l'esprit des lois", Livro XI capítulo III.

À lei é, pois, possível determinar proteções diversas buscando a real efetivação do princípio da igualdade, com regências particulares assim dirigidas. Pode e ampara proteção à mulher (100, I, Código de Processo Civil, instituindo foro privilegiado na ação de alimentos), ao consumidor (artigo 5º, XXXII, Constituição Federal), praticando tratamento diverso devidamente FUNDADO, como compensação a certas desigualdades.

Desses princípios mais que fundamentais, que poderiam ser chamados de supra princípios, decorrem o Princípio do Devido Processo Legal, da Ampla Defesa, do Contraditório, os quais estão diretamente ligados ao processo.

Assim é que aos princípios fundamentais se coloca como pressuposto garantir o acesso ao Poder Judiciário, ao processo como meio de solução de controvérsia.

Lembre-se que não basta assegurar acesso, senão acesso eficiente. É condição inafastável da sociedade democrática o controle jurisdicional do acesso ao Poder Judiciário, da sua indeclinabilidade na solução das controvérsias, o que envolve a questão da efetividade. Esta não se constitui em problema nacional, mas mundial, no sentido de que vários países desenvolvidos do mundo o enfrentam, sendo certo que a demora da conclusão do processo a todos atormenta.

Vários são os princípios processuais informados pelo Princípio do Acesso ao Poder Judiciário, ligados com a ação e a defesa, como o Princípio da Demanda, da autonomia da Ação, Dispositivo, Ampla Defesa, Defesa Global, Contraditório, Eventualidade.

A Garantia de Acesso ao Poder Judiciário constitui-se em garantia prévia ao processo, supra constitucional, que informa outros tantos ligados aos direitos das partes no processo.

Já a Declaração Universal dos Direitos do Homem e do Cidadão, ONU 1948, artigo 10º, a Convenção de Roma de 1950 – Convenção Européia para Salvaguarda dos Direitos do Homem e das Liberdades Fundamentais, artigo 6º, o Pacto Internacional dos Direitos Civis e Políticos de 1966, artigo 14,1, e a Convenção Americana sobre Direitos Humanos da Costa Rica, 1969, artigo 8º,1, assim asseveraram.

Em sede de Código de Processo Civil, nem mesmo na hipótese de lacuna ou obscuridade da lei afasta a jurisdição (artigo 126), sendo nestas circunstâncias permitido ao julgador recorrer à analogia, aos costumes e aos princípios gerais de direito.

Lembrado na doutrina nacional, Mauro Capelletti se posicionou sobre o movimento de acesso à Justiça nos Estados contemporâneos, tendo constatado 3 ondas: 1) pobreza como obstáculo de acesso ao Judiciário e a Representação legal do pobre; 2) proteção aos interesses difusos, fenômenos da sociedade de massa; coletivização do Direito; 3) risco de burocratização do Judiciário.

Também referido como Direito à ação, direito de ação e direito de petição, com sutis diferenças de enfoques que aqui não merecem relevo, tem-se como o Direito de dirigir-se a juiz ou tribunal competente para que lhe aprecie lesão ou ameaça de direito. Direito de peticionar aos órgãos do Poder Judiciário.

No caso pátrio, após a Constituição Federal de 1988, restou esclarecida a desnecessidade de prévio esgotamento das vias administrativas, antes da busca do Poder Judiciário, afastada a "instância administrativa de curso forçado" e a "jurisdição condicionada".

É o direito de todo o homem de ser ouvido por Tribunal independente e imparcial, previamente instituído por lei. A este submeter todo e qualquer direito subjetivo, individual, coletivo, transindividual, difuso e individual homogêneo.

E a tanto não basta formalmente garantir acesso aos Tribunais, mas sim adequada tutela jurisdicional, efetiva e tempestiva, em prazo razoável, sem dilações indevidas, proporcional à complexidade da discussão. Nesse sentido deve por igual se observar, e para tal contribuir, o comportamento de juízes e procuradores das partes, assim como todos aqueles que no processo intervém.

Muito se fala, e acertadamente na crise do processo, questionando a sua não utilidade, morosidade, o que se constitui verdadeiramente em Justiça inacessível.

É o devido Direito AO processo e NO processo (Regularidade processual). A busca da prestação de jurisdição em breve espaço de tempo, o tempo justo para a consecução do escopo.

Não se pode, nesta ótica, deixar de observar a significância da diferença de capacidade econômica das partes, como definidores de capacidade de resistência e espera na demora na solução final da contenda.

Assim é que, parte disso tudo é garantir o acesso ao Poder Judiciário e ao processo aos jurisdicionados que não disponham de condições, o que se pode viabilizar pelo princípio da Assistência Judiciária Gratuita. Trata-se também de cláusula pétrea, prevista pelo artigo 5º, inciso LXXIV, da Constituição Federal e que se rege basicamente pela Lei 1060/50. Além desse, o artigo constitucional 134 (que institui a Defensoria Pública).

Na seara do acesso à Justiça, no Brasil muito se resistiu à utilização da via da arbitragem como meio de solução de controvérsia, o que se sustentava infringente à norma constitucional. Recentemente a arbitragem se positiva e tem previsão na Lei 9307/96.

A despeito da formalização legal, demorou até que o Supremo Tribunal Federal definisse e decidisse pela constitucionalidade, no sentido de que a manifestação de vontade da parte na cláusula compromissória no momento da celebração do contrato e a permissão dada ao juiz para que substitua a vontade da parte recalcitrante em firmar o termo de compromisso não ofende ao artigo 5º, inciso XXXV, da Constituição Federal. Forçoso reconhecer, no entanto, que essa interessante e necessária via da arbitragem ainda se reveste de resistência cultural que sabe-se lá quando será vencida...

Kazuo Watanabe, ilustre processualista brasileiro, é preciso ao se manifestar sobre o tema asseverando que "o direto de acesso à Justiça é, fundamentalmente, direito de acesso à ordem jurídica justa. A problemática do acesso à Justiça não pode ser estudada nos acanhados limites de acesso à Justiça enquanto instituição estatal, e sim viabilizar o acesso à ordem jurídica justa"

Recentemente mais uma emenda constitucional foi editada, a de número 45, com fim expresso de reformar o Poder Judiciário, mas que veladamente buscava instituir controle externo ao Judiciário. Declarou-se a agilização e efetividade do processo como objetivo. Apenas para referir, pois se trata de outro tema, efetivamente foram criados vários órgãos de controle externo, como o Conselho Nacional de Justiça, o Conselho Nacional do Ministério Público, o Conselho Superior de Justiça do Trabalho.

Pois essa Emenda Constitucional inseriu mais um inciso no artigo 5º da Constituição Federal, o inciso LXXVII (78º), que fala que – "a todos são assegurados razoável duração do processo e os meios que garantam a celeridade de sua tramitação".

Não se vê aí uma novidade, já que tal leitura de efetividade já era feita antes desse inciso, quanto aos dispositivos existentes na própria Carta e artigo 5º, LIV – devido processo legal, LV – ampla defesa, XXX – acesso ao Poder Judiciário. "A lei não excluirá da apreciação...". Estes já se interpretavam no sentido de que a prestação jurisdicional devesse ser efetiva proteção, célere, justa, com condição real de atuação no mundo dos fatos.

Ocorre que a novel norma constitucional, em verdade, nada significa. O que é "razoável duração"? Quanto tempo significa efetividade na prestação jurisdicional aos efeitos da razoável duração? Quais os meios disponíveis para assegurar a celeridade de tramitação?

É importante perceber que se trata de norma programática, não auto-aplicável, que traz conceitos abertos e subjetivos. Obviamente dependem de formulação legislativa ordinária, e que até agora não sobreveio.

Algumas alterações no sentido da efetivação e qualificação da prestação jurisdicional foram determinadas pela EC 45, como a do artigo 93, II – c) promoção dos juízes por critérios objetivos de produtividade e presteza no exercício da jurisdição. Ainda, freqüência e aperfeiçoamento em cursos oficiais e reconhecidos de aperfeiçoamento, e) não promoção se houver injustificada retenção dos autos além do prazo. Determinou no inciso VI – Aperfeiçoamento por cursos, no inciso XII – Atividade Jurisdicional Ininterrupta. (vedado férias coletivas, dias sem expediente: plantão permanente.), inciso XIII – número de juízes proporcional à demanda, o inciso XV – Distribuição Imediata de processos e em várias situações a possibilidade de justiça itinerante e funcionamento descentralizado, câmaras regionais, assim como o artigo 126 prevendo a organização de Varas especializadas – exemplificativamente para conflitos fundiários.

É de se referir ao final que nessa tentativa de garantir o acesso ao Poder Judiciário – um acesso amplo e qualificado – se instituíram, por igual, dois tipos de Súmulas a serem promulgadas pelos Tribunais Superiores, e de enorme controvérsia.

A Emenda trouxe também a súmula vinculante (artigo 103-A, da Constituição Federal), que obriga ao julgador a sua aplicação, matéria essa relevante e que será objeto de texto diverso, antecipando-se, contudo, que tem o significado de cerceamento de liberdade no julgamento do magistrado, engessamento da Jurisprudência, mas que encontra em seu favor alguns outros importantes argumentos.

Assim, e para concluir, é que se reconhece firme utilidade da constitucionalização de princípios processuais, notadamente da garantia de acesso ao poder judiciário, sem o qual torna-se formal e ocioso o direito material que a todos rege e orienta.

Bibliografia

ÁVILA, Humberto. *Teoria dos Princípios*: da definição à aplicação dos Princípios Jurídicos, 5ª ed., São Paulo: Malheiros, 2005.

ALVIM, José Eduardo Carreira.*Teoria Geral do Processo*, Rio de Janeiro: Forense, 2005.

CAPELLETTI, Mauro et GARTH, Bryant. *Acesso à justiça*. Porto Alegre: Fabris, 1988.

CRUZ E TUTTI, José Rogério *et al.Garantias Constitucionais do Processo Civil*, São Paulo: Revista dos Tribunais, 1999.

FREITAS, Juarez. *Interpretação Sistemática do Direito.* São Paulo, Malheiros, 1995.
GRINOVER, Ada Pellegrini *et al. Teoria Geral do Processo*, 22ª ed., São Paulo: Malheiros, 2005.
HÄBERLE, Peter. *Hermenêutica Constitucional*, Porto Alegre: Sergio Antônio Fabris Editor, 1997.
HESSE, Konrad. *A força Normativa da Constituição*, Porto Alegre: Sergio Antônio Fabris Editor, 1991.
HUTTER, Rudolf. *Os Princípios Processuais no Juizado Especial Cível*, São Paulo: Iglu, 2004.
LOPES, João Batista. *Curso de direito processual civil*, vol 1: parte geral, São Paulo: Atlas, 2005.
MONTENEGRO FILHO, Misael. *Curso de Direito Processual Civil*, Vol. 1: Teoria Geral do Processo e Processo de Conhecimento, São Paulo: Atlas, 2005.
NERY JUNIOR, Nelson. *Teoria Geral dos Recursos*, 6ª ed., São Paulo: Revista dos Tribunais, 2004.
NOGUEIRA, Gustavo Santana. *Curso Básico de Processo Civil*: Teoria Geral do Processo, Rio de Janeiro: Lumen Juris, 2004.
NOGUEIRA, Paulo Lúcio. *Curso Completo de Processo Civil*, 5ª ed., São Paulo: Saraiva, 1994.
PACHECO, José da Silva. *Evolução do Processo Civil Brasileiro.* Desde as Origens até o advento do Novo Milênio, 2ª Ed. , Rio de Janeiro, Renovar, 1999.
PINTO JÚNIOR, Nilo Ferrreira. *Princípio da Congruência no Direito Processual Civil*, Curitiba: Juruá, 2003
PORTANOVA, Rui. *Princípios do Processo Civil*, 6ª ed. Porto Alegre: Livraria do Advogado, 2005.
SANTOS, Moacyr Amaral. *Primeiras Linhas de Direito Processual Civil.* vol I, 23ª ed. São Paulo: Saraiva, 2004
THEODORO JÚNIOR, Humberto. *Curso de Direito Processual Civil*, 41ª ed, Rio de Janeiro: Forense, 2004.
VASQUEZ, José Rendon. *Guia Procesal Civil*, Lima, Peru: Edial 1998.
WAMBIER, Luiz Rodrigues *et al. Curso Avançado de Processo Civil*, Vol 1: Teoria Geral do Processo de Conhecimento, 7ª ed., São Paulo: Editora Revista dos Tribunais, 2005
WATANABE, Kazuo. *Controle jurisdicional (princípio da inafastabilidade do controle jurisdicional no sistema jurídico de segurança contra atos judiciais) e mandado.* São Paulo: Revista dos Tribunais, 1980.

— 3 —

Recurso Ordinário

ARAKEN DE ASSIS
Professor Titular da PUC/RS. Doutor em Direito pela PUC/SP.
Desembargador (aposentado) do Tribunal de Justiça do Rio Grande do Sul.

Sumário: 1. Origem e evolução legislativa do recurso ordinário; 2. Natureza do recurso ordinário; 3. Confronto e semelhanças entre o recurso ordinário e a apelação; 4. Definição do recurso ordinário; 5. Avaliação crítica do recurso ordinário; 6. Cabimento do recurso ordinário; 6.1. Cabimento do recurso ordinário contra provimentos colegiados; 6.1.1. Natureza e conteúdo do provimento denegatório; 6.1.2. Caráter final do provimento denegatório; 6.1.3. Denegação de mandado de segurança; 6.1.4. Denegação de *habeas data*; 6.1.5. Denegação de mandado de injunção; 6.1.6. Denegação de *habeas corpus*; 6.2 Cabimento do recurso ordinário contra provimentos singulares; 7. Condições de admissibilidade do recurso ordinário; 7.1. Cabimento do recurso ordinário: fungibilidade; 7.2. Legitimidade para interpor recurso ordinário; 7.3. Prazo da interposição do recurso ordinário; 7.4. Regularidade formal do recurso ordinário; 7.5. Preparo do recurso ordinário; 8. Efeitos da interposição do recurso ordinário; 8.1. Efeito devolutivo; 8.2. Efeito suspensivo; 9. Procedimento do recurso ordinário; 9.1. Procedimento do recurso ordinário no órgão *a quo*; 9.2. Procedimento do recurso ordinário no órgão *ad quem*; 10. Efeitos do julgamento do recurso ordinário.

1. Origem e evolução legislativa do recurso ordinário

O recurso ordinário surgiu na caudalosa renovação institucional subseqüente à proclamação da República. É produto natural e direto da criação da Justiça Federal no País. A República concebeu uma Corte máxima, no cimo da Federação, o STF, basicamente para apreciar questões constitucionais, suprida por juízes inferiores, chamados de "juízes de seção" (art. 1º do Dec. 848, de 11.10.1890) e investidos de variada competência.

À falta de um tribunal intermediário, encurtando a distância entre a Corte suprema e os juízes de primeiro grau da incipiente Justiça Federal, o art. 9º, II, do referido diploma estipulou a competência do STF para julgar, "em grau de recurso e em última instância", o seguinte: (*a*) questões decididas pelos juízes de seção e de valor superior à alçada; (*b*) questões relativas à sucessão de estrangeiros, quando o caso não for previsto por tratado ou convenção; (*c*) causas criminais julgadas por juízes ou por júri federal; e (*d*) as suspeições opostas aos juízes de seção. E o parágrafo único do art. 9º do Dec. 848/90 autorizou recurso ao STF das sentenças definitivas dos tribunais e juízes estaduais com a finalidade inerente ao recurso extraordinário.

Nenhum desses remédios, ainda hoje pontificando no sistema recursal brasileiro, recebeu designação específica no diploma em questão. Como quer que seja, a importância do Dec. 848/90 avulta no fato histórico de tornar insustentável a afirmativa corrente de que o recurso, hoje previsto nos artigos 102, II, e 105, II, da CF/88, remonta à CF/91.[1]

Em seguida, realmente, o art. 59, II, da CF/91 conferiu ao STF competência para julgar, em grau de recurso, as questões (*rectius*: causas) julgadas por juízes e tribunais federais, bem como as contempladas no respectivo § 1º e no art. 60, remissão entendida ao art. 61. Não se criaram, sob a vigência daquela Constituição, e até a CF/46, os tribunais federais mencionados na primeira Carta da República.[2] O art. 59, § 1º, nas letras *a* e *b*, da CF/91, previa recurso ao STF, igualmente inominado, das sentenças da Justiça dos Estados, "em última instância", nas seguintes hipóteses: (*a*) "quando se questionar sobre a validade de tratados e leis federais, e a decisão do tribunal do Estado for contra ela"; (*b*) "quando se contestar a validade de leis ou de atos dos Governos dos Estados, em face da Constituição, ou das leis federais, e a decisão do Tribunal do Estado considerar válidos esses atos, ou essas leis impugnadas". Também o art. 61, segunda parte, autorizava recurso para o STF nos casos de *habeas corpus* julgados pela Justiça dos Estados-membros.

A interpretação conjunta dessas regras sugeriu a identificação de duas espécies diferentes, a ordinária e a extraordinária, na competência recursal do STF. A primeira compreenderia os casos dos artigos 60 e 61 da CF/91. O papel do STF, no julgamento dessas causas, amesquinhava-se ao de simples tribunal de apelação.[3] A outra se mostrava mais condizente, na perspectiva que ignora a jurisdição constitucional das liberdades, com a posição de tribunal de cúpula e corte constitucional, encarnando em si, "nessa função incomparável",[4] a própria Constituição, porque seu objeto recaía nas questões constitucionais do art. 59, § 1º, da CF/91. A Revisão Constitucional de 1926 alterou o texto apenas para autorizar o acesso ao STF tão-só das sentenças proferidas pelos juízes federais "excedentes da alçada legal".[5] O recurso inominado continuou caso de competência ampla.[6]

No entanto, a previsão do recurso ordinário não se ateve ao plano constitucional. À guisa de "completar" a organização da Justiça Federal, conforme a respectiva epígrafe, a Lei 221, de 20.11.1894, manteve os recursos especificados no

---

[1] Por exemplo, a de Alcides de Mendonça Lima, Recurso ordinário constitucional, nº 1, p. 198.

[2] Na verdade, segundo Pedro Lessa, *Da Fazenda Pública em juízo*, p. 20, o Dec. 4.381, de 05.12.1921, criou três tribunais federais, mas o STF, por disposição administrativa, declarou-os inconstitucionais.

[3] João Barbalho, *Comentários*, p. 239.

[4] Ruy Barbosa, *Comentários à Constituição federal brasileira*, v. 4, p. 100.

[5] Alcides de Mendonça Lima, Recurso ordinário constitucional, nº 2, p. 198.

[6] Carlos Maximiliano, *Comentários à Constituição brasileira*, p. 640.

Dec. 848/90 em seu art. 53, *caput*, e contemplou na área, além de recurso contra as decisões dos juízes seccionais e da "justiça dos Estados e do Distrito Federal" que negarem a ordem de *habeas corpus*, o seguinte (art. 54): (*a*) as apelações cíveis das sentenças definitivas e interlocutórias com força de definitivas, proferidas pelos juízes seccionais, e da que julga a suspeição (inciso IV); (*b*) os agravos dos despachos e sentenças do juiz seccional, "além dos demais casos da legislação processual vigente", em dezenove hipóteses expressas (inciso V). Ao legislador ordinário pareceu que o recurso inominado do Dec. 848/90 e da CF/91 era o que, consoante as disposições então vigentes, geralmente mostrava-se adequado para impugnar sentenças e decisões interlocutórias: a apelação e o agravo.

À CF/34 se deve a consagração da terminologia agora usual, outorgando à "Suprema Corte" – designação do art. 73, *caput* – o julgamento "em recurso ordinário" do seguinte (art. 76, 2, II, da CF/34): (*a*) as causas, inclusive mandados de segurança, decididas por juízes e tribunais federais, sem prejuízo do disposto nos artigos 78 e 79"; (*b*) "as questões resolvidas pelo Tribunal Superior da Justiça Eleitoral, no caso do art. 83, § 1º'"; e (*c*) "as decisões de última ou única instância das justiças locais e as de juízes e tribunais federais, denegatórias de *habeas corpus*". O art. 83, § 1º, da CF/34 especificava, como passíveis de recurso ao STF, as questões constitucionais e as decisões denegatórias de *habeas corpus*. Ressalva feita à hipótese de tocar a juízo federal, originariamente, conhecer e julgar o mandado de segurança, caso em que se aplicava o art. 76, 2, II, *a*, da CF/34, inexistia previsão específica de recurso ordinário para o mandado de segurança de competência originária dos tribunais dos Estados-membros.

Por sua vez, a CF/37, extinguindo a Justiça Federal, contemplou como hipóteses de admissibilidade do recurso ordinário ao acórdão de última ou única instância denegatório de *habeas corpus* e as causas em que a União for interessada como autora ou ré, assistente ou oponente (art. 101, II, 2º, *a* e *b*, c/c art. 109 da CF/37). Ocorreu, portanto, sensível diminuição do âmbito do recurso ordinário.

Evolução oposta promoveu a CF/46, alargando o âmbito do remédio, dispondo o art. 101, II, acerca da competência do STF para julgar recurso ordinário nas seguintes hipóteses: (*a*) os mandados de segurança e os *habeas corpus* decididos, em última instância, pelos tribunais locais ou federais, quando denegatória a decisão; (*b*) as causas decididas por juízes locais, fundadas em tratado ou contrato da União com Estado estrangeiro, assim como as que forem partes um Estado estrangeiro e pessoa domiciliada no país; (*c*) os crimes políticos. Acrescente-se que o art. 120 da CF/46 atribuiu competência ao STF, outra vez, para julgar recurso ordinário em matéria eleitoral, à semelhança do art. 76, 2, II, c/c art. 83, § 1º, da CF/34.

O texto da CF/46 sofreu várias alterações após 1964. Primeiro, o Ato Institucional nº 2, de 27.10.1965, restaurou a Justiça Federal. Na respectiva competência, dentre outras, as causas envolvendo Estado estrangeiro e pessoa domiciliada no Brasil, e as causas fundadas em tratado ou em contrato da União com

Estado estrangeiro ou com organismo internacional (art. 105, *b* e *c*, da CF/46). Posteriormente, a EC nº 1, de 26.11.1965, modificou a redação do art. 101, II, *b*, restringindo-o às causas em que forem partes um Estado estrangeiro e pessoa domiciliada no Brasil. Os litígios decididos por juízes locais, fundados em tratado ou contrato da União com Estado estrangeiro, passaram à competência da Justiça Federal de primeiro grau, funcionando como segundo grau o hoje extinto Tribunal Federal de Recursos (art. 104, II, *a*, da CF/46).

O art. 114, II, da CF/67 manteve a competência do STF para julgar recursos ordinários vertidos: (*a*) de mandados de segurança e de *habeas corpus*, "decididos em única ou última instância pelos Tribunais locais ou federais, quando denegatória a decisão"; (*b*) das causas em que forem parte um Estado estrangeiro e pessoa domiciliada ou residente no País; (*c*) dos casos previstos no art. 122, §§ 1º e 2º. Além desses casos, o art. 132 da CF/67 contemplava o recurso ordinário das decisões do Tribunal Superior Eleitoral. O Ato Institucional nº 6, de 31.01.1969, eliminou a competência quanto aos mandados de segurança,[7] preservando a atinente ao *habeas corpus*. A Emenda nº 1, de 1969, que reformou toda a CF/67 – na verdade, substituiu-a por texto outorgado –, deu nova redação parcial ao cabimento do recurso ordinário em *habeas corpus*, substituindo a cláusula "tribunais locais ou federais" por outra, mais sonora – "Tribunais Federais ou Tribunais de Justiça dos Estados". E definiu a "causa internacional" como a que envolvesse Estado estrangeiro ou organismo internacional, de um lado, Município e pessoa domiciliada ou residente no País, de outro (art. 119, II, *a*, da CF/69).

É preciso abandonar as altitudes constitucionais, a bem do melhor entendimento da matéria, antes de prosseguir na exposição do desenvolvimento legislativo da figura recursal. Como visto, a CF/34 agregou ao recurso inominado da competência do STF, originário do Dec. 848/90 e confirmado pela CF/91, e de viés muito diverso do que se esperaria na órbita da corte constitucional, o adjetivo "ordinário". Por óbvio, a designação se revela ambígua, e por mais de um motivo. Em razão dessa ambivalência terminológica, as disposições regimentais, no âmbito do STF, como as de 15.10.1970 e 1º.12.1980, estimaram que se tratasse do "recurso que coubesse, dentre os ordinários, previstos na legislação processual".[8] Regulou o último RISTF mencionado, atualizando as disposições da Lei 221/94, o agravo de petição, o agravo de instrumento, o agravo no auto do processo e a apelação, recursos cabíveis contra resoluções do primeiro grau no CPC de 1939.

A Seção I – Da Apelação Cível e do Agravo de Instrumento – do Capítulo VI do Título X do Livro I do CPC de 1973 acompanhou a orientação encampada pela Lei 221/94. Na verdade, o anteprojeto do CPC considera o "recurso ordinário constitucional" figura autônoma e independente; porém, o projeto definitivo enviado ao Congresso já se acomodava às normas regimentais do STF. Influente

---

[7] Objeto de reclamação na doutrina; por exemplo, Erasmo Barros de Figueiredo Silva, Retorno do recurso ordinário no processo do mandado de segurança, p. 95. O retorno do recurso, na CF/1988, recebeu a saudação de Celso Agrícola Barbi, Mandado de segurança na Constituição de 1988, nº 14, p. 23.

[8] José Carlos Barbosa Moreira, *Comentários*, nº 308, p. 569.

opinião defendia, quanto ao recurso do art. 114, II, da CF/67, semelhante esquema. O "recurso ordinário" do texto constitucional tratar-se-ia, realmente, do "*remedium iuris* cabível para a impugnação, de acordo com as regras do processo recursal comum", motivo por que se designava a apelação, interposta contra a sentença definitiva, de "*apelação especial*, qualidade essa decorrente do altíssimo órgão que nela funciona como Juízo *ad quem*".[9] O mencionado Capítulo VI unia, à apelação e ao agravo de instrumento, originários das causas previstas no art. 114, II, da CF/67, o recurso extraordinário. Considerando o arranjo legislativo vigente até a CF/88, parece irrecusável concluir que o único elemento comum, desses recursos englobados no Capítulo VI, residia no órgão destinatário da impugnação, destino também do agravo de instrumento contra as decisões denegatórias do recurso ordinário (art. 544).[10]

A CF/88 criou o STJ, retirando do STF a função de uniformizar a aplicação do direito federal. Ao novo tribunal carreou-se o julgamento, mediante recurso ordinário, dos *habeas corpus* decididos em única ou última instância pelos TRF, ou pelos tribunais dos Estados, do Distrito Federal e Territórios (art. 105, II, *a*); dos mandados de segurança, decididos em única instância, nos tribunais antes referidos (art. 105, II, *b*); e das causas em que figurarem como partes, "Estado estrangeiro ou organismo internacional, de um lado, e, do outro, Município ou pessoa residente ou domiciliada no País" (art. 105, II, *c*). No entanto, o STF não ficou isento da competência de julgar recurso ordinário, competindo-lhe julgar "o *habeas corpus*, o mandado de segurança, o *habeas data* e o mandado de injunção decididos em única instância pelos Tribunais Superiores" (art. 102, II, *a*, da CF/88), ou seja, acórdãos originários do próprio STJ, do TSE, do TST, do STM, todos considerados "tribunais superiores" e com sede na Capital Federal (art. 92, § 1º, da CF/88). Também conhecerá de recursos ordinários quanto a crimes políticos (art. 102, II, b, da CF/88), da competência da Justiça Federal de primeiro grau (art. 109, IV, da CF/88), e, nesse caso, à semelhança do que acontece com o *habeas corpus*, o STF funcionará como terceiro grau. Esse aspecto interessa aos domínios penais.[11] Seja como for, o STF deixou de apreciar recursos deduzidos, diretamente, contra sentenças e interlocutórias emanadas do primeiro grau. E o cabimento do recurso contra a denegação de mandado de segurança, nas cortes locais, acabou saudado como evidência maior dos cuidados com a primazia dos direitos fundamentais.[12]

A sistemática imprimida na Constituição ao recurso ordinário exigia alteração no CPC de 1973. A Lei 8.038, de 28.05.1990, revogou os artigos 541 a 546 do estatuto processual, expressamente, e aos artigos 539 e 540 implicitamente, porque a apelação e o agravo de instrumento, objeto dessas previsões, receberam previsão específica em capítulo autônomo do diploma (artigos 36 e 37 da Lei

---

[9] Frederico Marques, *Instituições*, v. 4, nº 1.050, p. 277.
[10] José Carlos Barbosa Moreira, *Comentários*, nº 308, p. 570.
[11] Hermann Homem de Carvalho Roenick, *Recursos no código de processo civil*, nº 5.2, p. 155.
[12] José Tulio Barbosa, *Do mandado de segurança e do efeito suspensivo do recurso ordinário*, nº 6, p. 61.

8.038/90). O Título II da Lei 8.038/90 – Dos Recursos – dividiu-se em quatro capítulos: o primeiro (artigos 26 a 29), relativo aos recursos extraordinário e especial; o segundo (artigos 30 a 31), concernente ao recurso ordinário em *habeas corpus*, regime aplicável ao pedido originário de *habeas data* (art. 32); o terceiro (artigos 33 a 35), ocupa-se do recurso ordinário em mandado de segurança; e, finalmente, o já mencionado quarto capítulo, atinente à "apelação cível e agravo de instrumento", vertidos das causas contempladas no art. 105, II, c, da CF/88. O arranjo da Lei 8.038/90 olvidou o recurso ordinário em *habeas data* e em mandado de injunção, e, além disso, ignorou no seu art. 33 que o órgão *ad quem* para julgar mandado de segurança era o STF na hipótese do art. 102, II, *a*, da CF/88.

A Lei 8.950, de 13.12.1994, nas vagas da endêmica reforma parcial das leis de processo, reincorporou a disciplina do recurso ordinário ao corpo do CPC. A lei organizou a matéria com técnica superior, separando, no art. 539, as hipóteses constitucionais de cabimento em razão do órgão destinatário do recurso. E, principalmente, abandonou a terminologia "apelação cível", aludindo a "recurso ordinário" no art. 539, *caput* – há, porém, referência genérica ao agravo contra decisões interlocutórias, no art. 539, parágrafo único – e, principalmente, incluiu no catálogo do art. 496, V, o "recurso ordinário" como figura autônoma.

Estabelecida a origem do recurso ordinário, e explicada a evolução do seu cabimento, nas Constituições que pontilharam a vida brasileira dos fins do Século XIX e no curso do Século XX, impõe-se enfrentar o problema da respectiva natureza.

2. Natureza do recurso ordinário

Ao contrário do que ordinariamente se entende, o recurso ordinário surgiu na esteira da instituição da Justiça Federal, composta do STF e de juízes de primeiro grau, como meio de impugnação dos atos decisórios destes para aquele. Transformou-se, na Lei 221/94, nos recursos "ordinários" previstos na lei processual para recorrer das sentenças definitivas e das decisões. O simples exame dos casos originais de cabimento revela que, na origem, tratou-se de expediente transitório, suprindo a falta de uma corte de segundo grau na Justiça Federal. Além disso, o recurso serviu para sobre-valorizar, bem de acordo com os embates políticos daquela conjuntura histórica, o direito fundamental de *habeas corpus*. A defesa da liberdade constituía bem por demais precioso para confiá-la a órgãos de hierarquia menor que o STF. Encarregou-se a Corte Constitucional da última palavra quanto ao direito de ir, vir e ficar. O fato representa exemplo de insigne pioneirismo na chamada jurisdição constitucional da liberdade.[13]

A extinção da Justiça Federal, obra da CF/37, imprimiu fluidez intensa à figura, doravante contemplado exclusivamente no texto maior, haja vista a der-

---

[13] Mauro Cappelletti, *La giurisdizione costituzionale delle libertà*, p.6. Na doutrina brasileira, Luiz Rodrigues Wambier, *Tutela jurisdicional das liberdades públicas*, pp. 59-62.

rogação da Lei 221/94. O legislador ordinário ignorou o remédio por décadas e sucessivas Constituições, confiando-o às disposições do RISTF, omissão que só acabou no CPC de 1973. Por fim, a formulação da CF/88 dividiu o recurso em três subespécies.

Conforme já se notou no regime constitucional pretérito, à diferença do recurso mais típico (apelação), no tocante ao "recurso ordinário" a lei processual é simplesmente enunciativa e supletiva, porque a existência e as hipóteses de cabimento da via impugnativa derivam da Constituição, e "somente por via de reforma constitucional poderá ser extinto ou alteradas as espécies que o ensejam".[14]

A questão terminológica sempre turvou o entendimento da figura em pauta. O Dec. 848/90 e a CF/91 não lhe conferiram designação própria, à semelhança do recurso pertinente ao controle difuso da constitucionalidade, razão de ser do STF, mas chamado de "extraordinário" no art. 99 do RISTF, de 26.02.1891. A Lei 221/94 preferiu regulá-lo, conforme o caso, como apelação e como agravo. O adjetivo "ordinário" proveio da CF/34 e, a nosso ver, mirou o gênero, deixando a espécie concreta do recurso em segundo plano. A lei fundamental recepcionou, conforme assinalado há pouco, análise sistemática fundada na função precípua do recurso, instrumento hábil para reexaminar questões de fato e de direito, comparativamente à do recurso extraordinário, voltado à preservação da supremacia da Constituição. Dir-se-á, hoje, que o recurso "ordinário" tem motivação livre, enquanto o recurso "extraordinário" exibe motivação vinculada. Ora, os recursos ordinários constituem um gênero, na classificação dos meios de impugnação às resoluções judiciais, nem sequer baseado em critério uniforme.[15]

Essa nomenclatura é ambígua e não auxilia o entendimento do recurso.[16] Não se mostra possível reputar que recebeu o nome do gênero a que pertence, como acontece com o recurso "ordinário" do processo trabalhista, "em essência sob aspecto finalístico"[17] correspondente à apelação (art. 496, I). Apesar do prestígio dessa equiparação, ao tempo do CPC de 1939, por reminiscência do regime da Lei 221/94, não se deixava de reputá-lo "apelação especial",[18] e, na verdade, há marcantes diferenças, cujo realce auxiliará a definição do recurso. Por ora, sublinhe-se que, realmente, o recurso ordinário integra a classe, mas apresenta características próprias que o distinguem dos congêneres, justificando a inclusão

---

[14] Alcides de Mendonça Lima, Recurso ordinário constitucional, n° 23, p. 204.

[15] Exato, na referência a este recurso, Aderbal Torres de Amorim, *Recursos cíveis ordinários*, n° 6.5.1, pp. 193-194.

[16] Alcides de Mendonça Lima, Recurso ordinário constitucional, n° 23, p. 203. Em sentido contrário, porém, Didier Jr.-Cunha, Curso, v. 3, p. 177, dizem que o nome é útil para dissipar a idéia de que o STF e o STJ sempre examinam recursos "extraordinários".

[17] Manoel Antonio Teixeira Filho, *Sistema dos recursos trabalhistas*, p. 291.

[18] Frederico Marques, *Instituições*, v. 4, n° 1.050, p. 277.

no art. 496, V. O nome próprio é "recurso ordinário". O adjetivo "constitucional", sugerido para explicitá-lo,[19] não vingou na lei.[20]

3. Confronto e semelhanças entre o recurso ordinário e a apelação

A Lei 8.038, de 25.08.1990, outorgou autonomia à figura recursal, prevendo o "recurso ordinário" no inciso V do art. 496. Do mesmo rol consta, mas no inciso I, a apelação. A opção legal oposta à do texto primitivo do CPC de 1973, considerando o dado mais recente, baseou-se num conjunto de características intrínsecas do recurso ordinário. Revela-se a mais adequada, senão a melhor, e, de toda sorte, encerra a controvérsia acerca da autonomia do recurso. Equipará-lo à apelação contraria semelhante disposição, despreza a margem de liberdade técnica do legislador e, por fim, desdenha diferenças frisantes entre um recurso e outro.

A apelação serve para impugnar sentenças (art. 513). Tal ato decisório, definido no art. 162, § 1º, apresenta conteúdo predeterminado (artigos 267 e 269), originando-se do primeiro grau de jurisdição. A vontade que forma a sentença é individual, não importando o acolhimento ou a rejeição do pedido formulado pelo autor. Inteiramente diversa se mostra a disciplina do recurso ordinário. A impugnação cabe, via de regra, contra acórdãos. O conteúdo desse ato decisório é idêntico à sentença, acomodando-se às hipóteses dos artigos 267 e 269. Porém, o provimento promana dos tribunais, em geral órgãos judiciários de segundo grau, quiçá de um tribunal superior, como ocorre na hipótese do art. 101, II, *a*, da CF/88, e exibe formação colegiada. Revela-se inadmissível, com efeito, recurso ordinário contra decisão monocrática do relator (art. 557). Além disso, não é de qualquer acórdão, mas tão-só dos que rejeitaram o pedido – no sentido largo do termo. O acolhimento do pedido, nos remédios especificados, não rende recurso ordinário. Por conseguinte, o recurso ordinário se torna cabível *secundum eventus litis*, legitimando-se o impetrante do *habeas corpus*, do *habeas data*, do mandado de segurança e do mandado de injunção.[21] Em ambos os casos, há uma exceção: o recurso ordinário impugna sentenças emitidas por órgão de primeiro grau, de qualquer sentido (procedência ou improcedência), nas causas contempladas no art. 105, II, *c*, da CF/88.

Do julgamento não unânime da apelação, com base no voto vencido e nas condições prescritas no art. 530, cabem embargos infringentes. Não há qualquer alusão ao recurso ordinário. Não rende embargos infringentes, assim, o julgamento proferido no julgamento do recurso ordinário por maioria de votos. O

---

[19] Por último, Berenice Soubhie Nogueira Magri, *Recurso ordinário constitucional*, nº 2.2, p. 39.

[20] Sugestão de Alcides de Mendonça Lima, ainda sob a vigência do CPC de 1973, como se vê no verbete Recurso ordinário constitucional, nº 1, p. 505, inserido na *Enciclopédia Saraiva do Direito*, com o mesmo título do anterior.

[21] Didier Jr.-Cunha, Curso, v. 3, p. 178.

art. 333, V, do RISTF restringe a admissibilidade dos embargos infringentes ao setor criminal, mostrando-se o julgamento do recurso ordinário desfavorável ao acusado.[22]

O recurso ordinário interpõe-se sempre de forma autônoma, principal ou independente. Não é cabível recurso ordinário adesivo ou subordinado.[23] Em primeiro lugar, o art. 500, II, só contempla a forma adesiva na apelação, nos embargos infringentes, no recurso extraordinário e no recurso especial, consoante a redação do art. 42 da Lei 8.038/90. O legislador optou, explicitamente, pela exclusão do recurso ordinário.[24] E no mesmo diploma que o inseriu ao rol do art. 496. Lícito identificar, portanto, a presença do chamado silêncio eloqüente.[25] Ademais, ressalva feita à hipótese do art. 105, II, *c*, da CF/88, o cabimento do recurso ordinário, *secundum eventus litis*, das decisões denegatórias dos acórdãos impediria, de toda sorte, a adesão no caso de recíproca sucumbência.[26] Suponha-se que o mandado de segurança, no tribunal de segundo grau, seja concedido em parte, versando questão constitucional, e a pessoa jurídica de direito público avie recurso extraordinário para o STF. O órgão *ad quem* para julgar o eventual recurso ordinário adesivo seria o STJ. Não há como cumprir a disposição expressa do art. 500, parágrafo único, segundo a qual ao recurso adesivo "se aplicam as mesmas regras do recurso independente".[27] Na realidade, na hipótese cogitada cabem dois recursos diferentes, baseados em capítulos distintos: da parte que concedeu a ordem, em princípio caberá recurso extraordinário ou especial, consoante o fundamento da decisão; da parte que denegou a ordem, recurso ordinário.[28]

É diferente, de outro lado, a mecânica de julgamento do recurso ordinário no órgão *ad quem*. De acordo com o art. 540, no recurso ordinário incide a disciplina atinente à admissibilidade e ao procedimento da apelação no juízo de origem, mas no órgão *ad quem* incidem as disposições dos regimentos do STJ e do STF. Ora, o art. 23 do RISTF e os artigos 35 e 248, parágrafo único, do RISTJ dispensam a revisão no julgamento do recurso ordinário. Todavia, em geral há revisão no apelo, exceto em casos especiais, a exemplo das causas de procedimento sumário, a teor do art. 551, § 3. Também varia o quórum da deliberação. Do julgamento da apelação participam três juízes (art. 555, *caput*), vencendo a maioria de dois votos. Ao invés, a decisão do recurso ordinário exige maioria absoluta, a teor do art. 41-A da Lei 8.038/90.

---

[22] Pleno do STF, SS-ED 79.788-DF, 07.11.01, Rel. Min. Moreira Alves, *DJU* 01.02.02, p. 86.

[23] 4.ª T. do STJ, RMS 5.085-SP, 19.09.95, Rel. Min. Barros Monteiro, *DJU* 20.11.95, p. 39.596; 6.ª T. do STJ, RMS 10.256-RO, 20.03.01, Rel. Min. Fontes de Alencar, *DJU* 13.08.01, p. 268.

[24] No sentido do texto, Hermann Homem de Carvalho Roenick, *Recursos no código de processo civil*, nº 5.4, p. 160. Em sentido contrário, José Carlos Barbosa Moreira, *Comentários*, nº 173, p. 317; Cândido Rangel Dinamarco, *A reforma do código de processo civil*, nº 151, pp. 212-214. No direito anterior à reforma, Paulo Cezar Aragão, *Recurso adesivo*, nº 30, p. 25.

[25] Bernardo Pimentel de Souza, *Introdução aos recursos cíveis*, nº 16.2, p. 273.

[26] 1.ª T. do STJ, RMS 10.962-PR, 20.09.01, Rel. Min. Humberto Gomes de Barros, *RJSTJ*, 156/68.

[27] Com razão, Bernardo Pimentel de Souza, *Introdução aos recursos cíveis*, nº 16.2, p. 274.

[28] Didier Jr.-Cunha, *Curso*, v. 3, p. 178.

As semelhanças entre o recurso ordinário e a apelação repontam, inicialmente, nas condições de admissibilidade. Por exemplo, o prazo para interpor a ambos os recursos é de quinze dias (art. 508). O recurso ordinário submete-se ao duplo controle da admissibilidade tão característico do sistema recursal brasileiro.

O procedimento na origem, quando existente e necessário – o legitimado interpõe o agravo de instrumento diretamente no órgão *ad quem* (art. 524, *caput*) –, inicia perante o relator do acórdão impugnado.[29] A tramitação segue o modelo da apelação. Todavia, incumbe ao juiz federal que proferiu a sentença admitir ou não o recurso ordinário nas causas englobadas no art. 105, II, *c*, da CF/88.

Do eventual juízo negativo de admissibilidade cabe agravo de instrumento, e, não, o agravo do art. 544.[30] É o que se infere dos artigos 268, I, e 270, parágrafo único, do RISTJ, quanto ao indeferimento de recurso ordinário para o STF, nas hipóteses do art. 102, II, da CF/88: as disposições prevêem o agravo de instrumento.

4. Definição de recurso ordinário

O recurso ordinário não se equipara, integralmente, à apelação e ao agravo de instrumento, agrupados no art. 539 dentro dessa figura. Existem diferenças marcantes quanto à admissibilidade e ao procedimento. Tais características próprias autorizaram o legislador ordinário a consagrá-lo como figura recursal autônoma no art. 496, V. A ambigüidade do recurso se expressa, por igual, na designação – o adjetivo "ordinário" designa, basicamente, uma classe de recursos, e, não, alguma espécie concreta.

Seja como for, o recurso ordinário é o meio impugnativo de motivação livre que serve para atacar resoluções judiciais heterogêneas, acórdãos denegatórios de *writs* constitucionais e sentenças proferidas nas causas constitucionais, bem como decisões interlocutórias originárias dessas causas, cujo julgamento compete ao STF ou ao STJ.

5. Avaliação crítica do recurso ordinário

O recurso ordinário denota a importância outorgada, no direito processual brasileiro, ao princípio do duplo grau. Em que pese simples previsão da Constituição, jamais rígida imposição ou garantia absoluta,[31] exerceu influência suficientemente larga para transformar o STF em tribunal de segundo grau, na hipótese do art. 102, II, da CF/88, e, por inevitável contaminação, o STJ, nos casos do art. 105, II, da CF/88. É duvidoso que, do ponto de vista da economia, haja

---

[29] Hermann Homem de Carvalho Roenick, *Recursos no código de processo civil*, n° 5.3, pp. 158-159.

[30] Em sentido contrário, porém, Hermann Homem de Carvalho Roenick, *Recursos no código de processo civil*, n° 5.5, pp. 162-163.

[31] Nelson Nery Jr., *Princípios do processo civil na Constituição federal*, n° 28, p. 152.

vista a qualificação do órgão *a quo*, o recurso ordinário contribua com o aperfeiçoamento da decisão tomada. Nenhum órgão judiciário se revela imune aos erros próprios da condição humana. Porém, iniciando a causa no órgão instituído para revisar outros julgamentos, em razão da qualidade da parte, parece excessivo acometer a órgão superior, afastando-o de suas tarefas essenciais e precípuas, o trabalho de revisão. Vale recordar a oportuna advertência de que, mostrando-se lícito à parte renovar indefinidamente suas alegações, a justiça se tornaria irrealizável por um excesso de garantias.[32]

Falta ao recurso ordinário, consagrado no art. 496, V, como recurso autônomo, disciplina orgânica firme, nítida e completa. A remissão do art. 540 às condições de admissibilidade e ao procedimento da apelação e do agravo, respectivamente, dificilmente se harmoniza com a conquistada autonomia e o desenvolvimento integral da figura impugnativa. Os conflitos entre normas regimentais, a disciplina comum do CPC e disposições da Lei 8.038, de 28.05.1990, comprometem o funcionamento do recurso, gerando dúvidas e incertezas.

O recurso ordinário, nos casos de denegação de mandados de segurança impetrados originalmente nos tribunais locais, presta-se a comprometer o pacto federativo. Sem dúvida o *writ* tem assento constitucional e representa remédio destinado à tutela dos direitos fundamentais. Porém, o mérito da impetração, nesses casos, envolve o direito local e não raro o STJ sucumbe à tentação de reexaminar a causa à luz do direito federal.

6. Cabimento do recurso ordinário

Definido o recurso ordinário de que trata o art. 539, *caput*, na redação da Lei 8.950, de 13.12.1994, impõe-se estabelecer suas múltiplas e heterogêneas hipóteses de cabimento. Variam, conforme os incisos, o tribunal destinatário do recurso. No entanto, o órgão *ad quem* não assume relevo especial quanto ao cabimento. Importa, na verdade, definir o provimento recorrível. No tocante a esse aspecto decisivo, há sobreposição parcial do inciso I e do inciso II, *a*, do art. 539, sendo comum o cabimento do recurso dos acórdãos proferidos em mandado de segurança.

Por outro lado, é preciso ter em mente que a competência do STJ e do STF decorre, originariamente, da CF/88. Ora, o art. 102, II, da CF/88 outorga competência para o STF julgar recurso ordinário em *habeas corpus*, nas condições prescritas no art. 539, I; e, do mesmo modo, o art. 105, II, *a*, da CF/88, ao STJ, em situação similar à do art. 539, II, *a*. Localiza-se, pois, uma discrepância entre a lei infraconstitucional e a Constituição, resultante da omissão do *habeas corpus* como remédio idôneo a gerar provimento impugnável através de recurso ordinário. A presumível razão do silêncio repousa na idéia simplista que *habeas corpus*

---

[32] Enrico Tullio Liebman, *Appunti sulle impugnazione*, nº 2, p. 5.

da competência originária dos tribunais só ocorrem na esfera penal e receberá solução no item próprio.

Essas considerações prévias aplainam os rumos para deslindar o cabimento do recurso ordinário.

6.1. Cabimento do recurso ordinário contra provimentos colegiados

A leitura das hipóteses constitucionais de admissibilidade do recurso ordinário (art. 102, II, *a*, da CF/88 c/c art. 539, I; art. 105, II, *a* e *b*, c/c art. 539, II, *a*) revela que, em primeiro plano, a impugnação cabe de pronunciamentos provenientes de tribunais, em razão de sua competência originária, na área civil, sempre que o pronunciamento na origem se revista de conteúdo "denegatório".

Trata-se de tópico comum às várias hipóteses de cabimento. A particularidade exige explicação. É preciso localizar o sentido do adjetivo "denegatória" acoplado à decisão dos remédios constitucionais no art. 102, II, *a*, e no art. 105, II, *a* e *b*, da CF/88. Além disso, há que atentar para o caráter final da decisão.

6.1.1. Natureza e conteúdo do provimento denegatório

O art. 12, *caput*, da Lei 1.533/51 relaciona os verbos conceder e negar à sentença do mandado de segurança. Fórmula parcialmente diversa empregava o art. 11, *caput*, primeira parte, da Lei 316, de 16.01.1936. Preferiu o legislador os verbos "conceder ou denegar o mandado". O adjetivo mencionado na CF/1988 surge no art. 16 da Lei 1.533/51, excluindo a eficácia de coisa julgada quando a decisão "denegatória" não houver apreciado o mérito.

Depreende-se da combinação dos artigos 12 e 16 da Lei 1.533/51 que a lei, influenciada pela conexão do *writ* com direitos fundamentais, rompeu com os vocábulos tradicionais – *v.g.*, acolher o pedido; julgar procedente a ação –, preferindo representar o juízo de procedência com o verbo "conceder". E emprega, em contraposição, o verbo "denegar" com duplo sentido. Ele compreende, a um só tempo, a emissão da sentença extintiva (art. 267) e da sentença que rejeita o pedido formulado no *writ* (art. 269, I).[33] Neste último caso, ademais, razões práticas exigem certa elasticidade, convenientemente expressa no verbo ambíguo, evitando investigação mais profunda e concludente acerca dos fundamentos do provimento desfavorável. É que, superada admissibilidade da impetração, no plano do mérito há duas técnicas de julgamento desfavorável ao impetrante. Talvez

---

[33] A orientação é antiga na jurisprudência do STF, conforme se recolhe em Luiz Alberto Americano, Do recurso ordinário constitucional em matéria civil, nº 17, p. 73.

a prova pré-constituída não firme o convencimento necessário para declarar a existência do direito alegado pelo impetrante. E, às vezes, independentemente do alcance da questão de fato, o órgão judiciário resolve a questão de direito contra o impetrante.[34] São juízos de mérito diversos, quanto aos fundamentos, e qualitativamente heterogêneos. O art. 16 da Lei 1.533/51 autoriza, no primeiro caso, a renovação do pedido em processo de cognição plenária.[35] Por razão análoga, estabeleceu a Súmula do STF, nº 304: "Decisão denegatória do mandado de segurança, não fazendo coisa julgada contra o impetrante, não impede o uso da ação própria". Ora, o verbo "denegar" se presta, magnificamente, para retratar o julgamento no caso de o juiz não descartar o direito alegado, porque dependente de prova. Tecnicamente, parece preferível estimar rejeitada a impetração sem julgamento do mérito. Na prática, porém, a distinção se revelaria espinhosa, senão impossível de se realizar a contento,[36] em virtude da falta de precisão terminológica no provimento.

É tema secundário, no entendimento do adjetivo denegatório posto como requisito da admissibilidade do recurso ordinário, a formação ou não da coisa julgada material. Denegatório do mandado de segurança, para os efeitos aqui tratados, mostrar-se-á o julgamento desfavorável ao impetrante, quer aprecie, quer não aprecie o mérito, surgindo a coisa julgada *secundum eventus litis*, ou seja, conforme o fundamento do pronunciamento.[37] Em síntese, denegatória é a decisão contrária à pretensão deduzida pelo impetrante.[38] Felizmente, convergem neste entendimento o STF[39] e o STJ.[40] Por outro, representará erro grosseiro interpor recurso especial[41] ou extraordinário,[42] nesses casos, do provimento.

A noção haurida do mandado de segurança se aplica aos demais remédios constitucionais. Entende-se, pois, por denegatória a decisão de *habeas corpus*, *habeas data* e mandado de injunção o provimento desfavorável ao autor.

---

[34] Celso Agrícola Barbi, *Do mandado de segurança*, nº 223, p. 253. No mesmo sentido, Benerince Soubhie Nogueira Magri, Sentença denegatória de mandado de segurança, nº 2, p. 13

[35] Neste sentido, Carlos Alberto Direito, *Manual do mandado de segurança*, pp. 133-134; Cássio Scarpinella Bueno, *Mandado de segurança*, pp. 156-157.

[36] Neste sentido, Bernardo Pimentel Souza, *Introdução aos recursos cíveis*, nº 16.4.3, p. 269. Em relação ao exame do mérito, ou não, na hipótese, *vide* Sérgio Ferraz, *Mandado de segurança*, pp. 25-27.

[37] Montavanni Colares Cavalcante, *Mandado de segurança*, nº 6.1.3, p. 207. No mesmo sentido, Benerince Soubhie Nogueira Magri, Sentença denegatória de mandado de segurança, nº 5, p. 17.

[38] Neste sentido, Aderbal Torres de Amorim, *Recursos cíveis ordinários*, nº 6.5.2, p. 196; Bernardo Pimentel Souza, *Introdução aos recursos cíveis*, nº 16.4.3, p. 289; Cássio Scarpinella Bueno, *Mandado de segurança*, p. 118; Didier Jr.-Cunha, *Curso*, v. 3, p. 178.

[39] 1.ª T. do STF, RMS 22.406-PE, 19.03.96, Rel. Min. Celso de Mello, *DJU* 31.05.96, p. 18.804.

[40] 1.ª T. do STJ, RMS 4.700-SP, 14.09.93, Rel. Min. Cesar Asfor Rocha, *DJU* 10.10.94, p. 27.105; 2.ª T. do STJ, RMS 14.675-RS, 06.09.05, Rel. Min. João Otávio de Noronha, *DJU* 10.10.05, p. 265; 5.ª T. do STJ, RMS 21.472-RS, 23.05.06, Rel. Min. Félix Fischer, *DJU* 19.06.06, p. 156; 6.ª T. do STJ, RMA 12.721-AL, 21.05.05, Rel. Min. Paulo Medina, *DJU* 01.08.05, p. 552. Registre-se, em sentido oposto, julgado da 1.ª T. do STJ, RMS 1.278-SP, 04.06.02, Rel. Min. Milton Luiz Pereira, *DJU* 23.09.02, p. 224.

[41] 6.ª T. do STJ, RMS 11.757-PA, 04.05.04, Rel. Min. Paulo Medina, *DJU* 07.06.04, p. 283.

[42] 1.ª T. do STF, AgR no RE 423.817-DF, 16.08.05, Rel. Min. Sepúlveda Pertence, *DJU* 02.09.05, p. 23.

6.1.2. Caráter final do provimento denegatório

Não basta, porém, o provimento denegatório do remédio constitucional. É preciso, ainda, que se trate de decisão final, proferida em única ou última instância pelo tribunal *a quo*.

A exigência pré-exclui o emprego do recurso ordinário contra as decisões do relator que indefiram a petição inicial do mandado de segurança (art. 8º, *caput*, da Lei 1.533/51) ou do *habeas data* (art. 10, *caput*, da Lei 9.507, de 12.11.1997), porque inadmissível a impetração ou em virtude de a petição inicial apresentar defeito insanável. Deste ato cabe agravo interno para o órgão fracionário do tribunal. A despeito de denegatório o pronunciamento, o recurso ordinário revela-se inadmissível, porque o impetrante não exauriu as vias recursais na origem.[43] A orientação vale para os mandados de segurança de competência originária do STJ.[44] Caberá recurso ordinário do acórdão que, julgando o agravo interno, confirmar a decisão do relator. Reformada a decisão do relator, o único recurso admissível é o especial (art. 105, III, da CF/88), legitimando-se o impetrado. Por óbvio, no caso de confirmação do ato do relator, há de se tratar de pronunciamento afeito às hipóteses do art. 267. Eventualmente conhecido e provido agravo interno contra o indeferimento da liminar – recurso inadmissível, todavia, no mandado de segurança –, inexiste o julgamento final da impetração. Desfavorável que seja ao impetrante, quanto à concessão da liminar, desse acórdão não cabe recurso ordinário.[45]

E, do acórdão denegatório dos remédios constitucionais da competência originária dos tribunais de segundo grau (art. 105, II, *a* e *b*, da CF/88 c/c art. 539, II, *a*, do CPC), revela-se inadmissível a interposição direta de recurso extraordinário para o STF.[46]

Não se cogita do recurso especial, porque o órgão *ad quem*, para ambos os recursos ordinário e especial, é o STJ na hipótese aventada. A interposição de recurso especial em lugar do ordinário suscita outro problema, o da aplicação, ou não, do princípio da fungibilidade: responde-se negativamente, porque há erro grosseiro na troca.

No entanto, há casos em que a denegação do *writ* se baseia exclusivamente em questão constitucional. Por exemplo: o servidor público João impetra mandado de segurança contra o ato que reduziu seus vencimentos, na forma do art. 17 do ADCT da CF/88. É inadmissível o recurso extraordinário contra o acórdão que denegar a segurança, nesse caso, porque tal recurso, a teor do art. 102, III, da CF/88, pressupõe a causa "decidida" em única ou última instância pelos tribunais de segundo grau. Em outras palavras, impõe-se que o legitimado esgote todas as

---

[43] Bernardo Pimentel Souza, *Introdução aos recursos cíveis*, nº 16.4.3, p. 291. 2.ª T. do STF, AI-AgR 439.631-DF, 16.03.04, Rel. Min. Nelson Jobim, *DJU* 07.05.04, p. 28.
[44] 2.ª T. do STJ, Pet-AgR 2.893-DF, 26.09.06, Rel. Min. Cezar Peluso, *DJU* 20.12.06, p. 73.
[45] 5.ª T. do STJ, RMS 17.405-CE, 01.09.05, Rel. Min. Arnaldo Esteves Lima, *DJU* 26.09.05, p. 407.
[46] 2.ª T. do STF, AI-AgR 431.920-PR, 25.01.03, Rel. Min. Nelson Jobim, *DJU* 21.05.04, p. 44.

vias de impugnação na origem – no caso, recurso ordinário –, porque só então o pronunciamento assumirá a condição "final".[47]

6.1.3. Denegação de mandado de segurança

O mandado de segurança consiste no remédio constitucional para tutelar direitos constitucionais excluídos do âmbito do *habeas corpus* e do *habeas data*, a teor do art. 5º, LXIX, da CF/88. O art. 76, 2, II, *a*, da CF/34 instituiu o instrumento, corolário da notória doutrina brasileira do *habeas corpus*, na verdade ampliação arbitrária dos domínios naturais desse último *writ*,[48] arma auspiciosa na "eterna batalha" das pessoas contra as arbitrariedades do Poder Público.[49] Teve precedente notável no *amparo* mexicano, que é de 1847,[50] e, hoje, similares nos países ibero-americanos,[51] a exemplo da Argentina.[52]

O campo próprio à atuação do mandado de segurança se obtém, em primeiro lugar, por exclusão. Inexistindo restrição à liberdade de ir, vir e ficar – e, por esse curial motivo, o decreto de prisão civil, recorrível através de agravo de instrumento, recurso dotado de efeito suspensivo *ope iudicis* (art. 558), mostra-se infenso a mandado de segurança –, liberdade da pessoa natural tutelada através de *habeas corpus*, ou decorrente do "controle do armazenamento e acesso a dados pessoais" da pessoa natural ou jurídica, passível de *habeas data*, admite-se a impetração de mandado de segurança.

O impetrante há de alegar e evidenciar direito líquido e certo na inicial. Resultado de longa e proveitosa elaboração constitucional, legislativa e doutrinária – tema alheio à matéria aqui desenvolvida –, essa locução significa que o autor produzirá prova pré-constituída do fato constitutivo (art. 282, III) do alegado direito.[53] Facilmente se percebe a frisante característica imprimida ao processo do mandado de segurança. É de cognição sumária, *secundum eventus probationis*,[54] restringindo o emprego do remédio e produzindo reflexos no alcance da coisa julgada do provimento que acolher ou rejeitar o pedido. O requisito não se relaciona com a complexidade dos fatos, a controvérsia suscitada pelo impetrado – a nota marcante do fundamento não reside na inexistência de discussão, mas na ausência de contestação séria à afirmação do direito[55] – e a relevância das questões jurídicas ventiladas da impetração. O requisito simplesmente obsta a

---

[47] Nelson Nery Jr., *Teoria geral dos recursos*, nº 3.4.1.1, p. 285.

[48] Themístocles Brandão Cavalcanti, *Do mandado de segurança*, pp. 39-40.

[49] Celso Agrícola Barbi, *Do mandado de segurança*, nº 47, p. 56.

[50] Ruben Flores Dapkevicius, *Amparo, hábeas corpus y habeas data*, p. 96.

[51] *Vide*, a compilação legislativa de Ruben Flores Dapkevicius, *Amparo, hábeas corpus y habeas data*, pp. 215-348.

[52] Na Argentina, o amparo iniciou como construção da Suprema Corte, em julgado de 27.12.1957, e só recebeu regulamentação legislativa pela Lei federal 16.986, de 20.10.1966: *vide*, Morello-Vallefín, *El amparo*, p. 15.

[53] Por todos, Celso Agrícola Barbi, *Do mandado de segurança*, nº 75, p. 85.

[54] Kazuo Watanabe, *Da cognição no processo civil*, nº 20.3, pp. 89-90.

[55] Alfredo Buzaid, *Do mandado de segurança*, nº 45, p. 88.

produção de prova diversa da documental, deixando incógnita a área de cognição correspondente, reservada a outro processo.[56]

O mandado de segurança exige que o impetrante combata ato de autoridade. Não importa a origem conspícua ou trivial da lesão ou ameaça de lesão ao direito. A par dos atos administrativos, em geral, desafia a impetração os atos emanados da autoridade judiciária, em que pese restrição constante do art. 5º, II, da Lei 1.533/51, erigida com o fito de preservar a coisa julgada (Súmula do STF, nº 268). Após a mudança do regime do agravo de instrumento, genericamente dotado de efeito suspensivo *ope iudicis*, voltou a imperar a exclusão já acenada na Súmula do STF, nº 267, quanto à admissibilidade da impetração contra atos judiciais despojados de coisa julgada. Em relação aos atos legislativos, o mandado de segurança não cabe contra lei em tese (Súmula do STF, nº 266). Idêntica restrição recai sobre os atos *interna corporis* (regimentais) relativos ao processo legislativo. Todavia, há direito a um "devido processo legislativo", cujo desrespeito enseja a impetração. Também quando a lei é auto-aplicável, de efeitos concretos (*v.g.*, criação de um tabelionato) ou veicula ato administrativo (*v.g.*, o tombamento), há possibilidade de controvertê-los por intermédio da segurança. Em tal hipótese, o mandado assume caráter preventivo. Enquanto couber recurso administrativo suspensivo, o ato não produz eficácia, tornando inútil a impetração (art. 5º, I, da Lei 1.533/51). Em matéria fiscal, o art. 28, parágrafo único, da Lei 6.830/80, contempla a extinção do recurso administrativo pendente no caso de impetração. Os atos disciplinares (art. 5º, III, da Lei 1.533/51) só comportam controle, via mandado de segurança, da legalidade e da proporcionalidade na aplicação da pena.

A força da sentença proferida no mandado de segurança é mandamental. O acolhimento do pedido implica a emissão de ordem à autoridade coatora. É o que se infere, dentre outras disposições pertinentes, do art. 212, § 2º, da Lei 8.069/90. No entanto, concebe-se a existência de eficácia condenatória. Por tal motivo, o art. 1º, *caput*, da Lei 5.021/66 prevê o pagamento de vantagens pecuniárias do servidor "relativamente às prestações que se vencerem a contar da data do ajuizamento da inicial", vedada a concessão de liminar para tal finalidade, e o § 3º do mesmo dispositivo prevê a liquidação por cálculo, quanto aos atrasados, e a execução na forma do art. 204 da CF/46, equivalente ao art. 100 da CF/88.

Fixados, em termos gerais, a natureza e o âmbito do mandado de segurança, por sem dúvida o remédio constitucional mais empregado na área civil, à admissibilidade do recurso ordinário importa apenas os mandados julgados originariamente pelos tribunais.

A competência originária dos tribunais, relativamente a quaisquer feitos, direta ou indiretamente depende da CF/1988. De ordinário, a competência para processar e julgar as causas cíveis incumbe aos juízes de primeiro grau. Só por

---

[56] 4.ª T. do STJ, Resp 3.529-PA, 03.05.94, Rel. Min. Sálvio de Figueiredo Teixeira, *DJU* 30.05.94, p. 13.484.

exceção, considerando a qualidade da parte envolvida, as causas ingressam nos tribunais de segundo grau ou em tribunal superior.

No tocante ao mandado de segurança, as disposições constitucionais consideram relevantes a qualidade (federal, estadual ou municipal) e a hierarquia da autoridade da qual emanou o ato objeto da impetração.[57] No caso do STJ, há competência originária para julgar os mandados de segurança impetrados contra atos de Ministro de Estado, dos Comandantes da Marinha, do Exército e da Aeronáutica e do próprio Tribunal (art. 105, I, *b*, da CF/88); nos tribunais regionais, impetrações contra atos do próprio tribunal ou de juízes federais (art. 108, I, *c*, da CF/88); nos tribunais locais, a competência dependerá do disposto na Constituição do Estado-membro, a teor do art. 125, § 1º, da CF/88.

Existem numerosas autoridades cujos atos, em razão da estatura do cargo, escapam à apreciação dos juízes de direito de primeiro grau, a exemplo dos Secretários de Estado. É preciso, no entanto, disposição expressa na Constituição, para atender à determinação constitucional. Por essa razão, no Rio Grande do Sul, atos do Procurador Geral do Estado ou do Procurador Geral da Justiça desafiam mandado de segurança no tribunal (art. 95, XII, b, da CE/89). Apesar da análoga hierarquia, na estrutura administrativa, o Defensor Geral do Estado não é mencionado, e, portanto, impetrações contra seus atos são julgadas, originariamente, no primeiro grau.

Por identidade de motivos, diversamente – nem sempre dado assinalado e bem compreendido – do que sucede com o STJ e os tribunais federais regionais, não cabe mandado de segurança contra ato jurisdicional de integrante ou de órgão fracionário do tribunal. Não há a indispensável e insubstituível previsão constitucional.

O recurso ordinário contra o acórdão denegatório de mandado de segurança só cabe nos feitos de competência originária dos tribunais regionais ou locais (art. 539, II, *a*) ou do STJ (art. 539, I). É a única inteligência admissível da cláusula constitucional "única instância" (art. 102, II, *a*, e art. 105, II, *b*). Daí decorrem duas conseqüências dignas de registro. Em primeiro lugar, não cabe recurso ordinário dos acórdãos que julgaram, em grau de recurso, mandados de segurança impetrados no primeiro grau. E tampouco cabe recurso ordinário dos provimentos que concederem a ordem. Inadmissível que seja o recurso ordinário, o provimento pode ser impugnado por recurso extraordinário ou por recurso especial, conforme o caso. Não há via recursal diversa a reclamar exaustão prévia. E dos julgados das turmas recursais dos Juizados Especiais tampouco cabe recurso ordinário para o STJ.[58]

Por outro lado, o julgamento denegatório há de sempre assumir a posição de última palavra do tribunal na causa. O recurso ordinário se mostra inadmissível

---

[57] Castro Nunes, *Do mandado de segurança*, nº 134, p. 277.
[58] Didier Jr.-Cunha, *Curso*, v. 3, p. 180.

para impugnar pronunciamentos do relator ou acórdãos respeitantes ao deferimento ou indeferimento da liminar prevista no art. 7º, II, da Lei 1.533/51.

Freqüentemente, o julgado denegatório do mandado agasalha, *de meritis*, inequívoco fundamento constitucional. O efeito devolutivo do recurso ordinário comporta controvérsias dessa índole. É por essa via latente na previsão do art. 539, II, *a*, que o STJ apreciará, incidentalmente, questões constitucionais. E, por igual, subirá ao STJ questão contemplada na competência legislativa própria e exclusiva do direito local, devendo o julgamento considerar tal aspecto, evitando aplicar à causa, erroneamente, o direito federal. Por exemplo: o servidor público João impetra mandado de segurança contra o ato do Secretário de Estado que ordenou sua lotação em outro órgão. É assunto regulado, soberanamente, pela lei local. Sua ilegalidade só pode ser julgada desse ângulo estrito, sem embargo da concomitante análise no prisma constitucional.

Na realidade, a controvérsia a respeito da oportunidade da manutenção do recurso ordinário contra a denegação de mandado de segurança da competência originária dos tribunais locais, considerando a evolução política do País,[59] e que lograria explicação no princípio do duplo grau,[60] desprezou tal pormenor. É muito mais preocupante, no âmbito da Federação, a rejeição da competência legislativa do Estado-membro do que as variáveis e hipotéticas influências políticas locais no julgamento.

6.1.4. Denegação de "habeas data"

O art. 5º, LXXII, da CF/88 criou o *habeas data* como meio de exercer, e, desse modo, garantir os direitos fundamentais de intimidade e de informação, por sua vez previstos nos incisos X e XIV, da CF/88.[61]

A coleta de dados à revelia da pessoa, sem nenhum controle do interessado, representa flagrante violação da esfera íntima do indivíduo ou da empresa. A atividade se torna fonte provável de dano patrimonial ou moral.[62] Para tutelar círculo de conhecimento tão notável e particular, como a privacidade, impõe-se franquear acesso e assegurar a superintendência das informações coligidas, relativas à pessoa do impetrante, e constantes de banco de dados públicos (*v.g.*, os dos serviços de proteção ao crédito)[63] ou mantidos pelo Poder Público (*v.g.*, os arquivos da polícia judiciária). Após estéril controvérsia acerca da aplicação imediata

---

[59] *Vide*, Milton Flaks, Recursos em mandado de segurança, pp. 67-68.

[60] Berenice Soubhie Nogueira Magri, *Recurso ordinário constitucional*, nº 2.4, p. 71.

[61] Cássio Scarpinella Bueno, *Habeas data*, nº 2, p. 47. Sobre a origem do instituto e sua justificação, José Afonso da Silva, *Curso de direito constitucional positivo*, pp. 453-456; Ruben Flores Dapkevicius, *Amparo, hábeas corpus y habeas data*, pp. 71-72.

[62] Alcides de Mendonça Lima, A Constituição federal e os institutos processuais, nº 11, p. 213.

[63] *Aliter*, informações de caráter confidencial, a exemplo de inquérito que tramita em segredo de justiça: 1.ª S. do STJ, AgRg nos Edcl no HD 98-DF, 22.09.04, Rel. Min. Teori Albino Zavascki, *DJU* 11.10.04, p. 211.

do *writ* na vida privada,[64] regulou-lhe o procedimento a Lei 9.507, de 12.11.1997, cujo art. 7º, I a III, atribui tríplice escopo à impetração: assegurar o acesso aos dados, permitir a retificação dos dados errôneos e a anotação, nos assentamentos do interessado, de contestação ou de explicação sobre dado verdadeiro, mas justificável, e objeto de litígio judicial ou não. É um âmbito um pouco mais largo do que o consagrado no assento constitucional, e, nada obstante, incensurável nessa perspectiva. À lei infra-constitucional só não caberia restringir ou amesquinhar os objetivos do remédio. Legitima-se, ativamente, a pessoa objeto dos dados. Por essa razão, o remédio é inadmissível para obter informações acerca de terceiro.[65]

Em fórmula sintética, mas insuperável na (costumeira) elegância e precisão, pode-se dizer o seguinte do *habeas data*: "a ninguém se deve negar o conhecimento do que os outros sabem ou supõem saber a seu respeito, nem a possibilidade de contestar a exatidão de tais noções e, sendo o caso, retificar o respectivo teor".[66] É a noção geralmente aceita.[67]

O procedimento do *habeas data* não difere, substancialmente, do erigido para o mandado de segurança. Há visível afinidade entre os dois institutos, repercutindo na estruturação dos atos seriais do procedimento. A Lei 9.507/97 copiou o arcabouço da Lei 1.533/51, incluindo as peculiaridades (*v.g.*, a entrega à autoridade da segunda via da petição inicial, acompanhada dos respectivos documentos). A diferença corre por conta da regulamentação minuciosa da fase pré-judicial (artigos 2º a 4º da Lei 9.507/97). Em princípio, não postulando o interessado perante o mantenedor do banco de dados, para os fins já explicados, inexiste interesse em propor o *habeas data*,[68] conforme explicita a Súmula do STJ, nº 2.

O *habeas data* interessa do ponto de vista do recurso ordinário. A competência originária dos tribunais, como visto, decorre direta e indiretamente da Constituição. Pois bem. Incumbe aos tribunais regionais federais processar e julgar o *habeas data* impetrado contra o próprio tribunal ou juízo federal na sua competência territorial (art. 108, I, *c*, da CF/88); ao STJ, o *habeas data* impetrado contra ato de Ministro de Estado, dos Comandantes das três forças armadas e do próprio tribunal (art. 105, I, *b*, da CF/88); ao STF, o *habeas data* impetrado contra ato do Presidente da República, das Mesas da Câmara dos Deputados e do Senado Federal, do Tribunal de Contas da União, do Procurador Geral da República e do próprio STF (art. 102, I, *d*, da CF/88). À semelhança do que sucede com o manda-

---

[64] Bem demonstrou Joaquim Portes Cerqueira César, Garantia constitucional do *habeas data*, nº 5, pp. 84-85, a aplicação subsidiária da lei do mandado de segurança. No mesmo sentido, Sydney Sanches, Inovações processuais na Constituição federal de 1988, nº 44, p. 53; Artur Marques da Silva Filho, *Habeas data* – remédio heróico ou inócuo, nº 3.1, p. 223.

[65] 1.ª S. do STJ, HD 123-DF, 22.03.06, Rel. Min. Castro Meira, *DJU* 03.04.06, p. 197.

[66] José Carlos Barbosa Moreira, O *habeas data* brasileiro e sua lei regulamentadora, nº 3, p. 9.

[67] *Vide*, Tereza Baracho Thibau, *O habeas data*, p. 102; Calmon de Passos, *Mandado de segurança coletivo, mandado de injunção, habeas data*, nº 31, p. 136; Vicente Greco Filho, *Tutela constitucional das liberdades*, p. 176; Diomar Ackel Filho, *Writs constitucionais*, pp. 140-141.

[68] Neste sentido, Pleno do STF, RHD 22-DF, 19.09.91, Rel. Min. Celso de Mello, *DJU* 01.09.95, p. 27.378.

do de segurança, a competência originária dos tribunais locais depende do previsto na Constituição do Estado-membro, a teor do art. 125, § 1º, disposição repetida no art. 20, I, *e*, da Lei 9.507/97. Enfim, para definir a competência na impetração do *habeas data*, o modelo constitucional considera a qualidade (federal, estadual ou municipal) e a hierarquia do legitimado passivo.

O art. 20, II, da Lei 9.507/97 ocupou-se da competência recursal no *habeas data*. A letra *a* do dispositivo repete o art. 102, II, *a*, da CF/88. É competente o STF para julgar, "em grau de recurso", os provimentos denegatórios oriundos dos tribunais superiores (STJ, TSE, STM e TST), que julgaram o remédio "em única instância". No que tange ao STJ, a disposição se aplica a *habeas data* impetrado contra ato de Ministro de Estado, dos Comandantes das três forças armadas e do próprio tribunal (art. 105, I, *b*, da CF/88). Da denegação do writ, no STJ, cabe recurso ordinário para o STF, igualmente previsto no art. 539, I, do CPC.

As letras *c* e *d* do inciso II do art. 20 da Lei 9.507/97 contemplam a competência dos tribunais regionais e locais para julgar recursos dos provimentos dos respectivos juízes de primeiro grau. Por óbvio, deduzida a pretensão em primeiro grau, da respectiva sentença concessiva ou denegatória caberá apelação (art. 15, *caput*, da Lei 9.507/97). O regime recursal é o comum.

No entanto, o art. 20, II, *b*, da Lei 9.507/97 também estipulou a competência do STJ para julgar recurso "quando a decisão for proferida em única instância pelos Tribunais Regionais Federais". Ora, a competência do STJ decorre, exclusivamente, do art. 105 da CF/88,[69] e nele não se contempla semelhante recurso, que só pode ser o do art. 496, V. E, de outro lado, a regra extravagante não alude ao recurso especial, porque há flagrante falta de coincidência entre os pressupostos de admissibilidade desse recurso, objeto do art. 105, III, da CF/88, e o do recurso mencionado no art. 20, II, *b*. O recurso especial cabe de acórdãos proferidos em única ou última instância, e, não, unicamente das decisões de única instância, conforme dispõe o art. 20, II, *b*, da Lei 9.507/97.[70] Avulta que o art. 20, III, da mesma lei, prevê a competência do STF para julgar recurso extraordinário vertido contra julgamento de *habeas data*, "nos termos da Constituição", ou seja, realizado em única ou em última instância, de *habeas data*, sem alargar as hipóteses de cabimento do art. 102, III, da CF/88. Forçoso concluir, portanto, que o art. 20, II, *b*, da Lei 9.507/97 é flagrantemente inconstitucional.[71] Do julgamento originário de *habeas data*, nos tribunais locais e nos tribunais regionais, só cabe recurso especial ou recurso extraordinário, preenchidas as respectivas condições.

O recurso ordinário tem lugar numa única hipótese: a do art. 539, I, do CPC, para o STF e do julgamento originário de *habeas data* no STJ.

---

[69] Neste sentido, J. Cretella Jr., *Comentários à Constituição brasileira*, v. 6, nº 147, p. 3.119.

[70] José Carlos Barbosa Moreira, O *habeas data* brasileiro e sua lei regulamentadora, nº 16, p. 17.

[71] Cássio Scarpinella Bueno, *Habeas data*, nº 4.8, p. 85. Em sentido contrário, Eduardo Talamini, O processo do *habeas data*: breve exame, nº 12, p. 98, sob o fundamento de que é constitucional acrescentar competências recursais, não eliminá-las. Já Bernardo Pimentel Souza, *Introdução aos recursos cíveis*, nº 16.5, p. 295, outorga interpretação conforme à Constituição, interpretando a regra como explicitativa do recurso especial.

6.1.5. Denegação de mandado de injunção

O mandado de injunção é o remédio constitucional que autoriza o órgão judiciário suprir a falta de norma regulamentadora, tornando viável a fruição e o exercício "dos direitos e liberdades constitucionais e das prerrogativas inerentes à nacionalidade, à soberania e à cidadania" (art. 5º, LXXI, da CF/88).

O mandado de injunção visa à obtenção de uma ordem específica, a favor do impetrante, formulando regra concreta, que lhe permita usufruir direito fundamental.[72] Legitima-se, ativamente, o cidadão que evidencie liame entre a falta de regulamento e a fruição do direito;[73] passivamente, "o Poder, órgão, entidade ou autoridade que tem o dever de regulamentar a norma constitucional".[74] É um meio de pôr em prática a eficácia imediata dos direitos fundamentais (art. 5º, § 1º, da CF/88).[75] Porém, não serve para obter, do órgão dotado de competência legislativa, a expedição da norma, finalidade e objeto, ao invés, da ação de inconstitucionalidade por omissão (art. 103, § 2º).

Da noção exposta resulta evidente o objeto próprio do mandado de injunção. Respeita, no quadrante dos direitos fundamentais, "às normas constitucionais de eficácia limitada de princípio institutivo e de caráter impositivo e das normas programáticas vinculadas ao princípio da legalidade",[76] regras dependentes de regulamentação.

O procedimento do mandado de injunção, consoante o art. 24, parágrafo único, da Lei 8.038/90, segue o modelo do mandado de segurança, "enquanto não editada legislação específica". A cláusula "no que couber", inserida no texto quanto à aplicação da Lei 1.533/51, induziu o STF a proclamar a inadmissibilidade da liminar.[77] A ausência de procedimento especial não constitui novidade surpreendente, nem óbice à injunção.[78] Ao paradigmático mandado de segurança, até o advento da Lei 191, de 16.01.1936, faltava procedimento autônomo, o que jamais impediu o julgamento das impetrações.[79]

A figura do mandado de injunção vem sendo penosamente construída na jurisprudência do STF. A posição original consagrava a chamada teoria da "subsidiariedade".[80] A função do órgão judiciário, no acolhimento do pedido, residiria em declarar a omissão legislativa e cientificar o legitimado passivo de sua

---

[72] Vide, Wolney Zamenhof de Oliveira Silva, *Lineamentos do mandado de injunção*, nº 2.2, pp. 52-55; Marcelo Figueiredo, *O mandado de injunção e a inconstitucionalidade por omissão*, pp.33-36; Regina Quaresma, *O mandado de injunção e a ação de inconstitucionalidade por omissão*, nº 2.2.4, pp. 47-49.

[73] Irineu Strenger, *Mandado de injunção*, p. 6.

[74] Pleno do STF, MI-QO 352-RS, 04.09.91, Rel. Min. Néri da Silveira, *RTJSTF*, 165/429.

[75] José Afonso da Silva, *Curso de direito constitucional positivo*, p. 449; idem, *Mandado de injunção e habeas data*, pp. 20-21; Ivo Dantas, *Mandado de injunção*, p. 70.

[76] Alexandre de Moraes, *Direito constitucional*, p. 180.

[77] 1.ª T. do STF, MI-AgR 342-SP, 31.10.91, Rel. Min. Moreira Alves, *DJU* 06.12.91, p. 17.825.

[78] Pleno do STF, MI-QO 107-DF, 23.11.89, Rel. Min. Moreira Alves, *DJU* 21.09.90, p. 9.782.

[79] Hélio Tornaghi, *O mandado de injunção*, p. 46.

[80] Vide, Rodrigo Mazzei, *Mandado de injunção*, nº 6, pp. 155-168.

situação de inércia, tornando o remédio um autêntico sino sem badalo. É uma solução altamente insatisfatória, bem distante das saudáveis aspirações que presidiram a criação do instituto, concebido para evitar que os direitos consagrados na Constituição fiquem hibernando, e as necessidades práticas da tutela pretendida. Exemplo frisante de ordem inútil se localiza na regulamentação do já revogado art. 192, § 3º, da CF/88, jamais atendida pelo Congresso.[81]

Segundo outra concepção, designada de teoria da "resolutividade", o órgão judiciário formularia a regra jurídica concreta faltante. Por isso, a força do pronunciamento é constitutiva.[82] Em seguida, o tribunal resolveria a lide proposta, aplicando-a ao caso concreto e outorgando o bem da vida ao impetrante.[83] Em outros julgados, o STF assinou prazo razoável para a colmatação da lacuna legislativa, após o que o prejudicado ficaria autorizado a pleitear o direito na via própria.[84] Simplificou-se, posteriormente, o segundo processo, permitindo a liquidação pecuniária do direito reconhecido na injunção.[85] É uma posição intermediária, não isenta de sabedoria, porque o STF declara a omissão legislativa e, ao mesmo tempo, a existência do direito à prestação em natura, mas não julga integralmente a lide, remetendo o interessado para outro processo nas instâncias ordinárias. Resta aguardar o fecho da evolução em progresso.

A competência originária para processar e julgar mandados de injunção distribui-se, na área federal, entre o STF (art. 102, I, *q*, da CF/88) e o STJ (art. 105, I, *h*, da CF/88), neste último caso excepcionados os órgãos da Justiça Militar, da Justiça Eleitoral, da Justiça do Trabalho e da Justiça Federal. Das decisões denegatórias da injunção, julgada pelos Tribunais Superiores (STJ, STM, TSE e TST), cabe recurso ordinário para o STF (art. 102, II, *a*, da CF/88, c/c art. 539, I, do CPC). Por outro lado, na Justiça Ordinária, a competência originária dependerá da Constituição do Estado-membro (art. 125, § 1º, da CF/88).[86] Assim, o art. 95, XII, *b* e *e*, da Constituição do Rio Grande do Sul, de 1989, confere competência para o TJRS julgar, originariamente, mandados de injunção, quer em relação à falta de norma estadual, quer municipal. Desse julgamento, todavia, não cabe recurso ordinário.

6.1.6. Denegação de "habeas corpus"

A tutela do direito fundamental de ir, vir e ficar tem rica e bem documentada história no direito brasileiro e comparado.[87]

---

[81] Pleno do STF, MI 363, DE 08.04.94, Rel. Min. Moreira Alves, *DJU* 09.12.94, p. 34.080.
[82] Pleno do STF, MI 689-PB, 07.06.06, Rel. Min. Eros Grau, *DJU* 08.08.06, p. 19.
[83] Neste sentido, José Carlos Barbosa Moreira, Mandado de injunção, pp. 114-115.
[84] Pleno do STF, MI 283-DF, 20.03.91, Rel. Min. Sepúlveda Pertence, *RTJSTF*, 135/882.
[85] Pleno do STF, MI 562-RS, 20.02.03, Rel. Min. Carlos Velloso, *DJU* 20.06.03, p. 58.
[86] Alexandre de Moraes, *Direito constitucional*, p. 183.
[87] *Vide*, Heráclito Antônio Mossin, *Habeas corpus*, pp. 1-70.

Explicitamente, o art. 340 do Código de Processo Criminal do Império, de 1832, consagrou o remédio e disciplinou o respectivo procedimento. O art. 179, VIII e X, da Constituição de 1824 já dispusera acerca do direito à liberdade em termos tais que, sem embargo do valor autônomo da garantia em si, parecia irrecusável negá-lo sob sua vigência. A Lei 241, de 03.12.1841, violentamente criticada pelos liberais,[88] estabeleceu regra de competência, exigindo que juiz de hierarquia superior ao autor da ordem de prisão concedesse a ordem, e erigiu recurso de ofício. A Lei 2.033, de 20.09.1871, dilatou o âmbito do *writ*, estendendo-o também aos estrangeiros. A República elevou o *writ* à condição de garantia constitucional (art. 72, § 22, da CF/91). O art. 61, segunda parte, da CF/91 contemplou recurso ordinário das decisões da Justiça Comum para o STF. A disposição evidencia o relevo emprestado ao direito fundamental. Nenhuma Constituição ulterior, incluindo a de 1937,[89] atreveu-se a eliminar formalmente a garantia.

Os artigos 647 a 667 do CPP disciplinam, contemporaneamente, o procedimento do *habeas corpus* na área penal. Tais dispositivos compõem o Capítulo X do Título II (Dos Recursos em geral) do Livro III (Das Nulidades e dos Recursos em geral) do CPP. No entanto, o *habeas corpus* não é recurso,[90] mas ação impugnativa autônoma, porque não pressupõe impugnação a provimento judicial, do modo preventivo ou liberatório. Legitima-se, ativamente, qualquer pessoa (art. 654, primeira parte, do CPP), que atua como impetrante, a seu próprio favor ou de outrem, que figurará como paciente;[91] passivamente, legitima-se o coator – particular ou órgão do Estado.[92]

O art. 539, I, do CPC repete a norma do art. 102, II, *a*, da CF/88. É competente o STF para julgar recurso ordinário vertido de decisão denegatória de *habeas corpus* julgado em única instância pelos tribunais superiores. O STF só julga recurso de *habeas corpus* de competência originária do STJ, do TSE, do STM e do TST.[93] É residual, na área civil, semelhante esfera de atuação, porque o STJ examina o direito fundamental de ir, vir e ficar, tutelado pelo *writ*, fundamentalmente em outros recursos.

O art. 105, II, *a*, da CF/88 oferece perspectiva mais ampla, conferindo ao STJ a competência para julgar, em recurso ordinário, o *habeas corpus* julgado em

---

[88] Pontes de Miranda, *História e prática do habeas corpus*, § 44, p. 177.

[89] *Vide*, Adauto Fernandes, *O habeas corpus no direito brasileiro*, pp. 105-110.

[90] Neste sentido, Vicente Sabino Júnior, *O habeas corpus e a liberdade pessoal*, nº 18, p. 39; Lúcio Santoro de Constantino, *Habeas corpus*, nº 3.2, p. 33; Heráclito Antônio Mossin, *Habeas corpus*, p. 90; Romeu Pires de Campos Barros, *Sistema do processo penal brasileiro*, v. 2, nº 1.541, p. 448; Vicente Greco Filho, *Manual do processo penal*, nº 84.7, pp. 391-392; Hélio Tornaghi, *Curso de processo penal*, v. 2, p. 380; Fernando da Costa Tourinho Filho, *Processo penal*, v. 4, p. 409; Júlio Fabbrini Mirabete, *Processo penal*, nº 19.14.2, p. 677; Pontes de Miranda, *História e prática do habeas corpus*, § 3, p. 39; Adalberto José Q. T. de Camargo Aranha, *Dos recursos no processo penal*, pp. 214-215; Gamil Föppel-Rafael Santana, *Habeas corpus*, nº 3, p. 14.

[91] Grinover-Gomes Filho-Fernades, *Recursos no processo penal*, nº 236, p. 353-355;

[92] Idem, ob. cit., nº 238, pp. 355-357.

[93] Heráclito Antônio Mossin, *Habeas corpus*, nº 5.3.3, p. 466.

única e última instância pelos tribunais regionais e pelos tribunais locais. Ora, o art. 539, II, *a*, do CPC previu recurso ordinário no mandado de segurança. Nada obstante, os tribunais locais e regionais julgam, na área civil, *habeas corpus* em última e única instância, porque há casos de prisão civil: a do depositário infiel e do devedor de alimentos (art. 5º, LXVII, da CF/88). O *writ* tutela, nesses casos, o direito fundamental de ir, ficar e vir. É o meio adequado para impugnar o decreto da prisão civil.[94] E não cabe mandado de segurança, porque o âmbito de incidência desse remédio é residual, conforme a letra expressa o art. 5º, LXIX, da CF/88.[95]

A única explicação concebível para a omissão do art. 539, II, *a*, reside no fato de o procedimento do *habeas corpus* se localizar nos artigos 647 a 667 do CPP. A remissão implícita suscita maiores problemas (*v.g.*, o do prazo recursal) do que os abrevia. Parece preferível, na conjuntura, recepcionar o remédio no âmbito civil e acomodar a disciplina do respectivo recurso ordinário ao CPC.

À vista do exposto, resta a seguinte conclusão: o art. 539, II, *a*, reclama interpretação conforme a Constituição, subentendendo-se nele inscrito, por igual, o recurso ordinário contra os acórdãos denegatórios de *habeas corpus*. É evidente não bastar a simples explicação de que o dispositivo deixou de fora o *habeas corpus*, porque o remédio respeita ao processo penal.[96] A falta de explicitação da hipótese de admissibilidade contemplada no art. 105, II, *a*, da CF/88, não obsta o acesso ao STJ. [97]

A superlativa relevância do direito fundamental tutelado através do *writ*, como evidencia a cláusula "última instância", transforma o STJ em verdadeiro terceiro grau de jurisdição em alguns casos, na jurisdição penal.[98] No âmbito civil, porém, o decreto de prisão se origina de ato do juiz de direito, de modo que os tribunais locais e regionais conhecerão do *habeas corpus* de modo originário (*v.g.*, art. 95, XII, a, da CERS/89) e o STJ atuará, então, como instância de revisão.

O art. 105, II, *a*, da CF/88 autoriza o recurso ordinário dos "*habeas corpus* decididos em única ou última instância pelos Tribunais Regionais Federais e pelos tribunais dos Estados, do Distrito Federal e Territórios". É irrecorrível, portanto, o *habeas corpus* denegado por Turma Recursal dos Juizados Especiais.[99] Conforme sublinhou o STF, "toda vez que a Constituição prescreveu para determinada causa a competência originária de um Tribunal, das duas uma: ou tam-

---

[94] 6.ª T. do STJ, RMS 8.916-SP, 16.06.98, Rel. Min. Luiz Vicente Cernicchiaro, *DJU* 03.08.98, p. 330.
[95] 5.ª T. do STJ, RMS 445-SP, 06.08.90, Rel. Min. Jesus Costa Lima, *RJSTJ*, 17/251.
[96] Neste sentido, porém, José Carlos Barbosa Moreira, *Comentários*, nº 312, p. 573.
[97] No sentido do texto, Hermann Homem de Carvalho Roecnick, *Recursos no código de processo civil*, nº 5.2, pp. 156-157.
[98] Neste sentido, Cesar Antonio da Silva, *Doutrina e prática dos recursos criminais*, p. 193.
[99] 6.ª T. do STJ, RHC 7.517-RJ, 01.07.98, Rel. Min. Vicente Leal, *DJU* 24.08.98, p. 105.

bém previu recurso ordinário da sua decisão (CF, artigos 102, II, *a*; 105, II, *a* e *b*; 121, § 4°, III, IV e V) ou, não o tendo estabelecido, é que o proibiu".[100]

O recurso ordinário de *habeas corpus* cabe, para o STF, dos acórdãos proferidos em única instância pelos tribunais superiores (STJ, TSE, TST e STM); dos acórdãos proferidos em única ou última instância pelos tribunais regionais e locais para o STJ.

6.2. Cabimento do recurso ordinário contra provimentos singulares

O art. 109, II, da CF/88 atribui competência para os juízes federais de primeiro grau processar e julgar "as causas entre Estado estrangeiro ou organismo internacional e Município ou pessoa domiciliada ou residente no País". O elemento de conexão que conduz essas causas à Justiça Federal desponta na presença, num dos pólos da relação processual, de Estado estrangeiro e organismo internacional, de um lado, e, no outro, de Município e pessoa (nacional ou estrangeira) residente no País. Não tem relevância a posição concreta (autor ou réu) ocupada por essas pessoas no processo.[101] Tampouco interessa a nacionalidade da pessoa.[102] Por sua vez, o STF processará, originariamente, os litígios "entre Estado estrangeiro ou organismo internacional e a União, o Estado, o Distrito Federal ou o Território" (art. 102, I, *e*, da CF/88). Essa última competência, complementar àquela, só esclarece o âmbito da primeira.

O art. 109, II, da CF/88 representa as culminâncias da evolução constitucional, corrigindo as imperfeições do texto originário da CF/91, a exemplo da inserção do "organismo internacional" (por exemplo, o Banco Mundial e outras instituições de financiamento multinacionais), obra do art. 125, II, da CF/69, e do Município.[103]

Dos provimentos exarados nas causas previstas no art. 109, II, cabe recurso ordinário diretamente para o STJ, a teor do art. 105, II, *c*, da CF/88. O tribunal federal da região em que se situa o juízo de primeiro grau não tem competência para julgar quaisquer recursos vertidos das causas internacionais. Assim decidiu a 2.ª Turma do STJ, apreciando agravo de instrumento, na ação movida por pessoa jurídica com sede no País contra organismo internacional.[104]

O recurso ordinário exibe condição diferente, e complexa, na previsão constitucional. Designa, na verdade, o conjunto de recursos porventura cabíveis, nos termos da legislação ordinária, nas causas internacionais. À Lei 8.038, de 28.05.1990, pareceu que cabia distinguir entre o recurso da sentença (apelação) e

---

[100] Pleno do STF, RHC 79.785-RJ, 29.03.00, Rel. Min. Sepúlveda Pertence, *RTJSTF*, 183/1.010.
[101] José Carlos Barbosa Moreira, *Comentários*, n° 312, p. 574.
[102] Bernardo Pimentel Souza, *Introdução aos recursos cíveis*, n° 16.3, p. 281.
[103] Aderbal Torres de Amorim, *Recursos cíveis ordinários*, n° 6.5.3, pp. 196-199.
[104] 2.ª T. do SJ, Ag 627.913-DF, 07.10.04, Rel. Min. Eliana Calmon, *DJU* 07.03.05, p. 221.

das decisões interlocutórias (então, "agravo de instrumento", e, não, simplesmente, "agravo"), nos incisos I e II do art. 36. Da mesma forma dispõe o art. 539, II, *b*, e parágrafo único, do CPC, na redação da Lei 8.950, de 13.12.1994. A redação da letra *b* difere, ligeiramente, do texto constitucional, explicitando-lhe melhor o alcance e o sentido. Forçoso concluir que, no caso de recurso ordinário interposto contra a sentença proferida nas "causas internacionais", poderá existir a modalidade adesiva (art. 500, II),[105] e, inexistindo unanimidade, embargos infringentes no STJ, nas condições prescritas no art. 530. Nada obstante, a jurisprudência dos tribunais superiores rejeita semelhante recurso. Favorece a interpretação restritiva à omissão do art. 530 ao recurso ordinário e a remissão, no art. 540, à disciplina dos regimentos internos do STF e do STJ no julgamento do recurso.

Além dos recursos expressamente mencionados no art. 539, II, *b*, e parágrafo único, há de caber, por igual, embargos de declaração, nas hipóteses do art. 535. E, de fato, quer a sentença passível de recurso ordinário, quer as decisões interlocutórias, idôneas a desafiar o agravo (art. 496, II), eventualmente contêm defeitos que os embargos de declaração corrigem e emendam convenientemente.

Por outro lado, a menção a "agravo", no art. 539, parágrafo único, evidencia o cabimento da modalidade retida, ou de subida diferida, do recurso. Em outras palavras, às causas internacionais se aplica o regime geral da impugnação das interlocutórias no direito pátrio,[106] presentemente regulado no art. 522, *caput*. O procedimento dos agravos e a técnica de julgamento seguem a disciplina geral. Por essa razão, à diferença do que acontece com o agravo do art. 544, o legitimado interpõe o agravo de instrumento diretamente no STJ (art. 524, *caput*).[107] Foi o que decidiu a 3.ª Turma do STJ, explicitando que o agravo "deve ser protocolado diretamente na Secretaria do Superior Tribunal de Justiça ou postado no correio dentro do prazo legal", motivo por que reconheceu a intempestividade do agravo protocolado, dentro do prazo, no tribunal regional.[108]

Revelam-se irrecorríveis, por definição, os despachos (art. 504).[109] A 1.ª Turma do STJ considerou dessa natureza, por exemplo, o ato que postergou o exame da liminar para momento posterior à contestação.[110] A regra da irrecorribilidade fica bem explicitada.

Equipara-se o "recurso ordinário" do art. 105, II, *c*, da CF/88, ao gabarito da apelação e do agravo, respectivamente, tão-só em parte. Já se sublinhou o fato de que, no caso de impugnação contra a sentença e existindo sucumbência recíproca, recomenda-se alguma tolerância com o recurso ordinário "adesivo", bem como a boa interpretação recomenda admitir embargos infringentes contra o acórdão

---

[105] Aderbal Torres de Amorim, *Recursos cíveis ordinários*, n° 6.5.7, pp. 206-208.

[106] Bernardo Pimentel Souza, *Introdução aos recursos cíveis*, n° 16.3, p. 281; Manoel Caetano Ferreira Filho, *Comentários*, v. 7, p. 338..

[107] Didier Jr.-Cunha, *Curso*, v. 3, p. 181.

[108] 3.ª T. do STJ, Ag 410.661-DF, 21.02.02, Rel. Min. Carlos Alberto Menezes Direito, *DJU* 01.04.02, p. 187.

[109] Sérgio Bermudes, *Comentários*, v. 7, n° 215, p. 244.

[110] 1.ª T. do STJ, AgRg no Ag 725.466-DF, 06.06.06, Rel. Min. Luiz Fux, *DJU* 01.08.06, p. 375.

não-unânime do respectivo julgamento. Todavia, o quorum do julgamento do recurso ordinário se revelará diverso do exigido naqueles recursos. O julgamento do agravo e apelação, no regime comum, contenta-se com o voto de três juízes (art. 555, *caput*), formando-se a maioria absoluta para tornar o recorrente vencedor, então, com os votos concordantes de dois juízes. Ao invés, o recurso ordinário é julgado por turma do STJ, composta de cinco integrantes, e as decisões devem ser tomadas por maioria de votos, ou seja, por três ministros (art. 41-A da Lei 8.038/90). O quórum para o recorrente vencer o recurso ordinário é mais exigente. E, na apelação, há revisão (art. 551, *caput*); no recurso ordinário, não (artigos 35 e 248, parágrafo único, do RISTJ).[111]

7. Condições de admissibilidade do recurso ordinário

O recurso ordinário observará o conjunto das condições intrínsecas e extrínsecas de admissibilidade imposto genericamente à apelação e ao agravo de instrumento. É o que se infere da remissão constante do art. 540 aos "requisitos de admissibilidade" previstos nos Capítulos II – Da Apelação – e III – Do Agravo – do Título X do Livro I do CPC. Nada de especial se verifica quanto ao interesse de recorrer e à inexistência de fato impeditivo ou extintivo, no terreno da admissibilidade, ou no tocante às demais regras da disciplina geral dos recursos,[112] a exemplo do art. 510, que trata da baixa dos autos à origem. Só calha notar que, neste aspecto, a remissão do art. 549 aos Capítulos I e II do Título X é incompleta e insuficiente.[113]

Importa sublinhar alguns requisitos que assumem relevo particular nesse recurso.

7.1. Cabimento do recurso ordinário: fungibilidade

O cabimento do recurso ordinário contra acórdãos denegatórios dos *writs* constitucionais e das sentenças proferidas nas causas internacionais já receberam análise. O emprego do recurso ordinário, todavia, provoca freqüentes equívocos, apesar da inexistência de qualquer dúvida objetiva acerca do cabimento, simplesmente porque as partes ignoram, na prática, a respectiva especificidade. Os tribunais superiores têm sido, geralmente, implacáveis, rejeitando a incidência do princípio da fungibilidade.

Representa erro grosseiro interpor apelação em lugar de recurso ordinário.[114] E, de acordo com a Súmula do STF, nº 272, não se aproveita como ordinário o recurso extraordinário interposto da decisão denegatória do mandado de segurança. Também não se transforma recurso extraordinário em ordinário para

---

[111] Bernardo Pimentel Souza, *Introdução aos recursos cíveis*, nº 16.2, p. 274.
[112] Manoel Caetano Ferreira Filho, *Comentários*, v. 7, p. 539.
[113] José Carlos Barbosa Moreira, *Comentários*, nº 313, p. 575.
[114] 5.ª T. do STJ, RMS 8.038-ES, 03.06.97, Rel. Min. Félix Fischer, *DJU* 30.06.07, p. 31.047.

o STJ.[115] Dos acórdãos do STJ, recorríveis na forma do 539, I, porém, a jurisprudência mais recente do STF temperou o entendimento, rejeitando tratamento mais favorável ao recorrente no caso da errônea interposição de recurso extraordinário em lugar do ordinário, porque constitui erro grosseiro,[116] nem conhece do extraordinário, porque o acórdão do tribunal local ou regional não assume a condição de julgamento final (art. 102, III, da CF/88).[117]

Excepcionalmente, o STF conheceu recursos extraordinários como ordinários, impressionado com o caráter teratológico – por exemplo, promoção de militar à graduação de suboficial em nome do princípio da isonomia, porque colegas da parte obtiveram êxito em pleitos análogos[118] – ou violação de direito social – negativa de licença-maternidade à empregada pública contratada emergencialmente.[119]

7.2. Legitimidade para interpor recurso ordinário

Legitima-se a interpor recurso ordinário unicamente o impetrante do *writ* denegado pelo tribunal (mandado de segurança, *habeas data*, mandado de injunção e *habeas corpus*).[120] O impetrado utilizará, conforme o caso, o recurso especial ou o recurso extraordinário. Legitimam-se, por igual, o Ministério Público, como fiscal da lei e impetrante, e o terceiro interessado que pretenda coadjuvar o impetrante.

A legitimidade exclusiva do autor já não ocorre nas causas internacionais. O recurso ordinário compete ao vencido, seja o autor, seja o réu, e aos demais legitimados do art. 499, *caput*, sem exceções.[121]

7.3. Prazo da interposição do recurso ordinário

O prazo para interpor o recurso ordinário, em princípio, é de quinze dias, consoante a disposição expressa do art. 508. O prazo do agravo de instrumento previsto no art. 539, parágrafo único, é de dez dias (art. 522, *caput*). O art. 30 da Lei 8.038/90 estabelece o prazo de cinco dias para interpor recurso ordinário para o STJ contra as decisões proferidas em *habeas corpus* por tribunais regionais ou locais. A fonte presumível da regra é a Súmula do STF, nº 319, que reza o seguinte: "O prazo de recurso ordinário para o Supremo Tribunal Federal, em

---

[115] 1.ª T. do STJ, AI-AgR 284.950-RJ, 17.10.00, Rel. Min. Moreira Alves, *DJU* 01.12.00, p. 81; 2.ª T. do STJ, AI-AgR 410.552-CE, 14.12.04, Rel. Min. Ellen Gracie, *DJU* 18.02.05, p. 31.

[116] Pleno do STF, RMS-AgR 21.336-DF, 31.08.94, Rel. Min. Marco Aurélio, *DJU* 30.06.95, p. 20.410.

[117] 2.ª T. do STF, AI-AgR 143.711-PR, 23.11.93, Rel. Min. Carlos Velloso, *DJU* 20.05.94, p. 12.249; 1.ª T. do STF, RE-AgR 423.817-DF, 16.08.05, Rel. Min. Sepúlveda Pertence, *DJU* 02.09.05, p. 23.

[118] 2.ª T. do STF, RMS 21.458-DF, 05.10.93, Rel. Min. Carlos Velloso, DJU 15.04.94, P. 8.047.

[119] 2.ª T. do STF, RE 287.905-SC, 28.06.05, Rel. Min. Ellen Gracie, *DJU* 30.06.05, p. 35.

[120] Berenice Soubhie Nogueira Magri, *Recurso ordinário constitucional*, nº 4.2, p. 143; Hermann Homem de Carvalho Roenick, *Recursos no código de processo civil*, nº 5.3, p. 175.

[121] Berenice Soubhie Nogueira Magri, *Recurso ordinário constitucional*, nº 4.2, p. 144.

habeas corpus ou mandado de segurança, é de cinco dias". No entanto, o STF já declarou superada a súmula de jurisprudência dominante, por força do art. 508 do CPC. Assim, o prazo para interpor recurso ordinário, tratando-se de *habeas corpus* civil, é de quinze dias.[122]

A contagem do prazo obedece ao modelo geral.[123]

7.4. Regularidade formal do recurso ordinário

Ao recurso ordinário interposto contra as decisões denegatórias e sentenças nas causas internacionais, haja vista a remissão do art. 540, aplica-se o art. 514. O recorrente entregará a petição do recurso, dentro do prazo, na secretaria do tribunal, dirigindo-a ao relator ou, nas causas internacionais, ao juiz que proferiu o provimento impugnado. É da maior importância endereçá-lo corretamente, ao STJ ou ao STF, conforme a hipótese. Além de individualizar as pessoas do(s) recorrente(s) ou do(s) recorrido(s), permitindo aquilatar a extensão subjetiva do recurso, mostra-se obrigatória a exposição das razões de fato e de direito que levam o recorrente a pleitear a reforma ou a invalidação do acórdão ou da sentença recorridas. Embora livre a motivação, o requisito é fundamental ao conhecimento do recurso ordinário. A jurisprudência do STJ rejeita os recursos ordinários desprovidos de motivação atual e congruente.[124]

7.5. Preparo do recurso ordinário

À exceção dos casos em que há dispensa de realizá-lo, seja por previsão expressa na lei (art. 511, § 1º), seja através da concessão do benefício da gratuidade, o recorrente há de preparar o recurso no ato da interposição (art. 511, *caput*). Nada excepciona o recurso ordinário da regra geral.[125] Assim decidiu, com razão, a 1.ª Turma do STJ em recurso originário de acórdão do STM.[126] Admitir-se-á, quando cabível, a complementação do preparo insuficiente (art. 511, § 2º).

8. Efeitos da interposição do recurso ordinário

O recurso ordinário exibe os dois efeitos explicitamente reconhecidos na lei aos recursos: o devolutivo e o suspensivo.

---

[122] Quanto ao mandado de segurança, com razão, Lúcio Santoro de Constantino, *Recursos criminais*, nº 10.9.6, p. 216. Em sentido contrário, Berenice Soubhie Nogueira Magri, *Recurso ordinário constitucional*, nº 4.5, p. 152.

[123] José Carlos Barbosa Moreira, *Comentários*, nº 313, p. 575.

[124] Neste sentido, 5.ª T. do STJ, RMS 14.750-BA, 18.11.02, Rel. Min. Félix Fischer, *DJU* 15.12.03, p. 325; 6.ª T. do STJ, RMS 19.879, 06.10.05, Rel. Min. Paulo Medina, *DJU* 21.11.05, p. 300.

[125] Berenice Soubhie Nogueira Magri, *Recurso ordinário constitucional*, nº 4.7, pp. 156-157.

[126] 1.ª T. do STF, RMS-AgR 24.801-DF, 16.05.05, Rel. Min. Sepúlveda Pertence, *DJU* 09.06.06, p. 15.

8.1. Efeito devolutivo

O efeito devolutivo, no recurso ordinário, segue o modelo imprimido à apelação. Tem duas dimensões: uma, quanto à extensão, subordina-se à iniciativa do legitimado a recorrer (art. 515, *caput*), que pode impugnar, no todo ou em parte, a decisão desfavorável (art. 505); outra, quanto à profundidade, remete ao conhecimento do órgão *ad quem* todas as matérias que comportam apreciação *ex officio* e, ademais, as questões suscitadas e discutidas no processo, embora não julgadas por inteiro (art. 515, § 1º), e os fundamentos do pedido e da defesa (art. 515, § 2º).[127]

Neste último aspecto, surge a frisante particularidade do recurso ordinário, haja vista o teor do provimento sujeito à impugnação. Legitima-se o vencido a interpor recurso ordinário, nas causas internacionais, e, portanto, o acolhimento da demanda em razão de uma das causas de pedir devolverá o conhecimento das demais, consoante reza o art. 515, § 2º. No que tange às decisões denegatórias, perante as quais somente se legitima a recorrer o autor, subentende-se que o acórdão examinou e rejeitou todas as causas de pedir; do contrário, há vício de procedimento, por ofensa ao princípio da congruência, mostrando-se nulo o acórdão. Não sendo esse o caso, e cabendo o recurso ordinário tão-só dos acórdãos denegatórios, a impugnação devolverá ao órgão *ad quem* as questões de ordem pública e os fundamentos da defesa. Por exemplo: o conjunto das alegações apresentadas nas informações prestadas pela autoridade coatora no mandado de segurança em defesa da legalidade do ato impugnado, como ocorre no caso de o acórdão impugnado rejeitar a decadência (art. 18 da Lei 1.533/51), mas proclamar a legalidade do ato. É possível ao órgão *ad quem*, julgando o recurso ordinário, corrigir os fundamentos do acórdão, reconhecendo a decadência em lugar da legalidade do ato.

Em todas as hipóteses de cabimento, e apesar da elevada estatura do órgão *ad quem* (STF e STJ), em geral afeitos ao reexame das questões de direito (constitucional ou federal), o efeito devolutivo do recurso ordinário não padece das restrições impostas nos recursos extraordinário e especial.[128] É recurso de motivação livre.[129] Não têm aplicação os verbetes 5, 7 e 211 da súmula do STJ, nem os verbetes 279, 280, 282 e 356 da súmula do STF.[130] É admissível, portanto, a revisão do juízo externado no provimento recorrido quanto às questões de fato.[131] E o STJ poderá reexaminar questões constitucionais.[132]

---

[127] José Carlos Barbosa Moreira, *Comentários*, nº 314, p. 576; Aderbal Torres de Amorim, *Recursos cíveis ordinários*, nº 6.5.6, p. 206, Giovanni Cribari, Recursos constitucionais: extraordinário, especial e ordinário em mandado de segurança, nº 7, p. 71.

[128] Nelson Nery Jr., *Teoria geral dos recursos*, nº 3.5.1.6, p. 444.

[129] Berenice Soubhie Nogueira Magri, *Recurso ordinário constitucional*, nº 6.1, p. 166; Cássio Scarpinellá Bueno, *Mandado de segurança*, p. 119; Giovanni Cribari, Recursos constitucionais: extraordinário, especial e ordinário em mandado de segurança, nº 7, p. 71.

[130] Bernardo Pimentel Souza, *Introdução aos recursos cíveis*, nº 16, p. 270.

[131] José Carlos Barbosa Moreira, *Comentários*, nº 314, pp. 575-576.

[132] Cleanto Guimarães Siqueira, Recursos ordinários constitucionais em mandado de segurança: hipóteses de cabimento, nº 3, p. 37.

Eventuais limitações decorrem da natureza da causa, e, não, de restrições intrínsecas ao efeito devolutivo e à natureza do tribunal encarregado de julgar o recurso ordinário. No mandado de segurança, por exemplo, as questões de fato dependem da apresentação de prova pré-constituída. A atividade judicante do tribunal *ad quem*, neste particular, equivale à dos tribunais locais e regionais, apreciando apelações contra mandados de segurança impetrados no primeiro grau.[133]

As questões de direito devolvidas ao conhecimento do STF e do STJ tampouco sofrem quaisquer restrições qualitativas. É dado ao STF reexaminar questões relativas ao direito federal, no caso do art. 539, I; ao STJ, questões constitucionais ou de direito local, quer dizer, municipal ou estadual.[134] Neste sentido, decidiu a 6.ª Turma do STJ: "A circunstância do direito local estar na base do pedido não é óbice ao recurso ordinário contra a denegação de mandado de segurança".[135]

Essa característica do efeito devolutivo do recurso ordinário, tão usual na apelação, explica a plena incidência da Súmula do STJ, nº 266, nos mandados de segurança impetrados contra o ato de autoridade do Estado-membro que exige, para inscrição de concurso público, a prova da habilitação legal para o exercício das atribuições de cargo público (*v.g.*, a apresentação de diploma de curso superior). O tribunal superior dedicado fundamentalmente à uniformização do direito federal decide tais questões com supedâneo no disposto no art. 37, II, da CF/88, conforme se nota de acórdão, neste sentido, da 5.ª Turma.[136] Exemplo similar desponta na remoção do servidor para acompanhar o cônjuge, a despeito da inexistência de vaga: o STJ concede mandado de segurança com fundamento na proteção outorgada pela Constituição à família.[137]

No entanto, o STJ há de julgar a causa de olhar fito no direito local, e, não, no federal. Em matéria estatutária, o Estado-membro detém competência exclusiva para disciplinar a relação com o seu pessoal, respeitadas as disposições constitucionais. O direito federal não se aplica a tais espécies. Não é superior, nem melhor que o direito local, haja vista a distribuição das competências legislativas da Constituição. O STF já proclamou que "a apreciação das normas locais é feita, soberanamente, pelo tribunal local".[138] Há o risco latente de o STJ entregar-se ao vezo de reexaminar a causa consoante os preceitos do estatuto federal.[139]

Entende-se por decisão denegatória tanto a que resolve a impetração desfavoravelmente no mérito, quanto a que se atém ao plano da admissibilidade

---

[133] Sérgio Bermudes, *Comentários*, v. 7, nº 215, p. 133.

[134] Bernardo Pimentel Souza, *Introdução aos recursos cíveis*, nº 16.2, p. 271.

[135] 6.ª T. do STJ, RMS 6.682-RJ, 20.05.03, Rel. Min. Fontes de Alencar, *DJU* 02.05.05, p. 415.

[136] 5.ª T. do STJ, Resp 131.340-MG, 25.11.97, Rel. Min. Cid Flaquer Scartezzini, *RJSTJ*, 155/501.

[137] 5.ª T. do STJ, RMS 11.767-RS, 13.02.01, Rel. Min. Jorge Scartezzini, *RJSTF*, 143/498.

[138] 2.ª T. do STF, RE-AgR 346.533-MG, 06.05.03, Rel. Min. Carlos Velloso, *DJU* 30.05.03, p. 36.

[139] Já notara tal tendência, quanto ao STF na vigência da CF/1946, Ernani Guarita Cartaxo, O recurso ordinário no mandado de segurança, pp. 773-774. Contra tal amplitude, manifestava-se João de Oliveira Filho, Recurso ordinário em mandado de segurança, pp. 557-560, mas prevaleceu a tese oposta, segundo Humberto Theodoro Jr., O recurso ordinário em mandado de segurança, nº 7, p. 26.

do *writ*. No pronunciamento extintivo da impetração, acomodado ao art. 267, o órgão *a quo* abstém-se de qualquer palavra acerca do mérito. Na apelação, vencendo o órgão *ad quem* a barreira da admissibilidade, o art. 515, § 3º, permite que vá adiante, apreciando as questões de mérito ignoradas na origem. Não há impedimento algum para que tal ocorra também no recurso ordinário em todas as suas hipóteses de cabimento. Nas causas internacionais, nas quais o recurso ordinário assume função marcadamente análoga à da apelação, o prosseguimento da atividade judicante do STJ parece natural e consentânea ao sempre gabado princípio da economia. Idêntico benefício colheria o julgamento do recuso ordinário interposto contra acórdão denegatório de mandado de segurança ou dos outros remédios sujeitos a tal recurso. Inserido que seja o § 3º do art. 515 no capítulo da apelação, a incidência se justifica por analogia,[140] conforme decidiu a 2.ª Turma do STJ.[141]

Todavia, o STF rejeita semelhante possibilidade, alegando que a competência (*rectius*: cabimento) do recurso ordinário se encontra definida na CF/1988.[142] O problema não respeita, evidentemente, à admissibilidade do recurso, mas à extensão do efeito devolutivo. Admitido o regime subsidiário da apelação, na falta de normas gerais no Capítulo I – Das Disposições Gerais – do Título X – Dos Recursos – do Livro I do CPC, impõe-se recepcioná-lo por inteiro. Do contrário, também se excluiria a aplicação dos §§ 1º e 2º do art. 515, ordinariamente adotados no julgamento do recurso ordinário; por exemplo, a 6.ª Turma do STJ examinou a nulidade da citação, tema alheio ao julgado do tribunal local.[143] Avulta o fato de o art. 540 mandar aplicar ao recurso ordinário o procedimento da apelação.

8.2. Efeito suspensivo

O recurso ordinário não tem efeito suspensivo.[144]

Todos os recursos suspendem a eficácia do provimento impugnado, no direito pátrio, salvo regra explícita em contrário. Por isso, o art. 497 e o art. 542, § 2º, retiram o efeito suspensivo dos recursos especial e extraordinário. Ao invés, há efeito suspensivo nos embargos infringentes, na falta dessa disposição, porém com a oportuna ressalva dos casos em que à própria apelação, julgada por maioria, faltaria o atributo. Idêntica orientação se aplica ao recurso ordinário. Em vão se buscará fundamento à existência do efeito suspensivo geral no art. 540. Esse

---

[140] Neste sentido, Aderbal Torres de Amorim, *Recursos cíveis ordinários*, nº 6.5.6, p. 206.

[141] 2.ª T. do STJ, AgRg no RMS 17.714-RN, 23.08.05, Rel. Min. Eliana Calmon, *RT*, 845/191.

[142] 1.ª T. do STF, RMS-ED 24.309-DF, 17.02.04, Rel. Min. Marco Aurélio, *DJU* 30.04.04, p. 49. No mesmo sentido, 1.ª T. do STJ, RMS 22.180-DF, 22.06.05, Rel. Min. Eros Grau, *RTJSTF*, 194/893.

[143] 6.ª T. do STJ, RHC 11.929-PR, 18.12.01, Rel. Min. Hamilton Carvalhido, *RJSTJ*, 165/554.

[144] De acordo, Flávio Cheim Jorge, *Teoria geral dos recursos cíveis*, nº 11.6.2.6, p. 301; Berenice Soubhie Nogueira Magri, *Recurso ordinário constitucional*, nº 6.2, p. 184. Em sentido contrário, Hermann Homem de Carvalho Roenick, *Recursos no código de processo civil*, nº 5.4, p. 161; Cândido Rangel Dinamarco, Efeitos dos recursos, nº 19, p. 53.

dispositivo alude às "condições de admissibilidade" e ao "procedimento", e, não, aos efeitos da interposição.

Mas, a suspensão ou não dos efeitos do provimento impugnado assume "escassa relevância, dada a natureza da decisão recorrida, meramente declaratória".[145] Não há o que suspender, realmente, nas decisões denegatórias de mandado de segurança, *habeas corpus*, *habeas data* e mandado de injunção, exceto no concernente a algum capítulo acessório, como a condenação nas despesas do processo e na verba atinente aos honorários advocatícios, porventura fixada em desacordo com a Súmula do STJ, nº 105. Na verdade, a ausência de efeitos se prende à natureza do provimento, e, não, à existência de efeito suspensivo.[146] Assim, na pendência do recurso ordinário, admite-se a execução provisória do capítulo acessório da sucumbência no mandado de segurança. Em síntese, à semelhança do que acontece com a apelação interposta contra a denegação de mandado de segurança em primeiro grau, inexiste efeito suspensivo. Há exceções, porém: o art. 5º e o art. 7º da Lei 4.348/64 atribuem efeito suspensivo aos recursos aviados contra provimentos que concedem vantagens pecuniárias aos servidores públicos.[147] Resta acrescentar que subsistência da liminar é incompatível com a denegação (Súmula do STF, nº 405).[148] Não há, todavia, uniformidade na jurisprudência do STJ: de um lado, a 1.ª Turma reconheceu o efeito suspensivo;[149] de outro, a 2.ª Turma nega o efeito suspensivo.[150]

As considerações realizadas se aplicam aos demais remédios constitucionais (*habeas corpus*, *habeas data* e mandado de injunção). O art. 15, parágrafo único, da Lei 9.507/97 estipula que da sentença concessiva do *habeas data* "o recurso terá efeito meramente devolutivo". E a denegação não produz quaisquer efeitos, nem subsiste a liminar porventura deferida.

O objeto da suspensão se altera na hipótese de recurso ordinário interposto contra a sentença de procedência nas causas internacionais. Em tal caso, o recurso não é privativo do autor, competindo também ao réu. O provimento que acolhe o pedido formulado pelo autor, qualquer que seja a respectiva natureza (declaratório, constitutivo, condenatório, executivo ou mandamental), desafiado por recurso ordinário do réu, não surtirá efeitos até o julgamento da impugnação, ressalvadas as hipóteses em que a própria apelação não exibiria efeito suspensivo.[151]

---

[145] José Carlos Barbosa Moreira, *Comentários*, nº 314, p. 575.
[146] Em sentido contrário, Cássio Scarpinella Bueno, *Mandado de segurança*, p. 119.
[147] 6.ª T. do STJ, RMS 12.527-SP, 26.05.04, Rel. Min. Paulo Medina, *DJU* 01.07.04, p. 278.
[148] Em sentido diverso, estimando incompatível o enunciado com a CF/1988, José Tulio Barbosa, Do mandado de segurança e do efeito suspensivo do recurso ordinário, nº 7, pp. 64-65
[149] 1.ª T. do STJ, AgRg na MC 560-RJ, 07.11.96, Rel. Min. Gomes de Barros, *DJU* 16.12.96, p. 50.747.
[150] 2.ª T. do STJ, RMS 20.446-RS, 02.02.06, Rel. Min. João Otávio de Noronha, *DJU* 20.03.06, p. 223. No mesmo sentido, 1.ª T. do STJ, MS 859-RJ, 27.10.98, Rel. Min. Demócrito Reinaldo, *DJU* 18.12.98, p. 290.
[151] No sentido do texto, outra vez, Flávio Cheim Jorge, *Teoria geral dos recursos cíveis*, nº 11.6.2.6, pp. 301-302.

9. Procedimento do recurso ordinário

No que tange ao procedimento no "juízo de origem", os recursos mencionados no art. 539 se governarão pelo disposto no Capítulo II – Da Apelação – e no Capítulo III – Do Agravo – do Título X – Dos Recursos – do Livro I do CPC. É o que reza o art. 540. O laconismo, senão a deficiência crassa da regra – outro produto da mão pouco destra do legislador reformista –, preparou o terreno para as divergências hermenêuticas.

O art. 540 provoca, antes de mais nada, perplexidade dispensável. O dispositivo determina a aplicação "ao procedimento no juízo de origem" do Capítulo III, relativo ao agravo, como se houvesse sempre toda uma fase de tramitação na origem. Ora, a atividade no órgão *a quo* limita-se, no caso do agravo de instrumento (art. 539, parágrafo único), à retratação do provimento impugnado. Aliás, semelhante juízo, por força das caóticas reformas legislativas, presentemente se encontra previsto, de modo explícito, para o agravo retido (art. 523, § 2º, *in fine*), e apenas indiretamente para o agravo de instrumento, a teor do art. 529. É preciso entender a remissão, portanto, ao agravo retido, em particular ao que dispõem o art. 523, e à possibilidade de retratação no agravo de instrumento.[152] O ponto tem enorme relevo no tocante ao recurso cabível do ato que, na origem, não admite o recurso ordinário contra acórdão ou sentença.

E, além disso, o art. 540, *in fine*, realiza controversa delegação aos regimentos do STF e do STJ para governar os trâmites no órgão *ad quem*, quando a matéria é reservada à lei em sentido estrito.[153] Os artigos 31 e 32 disciplinam o julgamento do *habeas corpus*, e o art. 35, todos da Lei 8.038, de 28.05.1990, o do mandado de segurança, no âmbito do STJ. É claro que tais regras imperam sobre as normas regimentais. No STF, sequer existem normas regimentais claramente aplicáveis ao recurso ordinário civil.[154] Não é desprezível o esforço necessário para ordenar o assunto. Repetiu-se, portanto, o defeito constatado no direito anterior ao CPC em vigor.[155]

9.1. Procedimento do recurso ordinário no órgão "a quo"

O recurso ordinário contra acórdãos de tribunais regionais e locais e sentenças de primeiro grau interpõe-se perante o órgão que proferiu o provimento.[156] Trata-se da única interpretação razoável do art. 514, *caput*, que manda interpor a apelação mediante petição "dirigida ao juiz".[157] É evidente, ademais, que o órgão

---

[152] José Carlos Barbosa Moreira, *Comentários*, nº 315, p. 576.

[153] *Vide*, amplamente, a crítica de Aderbal Torres de Amorim, *Recursos cíveis ordinários*, nº 6.5.4, pp. 200-304.

[154] Hermann Homem de Carvalho Roenick, *Recursos no código de processo civil*, nº 5.5, pp. 162; Manoel Caetano Ferreira Filho, Comentários, v. 7, p. 340.

[155] Alcides de Mendonça Lima, Recurso ordinário constitucional, nº 34, p. 206.

[156] Berenice Soubhie Nogueira Magri, *Recurso ordinário constitucional*, nº 7.1, p. 198.

[157] Manoel Caetano Ferreira Filho, *Comentários*, v. 7, p. 339.

competente na origem realizará o controle da admissibilidade do recurso, segundo o regime geral. Subsistem as razões de conveniência que inspiram o duplo controle. Aqui, mais do que alhures, importa atalhar o desperdício de atividade processual, remetendo obrigatoriamente ao STF e ao STJ recurso condenado a não ser conhecido.

Nesta conjuntura, caberá ao relator do acórdão e ao juiz federal de primeiro grau admitir ou não o recurso. Não há base para afetar o exame da admissibilidade ao Presidente ou ao Vice-Presidente do Tribunal.[158] O art. 541, *caput*, aplica-se unicamente aos recursos especial e extraordinário. Tampouco normas regimentais podem deslocar a competência do juízo natural, que é o autor do provimento impugnado, para o Presidente ou o Vice-Presidente do Tribunal.

Da decisão que, eventualmente, não admitir o recurso ordinário – *v.g.*, porque intempestivo –, caberá agravo de instrumento para o STJ ou para o STF, conforme o caso, a teor da cláusula final do art. 522, *caput*.[159] O cabimento desse recurso suscita controvérsias. Três possibilidades são cogitadas: (*a*) a interposição de agravo interno; (*b*) a interposição do agravo previsto no art. 544; e (*c*) a interposição de agravo de instrumento. Embora possível, o agravo interno não resolve o problema, porque se mostra lícito à câmara ou à turma negar-lhe provimento. Além disso, não se mostraria cabível nas causas internacionais, julgadas perante órgão judiciário singular. O agravo do art. 544 se aplica, exclusivamente, aos recursos extraordinário e especial não admitidos pelo Presidente ou pelo Vice-Presidente do tribunal *a quo*.[160] Na verdade, a tese em prol desse agravo pressupõe a competência dos ocupantes desses cargos administrativos para examinar a admissibilidade do recurso ordinário, interpretação rejeitada pela leitura do art. 514, *caput*. E não parece correto entendê-lo como o meio mais consentâneo ao amplo acesso à Justiça,[161] porque sua tramitação, como acontecia com o agravo de instrumento contra as decisões de primeiro grau antes da reforma da Lei 9.139, de 30.11.1995, se afigura lenta e dispendiosa. Só convém tal modalidade, à toda evidência, ao advogado da parte cuja atividade principal se situe longe da Capital Federal, onde têm sede os tribunais superiores, e, não, ao superior interesse da brevidade, que interessa a todos e, principalmente, às partes. Resta, portanto, o agravo de instrumento.

A jurisprudência do STJ optou pelo cabimento do agravo previsto no art. 544.[162] Localizam-se, porém, algumas exceções. A Corte Especial do STJ assen-

---

[158] Em sentido contrário, Bernardo Pimentel Souza, *Introdução aos recursos cíveis*, n° 16.2, p. 276; Didier Jr.-Cunha, *Curso*, v. 3, p. 179.

[159] Neste sentido, com razão, Bernardo Pimentel Souza, *Introdução aos recursos cíveis*, n° 16.2, p. 277. Na literatura concernente ao *habeas corpus*, Heráclito Antônio Mossin, *Habeas corpus*, p. 471.

[160] Hermann Homem de Carvalho Roenick, *Recursos no código de processo civil*, n° 5.5, pp. 162-163.

[161] Neste sentido, porém, Didier Jr.-Cunha, *Curso*, v. 3, p. 179,

[162] À guisa de exemplo, os precedentes mais recentes: 4.ª T. do STJ, AgRg no Ag 268.062-RJ, 13.11.01, Rel. Min. Aldir Passarinho Júnior, *DJU* 14.10.02, p. 232; 5.ª T. do STJ, AgRg no AgRg no Ag 554.328-MT, 15.09.05, Rel. Min. Arnaldo Esteves Lima, *DJU* 24.10.05, p. 366; 6.ª T. do STJ, AgRg no Ag 715.151-MT, 02.02.06, Rel. Min. Hamilton Carvalhido, *DJU* 06.03.06, p. 480.

tou que, da decisão que não admitiu recurso extraordinário em *habeas corpus* originário daquela Corte, caberá agravo de instrumento para o STF, consoante o art. 313, II, do RISTF, e, não, agravo regimental.[163] E não caberá agravo regimental da decisão do relator, no STJ, que dá provimento ao agravo de instrumento interposto contra a decisão que não admitiu recurso ordinário, porque deserto.[164] Ficou subentendido, em princípio, a admissibilidade do agravo de instrumento contra a decisão proveniente do tribunal *a quo*.

A remissão do art. 540 determina a aplicação ao recurso ordinário dos artigos 514, 518, 519 e 521.[165] Os artigos 515, 516 e 520 também se aplicam, mas não respeitam ao procedimento, e, sim, aos efeitos devolutivo e suspensivo. Valem, aqui, as considerações feitas nos capítulos próprios.

O procedimento do agravo retido, nas causas internacionais (art. 539, II, *b*), subordina-se à disciplina geral.

9.2. Procedimento do recurso ordinário no órgão "ad quem"

Cabível que seja o agravo de instrumento para o STF e para o STJ, e não há dúvida quanto à admissibilidade desse recurso das decisões interlocutórias proferidas nas causas internacionais (art. 539, II, *b*), o respectivo procedimento, no órgão *ad quem*, obedecerá ao disposto nos respectivos regimentos internos, segundo o art. 540, *in fine*. A remissão se mostra incompleta e insatisfatória. Em primeiro lugar, incidirá o art. 37 da Lei 8.038, de 28.05.1990, em virtude do princípio da reserva legal, no tocante aos agravos de instrumento vertidos das causas internacionais, o qual, por sua vez, remete ao procedimento do CPC. Têm plena aplicação, portanto, os artigos 524, 525, 526, 527, 528 e 529. Eventuais agravos oriundos dos *writs* constitucionais, em especial, os interpostos contra o juízo negativo de admissibilidade do próprio recurso ordinário, localizam-se nos regimentos internos dos órgãos *ad quem* normas de regência particulares (artigo 254 do RISTJ; artigos 315 a 316 do RISTF), sem coincidência total com a disciplina do Capítulo III do Título X do Livro I do CPC. À vista da remissão expressa do art. 540, só incidem as normas regimentais; por exemplo, não caberá ao relator no STJ e no STF converter o agravo de instrumento em retido (art. 527, II).

O procedimento do agravo retido, remetido ao órgão *ad quem* através do recurso ordinário contra acórdão ou apelação, segue o art. 523. Não há disposição regimental a seu respeito. Assim, o tribunal não conhecerá do agravo retido se a parte não o requerer, expressamente, nas razões ou na resposta ao recurso ordinário (art. 523, § 1º).

A disciplina regimental do procedimento da apelação no STF e no STJ não é exaustiva. Impõe-se respeitar, em primeiro lugar, o art. 41-A da Lei 8.038, de

---

[163] C. Especial do STJ, AgRg no Re no HC 8.370-SP, 07.06.00, Rel. Min. Nilson Naves, *DJU* 14.08.00, p. 130.
[164] 5.ª T. do STJ, AgRg no AgRg no Ag 308.156-AL, 21.09.00, Rel. Min. Edson Vidigal, *DJU* 16.10.00, p. 350.
[165] José Carlos Barbosa Moreira, *Comentários*, nº 315, p. 576.

28.05.1990. O quórum do julgamento para o recorrente vencer o recurso ordinário é, no mínimo, três votos, enquanto na apelação é de dois votos. Não há revisão. Em princípio inadmissível o recurso ordinário adesivo,[166] registra-se ao menos um caso em que a 5.ª Turma do STJ conheceu da modalidade adesiva, sem apresentar motivação alguma.[167] Também difere do regime comum o regramento das sessões.

10. Efeitos do julgamento do recurso ordinário

Os efeitos do julgamento do recurso ordinário não discrepam dos da apelação e do agravo.

Cumpre realçar que, tratando-se de mandado de segurança (art. 11 da Lei 1.533, de 31.12.1951) e de *habeas data* (art. 14, *caput*, da Lei 9.507, de 12.11.1997), o relator comunicará incontinente a concessão da ordem à autoridade coatora, por ofício postado no correio, ou por outra modalidade célere, para imediato cumprimento. No caso do *habeas data*, o relator marcará data e horário para as providências dos incisos I e II do art. 13 da Lei 9.507/97. O mandado de segurança exibe, por vezes, eficácia condenatória (art. 1º, § 3º, da Lei 5.021, de 09.06.1966). A competência para a liquidação e a execução obedecerá ao art. 475-P, I.

O efeito da concessão do *habeas corpus* consiste na imediata ordem de soltura do paciente (art. 194 do RISTF; art. 204 do RISTJ), salvo se por outra razão deva permanecer preso, ou tratando-se de *habeas corpus* preventivo, expedirá o relator o devido salvo-conduto.[168]

A eficácia do provimento que concede o mandado de injunção recebeu análise no item dedicado ao respectivo cabimento.

---

[166] 1.ª T. do STJ, RMS 10.962-BA, 20.09.01, Rel. Min. Gomes de Barros, *RJSTJ*, 156/68; 4.ª T. do STJ, RMS 5.085-SP, 19.09.95, Rel. Min. Barros Monteiro, *DJU* 20.11.95, p. 39.596.

[167] 5.ª T. do STJ, RMS 12.227-SC, 19.08.03, Rel. Min. Jorge Scartezzini, *DJU* 13.10.03, p. 376.

[168] *Vide*, no âmbito penal, Heráclito Antônio Mossin, *Habeas corpus*, pp. 404-408.

Considerações sobre a nova execução de obrigação pecuniária fundada em título executivo extrajudicial, com base na Lei nº 11.382, de 6 de dezembro de 2006

JOSÉ BERNARDO RAMOS BOEIRA
Professor de Direito Processual Civil na PUCRS, AJURIS e ESMPRS.

Sumário: A petição inicial da ação executória e as medidas acautelatórias; Da penhora "on line"; Da substituição da penhora; Da adjudicação, alienação por iniciativa particular e da "Remição de Bens"; Dos embargos à execução.

A Lei 11.382/2006 completou o ciclo de reformas do modelo de execução de sentença iniciado com a Lei 10.444/2002, seguida pela Lei 11.232/2005, que tratou do cumprimento da sentença e rompeu, definitivamente, com a estrutura dicotômica até então existente no Código de Processo Civil. Abandonou, assim, as lições de Liebman, fundadoras da nossa base processual, segunda a qual a execução é processo plenamente autônomo e independente, que começa pela citação para a execução e finaliza, normalmente, pela satisfação do credor.[1]

Buscou o legislador reformista aproximar-se dos ideários de maior efetividade e a razoável duração do processo, ao considerar cognição e execução fases distintas do mesmo processo. A função executiva não deixa de existir, pelo contrário, permanece plena e indispensável, integrando-se, entretanto, como parte do mesmo processo em que se produziu a sentença exeqüenda. Igualmente, a liquidação deixou de ser processo autônomo em relação ao processo de conhecimento de natureza condenatória. Dessa forma, pretensão à cognição, liquidação e execução são fases dentro de um só processo.

Referentemente à execução de obrigação pecuniária fundada em título executivo extrajudicial é de se reconhecer que a Lei 11.382/2006, contempla avanços significativos. Destacam-se o regramento da penhora *on line*, novas disposições

---
[1] LIEBMAN, Eurico Túlio, *Processo de Execução*. Saraiva: São Paulo, 3ª ed, 1968, p.42.

sobre a responsabilidade patrimonial do executado e, sobretudo, as novas espécies de expropriação. Ainda, assim, muitas vezes a execução de obrigações pecuniárias não entregará ao credor o objeto da prestação típica, quando se operar a adjudicação, por exemplo, disponível ao exeqüente como primeira hipótese de pagamento.

Não é por acaso que o legislador, ao dispor sobre as espécies de expropriação (art. 647), indicou em primeiro lugar a *adjudicação*, seguindo-se a *alienação por iniciativa particular, a alienação em hasta pública* e *o usufruto de bem móvel e imóvel*. No que se refere à adjudicação temos um salutar esclarecimento uma vez que o anterior regramento (art. 714) referia-se apenas à adjudicação de bem imóvel, incluindo agora expressamente bem móvel, quando será expedido em benefício do adjudicante mandado de entrega do bem (art. 685-B).

Em face das modificações operadas faremos algumas considerações sobre as novidades procedimentais na execução por quantia certa de títulos extrajudiciais, quando revestidos de certeza, liquidez e exigibilidade (art. 586, CPC). Neste caso, opera-se o exercício da pretensão executiva em processo autônomo, diferentemente do cumprimento de sentença de obrigações pecuniárias que se constitui em mais uma fase do processo de conhecimento, embora as regras da expropriação sejam comuns para as duas modalidades executivas, nos termos do art. 475-R.

A petição inicial da ação executória e as medidas acautelatórias

Como processo autônomo que é, o ajuizamento da ação executória fundada em título executivo extrajudicial está a exigir a observância dos requisitos gerais para a constituição regular de qualquer processo.

Assim, a inicial deve atender os requisitos do art. 282,[2] (*órgão jurisdicional ao qual é dirigida, respeitando aqui as regras da competência – foro de eleição, praça de pagamento e domicílio do devedor; a qualificação do exeqüente e executado, obedecida a legitimidade ativa e passiva, regulada pelos artigos 566/567 e 568; a causa de pedir representada pela menção e exibição do respectivo título que acompanha a inicial, art. 614, I, bem como a demonstração do inadimplemento (art. 580), seja pelo termo ou pela verificação da condição; o pedido de citação para pagamento da quantia devida com demonstrativo do cálculo atualizado, artigos 614, II, e 652, e o valor da causa representada a partir da importância que esta sendo executada*), devendo, ainda, o exeqüente, quando for o caso, requerer a intimação do credor titular de garantia real (art. 615, II) e pleitear medidas acautelatórias urgentes, conforme autorizado pelo art. 615, III, CPC, e fundado no poder geral de cautela do art. 798, CPC. Não se pode esquecer aqui

---
[2] Todos os artigos referidos e sem referência específica são do Código de Processo Civil, pois do contrário terão indicativo do respectivo ordenamento.

a faculdade reconhecida ao credor, que para nós deveria ser tomada como providência indispensável, se quer ter plena efetividade na execução, que é a indicação na inicial de bens para serem penhorados (art. 652, § 2º). Tal providência otimiza imediata penhora e avaliação em caso de não pagamento.

Entretanto, é possível, em casos de petição inicial incompleta ou desacompanhada dos documentos indispensáveis à propositura da ação (art. 616), a sua correção, o que deverá ser feito no prazo de 10 dias, quando assim for determinado judicialmente.

Antes da edição desta lei, muitas vezes se pleiteava uma medida cautelar *inaudita altera pars* no sentido de colocar em indisponibilidade o único bem penhorável, como, por exemplo, um automóvel ou até mesmo um imóvel, uma vez que a demora da citação, bem como a ciência por ela da existência do processo executivo, facilitava ao executado desfazer-se dos bens. Em tais casos, na maioria das vezes, a tutela cautelar não era deferida, sob o argumento de que o credor queria uma *pré-penhora*, compreensão essa que comprometia o êxito da execução, simplesmente por que ao se tentar penhorar bens, nada mais era encontrado. Possibilitava-se com tal entendimento o total comprometimento patrimonial, mas não se reconhecia fraude à execução, uma vez que a alienação de bens pelo executado era realizada antes da citação, embora em alguns casos, após o ajuizamento.

Felizmente, o legislador ultrapassou expectativas nesse ponto, uma vez que sem prejuízo da tutela cautelar geral (artigos 615, III, c/c 798, CPC), o art. 615-A, permite que o exeqüente, no ato da distribuição, por iniciativa própria, sem necessidade de qualquer pleito ou autorização judicial, praticamente em regime de *autotutela cautelar*, obtenha certidão comprobatória do ajuizamento da execução e tome providências no sentido de acautelar-se contra qualquer tentativa de alienação ou oneração de bens pelo executado. A eficácia da providência cautelar resultará da averbação da referida certidão no registro dos bens imóveis, de veículos ou de outros bens sujeitos à penhora ou arresto. Assim, eventual comprometimento patrimonial a partir da averbação presumir-se-á em fraude à execução (art. 614, § 3º).

Evidentemente que esta autotutela cautelar, assim por nós denominada em face da averbação por iniciativa exclusiva e direta do exeqüente, deve limitar-se ao quanto necessário para o cumprimento do principal atualizado, juros, custas e honorários advocatícios (art. 659), devendo ser comunicada ao juízo no prazo de 10 dias de sua concretização (art. 615-A, § 1º). A não comunicação da averbação, verdadeira restrição no patrimônio do executado, deverá implicar em perda da eficácia cautelar, sujeita ao imediato cancelamento se assim requerer o executado, sem prejuízo de eventual indenização por parte do exeqüente (art. 615-A, § 4º). Assim, formalizada a penhora sobre outros bens ou apenas sobre parte daqueles que foram objeto da averbação, deve o juiz (art. 615-A, § 2º), de ofício ou a requerimento da parte, determinar o cancelamento das averbações sobre bens não penhorados.

Citado para efetuar o pagamento no prazo de 3 dias[3] (art. 652), tem o executado um estímulo ao cumprimento da obrigação nesse prazo, pois terá a verba honorária reduzida à metade (parágrafo único do art. 652-A). Em não sendo encontrado o devedor, deve proceder-se o arresto (art. 653) de "tantos bens quantos bastem para garantir a execução".

Mas, retornando à hipótese de o devedor citado não efetuar o pagamento no prazo de 3 dias, pois não lhe é mais reconhecida a faculdade de nomear bens, deve o oficial de justiça proceder à penhora e avaliação de bens (art. 652, § 1º), lavrando o respectivo auto e intimado o executado de todos os atos, imediatamente.

Entretanto, pode acontecer que o devedor citado não pague a dívida no prazo de 3 dias, mas *reconheça o crédito do credor e deposite o equivalente a 30% do valor da execução, inclusive custas e honorários* (art. 745-A), quando então receberá verdadeira moratória, *se requerer lhe seja admitido pagar o restante em 6 (seis) parcelas mensais, acrescidas de correção monetária e juros de 1% (um por cento) ao mês*. Assim, deferida a proposta de pagamento parcelado, o exeqüente levantará de imediato a quantia depositada e serão suspensos os atos executivos (§ 1º, do art. 745-A). Já, o não pagamento de qualquer das prestações implicará no vencimento antecipado da dívida, com o acréscimo da multa de 10% (dez por cento), sobre o saldo do parcelamento, sem poder opor embargos (§ 2º, do art. 745), e imediato inicio do atos executivos.

Propositadamente nos referimos acima à hipótese em que o devedor, no prazo do art. 652, não paga a dívida, mas efetua o depósito de 30% da dívida, requerendo o parcelamento e este é deferido. Isto tudo antes da formalização da penhora. Ora, uma vez deferido o parcelamento, os *atos executivos serão suspensos* (art.745-A, § 1º). Portanto, entendemos que, neste caso, inclusive a efetivação da penhora deve ser suspensa, porque é ato executivo por excelência, e não vemos razão, em homenagem ao princípio do menor gravame (art. 620), tenha-se que onerar o executado com penhora de bens se aceita foi uma forma de pagamento autorizada por lei, com concordância do credor, que inclusive beneficiou-se do levantamento do depósito inicial.

Outra situação ocorrerá quando o executado solicitar o parcelamento após a penhora, isto porque este pedido poderá ser feito no prazo dos embargos, que são de *15 dias contados da data da juntada aos autos do mandado de citação* (art. 738). Entendemos, então, que deferido o parcelamento quando já efetivada a penhora e avaliação, melhor seria que tivesse o legislador referido que estariam suspensos os atos expropriativos, pois estes seguir-se-ão imediatamente em caso de inadimplemento (art. 685, par. único).

---

[3] No prazo do art. 652, não é mais facultado ao devedor nomear bens, ou paga, ou sujeita-se à penhora de bens inclusive indicados pelo credor (art. 652, § 2º), obedecida a ordem de gradação legal (art. 655).

Da penhora "on line"

O legislador regulamentou a *"penhora on line"* no art. 655-A, identificando aí o modo mais eficiente e rápido do credor receber seu crédito, a partir do bloqueio em contas ou aplicação financeira do valor da dívida e seus acessórios, destinado à penhora.

Comungamos com o entendimento de Marinoni,[4] que, a partir do momento em que a ordem de gradação legal dos bens a serem penhorados (art. 655), indica em primeiro lugar dinheiro e é disponibilizado ao exeqüente meio idôneo específico para tal fim, tem o credor o direito de requerer, em caso de não pagamento no prazo do art. 652, a penhora "on line" de ativos em nome do executado. Nesta caso a procura de ativos financeiros está ainda mais legitimada quando o executado intimado para indicar bens penhoráveis, em 5 dias (arts. 652, § 3º c/c 600, IV), desatende a ordem judicial.

Caso não pretenda o magistrado valer-se do sistema Bancenjud, que lhe daria acesso direto às bases de dados do Bancen, poderá, a requerimento do credor, solicitar informações preferencialmente por meios eletrônicos, sobre a existência de ativos em nome do executado, bastando que indique o número do CPF deste, e determinar no mesmo ato sua indisponibilidade até o valor necessário para o pagamento da dívida.

O não deferimento do pedido do credor para oficiar o Bancen, e conseqüente bloqueio do numerário necessário para a quitação da dívida, a nosso ver implica em negativa de prestação jurisdicional adequada e infração procedimental passível de correição. Isto porque em se tratando de execução por quantia certa, é imperioso que se privilegie o meio mais eficiente e célere de entregar ao credor o objeto da prestação típica, qual seja, o dinheiro. Ora, não pode o magistrado optar por deferir penhora de outros bens, que sujeitariam o credor a aguardar os meios expropriatórios, se pode disponibilizar, a partir de constrição direta, a entrega do dinheiro.

Agir de outro modo seria negar o direito fundamental à tutela jurisdicional efetiva, e o próprio espírito da reforma em busca da efetividade do processo, que, no caso, somente se opera com a entrega do dinheiro.

Da substituição da penhora

Legitimados estão exeqüente e executado a requerem a substituição da penhora. Relativamente às hipóteses que autorizam o exeqüente são novidades aquelas previstas nos incisos V e VI do art. 656 (*se incidir sobre bens de baixa liquidez* e *se fracassar a tentativa de alienação judicial do bem*), pois as demais já estavam vinculadas anteriormente ao casos de impugnação da eficácia da penhora. Esses dois incisos representam mais um mecanismo para tornar útil a

---

[4] MARINONI, Luis Guilherme. *Execução*. São Paulo, Revista dos Tribunais, 2007, p. 272 e 443.

execução, pois de nada adianta a constrição judicial sobre bens cuja alienação é difícil, seja por falta de liquidez ou qualquer outro motivo que comprometa sua expropriação.

Ocorre que o novo modelo determina a intimação do devedor da penhora não mais para embargar, pois para este fim o prazo flui da citação e é de 15 dias (art. 738), mas sim para dentro de 10 dias (art. 668) requerer a substituição da penhora, desde que não comprometa o sucesso da execução, demonstre que será menos onerosa (art. 620) e cumpra as exigências previstas no parágrafo único do art. 668.

Evidentemente que estamos diante de dois princípios – de um lado, o direito líquido e certo do credor receber seu crédito, com prestação jurisdicional célere, adequada e útil, e, de outro, o princípio do menor gravame para o devedor. Claro está que diante de uma eventual colisão deve o juiz, no caso concreto, verificar se é possível atender o pleito de substituição do bem feito pelo devedor sem comprometer o êxito da execução. Do contrário, o espírito da lei que é justamente dar efetividade à execução, deve ser preservado denegando a substituição desde que demonstrada a maior viabilidade de alienação do bem já penhorado.

Da adjudicação, alienação por iniciativa particular e da "Remição de Bens"

Se, por um lado, o legislador, ao dar preferência à adjudicação (art. 685-A), confessou sua incapacidade de entregar ao credor a prestação pecuniária devida, como bem salientou o ilustre jurista gaúcho Araken de Assis,[5] é de se reconhecer que relativamente às modalidades expropriativas (art. 647) disponíveis houve avanços, sobretudo ao incluir a *alienação por iniciativa particular*.

E para nós o que tem de mais significativo aqui é justamente a disponibilidade dos meios de expropriação pelo credor, ou seja, é decisão exclusivamente sua imediatamente à avaliação, em caso de embargos sem efeito suspensivo, adjudicar os bens ou *requerer que sejam eles alienados por sua própria iniciativa ou por intermédio de corretor credenciado perante a autoridade judiciária (art. 685-C)*.

Sem dúvida, ao ser permitido a alienação do bem penhorado por sua própria iniciativa, abre-se para o credor um leque promissor no sentido de encontrar alguém interessado em adquirir o bem, isto porque ampliam-se as possibilidades negociais. Pode ocorrer, inclusive, que ofereça um abatimento de seu crédito para estimular um eventual interessado em adquirir o bem, isto sem falar nas infinitas possibilidades de parcelamento, que dependerão exclusivamente do exeqüente e do executado, quando o valor do bem ultrapassar o crédito. Enfatizamos este aspecto porque, no caso de *alienação por iniciativa particular,* não haverá qualquer

---
[5] ASSIS, Araken de. *Manual do Processo de Execução*. São Paulo: RT, 2007, nota prévia à 11ª edição.

limitação negocial, ao contrário do que ocorre na hipótese da arrematação (art. 690, § 1º), quando é exigido *pelo menos 30% (trinta por cento) a vista*.

Mas, um aspecto para o qual chamamos atenção é o fato de que o legislador simplesmente revogou os artigos 787 a 790, que tratavam da Remição de Bens, fazendo crer que esse instituto fora extirpado do ordenamento processual civil. Tal não ocorre porque a remição de bens, com a mesma legitimação anterior, está inserida na adjudicação (685-A, §§ 2º e 3º). É bem verdade que se esforçou o legislador para descaracterizá-la, uma vez que somente permitiu que a remição de bens seja realizada sobre o valor mínimo da avaliação, o que é característica da adjudicação, quando originalmente sempre se operou sobre o preço sobre o qual os bens foram adjudicados ou alienados.

A nosso ver trata-se de remição de bens que deve ser estendida às demais modalidades expropriativas via alienação (em hasta pública ou por iniciativa particular), sempre dando-se preferência ao cônjuge, descendentes e ascendentes, em igualdade de condições com terceiros.

Não há qualquer justificativa não se estender o benefício previsto no art. 685-A, §§ 2º e 3º, para as demais modalidades de alienação, devendo em igualdade de oferta, seja em hasta pública ou em alienação por iniciativa particular, ser reconhecida a preferência aos familiares do executado. Pode não mais se reconhecer a dita preferência como remição de bens pura e simples, mas esta compreensão não deve impedir, sob pena de não se obter uma interpretação sistêmica da lei, que esse direito seja estendido a todas as espécies de alienação.

Para nós, de remição de bens se trata, devendo, pois, sempre que presente a situação prevista no § 3º do art. 865-A, possibilitar que os bens penhorados permaneçam no acervo patrimonial dos familiares do executado.

Dos embargos à execução

Houve profundas alterações relativamente aos pressupostos de admissibilidade dos embargos à execução (art. 736). Em primeiro lugar, a segurança do juízo, que pode se operar pela penhora, depósito ou caução suficientes (art. 739-A, § 1º), não mais é exigida para o oferecimento dos embargos. Mas se faz necessária para a obtenção de efeito suspensivo. Quer dizer que pode o executado atacar a pretensão executiva independentemente da penhora, correndo o prazo de 15 dias simplesmente da juntada aos autos do mandado de citação.

Acolhendo o entendimento jurisprudencial e doutrinário, que vinha sendo aplicado ao modelo anterior, expressamente o legislador disciplinou a questão do prazo para embargar quando houve vários executados. Neste caso os prazos correrão independentes (art. 738, § 1º), a partir da juntada aos autos do mandado citatório de cada um.

Relativamente aos fundamentos dos embargos, o art. 745 traz várias modificações, readequando os embargos de retenção por benfeitorias no inciso IV.

Também para harmonizar com as matérias sujeitas à impugnação (art. 475-L), no caso de cumprimento de sentença, incluiu a *penhora incorreta ou avaliação errônea (art. 475, II)*. Na verdade as duas situações poderão estar presentes, uma vez que a penhora poderá ser incorreta e ainda a avaliação estar errada. Assim, também passou a exigir, quando a matéria referir-se a excesso de execução (art. 475, III), que o executado, sob pena de rejeição liminar dos embargos ou de não conhecimento desse fundamento, indique o valor que entende devido. Já o fundamento *nulidade da execução, por não ser executivo o título apresentado (art. 475, I)*, situação na qual sequer existe o pressuposto jurídico da execução, não pode ser confundido com a hipótese de *nulidade da execução (618, I) se o título executivo extrajudicial não corresponder à obrigação, certa, líquida e exigível*. Aqui o defeito decorre da ausência de um dos elementos caracterizadores do pressuposto jurídico, qual seja a liquidez, certeza ou exigibilidade, embora se tenha título executivo.

Alteração importante na sistemática dos embargos do executado, além da dispensa da penhora, é o fato de que o efeito suspensivo não mais decorre da lei e sim depende exclusivamente de decisão judicial, quando atendidas as exigências do art. 739, § 1º, do CPC. Assim, o efeito suspensivo depende de requerimento do embargante, demonstrando a relevância de seus fundamentos a indicar a probabilidade de existência do direito invocado, e ainda, que o prosseguimento da execução poderá acarretar ao executado dano grave de difícil ou incerta reparação.

O risco aqui não está representado simplesmente pelo fato de concretizar-se o ato expropriatório, que a final constitui-se na própria finalidade da execução, mas poderá estar representado por uma situação personalíssima que vincule o executado ao bem, em casos de especial valor afetivo e sentimental.

Por fim, cabe destacar que o legislador, preocupado em dar celeridade à execução e possibilitar a realização dos atos expropriatórios, além de estabelecer como regra que os embargos não terão efeito suspensivo (art. 739-A), dispôs que *a arrematação será irretratável, ainda que venham a ser julgados procedentes os embargos do executado (art. 694)*, salvo, naturalmente, as hipóteses elencadas no parágrafo primeiro deste artigo. Ora, esta opção do legislador prestigia a execução e dá ao interessado maior segurança para adquirir o bem penhorado, sendo isto, por si só, um fator de estímulo à aquisição de bens, por terceiros, em tais circunstâncias.

E, uma interpretação sistemática está a indicar que também a adjudicação e alienação, uma vez assinados o auto ou termo, respectivamente, restarão irretratáveis, estimulando não só a adjudicação, mas sobretudo a alienação por iniciativa particular.

Entretanto, não ficou o executado sem proteção, pois, em caso de procedência dos embargos, terá *direito de receber o exeqüente o valor por este recebido como produto da arrematação; caso inferior ao valor do bem, haverá do exeqüente também a diferença* (art. 694, § 2º). Aqui nos parece que estamos diante de responsabilidade objetiva pela prática de ato legal, que decorreu de direito do exeqüente prosseguir na execução, sujeitando-o a reparar eventuais danos sofridos pelo executado.

É de se reconhecer que as modificações trazidas pela Lei 11.382/2006 devem produzir efeitos significativos na busca de um execução útil e mais célere, em face dos avanços no sentido de liberar o desenvolvimento do processo executivo, pela retirada de vários entraves e exigências procedimentais existentes no modelo anterior. E se, por um lado, o próprio legislador reconhece as dificuldade de entregar o objeto da prestação típica no caso de obrigação pecuniária, ao eleger a adjudicação como modalidade de pagamento preferida, tem méritos a reforma ao flexibilizar as espécies de expropriação, aspecto fundamental para um resultado promissor nas execuções.

— 5 —

O controle do poder

DANIELA COURTES LUTZKY

Mestre em Direito Processual Civil pela PUC/RS, doutoranda em Direito do Estado e professora da PUC/RS. Advogada.

Sumário: Introdução; 1. A separação dos poderes, a democracia e o "checks and balances"; 1.1. Da separação dos poderes e da teoria da democracia também como oposição ao Estado absoluto; 1.2. A separação de poderes por Montesquieu e a doutrina dos *checks and balances*. Conclusão; Referências.

Introdução

Intenta-se com este texto analisar o controle do poder. Para tanto passamos a analisar a separação dos poderes e a democracia como formas de controle do abuso do poder, bem como a contribuição de Montesquieu sobre a teoria da separação dos poderes que, por sua vez, diferencia-se dos *checks and balances*, instituto último a ser apreciado na pesquisa em tela.

1. A separação dos poderes, a democracia e o "checks and balances"

1.1. Da separação dos poderes e da teoria da democracia também como oposição ao Estado absoluto

Como começamos o presente trabalho trazendo o conceito e o alcance do que é o poder, temos que lembrar, agora, que o poder é importante e tem que ser estudado e compreendido se almejamos que o Estado de Direito[1] se torne uma realidade, ou seja, se pretendemos que o poder político seja disciplinado e venha a ser exercido de acordo com a legalidade de modo a permitir que o povo tenha os seus direitos protegidos por meio dos mecanismos adotados para o controle do poder político.

---

[1] Sobre o tema sugere-se "O Estado de Direito e seus limites", de VIEIRA, Oscar Vilhena. In ZIMERMAN, David e COLTRO, Antônio (orgs). *Aspectos psicológicos na prática jurídica*. São Paulo: Millenium, 2002, p. 383-396.

O Estado Moderno precisou da separação dos poderes em determinado momento de sua evolução por motivos políticos: passagem do absolutismo monárquico absorvente para o liberalismo constitucionalista democratizante. Separar entre si as partes ativas do governo seria um corretivo ao poder absoluto e, portanto, ao tipo de Estado que o liberalismo combateu e que precisou ser combatido para que se chegasse ao constitucionalismo e ao Estado de Direito. A questão consistiu em organizar o funcionamento dos órgãos políticos fundamentais, para que a existência de um governo não comprometesse o grau de liberdade social alcançado.[2]

Igualmente nesse sentido são as palavras de Norberto Bobbio:[3]

> O problema fundamental do Estado constitucional moderno, que se desenvolve como antítese do Estado absoluto, é o problema dos limites do poder estatal. Grande parte das teorias elaboradas no curso dos séculos e que levaram à formação do Estado liberal e democrático estão inspiradas em uma idéia fundamental: a de estabelecer limites ao poder do Estado. O Estado, entendido como a forma suprema de organização de uma comunidade humana, traz consigo, já a partir das suas próprias origens, a tendência para colocar-se como *poder absoluto*, isto é, como poder que não reconhece limites, uma vez que não reconhece acima de si mesmo nenhum outro poder superior. Este poder do Estado foi chamado de *soberania*, e a definição tradicional de *soberania*, que de adequa perfeitamente à supremacia do Estado sobre todos os outros ordenamentos da vida social, é a seguinte: *potestas superiorem non recognoscens*. Portanto, o Estado absoluto coloca-se como a encarnação mais perfeita da soberania entendida como poder que não reconhece ninguém superior.
>
> O Estado absoluto nasce da dissolução da sociedade medieval que era de caráter eminentemente pluralista. Dizendo que a sociedade medieval tinha um caráter pluralista, queremos afirmar que o direito segundo o qual estava regulada originava-se de diferentes *fontes* de produção jurídica, e estava organizado em diversos *ordenamentos jurídicos*. No que diz respeito às fontes, operavam na sociedade medieval ao mesmo tempo, ainda que com diferente eficácia, os vários fatos ou atos normativos que, numa teoria geral das fontes, são considerados como possíveis fatos constitutivos de normatividade jurídica, quer dizer o costume (*direito consuetudinário*), a vontade da classe política que detém o poder supremo (*direito legislativo*), a tradição doutrinária (*direito científico*), a atividade das cortes de justiça (*direito jurisprudencial*). Com relação à pluralidade dos ordenamentos, pode-se dizer em geral que existiam ordenamentos jurídicos originários e autônomos seja acima do *regnum*, isto é, a Igreja e o Império, seja abaixo, como os feudos, as comunas, as corporações. Em uma sociedade na qual não existe um poder único e unitário, não existindo portanto um critério único de avaliação jurídica, os limites do poder estão incluídos na sua própria estrutura, segundo o equilíbrio recíproco que os vários poderes produzem com a sua *concórdia discors* e *discórdia concors*.

Qualquer dos sistemas de controle é importante para que exista a proteção dos valores e direitos que, pela própria natureza do poder, tendem a ser desrespei-

---

[2] SALDANHA, Nélson. *O Estado Moderno e a Separação de Poderes*. São Paulo: Saraiva, 1987, p. 115. O mesmo autor às páginas 116 refere: "A relação entre a separação de poderes e o problema genérico do controle dos atos governamentais é bastante óbvia e se acha na base da universalização do tema. Separar os poderes era algo que se contrapunha, no entendimento clássico, à concentração; de sorte que a alternativa entre separar e não separar pareceu, a certos autores, equivalente a uma opção entre o Estado absoluto e o Estado liberal (ou liberal-democrático). A opção pelo Estado democrático repousaria sobre a posse, por parte do povo, da soberania e dos poderes fundamentais; mas seria preciso organizar as funções e os órgãos, de modo que aquela posse pudesse ser de fato exercida, ao menos indiretamente. A opção pelo Estado liberal repousaria sobre um esquema que mantivesse a ação governamental dentro do mínimo necessário, impedindo-a de asfixiar as liberdades (inclusive as liberdades sociais, culturais e econômicas); mas para isso seria necessário dar ao governo limitações internas e externas".

[3] BOBBIO, Norberto. *Direito e Estado no Pensamento de Emanuel Kant*. Trad. Alfredo Fait. Brasília: Editora Universidade de Brasília, 1997, p. 11/12.

tados uma vez que aquele que detém o poder sempre quer mais poder, além de, por vezes ainda, tentar impor arbitrariamente a sua vontade sem levar em conta as conseqüências dos atos "tiranos".

A restrição do exercício do poder político prevista em lei (*lato sensu*) é o primeiro passo para o controle do poder, mas, no entanto, não é o suficiente para um controle efetivo, podendo, como já referido, por exemplo, também haver a responsabilização dos funcionários que abusem do poder que dispõem.

A ainda que relativa, separação de funções entre os órgãos estatais tem por objetivo justamente o equilíbrio no exercício das respectivas funções, pois permite relações de coordenação e cooperação entre os órgãos. É essa interdependência de funções que possibilita o controle dentro da estrutura tripartida do exercício do poder.

A Constituição Federal de 1988 consagrou o princípio da separação de poderes no seu art. 2º: "São Poderes da União, independentes e harmônicos entre si, o Legislativo, o Executivo e o Judiciário". À Constituição, portanto, incumbe prever e regular o funcionamento do controle do poder, sendo que o respeito à legalidade é uma garantia de que o povo não será tratado como escravo, mas, sim, como cidadão, além de ser elemento essencial da democracia.

Para Nelson Saldanha:[4] "salta à vista o fato de que, nas Constituições de hoje – e sobretudo na prática política – a realidade do problema dos poderes não corresponde, senão em certa medida, ao esquema separativo engendrado pelos clássicos".

Anna Cândida da Cunha Ferraz[5] anota que:

No desdobramento constitucional do esquema de poderes, haverá um mínimo e um máximo de independência de cada órgão de poder, sob pena de se desfigurar a separação, e haverá, também, um número mínimo e um máximo de instrumentos que favoreçam o exercício harmônico dos poderes, sob pena de, inexistindo limites, um poder se sobrepor ao outro poder, ao invés de, entre eles, se formar uma atuação'de concerto'".

Bem lembra Fernando Lima[6] que:

Quando se fala em separação dos poderes,[7] é sempre necessário ter em mente os seus objetivos, ou seja: a soberania popular, a eficácia constitucional e a proteção dos direitos fundamentais. É preciso

---

[4] SALDANHA, Nélson. *O Estado Moderno e a Separação de Poderes*. São Paulo: Saraiva, 1987, p. 122. O mesmo autor às páginas 113 diz que: "O que a divisão ou separação entre funções governamentais garante é, em primeiro termo, que se evite a concentração de atribuições, ou seja, o governo autocrático".

[5] FERRAZ, Anna Cândida da Cunha *apud* TAVARES, André Ramos. *Curso de Direito Constitucional*. São Paulo: Saraiva, 2003, p. 865.

[6] LIMA, Fernando Machado da Silva. *Jurisdição Constitucional e Controle do Poder*. Porto Alegre: Sérgio Antônio Fabris Ed., 2005, p. 39.

[7] "No Brasil, a prática política tem levado, talvez sob a influência de nossa herança ibérica, ao excessivo fortalecimento do Poder Executivo, demonstrando a ineficácia de nossos controles institucionais. Nossos últimos Presidentes, aproveitando-se da omissão do STF, têm exercido quase que discricionariamente o poder legiferante, invadindo as atribuições do Congresso Nacional, pela excessiva utilização e reedição de medidas provisórias." (...) "O normal, no Brasil, é que os Executivos, federais, estaduais ou municipais, frequentemente aliados aos órgãos legislativos, sejam sempre tentados a aprovar normas inconstitucionais, sob os mais diversos pretextos,

fazer esta pergunta: para que serve a separação dos poderes? Em primeiro lugar, ela deve tornar realidade a democracia, ou a promessa do governo popular (CF/88, art. 1º e parágrafo único). Em segundo lugar, a Constituição deve ser respeitada pelos governantes e pelos governados e deve ser efetivada pelos órgãos competentes, em especial pela jurisdição constitucional. De nada servem as leis e a Constituição, por mais democráticas que possam parecer, se elas não puderem ser efetivadas de modo imparcial. O terceiro objetivo da separação dos poderes é a proteção dos direitos fundamentais, sem o que os princípios democráticos e a regra da maioria poderão se tornar, com facilidade, instrumentos da tirania.

A doutrina da separação dos poderes[8] diz respeito a um equilíbrio entre órgãos independentes quanto à formação e à subsistência, funcionalmente diferenciados e dotados de específicos mecanismos e dispositivos constitucionais destinados à fiscalização recíproca dos respectivos atos. Em um primeiro momento passaram para o primeiro plano as relações entre o órgão legislativo e o executivo; ou seja, foram analisadas e ressaltadas as relações entre o Parlamento (incluindo as relações entre as duas Câmaras) e o Rei, tidos como órgãos independentes ou separados. Só mais tarde o Judiciário veio a ter sua importância na doutrina da separação dos poderes.

Ainda nesse viés o *impeachment* é tido como um expediente essencial de que dispõe o Parlamento para efeitos de controle dos atos dos ministros do rei; isto é, o Parlamento não executa, mas controla o exercício da função executiva. Há, de outra banda, o poder de veto que é do Rei (*negative voice*), demonstrando a oposição do Rei a um ato legislativo autônomo e perfeito, de exclusiva autoria do Parlamento. Vemos, portanto, que o Rei não participa da legislação, mas a controla, podendo, inclusive, impedi-la de entrar em vigor. Na verdade, nem o *impeachment* nem o veto têm natureza legislativa ou executiva, antes disso exprimem, basicamente, um poder de controle. O que não se poder negar, por óbvio, é um nexo entre o veto e a legalidade monárquica do Rei, e outro nexo entre o *impeachment* e a legitimidade democrática do Parlamento.

Afirma André Tavares[9] que "a doutrina da separação dos poderes serve atualmente como um técnica de arranjo da estrutura política do Estado, implicando a distribuição por diversos órgãos de forma não exclusiva, permitindo o controle

---

que vão da urgência até à ameaça de ingovernabilidade, atingindo assim com essa legislação os direitos do povo, assegurados pela Constituição. Apenas para exemplificar, pode ser citado, no plano federal, o abuso das medidas provisórias, que recentemente o Congresso tentou limitar, através da Emenda Constitucional nº. 32/01. O abuso se deve, essencialmente, à ineficácia de nossa jurisdição constitucional, porque o Supremo decidiu que eram constitucionais as reedições de medidas provisórias e disse também que não poderia apreciar a questão dos requisitos da relevância e urgência, exigidos pela Constituição Federal. Em decorrência, os nossos Presidentes, desde o início da última década do século passado, têm legislado indiscriminadamente, sem atentarem aos limites constitucionais da relevância e da urgência. Em certas matérias, chegamos ao absurdo de ter medidas provisórias que vêm sendo reeditadas há sete anos. Como justificar, nesses casos extremos, o requisito da urgência? Para que serviria o Congresso Nacional, afinal de Contas, se o Presidente da República pode legislar sozinho, com muito maior eficiência?" LIMA, Fernando Machado da Silva. *Jurisdição Constitucional e Controle do Poder*. Porto Alegre: Sérgio Antônio Fabris Ed., 2005, p. 40; 229/230.

[8] Acerca da história da separação dos poderes sugere-se PIÇARRA, Nuno. *A Separação dos Poderes como Doutrina e Princípio Constitucional*. Um contributo para o estudo das suas origens e evolução. Coimbra: Coimbra Editora Limitada, 1989.

[9] TAVARES, André Ramos. *Curso de Direito Constitucional*. São Paulo: Saraiva, 2003, p. 864.

recíproco, tendo em vista a manutenção das garantias individuais consagradas no decorrer do desenvolvimento humano".[10]

O que se costuma chamar de separação de poderes, na verdade nada mais é do que distribuição de determinadas funções a diferentes órgãos do Estado. A utilização do termo "poderes", embora enraizada, deve ser entendida de maneira figurativa.[11]

A distinção entre as funções legislativa, executiva e judiciária aparece com um claro intuito prescritivo e garantístico, qual seja, a separação orgânico-pessoal de referidas funções, imposta em nome da liberdade e da segurança individuais.

Foi, no entanto, o dogma da redução do Estado ao Direito que passou a identificar a teoria da separação dos poderes com a teoria da diferenciação dogmática das *funções* do Estado, de acordo com critérios jurídicos. Ou seja, o sentido *político* da doutrina da separação dos poderes ficou postergado, restando a idéia de que a cada poder corresponderia exclusivamente uma função materialmente definida (a isto se reduzia o princípio da separação dos poderes).

À função legislativa cabia a edição de normas gerais, abstratas e inovadoras do ordenamento, à função jurisdicional competia a conservação e a tutela do ordenamento jurídico mediante o proferimento de decisões aos casos concretos, e à função executiva ou administrativa restava realizar os objetivos do Estado, atuando concretamente dentro dos limites traçados pela lei. Percebeu-se, no entanto, que havia atos de igual natureza provenientes de mais de um dos órgãos, com o que se estabeleceu que desimportava que tipo de ato tinha sido praticado pelo legislativo, pois ele seria sempre considerado um ato legislativo; da mesma forma desimportava o tipo de ato praticado pelo judiciário, seria sempre um ato jurisdicional; assim como desimportava que ato o executivo tinha praticado, pois seria sempre considerado um ato executivo ou administrativo. À luz dessa classificação, o princípio da separação dos poderes transformou-se numa categoria com valor apriorístico, sendo que não era isso que realmente se buscava.

Esta classificação das funções estatais, consubstanciada no entendimento de que o Estado e o Direito se identificam, foi rechaçada por Hans Kelsen,[12] na sua Teoria Pura do Direito. Kelsen procurou demonstrar que as funções estatais se reduzem necessariamente a duas: a legislativa (criação do Direito) e a executiva (aplicação do Direito), excluindo a autonomia de uma função administrativa identificada pelo objetivo que o Estado persegue. Para Kelsen, a estrutura da

---

[10] "A acumulação de todos os poderes, legislativos, executivos e judiciais, nas mesmas mãos, sejam estas de um, de poucos ou de muitos, hereditárias, auto-nomeadas ou eletivas, pode se dizer com exatidão que constitui a própria definição de tirania". MADISON, James; HAMILTON, Alexander; JAY, John. *O Federalista* – Um comentário à Constituição Americana. Trad. Reggy Zacconi de Moraes. Rio de Janeiro: Editora Nacional de Direito, 1959, p. 196.

[11] LOEWENSTEIN, Karl. *Teoria de la Constitución*. Trad. Alfredo Gallego Anabitarte. Barcelona: Ed. Ariel, 1970, p. 55.

[12] O texto fundamental de Hans Kelsen sobre a teoria da separação dos poderes, enquanto teoria das funções jurídicas do Estado, é *Die Lehre von den drei Gewalten oder Funktionen des Staates*, in: Archiv für Rechts und Wirtschaftphilosophie, Viena, 1928.

ordem jurídica é escalonada, e cada ato jurídico-estadual é, ao mesmo tempo, expressão das duas funções do Estado: é ato legislativo (criação do Direito em relação ao ato imediatamente inferior na escala de que é parâmetro de validade), e é também ato executivo (execução do Direito em relação ao ato imediatamente superior e válido na medida em que se conformar com o que este estabelece); assim, só nos extremos opostos da escala é que se poderia falar em ato de pura criação jurídica ou ato de pura execução.[13]

Desta forma, ao afirmar que o contraste entre as funções do Estado era apenas relativo, Kelsen retirou da teoria da separação dos poderes a sua sustentabilidade enquanto teoria da diferenciação material das funções jurídicas.

A *função política*,[14] por sua vez, não estava inserida dentro de nenhuma das funções do Estado (legislativa, administrativa e judiciária) e acabou por ser considerada uma função juridicamente livre, fora da teoria jurídica do Estado, sendo vista como de competência exclusiva do monarca (titular do governo), embora pudesse ser atribuída ao órgão legislativo nos regimes parlamentares (Jellinek). No Estado pós-dualista referida função foi atribuída a um processo cooperativo entre parlamento e governo. Essa idéia existiu até pouco tempo.

Como a constituição do Estado de Direito contemporâneo, no entanto, vincula juridicamente todo o poder que ela própria faz nascer, resta impossível aceitarmos a função política como juridicamente livre e constitucionalmente desvinculada.

Temos que lembrar, que não é de todo equivocado pensar que dentro da função política pode estar a função de fazer a lei, o que poderia nos levar a pensar que desnecessária seria a função legislativa, considerada durante muito tempo como função central.

No Estado de Direito contemporâneo, a lei deixa de ser um conceito essencialmente jurídico[15] (idéia de justa conduta ou proibição de conduta injusta), para ser, também, um conceito político que traduz as relações entre o jurídico e o político num determinado Estado (idéia de conveniência e oportunidade). A lei visa, então, ser também um ato típico da função política (decisões políticas – uma espécie de função administrativa do poder legislativo) sem a isso ficar reduzida,

---

[13] PIÇARRA, Nuno. *A Separação dos Poderes como Doutrina e Princípio Constitucional*. Um contributo para o estudo das suas origens e evolução. Coimbra: Coimbra Editora Limitada, 1989, p. 249.

[14] Faz parte da função política a orientação e a direção da sociedade política em geral, a determinação do interesse público, a interpretação dos fins do Estado, a fixação de suas tarefas e a escolha dos meios materiais, técnicos e organizatórios adequados para realizar, além da manutenção e o desenvolvimento da função jurídica estadual. Mais recentemente a função política tende a definir-se como uma conexão de funções legislativas, regulamentares, planificadoras, administrativas e militares, de natureza econômica, social, financeira e cultural, dirigida à individualização e graduação de fins constitucionalmente estabelecidos, uma vez que o Estado é um executor da constituição. PIÇARRA, Nuno. *A Separação dos Poderes como Doutrina e Princípio Constitucional*. Um contributo para o estudo das suas origens e evolução. Coimbra: Coimbra Editora Limitada, 1989, p. 253.

[15] Conceito jurídico de lei: norma jurídica, geral e abstrata, destinada a fixar duradouramente os direitos e deveres individuais, ou seja, seu objetivo principal era fixar estatutos, sem nenhuma função reformadora (que foi alcançada pela função política da lei no Estado de Direito contemporâneo).

para que o legislador não se limite à edição de normas gerais e abstratas, tomando ele (legislador) medidas de alcance sócio-político.

Foi, portanto, em nome do bem comum que no Estado democrático-social a lei deixou de ser considerada mera regra de conduta, geral e abstrata, aplicada aos casos concretos por tribunais independentes, passando a ser, também, ordens à administração e que por esta devem ser executadas.[16]

No Estado de Direito contemporâneo a fiscalização, o controle, virou o ponto nodal do princípio da separação dos poderes, e dentre os vários tipos de controle ressalta-se o controle jurisdicional[17]-[18] tanto do poder legislativo, como do poder executivo.

Lembra Madison[19] que não há dúvidas de que os poderes não devem ser administrados completa nem diretamente por qualquer dos outros, e que nenhum deles deve ter, direta ou indiretamente, uma influência preponderante sobre os outros no tocante às suas administrações. Segundo o autor: "não se pode negar que o poder tende a estender-se e que se lhe deve refrear eficazmente para que não passe dos limites que se lhe fixem". Mas a pergunta que Madison faz é: quais as medidas práticas que podem ser tomadas para que cada poder possa se defender das invasões dos outros? E ele próprio conclui dizendo: "a só determinação em um pergaminho dos limites constitucionais dos vários departamentos não é suficiente salvaguarda contra usurpações que conduzem à concentração tirânica de todos os poderes governamentais nas mesmas mãos".

Pergunta Madison[20] a que expediente teremos que recorrer para mantermos na prática a divisão necessária do poder entre os diferentes departamentos, tal como estatui a Constituição? Ele responde afirmando que como todas as precauções de caráter externo tornaram-se inadequadas, o defeito deverá ser suprido idealizando a estrutura interior do governo de tal modo que sejam distintas as partes constituintes, e que suas relações mútuas sejam os meios de se conservarem uma às outras em seu sítio. Aduz, outrossim, que "a maior segurança contra a concentração gradual dos diversos poderes em um só departamento reside em dotar os que administram cada departamento dos meios constitucionais e dos motivos pessoais necessários para resistir às invasões dos demais". Madison diz: "que é o governo senão a maior das censuras à natureza humana? (...) Ao organizar um governo (...) primeiramente há que capacitar o governo para mandar sobre os governados; e logo obrigá-lo a que se regule a si próprio. O fato de depender

---

[16] Inicialmente a lei tinha um caráter geral e abstrato, atualmente a lei busca um conteúdo adequado e não, necessariamente, geral e abstrato.

[17] A respeito da possibilidade de um controle externo do Judiciário sugere-se LIMA, Fernando Machado da Silva. *Jurisdição Constitucional e Controle do Poder*. Porto Alegre: Sérgio Antônio Fabris Ed., 2005, p. 244-248.

[18] Como já referido às páginas 39 e seguintes.

[19] MADISON, James; HAMILTON, Alexander; JAY, John. *O Federalista* – Um comentário à Constituição Americana. Trad. Reggy Zacconi de Moraes. Rio de Janeiro: Editora Nacional de Direito, 1959, p. 200, 201 e 204.

[20] Idem, p. 211.

do povo é (...) o freio primordial indispensável sobre o governo; contudo (...) são necessárias precauções auxiliares".

Para entrarmos na teoria da democracia também como oposição ao Estado absoluto nos valemos das palavras de Norberto Bobbio:[21]

> O Estado moderno, liberal e democrático, surgiu da reação contra o Estado absoluto. Este nascimento, que tem como fases culminantes as duas revoluções inglesas do século XVII e a Revolução Francesa, foi acompanhado por teorias políticas cujo propósito fundamental é o de encontrar um remédio contra o absolutismo do poder do príncipe. Na tradição do pensamento político inglês, que ofereceu a maior contribuição para a solução deste problema, dá-se o nome específico de "constitucionalismo" ao conjunto de movimentos que lutam contra o abuso do poder estatal.
>
> O problema fundamental que preocupa os "constitucionalistas" é o seguinte: se o príncipe tem um poder absoluto, pode abusar dele. Como se pode impedir o abuso do poder? Não se pode impedir, senão de um modo: *limitando-o*. Trata-se então de descobrir as várias formas para impedir o abuso do poder: as teorias políticas modernas estão todas voltadas para a busca da solução com relação a este problema. Consideramos que se podem classificar três grandes grupos, em busca do remédio a ser preferencialmente proposto contra o abuso do poder;
>
> *1) Teoria dos direitos naturais, ou jusnaturalismo*: Segundo esta teoria, o poder do Estado tem um limite externo: que decorre do fato de que, além do direito proposto pela vontade do príncipe (direito positivo[22]), existe um direito que não é proposto por vontade alguma, mas pertence ao indivíduo, a todos os indivíduos, pela sua própria natureza de homens, independentemente da participação desta ou daquela comunidade política. Estes direitos são os *direitos naturais* que, preexistindo ao Estado, dele não dependem, e, não dependendo do Estado, o Estado tem o dever de reconhecê-los e garanti-los integralmente. Os direitos naturais constituem assim um limite ao poder do Estado, pelo fato de que o Estado deve reconhecê-los, não podendo violá-los, pelo contrário, deve assegurar aos cidadãos o seu livre exercício. O Estado que se modela segundo o reconhecimento dos direitos naturais individuais é o *Estado liberal*, no sentido originário da palavra.
>
> *2) Teorias da separação dos poderes:* Existem outras teorias que impõem ao Estado limites internos: independentemente do fato que o poder estatal tenha que deter-se frente a direitos preexistentes ao Estado, as mesmas sustentam que a melhor maneira de limitar-se este poder é quebrá-lo. Trata-se de conseguir que: a) a massa do poder estatal não seja concentrada numa só pessoa, mas distribuída entre diversas pessoas; b) que as diferentes funções estatais não sejam confundidas num só poder, mas sejam atribuídas a órgãos distintos. Segundo esta teoria, o limite do poder nasce da sua própria distribuição por duas razões: 1) não existirá mais uma só pessoa que tenha todo o poder, mas cada uma terá somente uma porção do mesmo; 2) os órgãos distintos aos quais serão atribuídos funções distintas se controlarão reciprocamente (balança ou equilíbrio de poderes) de maneira que ninguém poderá abusar do poder que lhe foi confiado. Se se consideram como funções fundamentais do Estado a função legislativa, a executiva e a judiciária, a teoria da separação dos poderes exige que existam tantos poderes quantas são as funções e que cada um dos poderes exerça uma só função, assim que possa surgir o Estado desejado por esta teoria, Estado que foi também chamado de *Estado Constitucional*, quer dizer aquele Estado no qual os poderes legislativo, executivo e judiciário são independentes um do outro e em posição tal que podem controlar-se reciprocamente.

---

[21] BOBBIO, Norberto. *Direito e Estado no Pensamento de Emanuel Kant*. Trad. Alfredo Fait. Brasília: Editora Universidade de Brasília, 1997, p. 15-17.

[22] "O Direito natural, ao contrário do Direito Positivo, seria comum a todos e, ligado à própria origem da humanidade, representaria um padrão geral, a servir como ponto de Arquimedes na avaliação de qualquer ordem jurídica positiva". LAFER, Celso. *A reconstrução dos Direitos Humanos*. São Paulo: Companhia das Letras, 1988, p. 37.

3) Teorias da soberania popular[23] *ou democracia.* Existe uma terceira maneira de opor-se ao Estado absoluto do príncipe, proposta pelas teorias democráticas. Segundo estas teorias, não se trata de conter o poder limitando o mesmo por meio de direitos naturais ou por meio da distribuição para órgãos diferentes, mas de alcançar a *participação de todos os cidadãos.* Trata-se de uma verdadeira quebra do poder estatal, o qual, pertencendo a todos, disse Rousseau, é como se não pertencesse totalmente a ninguém. Veja-se que, nesta teoria, o remédio contra o abuso do poder não é tanto a limitação do poder, mas a mudança incondicional do seu titular. O ponto de partida desta teoria é a hipótese de que o poder fundamentado no consenso popular não possa cometer abusos, ou seja, que o povo não possa exercer o poder que lhe pertence contra si mesmo. Então, a diferença entre a teoria democrática e as outras duas consiste nisso: frente ao abuso do poder, as duas primeiras buscam motivos para limitar o poder absoluto; a terceira considera que o único remédio seja o fato de atribuir o poder a quem por sua própria natureza não pode abusar dele, ou seja, à vontade geral.

A grande maioria das Constituições[24] repete o enunciado: "Todo poder emana do povo e em seu nome será exercido", mas como é possível, então, que tenhamos chegado à situação atual?[25]

Democracia significa, literalmente, o poder, *Kratos*, do povo, *demos*. A Revolução Francesa foi feita em nome desse ideal e sob o lema liberdade, igualdade e fraternidade.

Na verdade, salienta Fernando Lima,[26] "não se trata de governo do povo, porque o povo não é capaz de reconhecer os seus reais interesses, porém de governo sobre o povo, apesar do povo, e no 'interesse' do povo", para o autor essa tem sido a dissimulação de outras verdadeiras intenções e que vem justificando tiranias. Diz ele:

> A luta pelo poder não está sendo vencida pelo povo. Ao contrário, devido às condições atuais, em que a detenção do poder, do capital e da tecnologia possibilita os meios indispensáveis para a própria ampliação desse mesmo poder, o que se observa é que os países pobres, ou periféricos, do assim denominado Terceiro Mundo, têm cada vez menor esperança de romper as cadeias do subdesenvolvimento. E o pior é que, quando são levados a certas aventuras desenvolvimentistas, financiadas por interesses estrangeiros, também prejudicam cada vez mais o seu povo e criam problemas de difícil solução.
>
> O grande inimigo da Democracia, tanto no plano interno quanto no das relações internacionais, é o Lucro, desde que associado à injustiça e à desmedida ganância, posto que a ausência de limitação legal permite que sejam postergadas, em nome da liberdade contratual e dos princípios da livre

---

[23] "As decisões judiciais fazem parte do exercício da soberania do Estado, que, embora disciplinada pelo direito, é expressão do poder político". DALLARI, Dalmo de Abreu. *O Poder dos Juízes*. São Paulo: Saraiva, 2002, p. 90.

[24] Sobre a Constituição de Novo Hampshire, de Massachusetts, de Rhode Island e Connecticut, de Nova York, de Nova Jersey, da Pensilvânia, Carolina do Norte, Carolina do Sul e da Geórgia ler MADISON, James; HAMILTON, Alexander; JAY, John. *O Federalista* – Um comentário à Constituição Americana. Trad. Reggy Zacconi de Moraes. Rio de Janeiro: Editora Nacional de Direito, 1959, p. 197-200.

[25] Madison também entende que dar o poder ao povo não é adequado, senão vejamos: "Averiguamos no último artigo que as simples declarações escritas na Constituição não bastam para manter os diversos departamentos no círculo de seus direitos legais. Neste, demonstramos, que apelar ao povo, em ocasiões, não seria uma providência adequada nem efetiva para o referido objetivo". MADISON, James; HAMILTON, Alexander; JAY, John. *O Federalista* – Um comentário à Constituição Americana. Trad. Reggy Zacconi de Moraes. Rio de Janeiro: Editora Nacional de Direito, 1959, p. 207.

[26] LIMA, Fernando Machado da Silva. *Jurisdição Constitucional e Controle do Poder*. Porto Alegre: Sérgio Antônio Fabris Ed., 2005, p. 59/60.

empresa, todas as garantias que deveriam ser dadas ao povo, sempre o grande prejudicado pela ausência da norma jurídica eficaz.

Para Fernando Lima[27] não temos como pedir ao povo que controle o poder, pois "sem um controle efetivo do poder, em todas as suas manifestações, é apenas hipocrisia dizer que temos uma democracia, que o poder pertence ao povo, ou que o povo é titular do Poder Constituinte".[28]

Para a Profa. Carmem Rocha:[29] "o Poder não pode 'parar' o Poder, como dizia Montesquieu. Somente a cidadania ativa pode 'parar' o Poder e tornar efetivos os direitos consagrados na Constituição".

E, como ainda salienta Fábio Comparato:[30] "no regime democrático, o atributo maior da soberania popular consiste em constitucionalizar a nação", e para que isso ocorra mister que os cidadãos sejam responsáveis e verdadeiramente se importem com os problemas políticos.

Gustav Radbruch,[31] por seu turno, comenta que: "com Rousseau, a democracia rejeita a divisão de poderes, pois aspira precisamente ao absolutismo da maioria, combatido por aquela".

Explicando como se dá a transformação do Estado absoluto em Estado de Direito, ligando a democracia ao Estado de direito e falando quem pode, como se pode e o que se pode decidir, Luigi Ferrajoli[32] traz que:

> É com a estipulação constitucional de tais deveres públicos que os direitos naturais se tornam direitos positivos invioláveis, e muda, por isso, a estrutura do Estado, não mais absoluto mas limitado e condicionado. "A declaração de direitos" diz o art. 1 da segunda parte da Constituição francesa de

---

[27] LIMA, Fernando Machado da Silva. *Jurisdição Constitucional e Controle do Poder.* Porto Alegre: Sérgio Antônio Fabris Ed., 2005, p. 64.

[28] "Nem sequer por unanimidade pode um povo decidir (ou consentir que se decida) que um homem morra ou seja privado sem culpa de sua liberdade, que pense ou escreva ou não pense ou não escreva de um dado modo, que não se reúna ou não se associe a outros, que se case ou não se case com certa pessoa ou fique com ela indissoluvelmente ligado, que tenha ou não tenha filhos, que faça ou não faça tal trabalho, ou outras coisas similares. A garantia desses direitos vitais é condição indispensável da convivência pacífica. Por isso a sua lesão por parte do Estado justifica não simplesmente a crítica ou dissenso, como por questões não vitais sobre as quais vale a regra da maioria, mas a resistência à opressão, até a guerra civil. 'Sobre questões de existência' foi dito 'não se deixa à minoria'". FERRAJOLI, Luigi. *Direito e Razão.* Teoria do Garantismo Penal. São Paulo: Editora Revista dos Tribunais, 2002, pág. 690.

[29] ROCHA, Carmem Lúcia Antunes. *Democracia, Constituição e Administração Pública,* in Boletim de Direito Administrativo, n.9, 1999, p. 731.

[30] COMPARATO, Fábio Konder. *Réquiem para uma Constituição.* In: O Desmonte da Nação. Petrópolis: Vozes, 1999, p. 16.

[31] RUDBRUCH, Gustav. *Filosofia do Direito.* São Paulo: Martins Fontes, 2004, p. 98. Nas palavras do autor, na mesma página 98: "Na concepção democrática, ao contrário, o indivíduo coloca a sua liberdade pré-estatal inteiramente à disposição da vontade do Estado, da vontade da maioria, reservando-se como compensação a possibilidade de participar na formação dessa vontade majoritária. Dessa diversidade das suas concepções fundamentais resultam para o liberalismo e a democracia princípios bem distintos de organização política, a já conhecida oposição entre Montesquieu e Rousseau: o liberalismo declara-se favorável à teoria de divisão dos poderes de Montesquieu, cujo sentido é aproveitar a rivalidade entre ambos os pretendentes ao absolutismo – o monarca e a maioria – a favor dos incólumes direitos de liberdade do indivíduo".

[32] FERRAJOLI, Luigi. *Direito e Razão.* Teoria do Garantismo Penal. São Paulo: Editora Revista dos Tribunais, 2002, pág. 690.

1795, "contém as obrigações dos legisladores". Estas obrigações, tanto quanto lhe é efetivamente exigível a satisfação, formam as *garantias dos cidadãos*: que são contra a maioria, sendo postas contra qualquer poder para tutela sobretudo dos indivíduos e das minorias que não têm poder; e são contra a utilidade geral, tendo como escopo exclusivo a tutela dos direitos individuais. Graças a elas o legislador, mesmo se é ou representa a maioria do povo, não é nunca onipotente, dado que a violação delas confere vigor às normas não somente injustas mas também inválidas, e portanto censuráveis e sancionáveis não só politicamente mas também juridicamente.

É assim que a transformação do Estado absoluto em Estado de direito ocorre simultaneamente à transformação do súdito em cidadão, isto é, em um sujeito titular de direitos não mais exclusivamente "naturais" mas "constitucionais" em relação ao Estado, que se torna, por sua vez, vinculado em relação àquele. O denominado contrato social, uma vez traduzido em pacto constitucional, não é mais uma hipótese filosófico-política, mas um conjunto de normas positivas que obrigam entre si o Estado e o cidadão, tornando-os dois sujeitos de soberania reciprocamente limitada.

Acerca do direito de veto e do princípio democrático, Nuno Piçarra[33] afirma um entendimento que se traz na íntegra:

A este entendimento do princípio da separação dos poderes de que o direito de veto do executivo é corolário e em que o poder se pode opor ao poder, com prejuízo da regra da maioria,[34] foi contraposto, em nome do princípio democrático, um sistema de separação estrita de poderes, em que os eventuais abusos cometidos pelos vários órgãos constitucionais eleitos não seriam prevenidos ou corrigidos reciprocamente, através dos mecanismos de que cada um para o efeito dispusesse, mas sim pela intervenção do povo eleitor. Era o ressurgir da velha idéia de separação dos poderes dos republicanos ingleses, em que não havia lugar a freios e contrapesos e, sobretudo, em nome do princípio democrático, não havia lugar a qualquer direito de veto sobre as decisões majoritárias do órgão representativo eleito, ainda que (como seria o caso) o próprio titular do direito de veto fosse também democraticamente eleito.

Mais uma vez, a relação poder-contrapoder se não constituiria entre órgãos constitucionais comungando do mesmo princípio de legitimidade, mas entre cada um desses órgãos e o povo eleitor. Entre os vários órgãos constitucionais eleitos não haveria lugar a recíprocas interferências por cada um deles ser mero delegado do povo soberano, apenas ele ficando em relação direta.

Os checks and balances eram, assim, rejeitados em nome da democracia, pois punham em causa, na prática, o princípio de que apenas o delegante, ou seja o povo, pode controlar o exercício do poder por parte do órgão delegado e não qualquer outro órgão delegado. Um órgão estadual com poderes de controle sobre o órgão, por excelência, representativo, ou seja, o legislativo exerceria um poder superior ao do povo soberano. Deste ponto de vista, os freios e contrapesos, longe de se mostrarem o complemento natural de uma separação orgânica-funcional, eram incompatíveis com ela e eram, sobretudo, incompatíveis com uma concepção de democracia que não admite limites ao poder das assembléias legislativas que não sejam a eleição mais ou menos freqüente dos seus titulares, ou seja, que não decorram apenas do exercício do poder eleitoral.

Impregnada pelo ideário liberal, a separação dos poderes identifica-se com a balança dos poderes: é, no essencial, colocada ao serviço da limitação interna do poder do Estado mediante a sua estruturação plural e as recíprocas oposições que aí radicarão.

---

[33] PIÇARRA, Nuno. *A Separação dos Poderes como Doutrina e Princípio Constitucional*. Um contributo para o estudo das suas origens e evolução. Coimbra: Coimbra Editora Limitada, 1989, p. 182.

[34] "A regra da maioria adotada pelas democracias contemporâneas – sempre combinada ao crescente processo de alargamento da cidadania política ao longo dos últimos duzentos anos – fez da participação política de massas um fenômeno inédito na história da civilização. A tensão entre racionalidade formal e racionalidade material está sempre por trás do ideal de que a produção democrática do direito só se legitima com o beneplácito da maioria. Daí a inquietação, por exemplo, de Ripert: 'ao chegar ao poder a democracia quer um direito novo' ... 'o sufrágio universal deu o poder ao maior número' ... 'hoje é o número que faz a lei'. Com isso, muda-se a racionalidade jurídica, a técnica de sua produção e o ritmo de suas transformações". CAMPILONGO, Celso Fernandes. *Direito e Democracia*. São Paulo: Max Limonad, s.d, p. 56.

> Impregnada pelo ideário democrático, a separação dos poderes é colocada ao serviço da supremacia do parlamento-legislador, mediante a exclusão de qualquer controle intra-estadual sobre as suas decisões majoritárias, que apenas o eleitorado sancionará.
> As duas posições defrontaram-se quando do debate que precedeu a aprovação da Constituição de 1787. A que triunfou – um sistema de freios e contrapesos entre órgãos constitucionais democraticamente eleitos, direta ou indiretamente, pelo mesmo povo soberano – foi a genuína contribuição norte-americana para a moderna teoria constitucional.
> Sendo certo que se pode ler ou projetar no poder de veto atribuído ao Presidente o desejo de precaução contra uma eventual maioria tirânica de não proprietários, a verdade é que ele veio a constituir mais tarde "a prerrogativa tribunícia do povo" contra uma maioria oligárquica no Congresso.
> A prática constitucional veio, por último, revelar que o sistema de freios e contrapesos determinou, afinal, não um equilíbrio permanente entre os "poderes separados", mas sim a predominância cíclica de cada um deles. (grifo nosso)

Segundo Hans Kelsen,[35] à questão de saber se a separação dos poderes é ou não um princípio democrático não cabe uma resposta única. Do ponto de vista da ideologia, uma separação dos poderes, atribuição da legislação e da execução à órgãos diferentes, não corresponde à idéia de que o povo só deva ser governado por si mesmo. Deste pensamento resulta a idéia de que todos os poderes e, consequentemente, todas as funções do Estado deveriam ser reunidas nas mãos do povo ou, pelo menos, do parlamento que o representa.

Lembra kelsen que a separação dos poderes não visa abrir a via democrática, mas, ao contrário, conservar a possibilidade de o monarca ainda exercer um poder próprio no campo da execução. De qualquer modo que se organize o jogo das forças no Estado, a separação dos poderes traz que o legislativo policefálico – no qual só o povo está representado – não pode impor a própria supremacia; portanto, é quase uma ironia da história que uma república como os Estados Unidos aceite a separação dos poderes e que a leve a extremos exatamente em nome da democracia. Para o autor, quando o executivo é confiado a um presidente – eleito diretamente pelo povo –, isso resulta mais em um enfraquecimento do princípio da soberania popular, do que em um fortalecimento da mesma, pois quando à frente da população está um único indivíduo eleito, a idéia de representação do povo perde o fundamento.[36]

Na mesma linha de raciocínio Kelsen[37] ainda afirma:

---

[35] KELSEN, Hans. *A democracia.* Trad. Ivone Benedetti. São Paulo: Martins Fontes, 1993, p. 89 e seguintes.

[36] "Aquilo que num parlamento em que estejam compreendidos todos os partidos talvez seja possível, isto é, que da cooperação de todas essas forças resulte algo que possa ser considerado vontade nacional, é, ao contrário, impossível no caso do presidente designado por eleição presidencial direta e que, por isso mesmo, independe totalmente do parlamento e, por outro lado, não é controlável por todo o corpo popular, imenso e incapaz de agir, tanto quanto na monarquia hereditária; aliás, as perspectivas de autocracia – embora limitadas no tempo – podem, em certos casos, ser maiores no regime presidencial do que na monarquia hereditária. Nesse caso o tipo de investidura não desempenha papel decisivo. A escassa afinidade existente entre a idéia de representação e o princípio democrático logo é reconhecida pelo fato de a autocracia servir-se da mesma ficção". KELSEN, Hans. *A democracia.* Trad. Ivone Benedetti. São Paulo: Martins Fontes, 1993, p. 90.

[37] KELSEN, Hans. *A democracia.* Trad. Ivone Benedetti. São Paulo: Martins Fontes, 1993, p. 91.

Todavia, a separação dos poderes talvez aja também em sentido democrático: em primeiro lugar, na medida em que significa uma divisão do poder, cuja concentração, favorável à expansão e ao exercício arbitrário, ela impede; em segundo lugar, na medida em que tende a subtrair o importante estágio da formação da vontade geral do Estado à influência direta do governo, permitindo que os súditos a influenciem diretamente e reduzindo a função do governo à ratificação legislativa das leis.

1.2. A separação dos poderes por montesquieu e a doutrina dos "checks and balances"

A contribuição do Senhor de La Brède foi crucial para o reconhecimento da existência dos três poderes, uma vez que foi quem elevou à teoria a separação dos poderes, buscando os elementos formais para tanto na experiência inglesa, uma vez que ele conhecia a política inglesa muito pelo fato de ter morado por dois anos na Inglaterra.

No livro XI, do Espírito das Leis, Montesquieu deixa claro que está buscando desenhar os traços fundamentais da organização política a fim de alcançar e garantir a liberdade política. Ressalta-se, todavia, que liberdade para ele é "fazer tudo aquilo que as leis facultam",[38] e essa liberdade é a típica dos governos moderados quando não há o abuso do poder, referindo ele que a democracia e a aristocracia não são, por sua natureza, Estados livres.

Enfatiza Montesquieu que, para que não exista o abuso do poder, mister que "o poder contenha o poder", e que "uma constituição pode ser feita de tal forma, que ninguém será constrangido a praticar coisas que a lei não obriga, e a não fazer aquelas que a lei permite".[39]

Resumido por Cezar Saldanha,[40] o modelo proposto por Montesquieu, receita de justaposição, tem o intuito de encontrar a mesma liberdade da Inglaterra e está formulado da seguinte maneira:

a) Dividir o poder estatal entre os três órgãos existentes (Rei, Parlamento e Juízes), b) atribuindo-se a cada um deles uma das três funções em que se poderia classificar a política (função executiva, função legislativa e função judicial) e de uma forma a mais separada ou pura possível, c) posicionados os três órgãos (com o exercício especializado das respectivas funções) em um mesmo plano de igualdade e de hierarquia, reforçado com mecanismos adicionais de travamento – a *independência e harmonia* de que falam as constituições.

Esta fórmula, simples de aparência, articula sagaz e prudentemente:

1º uma classificação ternária de órgãos sociais que vinham evolvendo do Medievo: o Rei (a Coroa), o Parlamento, reunindo a nobreza de espada (na Câmara Alta) e os Comuns ou Terceiro Estado (na Câmara Baixa), bem como o corpo de *magistrados* (a burocracia togada); nesses três órgãos todas as forças válidas da época estavam representadas, cada qual cumprindo um determinado papel social; o objetivo de Montesquieu é o de instituir um "governo moderado", ou seja, o "regime misto" recomendado por Políbio, Cícero e S. Tomás, capaz de combinar, num mesmo conjunto de arranjos, o

---
[38] MONTESQUIEU, Charles Louis de Sécondat, baron de la Brède et de. *Do Espírito das Leis*. Trad. Jean Melville.São Paulo: Editora Martin Claret, 2004, p. 164.
[39] Idem, p. 165.
[40] SOUZA JÚNIOR, Cezar Saldanha. *O Tribunal Constitucional como Poder*. Uma nova teoria da divisão dos poderes. São Paulo: Memória Jurídica, 2002, p. 56/57.

governo de um (monarquia), o governo de alguns (aristocracia) e o governo de muitos (democracia), maximizando as virtudes e minimizando os defeitos de cada um dessas formas quando consideradas isoladamente;

2º uma classificação, também ternária, das funções políticas que, desde Aristóteles, ganhava corpo (e um crescente viés jurídico), a saber, a função executiva, a função legislativa e a função judicial; Montesquieu eleva essa classificação a cânone fundamental da nova ordem liberal, mesmo não tendo sido por ele apresentada com pretensões de cientificidade;

3º uma alocação, a mais exclusiva e separada possível, para cada órgão social, de uma das funções políticas (*puissances*), transformando-os em poderes políticos *(pouvoirs)*; assim, o Rei, com a função executiva, é o Poder Executivo; o Parlamento, com a função legislativa, o Poder Legislativo; os juízes, com a função judiciária, o Poder Judiciário; aí está, *stricto sensu*, o princípio da separação das funções políticas, garantia da pureza funcional de cada uma delas e instrumento poderoso no travamento recíproco dos poderes;

4º um mesmo plano horizontal e mecânico, no qual todos os poderes estariam em pé de igualdade em tudo (hierarquia, independência e potência jurídica), criando-se *ipso facto* um ambiente de paralisia (Montesquieu usa os termos "repouso" e "inação"), de modo que seriam, pelo "movimento necessário das coisas, forçadas a andar em harmonia".

5º um espaço para o estabelecimento adicional de freios e contrapesos recíprocos, de modo que "o poder possa deter o poder" (por exemplo, o poder de veto,[41] o poder de convocar o Parlamento, o poder de impedir ministros e juízes, etc.).

De acordo com Rodrigo Valin de Oliveira,[42] cuja tese de doutorado foi intitulada O Poder Moderador, é necessário apontar, num determinado governo, quais são os mecanismos jurídicos propícios à efetivação da liberdade, e a separação dos poderes é um deles. Afirma ele que o contexto histórico da produção da obra do Barão de La Brède revela a intenção de conciliar forças sociais através do equilíbrio entre os diversos atores sociais, pois a idéia de moderação engendra a idéia de separação de poderes. Segundo o autor, o constitucionalismo moderno descobriu, em o Espírito das Leis, os meios necessários à formulação de uma técnica de controle do poder, com o claro objetivo de resguardar a liberdade. O enriquecimento do constitucionalismo, no entanto, contribuiu para o declínio do princípio da separação dos poderes, pois a Constituição passou a experimentar alterações estruturais, e Executivo e Judiciário passaram a ter um peso e proporções desconhecidos, diferentes do que traçara o Barão.

Na mesma tese Rodrigo Valin[43] lembra que no capítulo VI, livro XI, da obra de Montesquieu, dedicado à Constituição inglesa, o Barão anunciou três espécies[44] de poder: o Legislativo, o Executivo das coisas que dependem do

---

[41] "O poder executivo deve tomar parte na legislação por meio do seu direito de veto, sem o que logo ficaria despojado de suas prerrogativas". MONTESQUIEU, Charles Louis de Sécondat, baron de la Brède et de. *Do Espírito das Leis*. Trad. Jean Melville.São Paulo: Editora Martin Claret, 2004, p. 173.

[42] OLIVEIRA, Rodrigo Valin de. *O Poder Moderador*. Tese apresentada ao Curso de Doutorado da Faculdade de Direito da Universidade de São Paulo. Orientador: Manoel Gonçalves Ferreira Filho. São Paulo: 2003, p. 35, 36 e 37 e 44.

[43] Idem, p. 38/39.

[44] "Montesquieu diz que eles são três e logo em seguida praticamente os reduz a dois, o legislativo e o executivo, mas pouco adiante desdobra este último em 'executivo das coisas que dependem do Direito Civil'. E este último atribuiu o poder de punir e julgar os conflitos entre particulares. E conclui: 'nós chamaremos a este último o poder de julgar'. (...) Montesquieu diz que não haverá liberdade se o poder de julgar não for separado do poder

direito das gentes e o Executivo das coisas que dependem do direito civil, informando que:

> O Poder Legislativo[45] define-se, de início, em razão de sua formação: fazer, corrigir ou ab-rogar as leis. Encarna, na concepção de Montesquieu, a vontade geral do Estado. Deve ser confiado a um corpo de nobres e a um corpo de representantes[46] do povo. Não é recomendável, por conseguinte, que o povo exerça diretamente o Poder Legislativo: tal exercício seria impossível nos grandes estados e pouco útil nos pequenos. De fato, o povo revela-se incapaz de discutir os assuntos políticos. Resta-lhes, no máximo, a capacidade de identificar os homens aptos para tal missão (os representantes). A noção de representação, considerada a mais apropriada por Montesquieu, afasta-se daquela que mais tarde seria conhecida como *teoria do mandato imperativo*. Os representantes recebem uma instrução geral da parte dos eleitores, jamais uma instrução singular e determinada sobre cada assunto. Livra-se a voz da nação, assim, dos riscos da vagarosidade do processo ou dos caprichos de um dado parlamentar. Montesquieu, conforme interpreta Goyard-Fabre, posiciona-se favoravelmente ao sufrágio universal. O corpo de representantes detém a faculdade de estatuir; o corpo de nobres, em vez de tal atribuição, possui a faculdade de impedir. Caso estivesse investido da faculdade de estatuir, o ramo hereditário do Poder Legislativo, ocupado em conservar suas prerrogativas, de algum modo odiosas, ameaçaria a liberdade do Estado, desconhecendo os interesses do povo. A estrutura bicameral do Poder Legislativo, institucionalizando a distinção entre faculdade de estatuir e faculdade de impedir, contribui, de forma decisiva, para a realização do equilíbrio político almejado por Montesquieu.
>
> O Poder Executivo[47] (Poder Executivo das coisas que dependem do direito das gentes) ajusta-se, perfeitamente, ao pensamento de cariz liberal. Sua função restringe-se a decretar a paz ou a guera, receber ou enviar embaixadas, estabelecer a segurança interna e prevenir as invasões. A natureza da função, submetida aos imperativos e às dificuldades, típicos das decisões imediatas e instantâneas, define o titular mais apropriado. O monarca, portanto, exerce a função referida. Cabe ao Poder Executivo, assinala-s, ainda, o direito de decidir a respeito da oportunidade da convocação do Poder

---

legislativo e do executivo, concluindo que se o juiz tivesse também um dos outros poderes ele ganharia a força de um opressor. Assim, ao mesmo tempo em que sustenta a necessidade de um corpo independente exercendo o poder de julgar, para que os outros poderes não sejam demasiados fortes, ele teme que o excesso de poder dos magistrados crie riscos para a liberdade. Por isso, considera necessária a magistratura separada dos demais poderes, mas insiste em que 'os juízes não devem ser mais do que a boca que pronuncia as palavras da lei, seres inanimados que não podem moderar nem a força nem o rigor da lei'". DALLARI, Dalmo de Abreu. *O Poder dos Juízes*. São Paulo: Saraiva, 2002, p. 91.

[45] Na obra de Montesquieu a supremacia do Legislativo está implícita, pois referido poder constitui a vontade geral do Estado, ao passo que o Executivo se ocupa da execução dessa vontade geral, a preponderância do Legislativo, no entanto, não chega a implicar subordinação DALLARI, Dalmo de Abreu. *O Poder dos Juízes*. São Paulo: Saraiva, 2002, p. 90. Nuno Piçarra, no entanto, entende que o Legislativo e o Executivo "estão entre si numa relação de função exclusivamente soberana e criadora (a função legislativa) para função subordinada e estritamente aplicadora (função executiva)" PIÇARRA, Nuno. *A Separação dos Poderes como Doutrina e Princípio Constitucional*. Um contributo para o estudo das suas origens e evolução. Coimbra: Coimbra Editora Limitada, 1989, p. 95. Para o Barão, a lei corporifica a vontade humana, mas a idéia de que a vontade do legislador estivesse apta a declarar o Direito começa a ser posta em questão.

[46] "A grande vantagem dos representantes é que estes são capazes de discutir as questões públicas. O povo não é, de modo algum, apto para isso, fato que constitui um dos grandes inconvenientes da democracia". MONTESQUIEU, Charles Louis de Sécondat, baron de la Brède et de. *Do Espírito das Leis*. Trad. Jean Melville.São Paulo: Editora Martin Claret, 2004, p. 168.

[47] "Se o poder executivo não tem o direito de controlar os empreendimentos do corpo legislativo, este tornar-se-á despótico, pois, como pode atribuir a si todo o poder que pode imaginar, destruirá todos os outros poderes. Mas não é preciso que o poder legislativo tenha reciprocamente a faculdade de *refrear* o poder executivo, porque, tendo a execução limites por sua natureza, seria inútil limitá-la, considerando-se, além disso, que o poder executivo é exercido sempre sobre coisas momentâneas (...). O poder legislativo (...) tem o direito e deve ter a faculdade de examinar de que modo as leis que ele promulgou foram executadas". MONTESQUIEU, Charles Louis de Sécondat, baron de la Brède et de. *Do Espírito das Leis*. Trad. Jean Melville.São Paulo: Editora Martin Claret, 2004, p. 171.

Legislativo. Define, também, o rei a duração da sessão do Poder Legislativo. Montesquieu descobre inconvenientes graves tanto num longo período sem reunião do Poder Legislativo como num período interminável de reunião do mesmo. De um lado, sem a atividade do corpo legislativo por um período considerável, reinaria a anarquia (ausência de leis) ou ressurgiria o absolutismo, pois o Executivo tenderia a assumir as prerrogativas do Legislativo. De outro lado, uma assembléia de legisladores reunida indefinidamente geraria no governo o vezo de defender as próprias prerrogativas, em vez de cumprir sua missão.

O terceiro dos poderes descritos por Montesquieu, o Poder de Julgar (Poder Executivo das coisas que dependem do Direito Civil), cumpre duas funções principais: punir os crimes e resolver os conflitos entre os particulares. Conforme assinala Montesquieu: "o Poder de Julgar não deve ser dado a um Senado permanente, mas exercido por um grupo de pessoas retiradas do corpo do povo em certas épocas do ano, da maneira prescrita pela lei, para formar um tribunal que dure tanto quanto a necessidade o exigir". A provisoriedade marca, logo, a configuração do Poder de Julgar, cujos membros não se acham vinculados à determinada profissão ou a dado estamento. Num tal contexto, o temor da magistratura substitui o temor dos magistrados. A potência de julgar revela-se, de um modo ideal, indivisível e nula. O exercício da jurisdição, porém, para escapar aos perigos da arbitrariedade, deve conformar-se ao texto preciso da lei. Os juízes de Montesquieu, segundo a célebre expressão, nada mais são do que "a boca que pronuncia as palavras da lei".[48] Uma justiça de concepção personalista, sem maior apego às normas, provocaria o repúdio de Montesquieu. No entender de Goyard-Fabre, a idéia-força de Montesquieu reaparece neste ponto: a lei engendra e protege a liberdade.[49] [50]

O Barão propõe que o Judiciário seja exercido por "pessoas extraídas da classe popular",[51] mas, ao mesmo tempo, sustenta que "é preciso que os nobres sejam citados a comparecer, não diante dos tribunais ordinários da nação, mas diante da parte do corpo legislativo composta de nobres",[52] do que se depreende que em sua teoria existe uma função específica, neste caso a de julgar, bem como há a preocupação de que a magistratura não seja tão poderosa.

---

[48] "Se representassem uma opinião particular do juiz, viver-se-ia na sociedade sem saber precisamente quais os compromissos que nela são assumidos". MONTESQUIEU, Charles Louis de Sécondat, baron de la Brède et de. *Do Espírito das Leis*. Trad. Jean Melville.São Paulo: Editora Martin Claret, 2004, p. 167.

[49] MONTESQUIEU, Charles Louis de Sécondat, baron de la Brède et de. *Do Espírito das Leis*. Trad. Jean Melville.São Paulo: Editora Martin Claret, 2004, p. 165.

[50] "A versão de eficiência foi invocada por Montesquieu como fundamento para a necessidade de separação entre o poder executivo e poder judicial: um órgão pouco numeroso como o executivo não deve prosseguir uma função que exija a imparcialidade requerida pela função judicial, conseguida apenas na base de um órgão muito numeroso. A versão de eficiência serve, igualmente para fundamentar a necessidade de separação entre legislativo e executivo. A função legislativa, que se traduz basicamente em deliberações a partir de um debate contraditório, de natureza menos voluntarista do que cognoscitiva, será mais eficientemente prosseguida por um órgão colegial de tipo assembléia do que por um órgão singular. Em contrapartida, a função executiva, que exige quase sempre uma ação momentânea ou que se exerce sempre sobre coisas momentâneas, para ser eficazmente desempenhada deve caber a um órgão singular. Um órgão colegial numeroso não se mostra, por isso, estruturalmente adequado à prossecução da função executiva. A separação entre legislativo e executivo, como modo de possibilitar a responsabilização criminal dos titulares deste último perante aquele, está igualmente presente em Montesquieu, embora com a grande restrição que consiste em excluir dessa responsabilização perante o órgão legislativo o supremo titular d órgão executivo". PIÇARRA, Nuno. *A Separação dos Poderes como Doutrina e Princípio Constitucional*. Um contributo para o estudo das suas origens e evolução. Coimbra: Coimbra Editora Limitada, 1989, p. 102/103.

[51] MONTESQUIEU, Charles Louis de Sécondat, baron de la Brède et de. *Do Espírito das Leis*. Trad. Jean Melville.São Paulo: Editora Martin Claret, 2004, p. 167.

[52] Idem, p. 172.

Já que o objetivo é, também, traçar a diferença entre a doutrina da separação dos poderes e do checks and balances, Nuno Piçarra,[53] sustentando que o *checks and balances* é uma das variantes da separação dos poderes, aduz que:

> Podem (os poderes), todavia, ganhar total autonomia numa constituição cujo substrato não seja uma sociedade estamental mas uma sociedade politicamente homogênea ou nivelada, que vise o mesmo objetivo: a limitação ou moderação do poder político, a partir da sua estruturação plural. Esta concepção essencialmente técnico-institucional da balança dos poderes serviu de ponto de partida à concepção dos constituintes norte-americanos, vindo a designar-se a partir de então por doutrina dos *checks and balances*.[54]

Sobre o mesmo tema Fernando Lima[55] recorda que:

> Nos Estados Unidos, a Constituição de 1787 adotou uma interpretação mais rígida da teoria da separação dos poderes, com a doutrina dos *checks and balances*, visando o controle recíproco dos poderes, sem, no entanto, a possibilidade da dissolução do Gabinete – nem existe essa idéia de um corpo homogêneo e solidário -, ou a possibilidade de dissolução antecipada do corpo legislativo antes do término dos mandatos, em decorrência das crises entre os poderes, conforme pode ocorrer no sistema parlamentarista. No presidencialismo, os ministros são nomeados e demitidos pelo Presidente e não dependem da confiança do corpo legislativo.

Nélson Saldanha[56] ainda afirma: "a teoria (da separação dos poderes) deu formulação à experiência através da imagem conceitual dos *checks and balances*, cuja sutil e tácita fórmula foi tida durante os séculos XVIII e XIX como uma espécie de 'segredo da Constituição britânica'". E continua o autor explicando:

> Se encararmos o tema em face dos caracteres gerais do constitucionalismo e do *Verfassungsstaat,* as duas tendências não se afastam realmente muito uma da outra: os "contrapesos" freiam os excessos governamentais em sentido equivalente ao da limitação recíproca que a "separação" francesa oferece. Trata-se de não permitir nem a invasão de atribuições nem o seu enfeixamento numa só mão ("ai da infeliz vítima – dizia um personagem do Maria Stuart de Schiller – se a mesma boca que dita a lei profere a sentença"), embora o primeiro ponto, o do impedimento às invasões recíprocas, se achasse mais nítido nos enunciados franceses. A este respeito, aliás, são muito valiosas as explanações do Prof. M. J. C. Vile, no seu livro sobre o constitucionalismo e a separação dos poderes.

Por certo, contrapondo-se à concepção francesa temos a concepção americana (mas não apenas americana[57]) do *checks and balances*, inspirada não na

---

[53] PIÇARRA, Nuno. *A Separação dos Poderes como Doutrina e Princípio Constitucional*. Um contributo para o estudo das suas origens e evolução. Coimbra: Coimbra Editora Limitada, 1989, p. 83.

[54] "A constituição inglesa revelaria uma fraqueza então particularmente notória: a susceptibilidade de ser subvertida por um chefe do executivo aspirando a plenos poderes e não hesitando em dominar o legislativo. A única forma de impedir a subversão consistiria em manter os vários órgãos institucionais em equilíbrio, basicamente através da manutenção da sua separação (independência) uns dos outros e da atribuição a cada um de meios de recíproco controle". PIÇARRA, Nuno. *A Separação dos Poderes como Doutrina e Princípio Constitucional*. Um contributo para o estudo das suas origens e evolução. Coimbra: Coimbra Editora Limitada, 1989, p. 85.

[55] LIMA, Fernando Machado da Silva. *Jurisdição Constitucional e Controle do Poder*. Porto Alegre: Sergio Antonio Fabris Ed., 2005, p. 39.

[56] SALDANHA, Nélson. *O Estado Moderno e a Separação de Poderes*. São Paulo: Saraiva, 1987, p. 115.

[57] "Como na nomeação dos juízes da *Supreme Court* americana, assim também na nomeação dos juízes das Cortes Constitucionais européias há uma intervenção do poder legislativo ou executivo, pelo que, sob este último aspecto, pode-se reconhecer, também nas vigentes Constituições austríaca, italiana e alemã, antes uma parcial aceitação do sistema dos *checks and balances*, que daquele montesquiano da nítida separação dos poderes do

ideologia da nítida separação, mas na do recíproco controle e equilíbrio dos poderes do Estado, o que permite explicar como o Judiciário pode, na América, controlar a legitimidade constitucional das leis e dos atos administrativos, e como o Legislativo e o Executivo podem intervir quando da escolha e da nomeação dos juízes da *Supreme Court*. Então, enquanto no sistema francês há um controle não judicial, mas meramente político e preventivo de constitucionalidade das leis, no sistema americano há o controle judicial e difuso (*judicial review*).[58]

Em dois pontos, os mais estratégicos e delicados da organização política inglesa, o Barão de La Brède se afastou da teoria dos *checks and balances*. Quais sejam: *primeiro*, quando na separação dos poderes, referidos poderes deveriam estar *separados funcionalmente* (cada órgão com sua função especializada), bem como esses poderes deveriam estar *separados organicamente* (órgãos com independência recíproca, em pé de igualdade). Estas separações (funcionais e orgânicas) acabariam por resultar numa política com liberdade. *Segundo*, também se afastou da teoria dos *checks and balances,* uma vez que *não há uma hierarquização entre os poderes*, e esta igualdade entre eles (fruto da separação orgânica) levou Montesquieu a omitir *um poder e uma função* capaz de, em atos, representar a unidade do Estado, e exercer a prerrogativa de um poder discricionário focado no bem comum mais elevado quando se fizesse necessário um agir político extremado de última instância.[59]

Na Inglaterra os órgãos políticos estavam separados (Rei, Casas Legislativas e Altas Cortes), mas trabalhavam juntos no mesmo e único espaço institucional, qual seja, o Parlamento; isto é, os três poderes ingleses eram órgãos de uma só instituição, o Parlamento, dividindo, portanto, a mesma soberania. No sistema dos *checks and balances*, a cooperação entre os poderes era decorrência não só do ambiente favorável que eles dividiam, como, também, dos virtuais constrangimentos da instituição unificante e envolvente sobre cada um dos poderes individualmente. Na Inglaterra há, sim, uma hierarquia formal e virtual entre os órgãos, e o Rei inglês tem o poder de presentar a unidade do Estado, bem como a prerrogativa de tomar, em última instância, a decisão significativa, quando em defesa da liberdade.

Lembra Nuno Piçarra[60] que "são bem conhecidas quer a função inequivocamente criadora e constitutiva de Direito dos juízes ingleses, quer a sua margem de autonomia decisória, no quadro do sistema de precedentes do *common law*".

Estado". CAPPELLETTI, Mauro. *O Controle Judicial de Constitucionalidade das Leis no Direito Comparado*. Trad. Aroldo Plínio Gonçalves. Porto Alegre: Sérgio Antônio Fabris Editor, 1984, p. 100.

[58] Idem, p. 98/99.

[59] SOUZA JÚNIOR, Cezar Saldanha. *O Tribunal Constitucional como Poder*. Uma nova teoria da divisão dos poderes. São Paulo: Memória Jurídica, 2002, p. 58/59.

[60] PIÇARRA, Nuno. *A Separação dos Poderes como Doutrina e Princípio Constitucional*. Um contributo para o estudo das suas origens e evolução. Coimbra: Coimbra Editora Limitada, 1989, p. 97.

Para Montesquieu, a liberdade seria o suficiente, bem como a autoridade seria desnecessária e inconveniente. A liberdade dos poderes, no modelo francês, limitada apenas pela liberdade do outro órgão que é igual a sua, deveria ter o poder de criar um *movimento natural das coisas, uma mão invisível*, que possibilitasse, por si só, independentemente de qualquer outro poder superior, a garantia da liberdade, da harmonia e da concórdia.[61]

Ressalta-se, no entanto, que não só as instituições inglesas influenciaram os *americanos*, como também a idéia de Montesquieu os influenciou, e o impacto do progresso da civilização norte-americana pelo mundo ajudou a difundir as idéias do Barão. A expressão "governo dos juízes" não é considerada absurda nos Estados Unidos da América, onde os juízes têm um papel político implícito na organização constitucional dos Poderes, e onde o alcance do Judiciário é tão significativo que se pode falar em "revolução constitucional" promovida pelos juízes.[62]

Foi a *idéia da tripartição de poderes*[63] recriada por Montesquieu que *permitiu a independência dos juízes frente ao Poder Executivo e Legislativo*, uma vez que *possibilitou a supremacia do Direito sobre o público*, criando, assim, o *Estado de Direito*.[64] Portanto, a grande contribuição de Montesquieu à modernidade foi a viabilização da supremacia do Direito sobre o público.[65]

Bem lembra Dallari,[66] que por motivos que têm raízes na história, a Inglaterra nunca teve o Judiciário como um poder independente na organização do Estado, por isso para os ingleses não faz sentido falar em Poder Judiciário, muito menos em poder político dos juízes, pois estes são subordinados ao Parlamento. O ofício dos juízes ingleses é *jus dicere* e não *jus dare*, ou seja, interpretar a lei e não

---

[61] SOUZA JÚNIOR, Cezar Saldanha. *O Tribunal Constitucional como Poder*. Uma nova teoria da divisão dos poderes. São Paulo: Memória Jurídica, 2002, p. 60.

[62] DALLARI, Dalmo de Abreu. *O Poder dos Juízes*. São Paulo: Saraiva, 2002, p. 93.

[63] Sobre as idéias de bipartição, tetrapartição, pentapartição e hexapartição dos poderes – SOUZA JÚNIOR, Cezar Saldanha. *O Tribunal Constitucional como Poder*. Uma nova teoria da divisão dos poderes. São Paulo: Memória Jurídica, 2002.

[64] A efetivação do Estado de Direito necessitou, ainda, de mais duas invenções: um novo ramo do direito, que é o direito constitucional; além do controle jurisdicional da administração e do controle de constitucionalidade das leis. SOUZA JÚNIOR, Cezar Saldanha. *O Tribunal Constitucional como Poder*. Uma nova teoria da divisão dos poderes. São Paulo: Memória Jurídica, 2002, p. 62.

[65] Segundo Nuno Piçarra: "à luz da história da doutrina da separação dos poderes a distinção funcional entre legislação e execução mostra-se absolutamente essencial. Ela traduz, na realidade, duas formas materialmente distintas de atuação jurídica do Estado: a edição de normas gerais e abstratas, prévia e independentemente de casos concretos, que é conquista definitiva da Idade Moderna e componente essencial do Estado de Direito. Tal distinção não pretendia originariamente abarcar a totalidade das funções estaduais, embora tenha vindo posteriormente a pretendê-lo num modelo de Estado que, como liberal, se concebia, mais do que limitado pelo Direito, limitado ao Direito e, por isso, reduzido a um esquema simples: leis por um lado, tribunais e força pública por outro, destinados a assegurar o cumprimento delas. (...) Também é palpável a pretensão de, no trinômio legislativo, executivo e judicial, fazer caber exaustivamente a totalidade das funções estaduais, de natureza integralmente jurídica e não política. (...) As funções estaduais parecem, pois, resumir-se à edição de leis e à sua execução pela força pública, diretamente ou mediante a intervenção dos tribunais" PIÇARRA, Nuno. *A Separação dos Poderes como Doutrina e Princípio Constitucional*. Um contributo para o estudo das suas origens e evolução. Coimbra: Coimbra Editora Limitada, 1989, p. 92/93.

[66] DALLARI, Dalmo de Abreu. *O Poder dos Juízes*. São Paulo: Saraiva, 2002, p. 90.

fazer ou dar a lei. O juiz não é legislador, como também não é um autômato, um aplicador cego da lei, tendo, sim, que interpretá-la. Na França[67] a situação é um pouco diferente, mas da mesma forma há muita resistência à concessão de grandes poderes aos juízes, bem como resistência à interferência destes na política.

Nuno Piçarra[68] enfatiza que:

> Em matéria de separação dos poderes, tanto em sentido orgânico-funcional como em sentido político-social, Montesquieu terá dito pouco, ou mesmo nada, de verdadeiramente original relativamente às doutrinas jurídicas e políticas da Inglaterra do tempo. Mas deu certamente o impulso decisivo para transformar a doutrina da separação dos poderes, de doutrina inglesa, em critério do Estado constitucional. Não sem equívocos, anacronismos e incompreensões posteriores, dado que na sua versão coexistem idéias já definitivamente pertencentes ao passado e idéias destinadas a perdurar no futuro. Ao longo dos dois séculos seguintes, tanto haveria de ser rejeitada como aclamada em nome daquilo que hoje é traço jurídico-político comum do Ocidente: o Estado democrático-representativo, em que a conciliação do pluralismo de poder com a "constituição permanente da unidade política" continua a ser, tal como para Montesquieu, questão essencial.

Para terminar esta pesquisa nos valemos, mais uma vez, das palavras do Barão de La Brède:[69]

> Desejaria ter pesquisado, em todos os governos moderados que conhecemos, qual a distribuição dos três poderes, e daí calcular o grau de liberdade dos quais cada um deles pode gozar. Entretanto, nem sempre se deve deixar que se esgote o assunto a ponto de nada deixar para que o leitor também se esforce. Não se trata aqui de fazer ler, mas de fazer pensar.

Conclusão

Mister que a idéia de Montesquieu acerca da teoria da separação dos poderes, ainda que não tenha sido a precursora, tenha ficado clara: dividir o poder entre três órgãos, cada qual com sua função, sem hierarquização entre eles. Também imprescindível que a noção dos *checks and balances* mostre as suas diferenças para com a recém referida teoria: não há nítida separação de poderes, mas, sim, recíproco controle e equilíbrio dos poderes, havendo a hierarquização tão combatida pelo Barão de La Brède.

O certo é que o tema não foi exaurido, porque, como diz Montesquieu, o assunto não pode se esgotar para que o leitor também tenha o que continuar buscando.

---

[67] O texto constitucional da atual Constituição da França de 1958 não fala em poderes, traz o Presidente da República, o Governo, o Parlamento e fala em "autoridade judiciária", dispondo que esta última será garantida pelo Presidente da República, para que ela possa assegurar as liberdades essenciais, devendo uma lei orgânica fixar o estatuto dos magistrados. Portanto, a Constituição Francesa não fala em Poder Judiciário, muito menos os juízes recebem competências que possibilitem a interferência no exercício do poder político. DALLARI, Dalmo de Abreu. *O Poder dos Juízes*. São Paulo: Saraiva, 2002, p. 92.

[68] PIÇARRA, Nuno. *A Separação dos Poderes como Doutrina e Princípio Constitucional*. Um contributo para o estudo das suas origens e evolução. Coimbra: Coimbra Editora Limitada, 1989, p. 122/123.

[69] MONTESQUIEU, Charles Louis de Sécondat, baron de la Brède et de. *Do Espírito das Leis*. Trad. Jean Melville. São Paulo: Editora Martin Claret, 2004, p. 195.

Referências

BACHOF, Otto. *Jueces y Constitución*. Trad. Rodrigo Bercovitz Rodriguéz-Cano. Madrid: Civitas, 1987.

BASTOS, Celso Ribeiro. *Curso de Teoria do Estado e Ciência Política*. São Paulo: Saraiva, 1999.

BITAR, Orlando Chicre Miguel. A Lei e a Constituição. Alguns Aspectos do Controle Jurisdicional de Constitucionalidade, in *Obras Completas de Orlando Bitar*. Rio de Janeiro: Renovar, vol. I, 1996.

BOBBIO, Norberto. *Direito e Estado no Pensamento de Emanuel Kant*. Trad. Alfredo Fait. Brasília: Editora Universidade de Brasília, 1997.

CAETANO, Marcelo. *Manual de Ciência Política e Direito Constitucional*. Lisboa: Coimbra Ed. 1963.

CALLEJON, Maria Luisa Balaguer. *La interpretación de la Constitución por la Jurisdicción Ordinári*a. Madrid: Civitas, 1990.

CAMPILONGO, Celso Fernandes. *Direito e Democracia*. São Paulo: Max Limonad, s.d.

CAPPELLETTI, Mauro. *O Controle Judicial de Constitucionalidade das Leis no Direito Comparado*. Trad. Aroldo Plínio Gonçalves. Porto Alegre: Sérgio Antônio Fabris Editor, 1984.

CANOTILHO, José Joaquim Gomes. *Direito Constitucional*. Coimbra: Almedina, s.d.

CINTRA, Geraldo de Ulhoa. *Da Jurisdição*. Rio de Janeiro: Lux Editora, 1958.

COMPARATO, Fábio Konder. Réquiem para uma Constituição. In: *O Desmonte da Nação*. Petrópolis: Vozes, 1999.

DALLARI, Dalmo de Abreu. *O Poder dos Juízes*. São Paulo: Saraiva, 2002.

FACCHINI NETO, Eugênio. O juiz não é só de Direito. In ZIMERMAN, David; COLTRO, Antônio Carlos Mathias. *Aspectos psicológicos na prática jurídica*. Campinas: Millennium, 2002.

FARIA, José Eduardo. *Eficácia Jurídica e Violência Simbólica – O direito como instrumento de formação social*. São Paulo: EDUSP, Série Pensamento Jurídico – Teses, 1998.

FERRAJOLI, Luigi. *Direito e Razão*. Teoria do Garantismo Penal. São Paulo: Editora Revista dos Tribunais, 2002.

FERRAZ JÚNIOR, Tércio Sampaio. *Introdução ao Estudo do Direito*: Técnica, Decisão, Dominação. São Paulo: Atlas, 1994.

FRIEDRICH, Carl. *Gobierno Gonstituiconal y Democracia*. Madrid: Instituto de Estúdios Políticos, 1975.

GUARNIERI, Carlo. *Magistratura e Política in Itália*. Bologna: Societá Editrice il Mulino/ Contemporânea 55, 1992, 1993.

GUIMARÃES, Mário. *O Juiz e a Função Jurisdicional*. Rio de Janeiro: Forense, 1958.

HESSE, Konrad. *A Força Normativa da Constituição*. Trad. Gilmar Ferreira Mendes. Porto Alegre: Sérgio Antônio Fabris Editor, 1991.

IHERING, Rudolph Von. *A luta pelo Direito*. São Paulo: Editora RT, 2ª ed., 2001.

KELSEN, Hans. *A Democracia*. São Paulo: Martins Fontes, 1993.

──────. *Jurisdição Constitucional*. São Paulo: Martins Fontes, 2003.

LAFER, Celso. *A Reconstrução dos Direitos Humanos*. Um diálogo com o pensamento de Hannah Arendt. São Paulo: Companhia das Letras, 1988.

LASSALE, Ferdinand. *O que é uma Constituição?* Belo Horizonte: Editora Líder, 2001.

LEBRUN, Gerard. *O que é Poder*. São Paulo: Editora Brasiliense, 1984.

LIMA, Fernando Machado da Silva. *Jurisdição Constitucional e Controle do Poder*. É efetiva a Constituição Brasileira? Porto Alegre: Sérgio Antônio Fabris Editor, 2005.

LOEWENSTEIN, Karl. *Teoria de la Constitución*. Trad. Alfredo Gallego Anabitarte. Barcelona: Ed. Ariel, 1970.

MADISON, James; HAMILTON, Alexander; JAY, John. *O Federalista – Um comentário à Constituição Americana*. Trad. Reggy Zacconi de Moraes. Rio de Janeiro: Editora Nacional de Direito, 1959.

MAGALHÃES, José Luiz Quadros de. Democracia e crise: alternativas estruturais para o Brasil. In: *Jus Navegandi*, n.58. [Internet] http://www.jus.com.br/doutrina/texto.asp?id=3157

MONTESQUIEU, Charles Louis de Séconadt, baron de la Brède et de. *Do Espírito das Leis*. Trad. Jean Melville.São Paulo: Editora Martin Claret, 2004.

MORAES, Alexandre de. *Jurisdição Constitucional e Tribunais Constitucionais*. Garantia Suprema da Constituição. São Paulo: Atlas, 2000.

MOREIRA NETO, Diogo de Figueiredo. *O Sistema Judiciário Brasileiro e a Reforma do Estado*. São Paulo: Celso Bastos Editor/Instituto Brasileiro de Direito Constitucional, 1999.

OLIVEIRA, Alexandre Nery de. *A Reforma do Judiciário* – IV, disponível na internet em http://usr.solar.com.br/~anery

OLIVEIRA, Rodrigo Valin de. *O Poder Moderador*. Tese apresentada ao Curso de Doutorado da Faculdade de Direito da Universidade de São Paulo. Orientador: Manoel Gonçalves Ferreira Filho. São Paulo: 2003.

PIÇARRA, Nuno. *A Separação dos Poderes como Doutrina e Princípio Constitucional. Um contributo para o estudo das suas origens e evolução*. Coimbra: Coimbra Editora Limitada, 1989.

RADBRUCH, Gustav. *Filosofia do Direito*. São Paulo: Martins Fontes, 2004.

ROCHA, Carmem Lúcia Antunes. Democracia, Constituição e Administração Pública, *in Boletim de Direito Administrativo*, n.9, 1999.

SALDANHA, Nélson. *O Estado Moderno e a Separação de Poderes*. São Paulo: Saraiva, 1987.

SCHWARTZ, Bernard. *Direito Constitucional Americano*. Rio de Janeiro: Forense, 1955.

SILVA, José Afonso da. *Processo Constitucional de Formação das Leis*. São Paulo: Malheiros Editores, 2006.

SOUZA JÚNIOR, Cezar Saldanha. *O Tribunal Constitucional como Poder*. Uma nova teoria da divisão dos poderes. São Paulo: Memória Jurídica, 2002.

TAVARES, André Ramos. *Curso de Direito Constitucional*. São Paulo: Saraiva, 2003.

———. A Superação da Doutrina Tripartite dos "Poderes'" do Estado. *Cadernos de Direito Constitucional e Ciência Política*, v.29, out./dez.1999, ano 7, p. 66-71.

TAVARES FILHO, Newton. Procedimento de Escolha e Nomeação dos Titulares de Cortes Constitucionais no Direito Comparado. Disponível na internet em: http://www.camara.gov.br/internet/diretoria/Conleg/Estudos/ 204689.pdf.

TEMER, Michel. *Elementos de Direito Constitucional*. São Paulo: Malheiros, 2000.

TESHEINER, José Maria Rosa. A Reforma do Judiciário, disponível na internet em: http://www.tex.pro.br/wwwroot/artigos-professortesheiner/reformadojudiciario.htm

TOCQUEVILLE, Aléxis. Democracy in América, Part II, Book IV. Disponível em:http://xroads.virginia.edu/~HYPER/DETOC/toc_index.html.

VELLOSO, Carlos Mário da Silva. Problemas e Soluções na Prestação da Justiça, In: TEIXEIRA, Sálvio de Figueiredo (Coord.). *O Judiciário e a Constituição*. São Paulo: Saraiva, 1994.

— 6 —

A garantia constitucional do postulado da efetividade desde o prisma das sentenças mandamentais

DARCI GUIMARÃES RIBEIRO

Doutor em Direito pela Universitat de Barcelona. Especialista e Mestre pela PUCRS. Professor Titular da Unisinos e do Programa de Pós-Graduação em Direito. Professor Adjunto da PUC/RS. Advogado. Membro do Instituto Brasileiro de Direito Processual Civil. Membro representante do Brasil no Projeto Internacional de Pesquisa financiado pelo Ministério da Educação e Cultura – MEC – da Espanha, sobre "La tutela judicial del crédito: aspectos nacionales e internacionales", referente ao Plano Nacional de Investigação Científica, Desenvolvimento e Inovação Tecnológica 2004-2007.

Sumário: 1. Noções gerais; 2. O postulado da efetividade; 3. As sentenças mandamentais; 3.1. Origem; 3.2. Contribuição da doutrina brasileira; 3.3. Características; 3.4. Diferença das demais espécies de sentenças.

> *¿Te parece posible que subsista sin arruinarse aquella ciudad en la que las sentencias pronunciadas nada pueden, sino que son despojadas de su autoridad y destruidas por los particulares?*
> Sócrates, *apud* Platão, *Critón.* Trad. Maria Rico Gómez. Madrid: Centro de Estudios Constitucionales, 1994, p. 13 (50b).

1. Noções gerais

A sociedade brasileira vive um momento peculiar de transformação social. A partir dos anos 90, novos fatores sociais passam a destacar-se na sociedade civil organizada, sugerindo, por conseguinte, novas demandas sócio-jurídicas. Neste início de século XXI, deparamo-nos com várias crises nas sociedades de um modo geral e, em especial, na sociedade brasileira; estas crises evidenciam uma necessidade urgente de revisão de paradigmas,[1] bem como a construção de novos modelos, capazes de atenderem a uma demanda cada mais crescente e urgente de prestação de tutela jurisdicional. O acesso à justiça é inevitável e pressupõe um revisionamento nos sistemas jurídicos atuais. É neste contexto que emerge a construção de um direito processual constitucional[2] que passa a refletir estas e outras questões e gera um espaço de reflexão crítica dos problemas que afligem o processo como instrumento constitucional de realização da justiça,[3] que, além de denunciar os problemas sociais, deverá anunciar possibilidades concretas de acesso à justiça, buscando sempre unir teoria e prática.

Modernamente, os processualistas, preocupados com o fenômeno da efetividade do processo, estão recorrendo ao caminho inverso daquele utilizado pela doutrina processual do início do século, pois enquanto estes perseguiam o afastamento do processo a respeito do direito material, aqueles perseguem uma aproximação entre processo e direito.[4] Esta aproximação se deve, basicamente, a dois fatores: de um lado, o florescimento de novos direitos, nascidos, como é sabido, a partir da revolução tecnológica, onde a economia se expande progressivamente através de "prestações de fato, e traz consigo, em conseqüência, o crescimento das atividades econômicas de "prestações de serviços", que incrementam, sobre-

---

[1] De acordo com a clássica opinião do criador do conceito, TOMAS KUHN, podemos entender paradigma como: "as realizações científicas universalmente reconhecidas que, durante algum tempo, fornecem problemas e soluções modelares para uma comunidade de praticantes de uma ciência", *A estrutura das revoluções científicas*. Trad. por Beatriz Vianna Boeira e Nelson Boeira. São Paulo: Perspectiva, 2003, p. 13.

[2] Neste particular, convém esclarecer algumas confusões terminológicas acerca dos institutos de Direito Processual Constitucional e Direito Constitucional Processual. Em que pese determinado setor da doutrina negar relevância prática a esta distinção – entre os quais, PAULO MEDINA, *Direito Processual Constitucional*. Rio de Janeiro: Forense, 2003, p. 5; – ou simplesmente negar a existência do Direito Constitucional Processual – entre eles, RODRÍGUEZ DOMÍNGUEZ, Derecho Procesal Constitucional: precisiones conceptuales. In: *Derecho Procesal Constitucional*. 4ª ed., México: Porrúa, 2003, t. I, p. 490; MARCELO CATTONI, Uma justificação democrática da jurisdição constitucional brasileira e a incontitucionalidade da Lei nº 9.686/99. In: *Rev. Fac. Dir. Univ. Fed. Paraná*, 2001, nº 36, p. 177 a 207 e WILLIS GUERRA FILHO, *Processo Constitucional e Direitos Fundamentais*. 4ª ed., São Paulo: RCS editora, 2005, Cap. I, p. 7 e 8 – o certo é que o tema apresenta grande importância prática, na medida em que possibilita a criação de um novo ramo do Direito Processual, o Direito Processual Constitucional. Este novo ramo do Direito Processual, mais do que permitir o enlace entre Processo e Constituição, revela uma mudança paradigmática na forma de conceber o próprio Direito Processual que passa a ser visto não mais como um simples instrumento de realização do ordenamento jurídico (concepção objetiva) ou dos interesses em conflito (concepção subjetiva), mas como um Direito Fundamental. Esta nova postura permite aos operadores do direito (re)interpretar os institutos processuais à luz da Constituição.

[3] Há mais de 50 anos, COUTURE já destacava esta faceta do processo como instrumento de realização da justiça e infelizmente apontava o seu afastamento deste desiderato, *Fundamentos del derecho procesal civil*. 3ª ed., Buenos Aires: Depalma, 1988, nº 93, p. 149.

[4] Esta aproximação entre direito e processo traz como conseqüência, inclusive, uma nova interpretação do *direito de ação* que hoje se encontra plasmado nas mais diversas constituições, entre elas, a Constituição espanhola, no art. 24.1; a Constituição italiana, no art. 24.1; e a Constituição brasileira, no inc. XXXV do art. 5º. De acordo com a acertada opinião de RAPISARDA, modernamente: "Non basta, in proposito, richiamare l'attenzione sul fatto che la garanzia dell'azione atipica si trova oggi esplicitamente affermata nell'art. 24, I comma, Cost. È necessario aggiungere che l'idea dell'azione come entità astratta dal diritto sostanziale funziona come garanzia di tipicità della tutela 'solo' in relazione ad una logica dei rapporti tra diritto sostanziale e processo che costruisce le tecniche di tutela come mere proiezioni processuali della strutura del diritto tutelando", *Profili della tutela civile inibitória*. Padova: Cedam, 1987, cap. VI, nº 2, p. 218.

maneira, o número de prestações pessoais ou não fungíveis;[5] e, de outro lado, a origem do Estado Democrático de Direito,[6] ou Welfare State,[7] que cria uma nova ordem de pensamento e concebe o acesso à justiça a partir da perspectiva dos justiciáveis,[8] ou seja, esta nova ordem de pensamento está comprometida com um processo de resultados, onde os consumidores do direito buscam instrumentos adequados à tutela de todos os direitos, com o objetivo de assegurar-se praticamente a utilidade das decisões judiciais, seja no âmbito repressivo ou preventivo.

Esta é a razão pela qual o estudo da garantia constitucional do postulado da efetividade será realizado a partir da sentença mandamental que, atualmente, é um dos meios mais eficazes na realização concreta do direito.

Este estudo nos conduzirá, necessariamente, a um redimensionamento da função jurisdicional, na medida em que essa função é avaliada não a partir dos mecanismos processuais abstratamente considerados nas leis infraconstitucionais, mas fundamentalmente a partir do grau de satisfação real que esses mecanismos produzem aos consumidores da justiça que tem ao seu alcance a Constituição Federal.

2. O postulado da efetividade

No atual estágio da nossa civilização o processo é considerado uma das maiores conquistas da humanidade, na medida em que a própria Constituição Federal assegura dentro de suas garantias fundamentais o sobreprincípio[9] segun-

---

[5] Neste particular, consultar os valiosos estudos de CALVÃO DA SILVA, *Cumprimento e sanção pecuniária compulsória*. Coimbra: Coimbra, 1987, nº 3, p. 24 e RAPISARDA, *op. cit.*, nº 14, p. 75 e ss.

[6] Para um estudo mais detalhado do Estado Democrático de Direito, consultar REIS NOVAES, Jorge. *Contributo para uma teoria do Estado de Direito*. Coimbra: Coimbra, 1987, especialmente os cap. II e VI; BIDART CAMPOS, German José. *Doctrina del Estado Democrático*. Buenos Aires: EJEA, 1961, especialmente os cap. I e IV; CANOTILHO, J. J. Gomes. *Direito Constitucional*. 5ª ed., Coimbra: Almedina, 1992, parte IV, especialmente os cap.I a III; *Estado de Direito*. Lisboa: Gradiva, 1999; REALE, Miguel. *O Estado Democrático de Direito e o conflito das ideologias*. São Paulo: Saraiva, 1998, especialmente os cap. I, II e IV; STRECK, Lenio L. *Jurisdição constitucional e hermenêutica: uma nova crítica do direito*. 2ª ed., Rio de Janeiro: Forense, 2004, especialmente os cap. I a IV, entre tantos outros autores.

[7] Muitos autores não diferenciam Estado Democrático de Direito de Estado Social Democrático de Direito, mais conhecido como *Welfare State*. Para consultar as diversas opiniões a respeito, ver meu "Contribuição ao estudo das sanções desde a perspectiva do Estado Democrático de Direito". In: *Constituição, Sistemas Sociais e Hermenêutica*. Porto Alegre: Livraria do Advogado, 2005, p. 199, nota 47.

[8] Sobre o tema, consultar obrigatoriamente CAPPELLETTI, Acesso alla giustizia come programma di riforma e come metodo di pensiero. In: *Rivista di Diritto Processuale Civile*, 1982, p. 243 e ss. Ver também, do mesmo autor, 'Il processo civile come fenomeno sociale di massa'. In: *Studi in Memória di Roberto Bracco*. Padova: Cedam, 1976, p. 73 e ss; e Problemas de reforma do processo civil nas sociedades contemporâneas. In: Revista de Processo, nº 65, p. 130 e ss. Desde esta perspectiva, pois, é oportuno assinalar a proposta defendida por MARINONI, segundo a qual: "As tutelas, assim, devem ser classificadas de acordo com os resultados que proporcionam aos consumidores dos serviços jurisdicionais", *A antecipação da tutela*. 5ª ed., São Paulo: Malheiros, 1999, nº 3.3.11, p. 111.

[9] De acordo com nosso entendimento, anteriormente defendido ('O sobreprincípio da boa-fé processual como decorrência do comportamento da parte em juízo'. In: *Anuário do Curso de Pós-Graduação em Direito da Unisinos*, São Leopoldo, 2003, especialmente p. 84 a 86), a palavra sobreprincípio indica que a garantia consti-

do o qual "ninguém será privado da liberdade ou de seus bens sem o devido processo legal". Por esta razão, o processo passa a ser entendido como elemento indispensável para o exercício da liberdade ou a manutenção dos bens em sociedade, pois sem ele nossa liberdade e/ou nossos bens estariam seriamente comprometidos, na medida em que poderiam ser retirados sem a necessária observância de um procedimento legal.

Atualmente, por força da Emenda Constitucional nº 45, promulgada em 08.12.2004, a efetividade encontra-se positivada no inciso LXXVIII do art. 5º da Constituição Federal. Reza o citado inciso que "a todos, no âmbito judicial e administrativo, são assegurados a razoável duração do processo e os meios que garantam a celeridade de sua tramitação". Não obstante a atual previsão constitucional da 'razoável duração do processo', já era permitido sustentar, com anterioridade, esta possibilidade, através do § 2º do art. 5º da Constituição Federal, que possibilita a parte em seu benefício à Convenção Americana sobre Direitos Humanos, em que o Brasil é signatário, através do art. 8.1, que prevê o direito da parte ser ouvida dentro de um prazo razoável.[10]

Em se tratando de um tópico sobre efetividade, e não um estudo sobre a mesma, que comporta, pela sua amplitude, diversas formas de abordagem, limitar-nos-emos aqui simplesmente a sua natureza jurídica.

A efetividade se nos apresenta como um princípio, sobreprincípio ou postulado? Para que a pergunta possa ser corretamente respondida é fundamental destacar a importância da efetividade dentro dos pressupostos constitucionais do Estado Democrático de Direito. De acordo com nosso entendimento, ela, a efetividade, compõe um dos elementos integrantes desta concepção de Estado, na medida em que contribui para a construção de uma sociedade mais justa (art. 3º, inc. I, da CF), baseada na dignidade da pessoa humana (art. 1º, inc. III, da CF), pois de acordo com Rui Barbosa a justiça prestada de forma tardia equivale à injustiça qualificada.

Neste diapasão, podemos seguramente afirmar que existe o dever constitucional de promover a efetividade do direito quer em nível da função judicial, administrativa ou mesmo legislativa, em todas as esferas de poder: federal, estadual e municipal. Para o legislador, este dever lhe é imposto quando

---

tucional do *due process of law* se sobrepõe aos demais princípios processuais constitucionais condicionando-os, sempre que possível, em sua interpretação no tempo e no espaço. Nesta ordem de idéias HUMBERTO ÁVILA, para quem os sobreprincípios "funcionam como fundamento, formal e material, para a instituição de sentido às normas hierarquicamente inferiores", *Teoria dos princípios: da definição à aplicação dos princípios jurídicos*, 2ª ed., São Paulo: Malheiros, 2003, nº 3.1, p. 80.

[10] Dispõe o art. 8.1 desta Convenção que: "Toda pessoa tem direito a ser ouvida, com as devidas garantias e dentro de um prazo razoável, por um juiz ou tribunal competente, independente e imparcial, estabelecido anteriormente por lei, na apuração de qualquer acusação penal formulada contra ela, ou para que se determinem seus direitos ou obrigações de natureza civil, trabalhista, fiscal ou de qualquer outra natureza". Esta possibilidade já foi por mim defendida quando escrevi "A instrumentalidade do processo e o princípio da verossimilhança como decorrência do *Due Process of Law*". In: *Revista de Jurisprudência Brasileira*, nº 173, p. 31 e 32; também publicada na *Revista Ajuris*, nº 60, p. 273 e 274. Sobre o tema, consultar, CRUZ E TUCCI, *Devido processo legal e tutela jurisdicional*, São Paulo: RT, 1993, p. 99 a 126

> al regular la constitución y funcionamiento de los Tribunales, debe considerar los posibles riesgos de inefectividad de la tutela y eliminarlos en la medida de lo posible, por lo que podría ser contraria a la Constitución una regulación que se despreocupase de la efectividad de la tutela, y ello aun al margen de si ese riesgo no resultase realizable en todos los casos (...)[11]

Também a função executiva deve promover a efetividade através da garantia dos meios estruturais adequados para que a justiça possa ser eficaz, evitando, com isso, que suas carências possam repercutir nos consumidores do direito. A efetividade também está presente na administração pública, tanto direta quanto indireta, através do art. 37 da Constituição Federal que lhe determina obediência ao princípio da *eficiência*, entre outros.

O Poder Judiciário também se encontra submetido ao inarredável dever de propagandear a efetividade dos interesses que lhe são submetidos à apreciação. Este dever constitucional dos juízes de velar pela efetividade da tutela judicial não se limita somente ao aspecto processual – como a obrigatoriedade da realização da audiência preliminar –, mas também ao aspecto material, uma vez que exige dos juízes a obediência aos parâmetros de uma interpretação razoável do ordenamento jurídico.[12]

Identificada a real importância da efetividade na construção do Estado Democrático de Direito e sua extensão nas diversas áreas de poder, podemos concluir que pelo seu valor a efetividade se nos apresenta como *postulado*, pois de acordo com a opinião de Humberto Ávila, os postulados normativos "são normas imediatamente métodicas, que estruturam a interpretação e aplicação de princípios e regras mediante a exigência, mais ou menos específica, de relações entre elementos com base em critérios".[13]

3. As sentenças mandamentais

Sempre que empreendemos o árduo caminho da classificação de um instituto, as proféticas palavras de Carnelutti se nos assomam a memória, pois, de acordo com o prestigiado autor, "Conviene que los teóricos del Derecho se den cuenta de la función y de la importancia de la clasificación y igualmente comprendan cómo y por qué si la observación no va seguida de la clasificación, no sirve para nada. La clasificación debe hacerse según reglas que ellos mismos deben tratar de descubrir".[14]

O tema relacionado à classificação das tutelas demanda algumas precisões conceituais, entre as quais cabe destacar aquela segundo a qual podemos classificar tanto pretensões processuais[15] como sentenças, pois, de acordo com o art.

---
[11] CHAMORRO BERNAL, *La tutela judicial efectiva*. Barcelona: Bosch, 1994, p. 280.
[12] Neste sentido, CHAMORRO BERNAL, op. cit., p. 281.
[13] *Teoria dos princípios: da definição à aplicação dos princípios jurídicos*, op. cit., p. 120.
[14] *Metodología del derecho*. Trad. por Angel Osorio. 2ª ed., México: UTEHA, 1962, p. 52.
[15] De acordo com nosso entendimento, a classificação das tutelas que toma por base as diversas espécies de pretensão processual é a que melhor contribui, desde uma perspectiva metodológica, para a real compreensão

128 do CPC,[16] o juiz somente está legitimado a julgar o litígio dentro dos limites impostos pelas partes, sendo-lhe vedado ditar decisões *ultra, citra ou extra petita*, é o chamado princípio da congruência.[17] Por isso, é correto aludir tanto a classificação de pretensões como de sentenças, tudo depende do ponto de vista desde o qual se analise o processo: se desde a ótica inicial, estaremos classificando as pretensões processuais, e se o é desde a ótica final, estaremos classificando as sentenças de procedência.[18]

3.1. Origem

As pretensões mandamentais provêm diretamente dos interditos romanos,[19] uma vez que nestes, segundo destaca Gandolfi, "l'ordeni del pretore era fon-

---

da efetividade da tutela jurisdicional, já que esta é reflexo jurídico da ação material e representa um ato concreto e particular de declaração de vontade, além de manter em funcionamento o processo. Não é possível efetuar uma classificação partindo da ação processual devido ao seu caráter abstrato e universal: se a ação processual tem como característica o fato de ser abstrata e universal, estas qualidades por si só afastam qualquer intento de classificação, já que para classificar qualquer objeto se exige obrigatoriamente elementos concretos capazes de individualizá-lo dos demais, como ocorre, e. g., com a pretensão processual. Em conseqüência, a ser a pretensão processual um ato concreto e particular de declaração de vontade, permite, de maneira adequada, uma classificação a partir dos diversos tipos de declarações petitórias. Por isto esta classificação, que parte da pretensão processual como reflexo jurídico da ação material, é a única capaz de realizar adequadamente as garantias constitucionais asseguradas pelo art. 5º da Constituição Federal, na medida em que se percebe a *"insufficienza del concetto meramente processuale dell'azione a realizzare la garanzia dell'art. 24, 1º comma"*, nas palavras de DENTI, quando se refere também às garantias do art. 24 da Constituição Italiana (Valori costituzionali e cultura processuale. In: *Sistemi e Riforme: Studi sulla Giustizia Civile*. Bologna: Mulino, 1999, p. 62). Desde esta perspectiva, pois, a classificação que toma por base a pretensão processual, contribui ineludivelmente à desejada efetividade da tutela jurisdicional. Para aprofundar melhor no estudo da classificação que leva em consideração às pretensões processuais, consultar o que escrevi em *La pretensión Procesal y la Tutela Judicial Efectiva: Hacia una Teoría Procesal del Derecho*. Barcelona: Bosch, 2004, nº 9.5.1, p. 158 e ss.

[16] No direito espanhol, o principio da congruência encontra-se fincado no art. 218 da nova LEC. Sobre o tema consultar PICÓ, Los princípios del nuevo proceso civil. In: *Instituciones del nuevo proceso civil. Comentários sistemáticos a la Ley 1/2000*. Barcelona: Difusión Jurídica, t. I, p. 27 e ss; e MONTERO AROCA, *Los princípios políticos de la nueva Ley de Enjuiciamiento Civil. Los poderes del juez y la oralidad*. Valencia: Tirant lo Blanch, 2001, especialmente cap. X, p. 89 a 94.

[17] Sobre o tema, consultar meu *Provas Atípicas*. Porto Alegre: Livraria do Advogado, p. 22 a 28.

[18] É evidente que a classificação que toma por base a sentença refere-se unicamente àquelas que são procedentes, pois a improcedência de qualquer pretensão processual é classificada como sendo declarativa negativa, devido ao caráter da subsunção.

[19] Orienta-se neste sentido OVÍDIO B. DA SILVA, *Curso de processo civil*. 4ª ed., São Paulo: RT, 1998, v. II, pág. 334. Os interditos, segundo JUSTINIANO, eram "unas fórmulas y concepciones de palabras, por las cuales el pretor mandaba ó prohibía que se hiciese alguna cosa. Se empleaban con más frecuencia en las contiendas acerca de la posesión ó de la cuasi-posesión", *Instituciones*. Trad. por Ismael Calvo y Madroño. Madrid: Góngora, 1915, IV, 15, p. 292. De igual modo, GAYO, ao dizer que: "En determinados casos el pretor o el procónsul imponen su autoridad para poner fin a la controversia, principalmente cuando la controversia es sobre la posesión o la cuasi-posesión, concretándose a mandar o prohibir que se haga algo. Las fórmulas y redacciones que emplean para ello se llaman interditos <o, para ser más exactos, interdictos y> decretos", *Instituciones*. Trad. por Alvaro D'Ors e Pérez-Peix. Madrid: Instituto Francisco de Vitoria, 1943, IV, 139, p. 210. Para BONFANTE: "Scopo essenziale dell'interdetto è mantenere lo stato di possesso come è attualmente costituito, impedire la turbativa futura, impetrandone anzi dal pretore il divieto, il 'vim fieri veto'", *Corso di diritto romano*. Milano: Giuffrè, 1972, v. III, p. 431. A este respeito, afirma acertadamente ALBERTARIO, que: "La procedura civile romana separava nettamente 'actiones' e 'interdicta'", 'Actiones' e 'interdicta'. In: *Studi di Diritto Romano*. Milano: Giuffrè, 1946, v. IV, p. 117, porém com o tempo os dois institutos acabaram confundindo-se. De acordo com a opinião do autor, esta confusão foi provocada pelos textos das '*Pandette*' e do

dato, come vedremo, sull'imperium', quale potere di coercizione, e mirava ad assicurare in modo energico, autoritativo e sollecito l'ordine giuridico".[20] Nesta espécie de tutela jurisdicional, o *praetor* ordenava geralmente ao demandado um determinado comportamento que poderia consistir em uma proibição (*interdictum prohibitorium*), ou retituição (*interdictum restitutorium*),[21] e jamais o condenava, posto que esta função, no período formulário, correspondia sucessivamente ao *index* privado.[22] Esta origem dos interditos romanos trazem consigo algumas

'*Codice giustinianeo*' (*Instituciones*, IV, 15, 8) que "sono testi – come abbiamo cercato di dimostrare – interpolati per adattarli alla nuova realtà guiridica, nella quale l'interdetto non è più quell'istituto che nell'età classica era, ma si è trasformato, nella nuova procedura postclassica giustinianea, in una azione. (...) Ma la identificazione, che questi testi fanno di 'interdictum' con 'actio', è pur certamente dovuta non al giureconsulto classico, che non poteva farla se non incorrendo in un grossollano errore, ma a una mano postclassica, cioè a una tarda glossa o a un tardo rimaneggiamento del testo classico", '*Actiones*' e '*interdicta*', op. cit., p. 157. Corroborando estas interpolações nos textos pseudo-clássicos encontramos SCHULZ, *Derecho romano clásico*. Tad. por José Santa Cruz Teigeiro. Barcelona: Bosch, 1960, nº 113, p. 60; e COLLINET, *La nature des actions des interdits et des exceptions dans l'œuvre de justinien*, Paris: s/edit., 1947, p. 483 e ss. Daí conclui ALBERTARIO que "Se i giureconsulti dicevano che si poteva 'agere interdicto', non per questo gli 'interdicta' erano anche 'actiones'", '*Actiones*' e '*interdicta*', op. cit., p. 163. Esta idéia é repetida pelo autor em 'In tema di classificazione delle azioni. In: *Rivista di Diritto Processuale Civile*, 1928, nº 1, p. 200. No mesmo sentido, diferenciando as ações dos interditos, BISCARDI, *La protezione interdittale nel processo romano*. Padova: Cedam, 1938, nº 5, p. 14 a 16; GANDOLFI, *Contributo allo studio del processo interdittale romano*. Milano: Giuffrè, 1955, cap. III, nº 2, p. 36, e também em *Lezioni sugli interdetti*. Milano: La Goliardica, 1960, cap. II, nº 5, p. 67 e ss; e BUONAMICI, *La storia della procedura civile romana*. Roma: L'Erma' di Bretschneider, 1971, v. I, p. 422. Para aprofundar melhor no estudo da proteção possessória através dos interditos no direito romano, ver por todos, MALAFOSSE, *L'interdit momentariae possessionis: contribution a l'histoire de la protection possessoire en droit romain* Roma: L'Erma' di Bretschneider, 1967, p. 29 e ss.

[20] *Contributo allo studio del processo interdittale romano*, op. cit., cap. IV, nº 3, p. 98. Para BETTI, "l'imperium, questo potere che ha il proprio fondamento non in una legge ma nella magistratura come tale, è un residuo della costituzione regia nella costituzione repubblicana", *Istituzioni di diritto romano*. Padova: Cedam, 1947, v. I, §11, p. 21.

[21] La división de los interdictos en *prohibitoria, restitutoria y exhibitoria* está en JUSTINIANO, *Instituciones*, IV, 15, 1, op. cit., p. 292.

[22] Esta segunda parte do processo, denominada *apud iudicem*, correspondia ao *iudex*, que, de acordo com a opinião de MURGA, "no es más que un ciudadano cualificado que asume la solución concreta del asunto litigioso emitiendo su opinión o '*iudicium*'", *Derecho romano clásico – II. El proceso*. 3ª ed., Zaragoza: Universidad de Zaragoza, 1989, p. 139. Daí que no direito romano antigo, a atividade do *praetor* (procedimento *in iure*) se diferenciava da atividade do *iudex* (procedimento *apud iudicem*), pois, enquanto o primeiro detinha o *imperium*, e era o responsável em redigir o documento conhecido como *formula*, em virtude da *litis contestatio*, o segundo detinha somente a *iurisdictio* (*ius dicere*), com seus poderes limitados pela *litis contestatio*. A atividade sucessiva do juiz com respeito à atividade do pretor nos é descrita por GAYO, quando o mesmo se refere ao procedimento dos interditos "Pero el acto no se termina con el mandato o la prohibición de hacer algo, sino que el asunto pasa al juez o a los recuperadores y allí se presentan las fórmulas y se indaga si se hizo algo contra el edicto del pretor o no se hizo lo que éste mandó que se hiciera. (...)", *Instituciones*, op. cit., IV, 141, p. 210. Para analisar melhor a estrutura da magistratura romana e suas características, ver ARANGIO-RUIZ, *Storia del diritto romano*. Napoli: Jovene, 1950, cap. V, § 2º, p. 96 e ss.

A este respeito, é conveniente desenvolver, mesmo que perfunctoriamente, a distinção existente entre as funções do pretor e as funções do juiz, isto é, a complexa questão de distinguir *imperium* de *iurisdictio*. De acordo com a opinião de VOCI, "sono di 'imperium' gli atti pretori che immediatamente impongono un ordine o creano una situazione giuridica diversa dal processo (da questi atti solo mediatamente e eventualmente potrà sorgere un rapporto processuale); sono di 'iurisdictio' gli atti pretori che attengono al sorgere e allo svolgersi di un rapporto processuale, per la cui costituzione i privati si sono rivolti al magistrato. Qui risalta che 'imperium' vale come potere di ordinanza; per contro, 'ius dicere' non può essere inteso come esprimere, riconoscere o formulare un precetto di diritto oggettivo", Per la definizioni dell'imperium. In: *Studi in Memoria di Emilio Albertario*. Milano: Giuffrè, 1953, v. II, p. 98. Daí que para o autor se pode dizer que são "'*praetores*' i ma-

conseqüências que também caracterizam as sentenças mandamentais, como por exemplo, o *imperium*,[23] a realização forçosa da ordem *manu militar*,[24] e a *causae cognitio* ou cognição sumária,[25] que define esta pretensão como um processo sumário.[26]

A sentença mandamental foi descoberta por Georg Kuttner, em 1914, através de sua obra *Urteilswirkungen ausserhalb des Zivilprozesses* (Efeitos da sentença fora do processo civil).[27] O autor criou esta outra forma de tutela a partir

---

gistrati 'cum imperio'", Per la definizioni dell'imperium, op. cit., p. 84. De igual modo LAURIA, para quem a explicação do porque do nome *iurisdictio* é suficiente para esclarecer as dúvidas, uma vez que "il magistrato pronunziava dei 'verba legitima' (la sua funzione si esauriva in questa pronunzia), cioè 'dicebat ius'. Se questo era il significato originario della parola, si spiega agevolmente come mai all'esplicazione della 'iurisdictio' non fosse necessario adoperare potere di comando, e come restassero esclusi da essa tutti quegli atti nei quali non si usavano formole solenni; e si spiega anche perchè la 'iurisdictio' non ricevette mai attributi che la specificassero: 'ius dicere' indicava la forma con la quale quella funzione si esplicava, non il contenuto della funzione", Iurisdictio. In: *Studi in Onore di Pietro Bonfante*. Milano: Fratelli Treves, v. II, p. 529; e GROSSO, ao dizer que "l'*imperium*' spettava ai consoli, detti in antico *'praetores'*, ed al *'praetor* (...)'" *Lezioni di storia del diritto romano*. 3ª ed., Torino: Giappichelli, 1955, nº 85, p. 163, enquanto "agli altri magistrati non muniti di *'imperium'* (censori, edili, magistrati aventi la *'iurisdictio'*) (...)", *Lezioni di storia del diritto romano*. op. cit., nº 91, p. 174. Para aprofundar melhor no tormentoso problema da *iurisdictio* e de sua relação com o *imperium*, ver também LUZZATTO, *Procedura civile romana*. Bologna: U.P.E.B, 1948, v. II, p. 163 e ss; GIOFFREDI, *Contributi allo studio del processo civile romano*. Milano: Giuffrè, 1947, p. 9 e ss; e MURGA, *Derecho romano clásico – II. El proceso*, op. cit., p. 36 e ss. Sobre os poderes do magistrado no direito grego e através da análise da constituição de Atenas, ver por todos, ENRICO PAOLI, *Les pouvoirs du magistrat de police dans le droit attique>, en Altri Studi di Diritto Greco e Romano*. Milano: Istituto Editoriale Cisalpino – La Goliardica, 1976, p. 221 e ss.

[23] Sobre este particular, consultar por todos, VOCI, Per la definizioni dell'*imperium*. In: *Studi in Memoria di Emilio Albertario*, op. cit., p. 67 e ss.

[24] Apesar das diversas formas de execução dos interditos romanos, podemos afirmar, seguindo a GANDOLFI, que "il processo interdittale si concludeva con un ordine rivolto ad una parte privata; traeva fondamento dall'*imperium* del magistrato al quale il cittadino non può sottrarsi; mirava a garantire, sia pure attraverso la tutela di interessi privati, l'ordine sociale e l'ottemperanza a provvedimenti della pubblica autorità ('*bonorum possessio'*, '*missio in possessionem'*, concessioni pubbliche di uso, vendite all'asta pubblica ecc)", *Lezioni sugli interdetti*, op. cit., cap. III, nº 4, p. 124. Por isto, quando o autor analisa o conteúdo do texto de *Iulianus*, 48 dig., D.43,8,7, afirma que: "La menzione delle rovine fa suppore che la pronuncia venisse eseguita '*manu militari'* (*'cogendus demolire'*), se il destinatario non vi ottemperasse spontaneamente. Lo stesso significato sembra abbia il *'tollere debet'*: e tanto più in quanto messo in relazione all'*imperium del pretore*", *Lezioni sugli interdetti*, op. cit., cap. III, nº 4, p. 124 e 125.

[25] Orienta-se neste sentido, BISCARDI, quando disse: "La costante necessità di un sia pur sommario esame di merito da parte del magistrato adito dal ricorrente risulta implicitamente dalla possibilità, fatta al primo, di 'reddere' o 'denegare interdictum'", *La protezione interdittale nel processo romano*, op. cit., nº 10, p. 36. De igual modo, MURGA, para quem: "Esa es sin duda la característica más excepcional de estos actos donde tras la breve 'cognitio' del asunto – de ahí el calificativo de procedimiento cognitorio que reciben estos actos –, el magistrado por sí mismo concede o deniega el medio procesal que se le pide", *Derecho romano clásico – II. El proceso*, op. cit., p. 357.

[26] A característica do procedimento *ex interdicto* como uma forma de processo sumário levou BISCARDI a afirmar que: "Il carattere sommario del procedimento interdittale e la condizionalità della pronuncia favorevole al ricorrente ('interdictum') suggerirebbero dei facili riaccostamenti col procedimento monitorio o ingiuntivo delle legislazioni moderne", *La protezione interdittale nel processo romano*, op. cit., nº 11, p. 63, nota 5.

[27] Neste sentido, GOLDSCHMIDT, *Derecho Procesal Civil*. Trad. por Leonardo Prieto-Castro. Barcelona: Labor, 1936, §15, p. 113; PRIETO-CASTRO, Acciones sentencias constitutivas. In: *Trabajos y Orientaciones de Derecho Procesal*. Madrid: Revista de Derecho Privado, p. 140, nota 23; PONTES DE MIRANDA, *Tratado das ações*. São Paulo: RT, 1976, t. IV, §1º, p. 9; BARBOSA MOREIRA, A sentença mandamental. Da Alemanha ao Brasil. In: *Revista de Processo*, nº 97, p. 252; OVÍDIO B. DA SILVA, *Curso de processo civil*,

da análise das eficácias contidas na sentença, já que a classificação por gênero e espécies era insuficiente para explicar aquelas eficácias existentes em algumas sentenças que não se identificavam com a eficácia meramente declarativa, nem com a constitutiva, e tampouco com a condenatória. Por isto, para Kuttner, as sentenças mandamentais (*Anordnungsurteile*)[28] devem ser entendidas como

> as sentenças em que o juiz, sem proferir decisão com força de coisa julgada sobre a própria relação jurídica de direito privado, dirige imediatamente a outro órgão estatal, a uma autoridade pública ou a um funcionário público a ordem determinada de praticar ou omitir um ato oficial, mais precisamente designado na sentença e contido no âmbito das atribuições desse órgão, e isso mediante requerimento especial e novo da parte vencedora.[29]

A partir deste conceito, podemos identificar quais são as características essenciais das *Anordnungsurteile* para o autor: a) não produzem coisa julgada; b) dirigem-se até outro órgão público alheio ao processo; c) necessitam uma ulterior solicitude da parte interessada.

Apesar da rigorosa análise levada a cabo pelo processualista alemão, sua doutrina teve escasso êxito, conseguindo somente a adesão de Goldschmidt, para quem, *"la 'acción de mandamiento' se encamina a obtener un mandato dirigido a otro órgano del Estado por médio de la sentencia judicial"*.[30] Esta nova forma de tutela jurisdicional influiu sobremaneira na doutrina do autor, até o extremo de sustentar, surpreendentemente, que as sentenças mandamentais são o gênero, e as sentenças condenatórias, simples espécies.[31] Desgraçadamente, seu estudo não foi mais adiante destas observações, pelo que o mesmo destacou: *"Esta cuarta clase de acción, así calificada por Kuttner, está aún pendiente de investigación científica"*.[32]

---

op. cit., v. II, p. 359; e CLÓVIS DO COUTO E SILVA, A teoria das ações em Pontes de Miranda, In: Revista Ajuris, nº 43, p. 73.

[28] De acordo com a opinião de BARBOSA MOREIRA: "A dicção empregada pelo processualista alemão fora 'Anordnungsurteil'; uma das acepções de 'Anordnung' é 'ordem', no sentido de determinação dirigida a alguém", *A sentença mandamental. Da Alemanha ao Brasil*, op. cit., p. 252. Nesta ordem de idéias, PRIETO-CASTRO, quando disse: "El nombre, acción de mandamiento, fue introducido por nosotros en la trad. de Goldschmidt (pág. 113) como correspondiente a 'Anordnungsklagen und, Urteile', denominación creada, como asimismo el tipo, por Kuttner, (...)", *Acciones y sentencias constitutivas*, op. cit., p. 140, nota 23. Também utiliza a denominação de *ação mandamental*, GUASP, *La pretensión procesal*. Madrid: Cívitas, 1996, p. 80, nota 80.

[29] Tradução direta do alemão por BARBOSA MOREIRA, *A sentença mandamental. Da Alemanha ao Brasil*, op. cit., p. 253. No mesmo sentido é a tradução realizada por CLÓVIS DO COUTO E SILVA, *A teoria das ações em Pontes de Miranda*, op. cit., p. 73.

[30] *Derecho procesal civil*, op. cit., §15, p. 113.

[31] A explicação do autor reside no fato de que "la acción de condena es ya una acción de mandamiento, puesto que en cuanto título ejecutivo contiene en sí también un mandato dirigido al órgano de ejecución, para que lleve ésta a efecto (cfs. también la acción derivada del § 731). Pero esta circunstancia se explica sólo por el hecho de que la <condena> del proceso moderno ha sobrepasado los efectos privados de la <condemnatio> del proceso romano, bajo el influjo de las concepciones jurídicas alemanas. Aun cuando no en la medida del Derecho procesal francés o del angloamericano, el Derecho procesal alemán conoce, además, otras acciones de mandamiento", *Derecho procesal civil*, op. cit., §15, p. 113.

[32] *Derecho procesal civil*, op. cit., §15, p. 113.

3.2. Contribuição da doutrina brasileira

Modernamente, as sentenças mandamentais têm ressurgido com o vigoroso estímulo subministrado por parte da doutrina brasileira,[33] principalmente através das obras de Pontes de Miranda[34] e Ovídio B. da Silva.[35] Pode-se afirmar, com toda a segurança, que atualmente as sentenças mandamentais têm-se desenvolvido fora dos estreitos limites impostos por Kuttner, uma vez que não se dirigem exclusivamente a outros órgão públicos alheios ao processo,[36] nem tampouco necessitam uma nova solicitação da parte interessada, permanecendo, em alguns casos, a inexistência da coisa julgada,[37] que estaria justificada em razão de sua própria natureza, herdada dos interditos romanos, como anteriormente analisamos.

A doutrina desenvolvida por Pontes de Miranda tem seu ponto de partida na constatação segundo a qual, não existindo sentenças *puras*, o único critério legítimo para classificá-las reside na eficácia preponderante entre todas as demais eficácias contidas na sentença.[38] A partir de então, o autor procura conceituar

---

[33] Esta nova modalidade de sentença encontra grande respaldo na doutrina nacional, entre os quais cabe citar PONTES DE MIRANDA, *Tratado das ações*, op. cit., t. I, §25, p. 122; §27, p. 134 e 135; §37, p. 211; OVÍDIO B. DA SILVA, *Curso de processo civil*, op. cit., v. II, p. 333 e ss; e também em *Do processo cautelar*. Rio de Janeiro: Forense, 1998, 2ª ed., nº 11, p. 84 e ss, e p. 164; BARBOSA MOREIRA, *A sentença mandamental. Da Alemanha ao Brasil*, op. cit., nº 97, p. 264; ADA PELLEGRINI GRINOVER, *Tutela jurisdicional nas obrigações de fazer e não fazer*. In: *Revista Ajuris*, nº 65, p. 26, também publicado em *Revista Forense*, v. 333, p. 11; ATHOS GUSMÃO CARNEIRO, *Da antecipação de tutela no processo civil*. Rio de Janeiro: Forense, 1999, nº 32.1 e 32.3, p. 40 e 41; MARINONI, *Tutela inibitória*. São Paulo: RT, 1998, p. 351; e também em *A antecipação da tutela*, op. cit., nº 2.4.4, p. 49 e ss; KAZUO WATANABE, *Código brasileiro de defesa do consumidor. (Comentado pelos autores do anteprojeto)*. Rio de Janeiro: Forense Universitaria, 1991, p. 520 e ss; e também em 'Tutela antecipatória e tutela específica das obrigações de fazer e não fazer (art. 273 e 461 do CPC)'. In: *Revista Ajuris*, nº 66, p. 164 e ss; BEDAQUE, *Tutela cautelar e tutela antecipada: tutelas sumárias e de urgência*. São Paulo: Malheiros, 1998, cap. V, nº 2, p. 99 e ss; ZAVASCKI, *Antecipação da tutela*. São Paulo: Saraiva, 1997, p. 13; CARREIRA ALVIM, *Tutela antecipada na reforma processual*. Curitiba: Juruá, 2000, 2ª ed., cap. XIII, nº 1, p. 179; BOMFIM MARINS, *Tutela cautelar: teoria geral e poder geral de cautela*. Curitiba: Juruá, 2000, nº 42, p. 112 e ss; ou EDUARDO LAMY, Prisão penal e coerção processual civil. In: *Revista Gênesis*, 2001, nº 19, p. 81.

[34] O prestigiado autor realiza um profundo estudo das sentenças mandamentais principalmente em seu conhecido *Tratado da Ações*, op. cit., tanto no tomo I, com exposições gerais (ver especialmente §25, p. 122; §27, p. 133 e 134; §28, p. 139; §37, p. 211; §39, p. 215 e ss; e §46, p. 279, 283 e 284), como no tomo IV, que está todo dedicado ao exame do tema.

[35] O professor gaúcho realiza um estudo pormenorizado das sentenças mandamentais através de sua inovadora *Teoria da Ação Mandamental*, contida no *Curso de processo civil*, op. cit., v. II, p. 333 a 431. Anteriormente, o autor já havia dedicado um estudo específico sobre o tema intitulado *Sentença mandamental*. In: *Sentença e Coisa Julgada*. 3ª ed., Porto Alegre: Fabris, 1995, p. 35 a 89, onde individualizava esta nova modalidade e traçava caminhos ainda não tão nítidos.

[36] De igual modo, PONTES DE MIRANDA, para quem: "O mandado pode ser dirigido a outro órgão do Estado, ou a algum sub-órgão da justiça, ou a alguma pessoa física ou jurídica", *Tratado das ações*, op. cit., t. VI, §1º, p. 9. No mesmo sentido, ADA PELLEGRINI GRINOVER, *Tutela jurisdicional nas obrigações de fazer e não fazer*, op. cit., p. 26; ATHOS GUSMÃO CARNEIRO, *Da antecipação de tutela no processo civil*, op. cit., nº 32.1, p. 40; e principalmente OVÍDIO B. DA SILVA, que dedica a este ponto toda a parte final de seu *Curso de processo civil*, op. cit., v. II, p. 419 a 431.

[37] Sobre o assunto, OVÍDIO B. DA SILVA esclarece que "nem todas as sentenças mandamentais estão privadas de coisa julgada. O mandado de segurança, por exemplo, em geral, produz coisa julgada, ao passo que a sentença proferida em processo cautelar não a produz, sendo ambas mandamentais", *Curso de processo civil*, op. cit., v. II, p. 360.

[38] Sobre a diferença existente entre efeitos, conteúdo e eficácia de uma sentença, consultar o que escrevi em meu livro *La pretensión Procesal y la Tutela Judicial Efectiva: Hacia una Teoría Procesal del Derecho*, op. cit., nº 9.5.3, p. 171 e ss.

sentença mandamental, distinguindo-la de outras formas de tutela, com o fundamento segundo o qual:

> Na ação mandamental, pede-se que o juiz mande, não só declare (pensamento puro, enunciado de existência) nem que condene (enunciado de fato e de valor); tampouco se espera que o juiz por tal maneira fusione o seu pensamento e o seu ato que dessa fusão nasça a eficácia constitutiva. Por isso mesmo, não se pode pedir que dispense o "mandato". Na ação executiva, quer-se mais: quer-se o "ato" do juiz, fazendo não o que devia ser feito pelo juiz "como juiz", sim o que a parte deveria ter feito. No mandado, o ato é ato que só o juiz pode praticar, por sua estatalidade. Na execução, há mandados – no correr do processo; mas a 'solução' final é ato da parte (solver o débito). Ou do juiz, "orçando".[39]

Com base no exposto, podemos afirmar que as sentenças mandamentais são exclusivamente aquelas em que prepondera, como eficácia imediata, o *mandado*, a *ordem*, que devem ser atendidos imediatamente[40] (em contraposição a outras situações em que o mandado ou a ordem devem ser atendidos em um momento posterior, como resultado mediato da sentença[41]).

Outro autor que merece ser destacado por suas valiosas contribuições nesta matéria é Ovídio B. da Silva, que, partindo dos estudos realizados por Pontes de Miranda, afirma:

> A ação mandamental tem por fim obter, como eficácia preponderante, da respectiva sentença de procedência, que o juiz emita uma ordem a ser observada pelo demandado, ao invés de limitar-se a condená-lo a fazer ou não fazer alguma coisa. É da essência, portanto, da ação mandamental que a sentença que lhe reconheça a procedência contenha uma ordem para que se expeça um mandado. Daí a designação de sentença mandamental. Neste tipo de sentença, o juiz "ordena" e não simplesmente "condena". E nisto reside, precisamente, o elemento eficacial que a faz diferente das sentenças próprias do Processo de Conhecimento.[42]

O autor, depois de analisar extensa e minuciosamente desde a origem das sentenças mandamentais até sua configuração moderna, passando pela análise do desenvolvimento da jurisdição de urgência e dos instrumentos executórios, além da crise do processo liberal, afirma que:

> O que é decisivo para que exista uma ação mandamental, é que a respectiva sentença de procedência contenha um 'mandado', como sua eficácia preponderante. O que se quer, o objeto principal do pedido é, justamente, a obtenção desse 'mandado'. Pode haver mandados pós-sentenciais, em demandas que não sejam, 'preponderantemente', mandamentais, como aconteceria com a ação de-

---

[39] *Tratado das ações*, op. cit., t. I, §37, p. 211.

[40] De acordo com a opinião do autor: "Na sentença mandamental, o 'ato' do juiz é junto, 'imediatamente', às palavras (verbos) – o ato, por isso, é dito 'imediato'. Não é 'mediato', como o ato executivo do juiz a que a sentença condenatória alude (anuncia); nem é 'incluso', como o ato do juiz na sentença constitutiva", *Tratado das ações*, op. cit., t. I, §37, p. 211.

[41] Para PONTES DE MIRANDA, "A mandamentalidade como eficácia mediata é só no futuro. (...) Há sempre mandado, que se pede 'depois'. Quando o juiz sentencia não manda: a eficácia é da sentença, mas para que se exerça depois a pretensão mandamental", *Tratado das ações*, op. cit., t. I, §27, p. 134. Com isto o autor quer dizer que: "o 'conteúdo' da ação de mandamento é obter mandado do juiz, que se não confunde com o efeito executivo da sentença de condenação (sem razão, JAMES GOLDSCHMIDT). A sentença de condenação pode conter, também, mandamento ao que executar a sentença, mas isso é outra questão", *Tratado das ações*, op. cit., t. I, §46, p. 283.

[42] *Curso de processo civil*, op. cit., v. II, p. 334.

claratória de falsidade documental, cuja sentença, além de declarar o falso, decretasse (ordenasse) sua destruição. Neste caso, a eficácia mandamental de menor intensidade não seria suficiente para retirar da demanda seu caráter de ação declaratória.[43]

3.3. Características

A sentença mandamental, como todo sentença processual, está caracterizada por um verbo que a identifica e a distingue de outras sentenças, e que, ademais, se encontra no conteúdo da respectiva sentença. O verbo que representa esta pretensão é *ordenar* ou *mandar*. Por isso, através desta pretensão, o autor pede, como eficácia preponderante, que o juiz, por meio da sentença, ordene ou mande ao demandado fazer ou não fazer algo em virtude da ordem.

As características desta pretensão não se resumem unicamente na identificação do mencionado verbo (ordenar ou mandar), como crê a maioria dos autores, senão que também se encontram em algumas das peculiaridades herdadas dos interditos romanos com certos matizes modernos. Assim, por exemplo:

a) O verbo *ordenar* ou *mandar*, contido na sentença mandamental, traduz atualmente aquilo que antigamente representava o *imperium* para o interdito, pois, como destaca GANDOLFI: "In ogni modo sta il fatto che l'interdetto è senza alcun dubbio un ordine del pretore ad una parte, di asservare un certo comportamento positivo o negativo, e pronunciato in forza dell'imperium che è per definizione il potere di coercizione".[44]

b) As sentenças mandamentais, assim como nos interditos romanos, também apresentam como característica uma *cognitio summaria*,[45] que as inclui na categoria dos processos sumários,[46] uma vez que a cognição realizada pelo magistrado nesta forma de tutela jurisdicional é limitada, tanto no plano *horizontal*, já que a cognição do juiz se reduz em sua extensão, como ocorre, por exemplo, com a cognição da pretensão de manutenção da posse, que por sua natureza se limita unicamente a questões fáticas, relacionadas diretamente com a posse,[47] como no plano *vertical*, posto que a cognição do juiz

---

[43] *Curso de processo civil*, op. cit., v. II, p. 352.

[44] *Lezioni sugli interdetti*, op. cit., cap. III, nº 4, p. 130 e 131. Para ATHOS GUSMÃO CARNEIRO, "na ações 'mandamentais' o juiz, no uso do poder de império inerente à função jurisdicional, 'expede ordem dirigida a autoridade ou a pessoa particular, (...)", *Da antecipação de tutela no processo civil*, op. cit., nº 32.1 p. 40.

[45] Para aprofundar no estudo da cognição sumária, ver FAIRÉN GUILLÉN, *El juicio ordinario y los plenarios rápidos*. Barcelona: Bosch, 1953, cap. III, p. 41 e ss; BIONDI, Cognitio summaria. In: *Nuovo Digesto Italiano*, Torino: UTET, 1938, t. III, p. 271 e ss; publicado também no *Novíssimo Digesto Italiano*. Torino: UTET, 1959, t. III, p. 436; e PRIETO-CASTRO, *Derecho procesal civil*. 5ª ed., Madrid: Tecnos, 1989, nº 254 e ss, p. 307 e ss. Para uma análise detalhada das diversas formas de cognição no processo civil brasileiro, ver por todos, KAZUO WATANABE, *Da cognição no processo civil*. São Paulo: RT, 1987, especialmente nº 9 a 13, p. 37 a 50; e nº 19 a 25, p. 83 a 110.

[46] A este respeito, merece aprovação o exposto por FAIRÉN GUILLÉN, quando disse que: "la forma específica – acelerada por lo regular – de los sumarios, depende de que se trate de un camino específico para obtener una finalidad específica, a fin de alcanzar la cual es precisa la citada forma especial", *El juicio ordinario y los plenarios rápidos*, op. cit., cap. IV, nº 3, p. 55.

[47] No direito brasileiro, está proibida a *exceptio proprietatis* quando o tema da discussão é a posse, salvo se o demandante invoca a propriedade como fundamento da posse. Este é o sentido da jurisprudência do S.T.J: "Não cabe, em sede possessória, a discussão sobre o domínio, salvo se ambos os litigantes disputam a posse alegando propriedade ou quando duvidosas ambas as posses alegadas", 4ª Turma, REsp, nº 5.462, rel. Min. Athos Carneiro; DJU, 7.10.91, p. 6.470. Este é o sentido do art. 933 do CPC, que destaca: "Na pendência do processo possessório, é defeso, assim ao autor como ao réu, intentar a ação de reconhecimento do domínio". No direito espanhol a regra é a mesma, conforme atesta a jurisprudência segundo a qual "El

se reduz em sua profundidade, como ocorre, *v.g.*, com a cognição cautelar que não permite ao juiz aprofundar a análise da cognição.[48] [49]

---

interdicto es siempre, por naturaleza, un proceso posesorio, de lo que deriva como inevitable efecto, que dentro de él, únicamente pueden disputarse cuestiones que tienen relación directa con la posesión, quedando excluidas aquellas cuyo enjuiciamiento implique la entrada por él órgano judicial en dimensiones ajenas". In: *Ley de enjuiciamiento civil y leyes complementarias*, Madrid: Colex, 1997, art. 1.651, p. 528.

[48] De igual modo, entre tantos outros, CALAMANDREI, ao dizer que: "Para poder llenar su función de prevención urgente las providencias cautelares deben, pues, contentarse, en lugar de con la certeza, que solamente podría lograrse a través de largas investigaciones, con la 'apariencia del derecho', que puede resultar a través de una cognición mucho más expeditiva y superficial que la ordinaria ('summaria cognitio'). (...) Por lo que se refiere a la investigación sobre el derecho, la cognición cautelar se limita en todos los casos a 'un juicio de probabilidades' y 'de verosimilitud'", *Introducción al estudio sistemático de las providencias cautelares*. Trad. por Santiago Sentís Melendo. Buenos Aires: Editorial Bibliográfica Argentina, nº 20 e 21, p. 76 e 77. De acordo com a opinião de SERRA DOMÍNGUEZ: "Si las medidas cautelares tienen como presupuesto no tanto el derecho, cuanto la apariencia de derecho, el procedimiento en que se adopten debe ser sumario, entendiendo por sumariedad la limitación del conocimiento judicial a la apreciación de las circunstancias y presupuestos precisos para la adopción de la medida cautelar. (...) La sumariedad no debe empero convertirse en superficialidad, por no afectar tanto a la profundidad del conocimiento cuanto a los límites del objeto conocido, debiendo por tanto el juez estudiar en cada caso concreto la concurrencia de los presupuestos legales que determinan la adopción de la medida cautelar, examen que no puede aplazarse al incidente de oposición o a los recursos", Teoría general de las medidas cautelares. In: *Las Medidas Cautelares en el Proceso Civil* (con Ramos Méndez). Barcelona: Industrias M. Pareja, 1974, cap. I, nº VII, letra 'a', p. 80. Para aprofundar o estudo da cognição cautelar entre os diversos autores, ver meu artigo, Teoria Geral da Ação cautelar inominada. In: *Tutela de Urgência* (AAVV), Porto Alegre: Síntese, 1997, p. 172 e ss.

[49] A técnica utilizada para que a cognição seja sumária, permitindo assim agilizar os processos, consiste em: a) permitir que o juiz conheça todas as questões referentes ao conflito, porém de forma superficial, proibindo-lhe averiguar em profundidade as questões apresentadas; ou b) eliminar do conhecimento do juiz alguma questão pertinente ao conflito, porém permitindo-lhe analisar em toda sua profundidade aquelas questões apresentadas em juízo. A tutela cautelar exemplifica o primeiro caso, na medida em que, permitindo as partes trazer qualquer fato ao processo, não se eliminam questões do conhecimento do juiz, porém se proíbe averiguar em profundidade estas questões; enquanto os processos possessórios exemplificam o segundo caso, na medida em que está proibido às partes trazer ao processo questões que não se relacionam diretamente com a posse, como conseqüência se está eliminando do conhecimento do juiz questões que poderiam haver sido analisadas, contudo, sobre as questões apresentadas em juízo não há nenhuma limitação para o juiz. Daí que para nós a cognição é sumária tanto na primeira hipótese como na segunda, de acordo com os argumentos apontados. De forma diversa é o entendimento de KAZUO WATANABE, que através de um conceito limitativo afirma que: "'*Cognición sumária*' é uma cognição superficial, menos aprofundada no sentido vertical", *Da cognição no processo civil*, op. cit., nº 22, p. 95. A postura do professor de São Paulo tem como pressuposto, para identificar a cognição sumária, somente a porção do conflito que está no processo, por isto, o restante do conflito que não foi trazido ao processo não pode limitar o conhecimento do juiz, enquanto para nós o pressuposto para identificar a cognição sumária reside no conflito em toda sua dimensão sociológica, e não somente naquela porção do conflito chegada ao processo. O conhecimento do juiz, sobre o conflito, está limitado, tanto se não pode conhecer alguma questão como se não pode aprofundar sobre as questões. Limitar a cognição sumária às questões chegadas ao processo significa esquecer o verdadeiro significado do conflito em sociedade que necessita ser eliminado em toda sua extensão, para que a paz possa voltar em toda sua plenitude, e não somente de forma parcial, que traria simplesmente uma paz incompleta.

Em definitivo, podemos concluir, seguindo a opinião de FAIRÉN GUILLÉN, que os processos sumários são aqueles que, por necessidade de rapidez, limitam a cognição do juiz "restringiendo su contenido material a través de una limitación de los derechos de las partes con respecto a los medios defensa", *El juicio ordinario y los plenarios rápidos*, op. cit., cap. IV, nº 3, p. 55, enquanto os processos plenários rápidos (que no direito brasileiro denomina-se *procedimento sumário*), apesar de não limitarem a cognição do juiz, limitam sua própria forma. Como conseqüência, "las pautas de 'sumariedad'", na acertada opinião do autor, "son perfectamente diversas en ambos grupos de tipos; no se trata de dos subgrupos yuxtapuestos bajo la denominación común de 'juicios sumarios'; pues esta 'sumariedad', en los plenarios rápidos es simplemente de carácter formal, en tanto que en los sumarios propiamente dichos, tiene carácter material", *El juicio ordinario y los plenarios rápidos*, op. cit., cap. IV, nº 3, p. 55 e 56.

Também podemos incluir como característica da sentença mandamental a realização forçosa da ordem *manu militari*, independentemente de um processo de execução *ex intervallo*.[50] Esta execução imediata da ordem na mesma relação processual se justifica na necessidade de atender adequadamente, tanto os novos direitos, como a nova forma de pensamento predominante na sociedade que exige um processo de resultados que seja capaz de declarar e realizar o direito em menor tempo possível.[51]

A sentença se chama mandamental, porque entre todas as eficácias possíveis, compreendidas no conteúdo da sentença (eficácia meramente declarativa, quando declara existentes os requisitos para a concessão da ordem; eficácia de condenação, que se encontra na criação, tanto do título executivo de condenação em custas como na criação da via executiva para realizar este título; eficácia de execução, que reside na capacidade da ordem emitida pelo juiz realizar-se imediatamente, sem necessidade de um processo sucessivo e autônomo), a eficácia preponderante ou maior, pretendida pela parte, consiste na *ordem* para que o demandado imediatamente realize o mandado da sentença, sob pena de incorrer em delito de desobediência e/ou em multa pecuniária (*astreinte*). Isto é, a desobediência acarreta uma ameaça direta sobre a pessoa do demandado ou indireta sobre seus bens, caso ele resolva não obedecer imediatamente à ordem contida na sentença. Inclusive pode existir a cumulação das ameaças, diretas e indiretas, com a finalidade de dar maior eficácia ao cumprimento da ordem.[52]

De acordo com nosso posicionamento, toda sentença é intrínseca e objetivamente coercitiva.[53] Nas sentenças de mandamento existe uma coação atual,[54] uma vez que estas exercem uma pressão física direta sobre a vontade do obrigado de

---

[50] De igual modo, PONTES DE MIRANDA, *Tratado das ações*, op. cit., t. I, §37, p. 211; OVÍDIO B. DA SILVA, *Curso de processo civil*, op. cit., v. II, p. 334 e 348; KAZUO WATANABE, *Tutela antecipatória e tutela específica das obrigações de fazer e não fazer (art. 273 e 461 do CPC)*, op. cit., p. 169; ADA PELLEGRINI GRINOVER, *Tutela jurisdicional nas obrigações de fazer e não fazer*, op. cit., p. 26; MARINONI, *Tutela inibitória*, op. cit., p. 351; ATHOS GUSMÃO CARNEIRO, *Da antecipação de tutela no processo civil*, op. cit., nº 32.1 e 32.3, p. 40 e 41; BEDAQUE, *Tutela cautelar e tutela antecipada: tutelas sumárias e de urgência*, op. cit., cap. V, nº 2, p. 99; entre outros.

[51] Para buscar maiores esclarecimentos acerca do tema, consultar o que escrevi em meu livro *La pretensión Procesal y la Tutela Judicial Efectiva: Hacia uma Teoría Procesal del Derecho*, op. cit., especialmente nº 9.5.3.2, p. 186 e ss.

[52] Este é o sentido do art. 461 do CPC quando prevê que o juiz poderá determinar "(...) providências que assegurem o resultado prático equivalente ao do adimplemento". Isto equivale dizer que o juiz poderá aplicar simultaneamente as duas formas de coação psicológica para assegurar, com maior precisão, o resultado útil do comando sentencial. Assim se expressa também KAZUO WATANABE, *Tutela antecipatória e tutela específica das obrigações de fazer e não fazer (art. 273 e 461 do CPC)*, op. cit., p. 168.

[53] Em tese de Doutorado que foi posteriormente publicada, defendemos que por meio da sentença existe a concreção de uma sanção abstrata através da coação que pode ser atual ou potencial. Estas idéias foram amplamente trabalhadas em meu *La pretensión Procesal y la Tutela Judicial Efectiva: Hacia una Teoría Procesal del Derecho*, op. cit., especialmente nº 3.2, p. 39 e ss, especialmente p. 44 e 45. Para aprofundar no tema relacionado ao estudo das diversas espécies de sanções, ver meu *Contribuição ao estudo das sanções desde a perspectiva do Estado Democrático de Direito*, op. cit., p. 187 e ss.

[54] Ver meu *La pretensión Procesal y la Tutela Judicial Efectiva: Hacia una Teoría Procesal del Derecho*, op. cit., p. 46, nota 107.

maneira concreta e real, isto é, a coação atual consiste em ordenar ao demandado a realização imediata do direito, ameaçando-lhe fisicamente através da perda da liberdade e/ou através da *astreinte* no sentido de dobrar sua vontade para realizar, voluntariamente, o comando imperativo da sentença que está traduzido na *ordem*. Por isso, a natureza da sentença mandamental se identifica com a natureza das ordens compreendidas, tanto no sistema americano do *Contempt of Court*, como no sistema francês das *astreintes*.[55]

A comprovada eficiência da sentença mandamental para atender de forma adequada e satisfatória aos novos direitos a induzir um setor da doutrina italiana a alterar sua compreensão secular da sentença condenatória para adaptá-la a esta nova realidade.[56] A inadequação da sentença condenatória passa pela crise da *obligatio*, uma vez que esta foi concebida em época muito remota para atender realidades que hoje já não mais existem. Esta crise alcança diretamente sua proteção processual, também criada naquela época: a *condemnatio*. Daí sustentar Carnelutti, já no início do século, a defesa de uma sentença mandamental, pois, para ele,

> l'obbligazione non si salva se non a patto di abbandonare invece il rispetto del diritto reale e di cercare in una severa applicazione delle misure esecutive vere e proprie quella tutela, che il diritto del creditore perde per l'abbandono delle misure coercitive; e, dove le misure esecutive non servono, in una coraggiosa adozione delle misure penali.[57]

Como exemplos de sentença mandamental podemos indicar, entre outras: a) a pretensão de manutenção de posse;[58] b) a pretensão cautelar;[59] c) a pretensão

---

[55] Ambos os temas foram amplamente tratados em *La pretensión Procesal y la Tutela Judicial Efectiva: Hacia una Teoría Procesal del Derecho*, op. cit., p. 165 e ss.

[56] Entre os autores que propugnam pela pena de prisão como meio de coação para que o devedor cumpra uma sentença condenatória que tenha por base uma obrigação de fazer ou não fazer, MOLARI, *La tutela penale della condanna civile*. Padova: Cedam, 1960, p. 52; PROTO PISANI, Appunti sulla tutela di condanna. In: *Riv. Trim. Dir. Proc. Civ.*, 1978, p. 1161 e ss; FRIGNANI, *L'"injunction' nella 'common law' e l'inibitoria nel diritto italiano*. Milano: Giuffrè, 1974, pág. 592 e 611. Em sentido contrário, CHIARLONI, *Misure coercitive e tutela dei diritti*. Milano: Giuffrè, 1980, p. 177 e ss e também em 'Ars distinguendi e tecniche di attuazione dei diritti'. In: *Formalismi e Garanzie: Studi sul Processo Civile*. Torino: Giappichelli, 1995, p. 50 e MANDRIOLI, Sulla correlazione necessaria tra condanna ed eseguibilità forzataIn: *Riv. Trim. Dir. Proc. Civ.*, 1976, nº 8, p. 1355.

[57] Diritto e processo nella teoria delle obbligazioni. In: *Studi di Diritto Processuale in Onore di Giuseppe Chiovenda*. Padova: Cedam, 1927, nº 8, p. 248.

[58] Esta pretensão foi analisada desde a perspectiva da sentença mandamental por OVÍDIO B. DA SILVA, *Curso de processo civil*, op. cit., v. II, p. 413 a 417. No direito espanhol, em que pese a resistência por aceitar uma sentença mandamental, alguns autores apontam, sem se dar conta, as características desta espécie de tutela jurisdicional, entre os quais PRIETO-CASTRO, que afirma "La sentencia del 'interdicto de retener', por haber sido 'inquietado' o 'perturbado' el demandante en la posesión o en la tenencia, o por tener el demandante fundados motivos para creer que lo será, contiene una primera parte propiamente jurisdiccional, civil, que consiste en la '<u>orden de que se mantenga</u>' en la posesión al demandante, (...)" (o sublinhado é nosso), *Derecho procesal civil*, op. cit., nº 296, p. 356.

[59] A respeito da tutela cautelar, CALAMANDREI afirma acertadamente que: "La misma se dirige, pues, como las providencias que el derecho inglés comprende bajo la denominación de 'Contempt of Court', a salvaguardar el 'imperium iudicis', o sea a impedir que la soberanía del Estado, en su más alta expresión que es la de la justicia, se reduzca a ser una tardía e inútil expresión verbal, una vana ostentación de lentos mecanismos destinados, como los guardias de la ópera bufa, a llegar siempre demasiado tarde. Las medidas cautelares se disponen, más que en interés de los individuos, en interés de la administración de justicia, de la que garantizan el buen funcio-

de obra nova; d) o mandado de segurança, que é um dos casos mais típico desta modalidade de sentença.

3.4. Diferença das demais espécies de sentenças

Depois de identificar as características que singularizam a sentença mandamental, podemos afirmar, com toda segurança, que elas não se confundem com as constitutivas, nem com as de condenação, nem tampouco com as de execução.

As sentenças mandamentais não se confundem com as sentenças constitutivas, porque nestas o autor pede ao juiz, como eficácia preponderante, a modificação de um estado jurídico que antes da sentença não existia, enquanto na sentença mandamental o autor solicita ao juiz, como eficácia preponderante, a emissão de uma ordem que deve ser observada pelo demandado. Porém, como as pretensões não são puras,[60] pois geralmente possuem mais de uma eficácia, a pretensão constitutiva, além da eficácia preponderante, apresenta outras, com valores menores, como por exemplo, a eficácia mandamental que está contida na ordem do juiz para inscrição da separação dos cônjuges e dos bens no Registro Civil. Isso não autoriza a confusão realizada por alguns autores[61] que mesclam a eficácia maior, contida no pedido de modificação de um estado jurídico, com outra eficácia de peso menor, contida, por exemplo, em uma ordem. É conveniente assinalar também, seguindo a opinião de Ovídio B. da Silva, que

> embora o mandado e sua execução não estejam no 'conteúdo' da sentença, aqui existe um 'verbo' específico que traduz a eficácia peculiar à ação mandamental, verbo este que integra o conteúdo da sentença. Embora o 'efeito' se manifeste externamente, há no conteúdo da sentença uma eficácia produtora desse efeito.[62]

A sentença mandamental não deve confundir-se com a condenatória, porque nesta o autor pede ao juiz, como eficácia preponderante, que condene o devedor

---

namiento y también, se podría decir, el buen nombre", *Introducción al estudio sistemático de las providencias cautelares*, op. cit., nº 46, p. 140.

A tutela cautelar exige sem dúvida uma sentença mandamental baseada em uma ordem coercitiva para poder evitar o aparecimento do dano, e não uma sentença de condenação que está baseada em uma tutela repressiva. A própria natureza da tutela cautelar exige: **a)** uma *cognitio summaria* (vid. *supra*, nota 37); **b)** uma sentença baseada na força do *imperium* para evitar o aparecimento do dano que pode ser antecipada (art. 273 do CPC), ou seja, se antecipa a eficácia de mandamento existente no conteúdo de qualquer sentença que a contenha; e **c)** que a ordem expedida pelo juiz seja executada imediatamente, no menor tempo possível. Se aceitarmos a natureza condenatória da sentença cautelar, teríamos de aceitar também, por uma questão de coerência e lógica, sua natureza repressiva que é inadequada para prevenir o dano, sua cognição plenária, e finalmente sua característica específica que consiste unicamente na criação da via executiva através da criação do título executivo, não permitindo que a realização forçada do direito se dê no mesmo processo.

[60] Tese hoje consagrada de PONTES DE MIRANDA, segundo a qual "Não há nenhuma ação, nenhuma sentença, que seja pura", *Tratado das ações*, op. cit., t. I, § 26, p. 124.

[61] Entre eles, PRIETO-CASTRO, *Derecho procesal civil*, op. cit., nº 70, p. 111; e GUASP, *La pretensión procesal*, op. cit, p. 80, nota 80. En sentido contrário, GOLDSCHMIDT, para quem: "El mandamento no tiene tampoco una virtualidad constitutiva, sino que 'exige' ejecución, que puede obtener incluso en calidad de ejecución provisional (§ 775, nº 1; § 16, II, C. M.)", *Derecho procesal civil*, op. cit., §15, p. 115.

[62] *Curso de processo civil*, op. cit., v. II, p. 356.

a realizar uma determinada prestação, enquanto na mandamental, o autor solicita ao juiz, como eficácia preponderante, que ordene ao demandado um determinado comportamento. Quem condena não ordena, simplesmente exorta, esperando o cumprimento voluntário.[63] A ordem exige mais que a simples condenação, uma vez que, por estar fundada no *imperium*, exerce uma coação atual sobre o demandado, e não uma coação potencial, como existe na sentença condenatória. Ademais, podemos afirmar que a sentença mandamental também se distingue da condenatória pelo fato de possuir uma cognição sumária; realizar-se imediatamente, sem necessidade de um processo de execução forçada;[64] exigir sempre do demandado o cumprimento específico de uma ordem, e não de uma obrigação que não existe, já que não há *vinculum iuris* entre demandante e demandado, pelo que não se pode falar de credor e devedor, aqui a sentença não se refere a prestações devidas pelo devedor;[65] e a ordem apresenta natureza distinta da condenação, pois enquanto aquela (mandamental) quase sempre é preventiva, esta (condenatória) sempre é repressiva.[66] A diferença entre as duas formas de

---

[63] A importância da ordem na caracterização da sentença mandamental é destacada, inclusive, por BARBOSA MOREIRA, que afirma: "Ocioso frisar que, se não houver ordem, a sentença de procedência não será mandamental, mas simplesmente condenatória", *A sentença mandamental. Da Alemanha ao Brasil*, op. cit., p. 261.

[64] A este respeito, merece aprovação o exposto por MARINONI, ao dizer que: "Na sentença mandamental o juiz tutela integralmente o direito do autor, enquanto a tutela condenatória constitui uma 'tutela pela metade', já que correlacionada com a ação de execução. É preciso que se perceba que não há ordem no uso de coerção na sentença condenatória, há, simplesmente, declaração e aplicação da sanção. (...) É necessário frisar, entretanto, que a sentença mandamental não difere da condenatória apenas por conter ordem, mas fundamentalmente por poder levar à tutela de um direito que não pode ser efetivamente tutelado mediante a condenação", *Tutela inibitória*, op. cit., p. 351.

[65] De igual modo, OVÍDIO B. DA SILVA, *Curso de processo civil*, op. cit., v. II, p. 425. Nesta ordem de ideais, é oportuno destacar as agudas observações de CHIOVENDA sobre a ordem implícita o explícita contida em algumas sentenças. De acordo com a opinião do autor: "Bien diferente es el caso cuando la misma declaración de certeza, la misma manifestación de voluntad que constituye la sentencia, comprende el *orden implícito o explícito dirigido a persona diversa de las partes de ejecutar algo. Un efecto tal de la sentencia, que algunos llaman mediato* (LANGHEINEKEN, 'Der Urteilsanspruch', Leipzig, 1899, p. 102-104) comprende ante todo el orden implícito o explícito dirigido a un órgano ejecutivo cuando se trate de ejecución forzada, para el caso de incumplimiento del obligado: pero, el mismo comprende también otros casos, que aquí precisamente se tocan, en los cuales lo que se ejecuta puede muy bien ser en daño de una parte, *pero ni se ejecuta sobre la persona, ni sobre los bienes por ella poseídos, ni es cosa que pueda ejecutarse por la parte, de donde el concepto de la ejecución 'forzada' desaparece*; aquí pueden citarse la inscripción y la cancelación de las hipotecas; la ejecución de transcripciones y de transferencias de fondos; la supresión de documentos declarados falsos (C. de P. C., art. 309); la restitución de documentos (C. de P. C., art. 310), de depósitos, de cauciones; (...). *Estos casos, algunos de los cuales están regulados inexactamente en la ley como ejecución forzosa* (C. de P. C., arts. 561, 722), *se diferencian de la misma porque no se refieren a prestaciones debidas por una de las partes*" (os sublinhados são nossos), *La acción en el sistema de los derechos*. Trad. por Santiago Sentís Melendo. Bogotá: Temis, 1986, nº 2, p. 69, nota 7. Deste modo, podemos concluir que Chiovenda, já em 1903, identificava determinadas ordens existentes dentro de algumas sentenças e as diferenciava das eficácias típicas que integram uma sentença condenatória, tanto que o autor conclui seu raciocínio afirmando que: "Estos casos, algunos de los cuales están regulados inexactamente en la ley como ejecución forzosa se diferencian de la misma porque no se refieren a prestaciones debidas por una de las partes', op. cit., p. 69 nota 7. Contudo, o autor jamais se referiu às pretensões mandamentais como uma categoria autônoma ao lado da declarativas, constitutivas e condenatória.

[66] A este respeito, afirma acertadamente RAPISARDA que "la correlazione necessaria tra condanna ed esecuzione forzata è il frutto di una visione repressivistica di tale rimedio, che non può non porsi in contrasto con una tecnica di tutela, come quella inibitoria, che svolge una funzione preventiva anche nelle ipotesi in cui venga

tutela se mantém inclusive quanto à conduta do demandado depois da respectiva sentença, pois, enquanto a inércia do demandado diante de uma sentença condenatória não acarreta nenhuma conseqüência pessoal, uma vez que esta sentença se limita unicamente a criar o título executivo, que possibilitará o futuro processo de execução forçosa; a inércia do demandado ante uma sentença mandamental configura delito de desobediência e/ou origina uma multa pecuniária (*astreinte*), podendo, inclusive, existir a prisão por flagrante delito.[67]

Também devemos distinguir as sentenças mandamentais das sentenças executivas.[68] Apesar de ambas possuírem a ordem ou mandado como característica essencial, e permitirem a existência de atividade jurisdicional depois da firmeza da sentença procedente, ambas não podem confundir-se, na medida em que: a) a conduta inerte do demandado diante de uma sentença executiva pode ser pressionada através do uso da força policial, enquanto a inércia do demandado frente a uma sentença mandamental, como vimos, configura um delito de desobediência e/ou origina uma multa pecuniária (*asterinte*); b) a realização do direito do autor, criado através de uma sentença executiva, é um ato exclusivo do demandado, que deve entregar o bem, objeto da disputa ao demandante, enquanto que a realização do direito do autor, criado através de uma sentença mandamental, é *ato exclusivo do juiz*, pois somente ele pode executá-la devido ao seu caráter estatal;[69] c) a

---

impiegata per impedire (non già la commissione, bensì) la ripetizione o la continuazione di una violazione in parte già commessa. La concezione della condanna come tutela repressiva esprime il punto di vista piú diffuso tra la dottrina processualistica tradizionale", *Profili della tutela civile inibitoria*, op. cit., cap. V, n° 2, p. 188.

[67] De acordo com o acertado entendimento de KAZUO WATANABE: "O mandado a ela correspondente reclama o cumprimento específico da ordem do juiz, sob pena de configuração do crime de desobediência e, até mesmo, dependendo do nível de autoridade pública a quem é ela dirigida, do crime de responsabilidade", *Tutela antecipatória e tutela específica das obrigações de fazer e não fazer (art. 273 e 461 do CPC)*, op. cit., p. 165. O autor conclui seu pensamento afirmando que: "Para assegurar o cumprimento dessas ordens o nosso sistema processual se vale da 'pena de desobediência' (poderá haver a prisão em flagrante, mas o processo criminal será julgado pelo juiz criminal competente, na forma da lei", *Tutela antecipatória e tutela específica das obrigações de fazer e não fazer (art. 273 e 461 do CPC)*, op. cit., p. 168.

Nesta ordem de idéias, adotamos integralmente os mesmos argumentos empregados por PEKELIS para diferenciar a sanção da '*common law*', consistente em prisão por desacato civil, das sanções criminais, Técnicas jurídicas e ideologias políticas. In: *Revista Jurídica Argentina La Ley*, t. 29, 1943, p. 837 e ss. Podemos dizer que a coação exercida sobre o demandado, geralmente confundida com sanção, em virtude da inércia ante uma sentença mandamental, não pode ser identificada como uma coação de tipo criminal. Além do mais, esta não possui natureza mandamental, senão melhor de condenação. A respeito, afirma acertadamente EDUARDO LAMY que: "Interessante é o paralelo que pode, neste momento, ser traçado com a situação de flagrância no crime de desobediência do Direito Brasileiro", pois, "como no Brasil a natureza da prisão por desobediência é penal, o arrependimento posterior do devedor não evitará a eventual aplicação da sanção, fazendo apenas com que a situação de flagrância ganhe termo caso o devedor cumpra a obrigação assumida", Prisão penal e coerção processual civil. In: *Gênesis – Revista de Direito Processual Civil*, 2001, n° 19, p. 81 e 82.

[68] Sobre esta espécie de sentença, consultar o que escrevemos em *La pretensión Procesal y la Tutela Judicial Efectiva: Hacia una Teoría Procesal del Derecho*, op. cit., p. 188 e ss.

[69] De igual modo, PONTES DE MIRANDA, para quem: "No mandado, o ato é ato que só o juiz pode praticar, por sua estatalidade. Na execução, há mandados – no correr do processo; mas a 'solução' final é ato da parte (solver o débito). Ou do juiz, 'forçando', *Tratado das ações*, op. cit., t. I, § 37, p. 211; e OVÍDIO B. DA SILVA, que disse: "A distinção entre sentenças executivas e mandamentais é fundamental: a execução é 'ato privado da parte' que o juiz, através do correspondente processo – se a demanda fora condenatória ou desde logo por simples decreto, se a ação desde o início era executiva –, realiza em substituição à parte que deveria tê-lo realizado.

finalidade da ordem é totalmente distinta, pois, enquanto a contida em uma sentença executiva é para repor o titular na propriedade ou posse da coisa, a ordem contida em uma sentença de mandamento é para exigir do demandado um fazer ou não-fazer.

Na sentença mandamental, o juiz realiza o que somente ele, como representante do Estado, em virtude de sua 'estatalidade', pode realizar", *Curso de processo civil*, op. cit., v. II, p. 335.

A expropriação e a nova Execução (Lei 11.382/06)

FERNANDA DE SOUZA RABELLO
Professora da PUC/RS. Advogada.

Sumário: 1. Noções gerais; 2. Adjudicação; 3. Alienação por iniciativa particular; 4. Alienação em hasta pública: (Arrematação); 5. Usufruto de bem móvel ou imóvel; Bibliografia.

1. Noções gerais

Marinoni afirma que a natureza jurídica da expropriação é objeto de acirrada divergência na doutrina clássica. Ensina que Carnelutti sustentava a natureza contratual da alienação judicial, entendendo-a como uma compra e venda em que o Estado substitui ao vendedor alienando em seu nome o bem ao arrematante. Não acolhe tal natureza e comunga da teoria de Araken de Assis quando assevera que neste caso far-se-ia necessária a vontade do devedor de promover a alienação, o que não acontece. Chiovenda e Calamandrei preferiam conceber a alienação como um procedimento complexo em que o Estado tomava do devedor o poder de dispor da coisa penhorada. Nesta linha o Estado retiraria do devedor a faculdade de dispor do bem, vendendo-o para terceiro com o objetivo de realizar o direito do exeqüente. Para Liebman a arrematação teria a natureza de uma vínculo de direito público. Assim, finaliza por entender a arrematação como um figura distinta, de natureza processual, que constitui forma derivada de aquisição de propriedade e neste ponto, também segue Araken de Assis, que entende a alienação forçada como um negócio jurídico entre o Estado que detém o poder de dispor e o adquirente.

A execução por quantia certa sempre se realizou por meio de expropriação, pois o art. 594 do CPC já traduzia o princípio da patrimonialidade demonstrando que o executado deve responder pelas obrigações com seus bens, presentes e futuros.

Somado a isto, o artigo 646 do CPC permite ao credor, na busca de sua satisfação, expropriar bens do devedor e, conforme ensina Araken de Assis, expropriar, tradicionalmente, significa individualizar bens, no patrimônio, para em seguida, na hipótese de apreensão de bem diverso de dinheiro, dar-lhes justo preço e convertê-los em moeda na alienação coativa.

A Lei 11.382/06 deu uma nova roupagem à expropriação do direito pátrio, trazendo como forma primeva na busca da satisfação do credor o instituto da 'adjudicação', o qual passa a ocupar o primeiro lugar na ordem expropriativa. Anteriormente tal modalidade expropriatória só era acolhida se frustrada a arrematação.

Assim, hoje, além do credor poder adjudicar, poderão os antes legitimados ao exercício da remição (instituto que desapareceu para os parentes) valer-se de tal faculdade, quando então o exeqüente receberá o objeto da prestação caso não opte por receber o próprio bem.

2. Adjudicação

Etimologicamente, conforme Francisco da Silveira Bueno, a palavra adjudicação significa entrega, outorga jurídica, do latim *adjucationem* ou *adjudicare*, enquanto o vocábulo arrematação é o mesmo que arremate (arremate (s.m) ponto final, nó com que se termina um trabalho de amarras, ato de arrematar), arrematar = comprar a lances em leilão.

A adjudicação, então, é a transferência de bens, a título de pagamento ao próprio credor exeqüente, não mais sujeita à contingência da prévia realização da hasta pública. A exposição de motivos da nova lei já referiu que a hasta pública se traduzia em uma maneira anacrônica e formalista, revelando-se um meio ineficaz de alcançar, além de um justo preço pelo bem garantidor da execução, a própria satisfação do credor.

Conforme Humberto Theodoro Júnior, pelas novas diretrizes, agora se pode ter a adjudicação como o ato executivo expropriatório por meio do qual o Juiz, em nome do Estado, transfere o bem penhorado para o exeqüente ou para outras pessoas a quem a lei confere preferência na aquisição. Não pode ser confundida com a arrematação porque a intenção do credor quando recebe o bem não é a de transformá-lo em dinheiro, e sim a de usar o referido bem como forma de pagamento.

Para que tal direito possa ser exercido pelo credor, no mínimo duas exigências devem ser cumpridas: requerimento do interessado, pois o juiz não poderá impor-lhe tal aceitação como forma de pagamento, a oferta do pretendente não poderá ser inferior ao valor da avaliação.

Como credor que é, o exeqüente, ao optar pela adjudicação, estará liberado de depositar o preço, desde que o seu crédito seja igual ou superior ao valor atribuído ao bem, e desde que não haja concorrência de outros pretendentes com preferência legal sobre o produto.

Conforme a previsão contida no artigo 685-A, § 1º, se o preço da adjudicação for maior, caberá ao interessado depositar o valor imediatamente para o fim de ver apreciado seu requerimento. Assim, tornou-se possível ao credor efetuar a "torna" em dinheiro até mesmo como forma de incentivo a modalidade escolhida.

Se o crédito existente em favor do adjudicatário for maior, poderá prosseguir a execução pela diferença.

A legitimidade para o exercício da faculdade da adjudicação se opera, em primeiro lugar, pelo exeqüente, seguido do credor com garantia real (e não apenas ao credor hipotecário) e demais credores que tenham feito recair a penhora sobre o mesmo bem (neste caso, havendo vários interessados, resolver-se-á o impasse através de licitação entre eles).

Luiz Rodrigues Wambier refere que "caso o interesse de adjudicar seja manifestado por mais de uma pessoa entre aquelas que tenham legitimidade para tanto, instaura-se entre elas um concurso, havendo se observar a seguinte ordem de preferência:"

1º) aquele que oferecer maior valor (§ 3º, 1ª parte, do art 685-A);

2º) se tratar de penhora de quota em execução movida por terceiro estranho a sociedade, terão preferência os sócios (§ 4º do art. 685-A);

3º) cônjuge, descendente ou ascendente, nesta ordem (§ 3º, 2ª parte, do art. 685-A);

4º) credores com crédito privilegiado (trabalhista, fiscal, dotado de garantia real, etc.). Tendo sido revogada a regra constante da 2ª parte do § 2º do artigo 714, incide analogicamente, no caso, o disposto no artigo 711;

5º) O credor cuja execução ocorreu a primeira penhora (cfe. 612 e 711, *in fine,* incide por analogia, no caso).

Conforme bem ressaltado por Humberto Theodoro Júnior, a ordem das penhoras não cria preferência na adjudicação, mas sobre o produto da expropriação, razão pela qual o adjudicatário, se não for o primeiro na ordem das penhoras, deverá depositar o preço para sobre ele realizar-se o direito de preferência dos concorrentes.

Por fim, restou atribuída legitimidade igualmente ao cônjuge, descendente ou ascendentes do executado. Cabe salientar que se entende possa tal legitimação se estender ao companheiro desde que tal qualidade esteja devidamente comprovada, especialmente quando reconhecida por sentença.

Afirma, ainda, que os parentes e o cônjuge têm para o exercício do direito de adjudicação a mesma oportunidade que cabe ao exeqüente, mas o farão com preferência sobre todos os credores com penhora sobre os bens a adjudicar.

A oportunidade para o exercício do direito de adjudicar não restou prevista expressamente pelo legislador, mas como, necessariamente, deverá ser atribuído um valor ao bem pelo critério de avaliação, se impõe que o direito nunca seja exercido anteriormente a ela.

Humberto Theodoro Júnior ressalta, ainda, aspecto bastante relevante quanto ao prazo "uma vez iniciada a licitação em hasta publica, não há como impedir que o arrematante adquira o bem. Não há na lei concorrência entre adjudicantes e arrematantes. Se todavia a hasta frustrar-se por falta de licitantes, não haverá inconveniente em que se prefira a adjudicação em vez de recolocar os bens penhorados em nova hasta pública.

O deferimento do requerimento da adjudicação por parte do credor poderá ser impugnável por meio de agravo de instrumento, eis que totalmente incabível o agravo retido que tornaria sem sentido a prática dos atos executivos sem a apreciação do incidente.

Como previsto pela legislação anterior à adjudicação, perfectibilizar-se-á através do auto (artigo 685 – b), que deverá, conforme expressamente determinado, ser firmado pelo juiz, pelo adjudicante e o escrivão. A assinatura do executado não aparece como requisito de validade deste auto.

O auto de adjudicação, transcorrido o prazo de recurso, será transformado na carta de adjudicação, documento, como já anteriormente era previsto, hábil à transferência da titularidade do domínio junto ao Cartório Imobiliário competente.

No caso de a adjudicação recair sobre bem móvel, não se fará necessária a carta sendo expedido apenas um mandado para que o depositário efetue a entrega ao adjudicatário.

3. Alienação por iniciativa particular

Pelo que se pode extrair da melhor doutrina, a interpretação legislativa demonstra que a lei 11.382 teria consagrado a alienação por iniciativa particular como forma preferencial de expropriação dos bens do devedor. Tal modalidade expropriatória pode se tornar muito mais eficaz, ágil e menor onerosa se comparada à hasta pública.

Conforme o artigo 685-C, não sendo realizada a adjudicação, poderá o exeqüente requerer seja o bem alienado por sua própria iniciativa ou por intermédio de corretor, o qual deverá estar credenciado perante a autoridade judiciária.

O artigo 700 do CPC continha previsão que autorizava a alienação por iniciativa particular nos casos de imóveis. Na atualidade qualquer bem penhorado poderá ser objeto de alienação por iniciativa particular, podendo até mesmo o próprio credor/exeqüente realizar a tarefa de promover a alienação.

Em não tendo exercido o direito de adjudicar, caberá ao exeqüente requerer ao juiz do feito a alienação por iniciativa particular, indicando, se pretende ele mesmo realizar a alienação ou se irá confiá-la a um terceiro devidamente credenciado. Conforme Luiz Rodrigues Wambier e Tereza Arruda Alvim Wambier, caberia igualmente ao executado requerer a alienação por iniciativa particular, e neste caso, deverá o juiz deferi-la, se entender que não causará qualquer prejuízo ao exeqüente. Não se pode, contudo, impor ao exeqüente que a alienação se dê, neste caso, por sua iniciativa, mas, sim, por intermédio de corrretor credenciado perante a autoridade judiciária.

Nessa hipótese, caberá ao juiz acolher dita pretensão, ou alterá-la, devendo, desde logo, fixar o prazo para a transação, a forma de publicidade, o preço e as condições de pagamento acrescidas das necessárias garantias e eventual corretagem a ser paga ao terceiro interveniente.

Para o atendimento da norma poderão corretores de imóveis, representantes comerciais, comerciantes de automóveis, etc, sempre profissionais do mercado, idôneos para a concretização da alienação. O artigo 685-C, em seu § 3º, prevê que os Tribunais poderão expedir provimentos que informem, de forma pormenorizada, o procedimento da alienação prevista no artigo, dispondo, inclusive, sobre o credenciamento de corretores.

Formalizado o negócio deverá ser expedida uma carta de alienação em favor do adquirente como fosse uma carta de adjudicação para a mesma finalidade antes referida, qual seja, a de transferência da titularidade do domínio em favor do adquirente.

3.1. Alienação pela rede mundial de computadores

Conforme dispõe o artigo 689-A do CPC, a alienação poderá dar-se, ainda, através da rede mundial de computadores, neste caso, também, obedecendo a normas a serem estabelecidas pelos Tribunais e Conselho da Justiça Federal, sempre atendendo ao requisito da mais ampla publicidade, autenticidade e segurança, com observância das regras estabelecidas na legislação referente à certificação digital. No Brasil, foi instituída a Infra-Estrtura de Chaves Públicas Brasileira – ICP – Brasil, pela Medida Provisória 2.200-2, de 24.08.2001, para garantir a segurança, integridade, autenticidade e validade jurídica dos documentos.

4. Alienação em hasta pública: (Arrematação)

Confirmando os ditames anteriores, apenas com a inversão na ordem, como terceira hipótese ao credor, poderá ele requerer a realização da alienação em hasta pública, que será precedida do necessário edital de convocação aos interessados. As regras editalícias parecem não ter sofrido grandes alterações, sendo apenas adequadas em sua terminologia.

As formalidades restaram diminuídas.

Tais mudanças inciam-se pelo edital que amplia o teto relativo ao valor do bem penhorado, ao dispensar a publicação caso o bem possua valor excedente a

60 salários mínimos. E mais, o artigo 687, § 2º, do CPC permite ao magistrado que, atendendo ao valor dos bens e às condições da comarca, altere a forma e a freqüência da publicidade na imprensa, mande divulgar avisos em emissora local e adote outras providências tendente s a mais ampla publicidade na imprensa. Inclusive podendo recorrer aos meios eletrônicos de divulgação.

Desaparece a obrigatoriedade no sentido de que o devedor seja intimado pessoalmente, o que se fará necessário somente quando o devedor não estiver representando nos autos. Em caso de o mesmo encontrar-se devidamente representado ,o executado terá ciência do dia, da hora e do local da alienação judicial por intermédio de seu procurador constituído nos autos, por meio de mandato, carta registrada, edital ou outro médio idôneo

Quanto às regras da arrematação propriamente dita, sofreram alterações, em especial no prazo de pagamento, que se fazia a vista, em três dias, e agora o preço será pago em 15 dias mediante caução. Caberá ao interessado, ainda, a possibilidade de ofertar por escrito, com preço nunca inferior ao da avaliação, pelo menos 30% a vista.

Pago o preço ou formalizada a proposta de parcelamento, a arrematação constará de auto lavrado de imediato, que será, de forma idêntica à adjudicação, assinado pelo juiz, pelo arrematante e pelo serventuário da justiça. O escrivão, pela nova lei, nem lavra o auto e tampouco o firma, cabendo ao oficial de justiça ou ao leiloeiro cumprir tal tarefa.

Com características de modernidade o artigo 689-A autoriza, conforme já referido, a publicação do edital e a realização da hasta pública através da internet. Tal inovação, primeiramente, ao desabrigo de uma maior regulamentação, entendeu-se por acolher as regras pertinentes às licitações em geral, notadamente aos pregões eletrônicos. Porém, com a publicação da Lei 11.419/2006, que disciplina a informatização dos processos judiciais, parece restar superado o eventual problema decorrente da previsão contida no artigo em referência.

Regra diferenciada da legislação anterior se apresenta, também, no disposto no artigo 694, que, ainda que julgados procedentes os embargos, prevê a arrematação perfeita, acabada e irretratável. Afirma Luiz Rodrigues Wambier que a propriedade do arrematante sobre o bem, ultimada a arrematação, não poderá se desfazer mesmo que seja desconstituído o título no qual se funda a execução. A justificativa faz-se óbvia pois, em sendo acolhidos os embargos, seus efeitos alcançarão apenas as partes envolvidas na relação executiva (§ 2º do artigo 694 c/c 574 do CPC). Tal regra, segundo o entendimento do autor, poder-se-á aplicar extensivamente à alienação por particular.

É de referir que, conforme o inciso III do § 1º do artigo 694, restou alterado o prazo, que era de três para cinco dias, para que o arrematante possa alegar eventual vício do edital, caso em que a arrematação tornar-se-á sem efeito.

5. Usufruto de bem móvel ou imóvel

Tornou-se admissível o usufruto quando a penhora recair sobre móvel ou imóvel, e a lei não mais cogita sobre o usufruto de empresa. Assim, sempre que, por opção, venha a requerer o credor o usufruto, e desde que não aumente a onerosidade do executado, deverá o juiz deferi-lo em favor do exeqüente.

O usufruto não deve sujeição à ordem estabelecida pelo artigo 647. Se o juiz o "reputar menos gravoso ao executado e eficiente para o recebimento do crédito, deverá de pronto deferi-lo." Como é uma das hipóteses de direito real, deverá, no caso de recair sobre bem imóvel, ser averbado junto ao Cartório de Registro Imobiliário.

Conforme o artigo 722, resta dispensada a concordância do executado para que o usufruto seja adotado como forma de satisfação do credor. No entanto, a constituição do usufruto caberá ao juiz.

Dois requisitos se fazem essenciais para o acolhimento da pretensão:

a) que o usufruto se constitua como meio menos oneroso ao devedor,

b) e que este meio seja realmente eficaz para a satisfação do crédito.

Araken de Assis ensina que a constituição do usufruto não impede que ocorram constrições sobre a propriedade. O titular da segunda penhora poderá alienar o bem. Porém, o adquirente deverá respeitar o usufruto constituído em favor do outro credor.

Para finalizar cabe ressaltar que os estudiosos não percebem, na plenitude, que a deficiência na prestação da tutela executiva sempre é, no fundo, um problema de adequação dos meios a fins, dado o caráter prático dessa modalidade de tutela jurisdicional. D"estarte a prestação da tutela executiva depende, fundamentalmente, da existência de meios executivos eficazes e ágeis para proporcionar a satisfação necessária ao credor. Como afirma Marcelo Lima Guerra, "quanto a isso, pouco ou quase nada se avança com a mera eliminação do processo de execução autônomo".

É imperiosa e não deve cessar a busca por subsídios que dispensem a mais ampla proteção ao credor com soluções eficazes frente à moderna teoria dos direitos fundamentais tentando solucionar o conflito de direitos tanto do credor quanto do próprio executado.

Bibliografia

ASSIS, Ara ken de. *Manual da Execução*, Ed. RT, 11ª Ed. 2007.

BUENO, Francisco da Silveira. *Grande Dicionário Etimológico-prosodico da Língua Portuguesa*, Ed Brasília, 1974 – 1/ vol).

CARREIRA ALVIM, J. E.; CABRAL, Luciana G Carreira Alvim. *Nova Execução de Título Extrajudicial*, Curitiba, Juruá, 2007.

DINAMARCO, Cândido Rangel. *Instituições de Direito Processual Civil*, Ed. Malheiros, 2004.

GUERRA, Marcelo Lima. *Direitos Fundamentais e a Proteção do Credor na Execução Civil*, Ed. RT, 2002.

KOZIKOSKI, Sandro Marcelo. O Regime da Execução dos Títulos Extrajudiciais e os novos meios Expropriativos – in *Execução Civil* – Estudos em Homenagem ao prof. Humberto Theodoro Junior, Ed. RT, 2007, pág. 514.

MARINONI, Luiz Guilherme, *Execução*, Ed. RT 2007, pág. 314.
SHIMURA, Sérgio. *Execução no Processo Civil*, Ed. Método, 2005.
THEODORO Jr, Humberto. *A Reforma da Execução do Título Extrajudicial*, Ed. Forense, 2007.
WAMBIER, Tereza Arruda Alvim e Luiz Rodrigues e MEDINA, Jose Miguel Garcia. *Breves Comentários à Nova Sistemática Processual Civil*, Ed. RT, 2007.

— 8 —

As ações coletivas e o ambiente: o papel do processo na proteção da vida

FERNANDA LUIZA FONTOURA DE MEDEIROS

Doutoranda em Direito pelo Curso de Pós-Graduação em Direito da UFSC e pela Faculdade de Direito da Universidade de Coimbra/Portugal; Mestre em Direito pelo Programa de Pós-Graduação em Direito Mestrado e Doutorado da Faculdade de Direito da PUCRS; Professora dos Cursos de Graduação e Pós-Graduação da Faculdade de Direito da PUCRS; Advogada.

Sumário: Considerações introdutórias; Meio ambiente como bem jusfundamental; A tutela processual; A ação popular; A ação civil pública; Mandado de injunção coletivo; Mandado de segurança coletivo; Uma forma de participação popular; Referências bibliográficas.

> *O processo constitucional deve ser instrumento eficaz para fazer consagrar, respeitar, manter ou restaurar os direitos individuais e coletivos, quando lesados, através da fonte, seja ela do próprio poder, dos indivíduos, grupos ou mesmo de ordem econômica e social inadequada à realização da dignidade humana.*[1]

Considerações introdutórias

Nunca é exagero, nos tempos em que vivemos e nos tempos que estão por vir, relembrar e realçar, como bem destaca Gomes, a importância da questão ambiental. A referida autora portuguesa alerta que, por mais paradoxal que possa parecer,

> (...) enaltecer uma realidade que ganha contornos crescentemente preocupantes para a Humanidade, trata-se, ao fim e ao cabo, de convocar as consciências ecológicas para a necessidade de contrariar a tendência destrutiva da acção humana sobre o ambiente.[2]

Em que pese a existência das mais variadas teorias acerca do comportamento da Terra e de sua capacidade de recuperação em face às ações do homem,

---
[1] BARACHO, José Alfredo de Oliveira, Processo Constitucional, p.34.
[2] GOMES, Carla Amado, O ambiente como objecto e os objectos do direito do ambiente in *Revista Jurídica do Urbanismo e Ambiente*, n. 11/12, 1999, p. 43.

fato que é inegável é a finitude dos recursos naturais[3] e a forma leviana com a qual viemos tratando o meio que nos acolhe, nos dá e nos mantém vivos. Gomes assevera que, diante da magnitude dos problemas ambientais que estamos enfrentando nos últimos cem anos, a melhor atitude a seguir é admitir a crise dos modelos tradicionais de aproveitamento desses recursos naturais. A idéia lançada está baseada no dogma de que detectar um problema é o primeiro passo para (tentar) a sua resolução, como bem aponta a professora lusitana.[4]

Urge, ainda, levarmos em consideração que o homem, enquanto espécie, como bem salienta Morin, progressivamente, vive cada vez mais. O referido autor afirma que "em 2015, a metade da população terá mais de 60 anos".[5] A situação de longevidade das espécies, principalmente da longevidade humana, apontada por Morin é de extrema relevância, não só pelo aspecto biológico, médico e sócio-antropológico que suscita, mas pelo aspecto ambiental *stricto sensu*. Em que tipo de ambiente essas população estará usufruindo sua mais longa vida?

No que se estabelece um contra-senso, haja vista a grande maioria dos autores defenderem, como é o caso de Souza, que o avanço da tecnologia, da globalização, da urbanização e dos desastres ecológicos ameacem a vida das espécies:

> As novas e crescentes exigências, conseqüentes ao fenômeno da urbanização, que resultaram na concentração da maior parte da população do planeta nos centros urbanos, reverteram-se em agressões cada vez maiores ao meio ambiente, a ponto de ameaçar o futuro da espécie.[6]

Silva, na mesma linha desenvolvida por Gomes, aponta que o despertar para um mundo limitado de bens ambientais e o primeiro grupo a "acordar" para a grave situação foram os movimentos ecológicos dos anos 70, na esteira dos primeiros grandes desastres ambientais em escala mundial.

> Perante a 'falência das ideologias', estes movimentos difundem uma nova utopia, propondo uma alternativa política global para todos os problemas da sociedade, levando ao extremo a politização de uma questão que, até há bem pouco tempo antes, nem sequer era domínio da política.[7]

Os grandes desastres ecológicos da nossa era tiveram o mérito de nos despertar para a finitude do ar, da água, da terra, do homem. Esse mérito adveio através da força de um desastre nuclear, de um vazamento, de uma chuva ácida, que não obedecia a fronteiras políticas, linhas de Estados, tratados internacionais, responsabilidades estatais, culpa aquiliana.

---

[3] Utilizamos a expressão "recursos naturais" com uma verdadeira intenção provocativa, com a força do instigar, observando esse bem tutelado sob a ótica de uma vertente econômica do direito protetivo do ambiente. E esses recursos são finitos, são limitados ou, pelo menos, necessitam de um período muito longo para a sua recuperação, um período mais longo do que o homem em uma expectativa de vida possa esperar.

[4] GOMES, Carla Amado, O ambiente como objecto e os objectos do direito do ambiente in *Revista Jurídica do Urbanismo e Ambiente*, n. 11/12, 1999, p. 44.

[5] MORIN, Edgar, *A Religação dos Saberes*, p. 245.

[6] SOUZA, Paulo Roberto Pereira de, A tutela jurisdicional do meio ambiente e seu grau de eficácia in LEITE, José Rubens Morato; DANTAS, Marcelo Buzaglo, *Aspectos Processuais do Direito Ambiental*, p.230.

[7] SILVA, Vasco Pereira da, *Verdes são também os direitos do homem*, p. 11.

Dessa feita, o Direito, enquanto Ciência, se vê obrigado a dialogar com outros ramos, com outras ciências, para descobrir a melhor forma de proteção, para descobrir a melhor forma de reparação, para descobrir a melhor forma de compensação.

Morin assevera que

> Quando nos limitados às disciplinas compartimentadas – ao vocábulo, à linguagem própria a cada disciplina –, temos a impressão de estar diante de um quebra cabeças cujas não conseguimos juntar a fim de compor uma figura. Mas, a partir do momento em que temos um certo número de instrumentos conceituais que permitem reorganizar os conhecimentos – como para as ciências da Terra, que permitem concebê-la como um sistema complexo e que permitem utilizar uma causalidade feita de interações e de retroações incessantes- temos a possibilidade de começar a descobrir o semblante de um conhecimento global.[8]

E é esse conhecimento global, é esse todo que se preocupa a questão ambiental. Um direito que protege a todos, pois protege um bem que é de todos e é essencial à vida de todos os seres vivos, estabelecendo uma relação simbiótica com e entre os seres vivos.

Meio ambiente como bem jusfundamental

Tendo em conta a já demonstrada importância da proteção do meio ambiente para a própria sobrevivência da humanidade, verifica-se também, segundo Silva,[9] que o ordenamento jurídico – competente para tutelar o interesse público – há que dar resposta coerente e eficaz para essa nova necessidade social. Em decorrência, portanto, deste novo anseio comunitário e universal, acabou sendo reconhecido um novo direito fundamental, tendo como objeto justamente a proteção jurídica do meio ambiente na condição de bem fundamental.

Assim, pelo prisma constitucional, o ambiente constitui-se em bem jurídico tutelado pela nossa Constituição Federal. Tendo em conta a sua expressa presença no texto constitucional, mas fora do Título II (Dos Direitos e Garantias Fundamentais), passamos, nesta parte do trabalho, a buscar uma fundamentação jurídico-constitucional adequada para que possa, na esteira do que já vem entendendo boa parte da doutrina[10] e jurisprudência,[11] ser a proteção do meio ambiente

---

[8] MORIN, Edgar, *A Religação dos Saberes*, p. 491.

[9] J. A. da Silva, *Direito Ambiental Constitucional*, p.36.

[10] Entre os doutrinadores nacionais podemos citar, dentre outros, P. Bonavides, I. W. Sarlet e J. A. da Silva. Na doutrina estrangeira salientamos, como exemplo, J. J. G. Canotilho, J. Miranda e J. C. Vieira de Andrade

[11] Os Tribunais brasileiros já têm respondido a demandas de caráter ambiental, por intermédio das quais a sociedade busca a proteção do meio ambiente, como exemplo, podemos citar uma decisão do Tribunal Regional Federal da 5ª Região: "As praias são bens públicos e devem ser preservados para uso comum do povo. Todo e qualquer ato causador de degradação ao meio ambiente estará sujeito à intervenção e controle do Poder Público tal como assegura a CF em vigor (art. 225). As construções de bares sem as mínimas condições higiênicas, em plena orla marítima não só prejudicam o bem estar da coletividade quando degradam o meio ambiente. Padecem de nulidade os atos praticados pela Prefeitura do Município, que permitiu a edificação dos referidos bares em terrenos de marinha, pertencentes à União Federal, sem autorização legal". (TRF 5ª R. – REO AC 26.101 – PE – 3ª T. – Rel. Juiz José Maria Lucena – DJU 10.03.1995).

reconhecida como direito (e também como dever) fundamental da pessoa humana na nossa ordem constitucional.

A Carta Federal de 1988, em seu artigo 225, por meio de mandamento expresso pela soberania popular, impôs ao legislador e, principalmente, ao aplicador do Direito, uma vez que o intérprete é o último sujeito a positivar a norma, conforme o dizer de Freitas,[12] a dar concretude ao disciplinado pela norma disposta no *caput* do artigo 225 da Constituição:

> Todos têm direito ao meio ambiente ecologicamente equilibrado, bem de uso comum do povo e essencial à sadia qualidade de vida, impondo-se ao poder público e à coletividade o dever de defendê-lo e preservá-lo para as presentes e futuras gerações.

O intérprete constitucional, ao realizar a exegese das normas fundamentais, deve levar em consideração o sentido atual e vigente do disposto na Constituição, uma vez que sua função ao interpretar a norma é assegurar a sua efetividade social.

Ao incluir o meio ambiente como um bem jurídico passível de tutela, o constituinte delimitou a existência de uma nova dimensão do direito fundamental à vida e do próprio princípio da dignidade da pessoa humana, haja vista ser no meio ambiente o espaço em que se desenvolve a vida humana. Neste contexto, os direitos e garantias fundamentais encontram seu fundamento na dignidade da pessoa humana, mesmo que de modo e intensidade variáveis.[13]

Desta forma, a proteção ao Ecossistema no qual estamos inseridos, e dele fazemos parte,[14] foi concebida para respeitar o processo de desenvolvimento econômico e social, ou seja, com o escopo de conservação/alterações produzidas por decisão democrática socioindividualmente constituída para que o ser humano desfrute de uma vida digna, e somente assim deve ser interpretado. Freitas[15] disciplina de forma clara a questão, ao dispor que o intérprete do direito deve procurar aglutinar os melhores princípios e valores da sociedade no período temporal vigente.

A esse respeito, Sarlet argumenta que

> (...) sempre haverá como sustentar a dignidade da própria vida de um modo geral, ainda mais numa época em que o reconhecimento da proteção do meio ambiente como valor fundamental indicia que não mais está em causa apenas a vida humana, mas a preservação de todos os recursos naturais, incluindo todas as formas de vida existentes no planeta, ainda que se possa argumentar que tal pro-

---

[12] J. Freitas, A Interpretação Sistemática do Direito, p.151 no que diz "O sistema, em sua abertura (...) não prospera senão no intérprete em sua idêntica abertura e vocação para ser o positivador derradeiro do Direito".

[13] I. W. Sarlet, *Dignidade da Pessoa Humana e Direitos Fundamentais na Constituição Federal de 1988, p.81-2* e v. também J. Miranda, *Manual de Direito Constitucional*, v.IV, p.181 e J. C. Vieira de Andrade, *Os Direitos Fundamentais na Constituição Portuguesa de 1976*, p.102, quando diz que o princípio da dignidade da pessoa humana radica na base de todos os direitos fundamentais constitucionalmente consagrados.

[14] Quando afirmamos que além de estarmos inseridos no ambiente natural fazemos parte dele, significa dizer que o homem não está desvinculado ou apartado, o homem faz parte do meio tal como um igual, é parte da teia da vida.

[15] J. Freitas, Op. cit., p.152.

teção da vida em geral constitua, em última análise, exigência da vida humana e vida humana com dignidade.[16]

Conclui-se, portanto, que toda a matéria relacionada, direta ou indiretamente, com a proteção ao meio ambiente, projeta-se no domínio dos direitos fundamentais. Esta vinculação ocorre, não somente pela inserção sistemática do meio ambiente no âmbito dos direitos fundamentais, mas, principalmente, por ser o Estado Democrático de Direito a garantia, a promoção e a efetivação desses direitos.

Podemos qualificar o direito à proteção ambiental como um legítimo direito fundamental, uma vez que diz diretamente com a própria dignidade da vida. Sarlet[17] acrescenta que os direitos fundamentais integram um sistema no âmbito da Constituição, salientando que os direitos fundamentais são, na verdade, concretizações do princípio fundamental da dignidade da pessoa humana, consagrado expressamente em nossa Carta. Assim, como legítimo protetor da dignidade da pessoa humana e, muito além, como legítimo protetor da dignidade da vida como um todo, o direito à proteção ambiental é, indubitavelmente, um direito fundamental em nosso Ordenamento Jurídico.

A tutela processual

Por tratar-se o meio ambiente de direito fundamental de terceira dimensão, bem de uso comum do povo, de titularidade difusa, transindividual, de dupla funcionalidade, também deverá receber uma tutela processual diferenciada. O escopo desse tímido diálogo é despertar o leitor para a rica pesquisa e discussão em torno da tutela processual constitucional coletiva que visa proteger bens tão relevantes como o meio ambiente ou as relações de consumo.

A proteção processual patrimonialista individual prevista e tutelada no Código Processual Civil brasileiro não se presta para aplicação imediata à proteção do meio ambiente como bem jurídico fundamental, por exemplo. Dessa feita, outras formas de tutela processual devem ser buscadas para a proteção da flora, da fauna, das estruturas abióticas, do ambiente artificial, do próprio homem.

Souza defende que

> O sistema jurídico clássico construído para a tutela dos direitos individuais não conseguiu mais dar respostas completas às complexas relações sociais travadas por esta nova sociedade, competitiva, confusa, desigual, exigindo a construção de uma nova ordem jurídica. Esta, por sua vez, passou a proteger, de forma diferenciada, os direitos difusos, coletivos e os individuais homogêneos, criando novas formas de tutela, capazes de dar respostas a essas novas demandas da sociedade.[18]

---

[16] I. W. Sarlet, *Dignidade da Pessoa Humana e Direitos Fundamentais na Constituição Federal de 1988*, p.35.
[17] I. W. Sarlet, A Eficácia dos Direitos Fundamentais, p.73.
[18] SOUZA, Paulo Roberto Pereira de, A tutela jurisdicional do meio ambiente e seu grau de eficácia in LEITE, José Rubens Morato; DANTAS, Marcelo Buzaglo, *Aspectos Processuais do Direito Ambiental*, p.231.

Na realidade, estamos em busca dos instrumentos postos à disposição da coletividade e do próprio Estado para a proteção do ambiente, seja em face da coletividade ou mesmo do próprio Estado. As ações coletivas protegem direitos e bens jurídicos que, em virtude da dimensão de seus titulares e indivisibilidade de seu objeto, não conseguiam obter uma real e justa tutela jurisdicional, uma vez que o aparato processual disponível para tutelar tais bens se mostrava incapacitado. Souza bem traduz a complexidade da situação, ou o sistema é protegido ou a vida será comprometida.[19]

A ação popular

A ação popular é um remédio constitucional que é disponibilizado a todo o cidadão, ou seja, a todo aquele que possua título de eleitor e esteja em dia com os seus direitos políticos, para controlar o bem público ou mesmo a administração pública. No caso do meio ambiente, em tudo aquilo que a administração pública venha a prejudicar os recursos naturais ou o meio ambiente como um todo. Trata-se, na realidade da defesa da coisa pública, da defesa da coisa do povo.

Não é objeto desse breve pensar analisar as origens do instituto, sejam elas próximas ou remotas. Contudo, é relevante pensarmos como as nossas constituições abordaram a questão. A primeira Constituição brasileira a dar abrigo à Ação Popular foi a Constituição de 1934, no inciso 38 do artigo 113, que:

> Qualquer cidadão será parte legítima para pleitear a declaração de nulidade ou a anulação dos atos lesivos do patrimônio da União, dos Estados, dos Municípios.

Almeida[20] assevera que a ação popular não sobreviveu ao Estado Novo. Na realidade podemos afirmar que, com a importação de um modelo constitucional ditatorial, como foi o caso da Constituição de 1937, não havia mesmo como se sustentar uma ação que instiga a participação cidadã. Em 1946, a ação retorna a ordenamento constitucional e com o objeto ampliado, mantendo-se em 1967.

A atual Constituição de 1988 veio a regular acerca da ação popular no inciso LXXIII do artigo 5, disciplinando que:

> Qualquer cidadão é parte legítima para propor ação popular que vise a anular ato lesivo ao patrimônio público ou de entidade de que o Estado participe, à moralidade administrativa, ao meio ambiente e ao patrimônio publico, histórico e cultural, ficando o autor, salvo comprovada má-fé, isento de custas judiciais e do ônus da sucumbência.

Amaral, com quem corroboramos, assevera que de todos os textos constitucionais, o mais avançado e mais abrangente é o atual, haja vista tenha ampliado subjetiva e objetivamente o instituto em questão.[21]

---

[19] SOUZA, Paulo Roberto Pereira de, A tutela jurisdicional do meio ambiente e seu grau de eficácia in LEITE, José Rubens Morato; DANTAS, Marcelo Buzaglo, *Aspectos Processuais do Direito Ambiental*, p.231.

[20] ALMEIDA, Gregório Assagra de, *Direito Processual Coletivo Brasileiro*, p. 383.

[21] AMARAL, Gregório Assagra, *Direito Processual Coletivo Brasileiro*, p.385.

A ação civil pública

A Ação Civil Pública adveio com a Lei n.º 7.347/85 e acabou por se consagrar como o instrumento processual a ser utilizado para tutelar o meio ambiente no Brasil. O preâmbulo da lei regula que esta veio para dispor acerca da responsabilidade por danos causados ao meio ambiente, aos consumidores, ao patrimônio cultural e natural do país, assim como a qualquer outro interesse difuso ou coletivo. Apesar do apelido, trata-se de verdadeira ação coletiva, haja vista não se tratar apenas de uma ação pública, apesar de ser uma ação civil.

Possui uma enorme gama de legitimados ativos, como reza o artigo 5º da lei:

> Art. 5º Têm legitimidade para propor a ação principal e a ação cautelar:
> I - o Ministério Público;
> II - a Defensoria Pública;
> III - a União, os Estados, o Distrito Federal e os Municípios;
> IV - a autarquia, empresa pública, fundação ou sociedade de economia mista;
> V - a associação que, concomitantemente:
> a) esteja constituída há pelo menos 1 (um) ano nos termos da lei civil;
> b) inclua, entre suas finalidades institucionais, a proteção ao meio ambiente, ao consumidor, à ordem econômica, à livre concorrência ou ao patrimônio artístico, estético, histórico, turístico e paisagístico.

Capelli destaca que o Ministério Público é o responsável "pela maioria esmagadora das ações em trâmite",[22] no concernente à proteção e tutela do meio ambiente. O que de fato é verídico. O papel do órgão do *parquet* é vital para a sobrevivência da proteção de muitas das ações e de muitos dos bens ambientais. Contudo, urge ressaltar que os demais co-legitimados só não fazem mais uso desse poder imbuído pelo legislador, e aqui fazendo uma leitura empírica das proposituras das ações, em razão das dificuldades de se arcar com os valores das provas periciais, tema esse a ser abordado em outra oportunidade. Salientamos, ainda, que houve uma abertura no catálogo de legitimados ativos no início do ano de 2007, concedendo, inclusive à Defensoria Pública, a capacidade de propor ações civis públicas.

Mandado de injunção coletivo

É relevante frisar que a proteção de direitos como o meio ambiente não se faz apenas por intermédio da ação popular e da ação coletiva. Selecionamos, ainda, o mandado de injunção como forma de demonstrar a tutela constitucional de tais interesses e direitos.

---

[22] CAPELLI, Sílvia, Acesso à Justiça, à Informação e Participação Popular em Temas Ambientais no Brasil in LEITE, José Rubens Morato & DANTAS, Marcelo Buzaglo, *Aspectos Processuais do Direito Ambiental*, p. 297.

A Constituição de 1988, em seu artigo 5, inciso LXXI, estabelece, de forma expressa, a concessão do Mandado de Injunção sempre que a falta de norma regulamentadora tornar inviável o exercício dos direitos e liberdades constitucionais e das prerrogativas inerentes à nacionalidade, à soberania e à cidadania.

Conforme Mendes,

> Ao lado desse instrumento destinado, fundamentalmente, à defesa de direitos individuais contra a omissão do ente legiferante, introduziu o constituinte, no art. 103, § 2, um sistema de controle abstrato da omissão. Assim, reconhecida a procedência da ação, deve o órgão legislativo competente ser informado da decisão, para as providencias cabíveis. Se se tratar de órgão do administrativo, está ele obrigado a colmatar a lacuna dentro do prazo de trinta dias.

No âmbito de proteção do referido instituto, no dizer de Mendes et al, há de ter por objeto o não-cumprimento de dever constitucional de legislar que, de uma forma ou de outra, afeta direitos constitucionalmente assegurados e, no caso em tela, fundamentalmente assegurados. No sentido indicado, de se pensar um mandado de injunção coletivo, propomos, na linha de grande parte da doutrina constitucional brasileira, os mesmos legitimados para o mandado de segurança coletivo.

Mandado de segurança coletivo

Mendes et al, ressalta, nos introduzindo à temática, que

> A crise que produziu a revisão da "doutrina brasileira do hábeas do corpus", com a reforma constitucional de 1926, tornou evidente a necessidade de adoção de um instrumento processual-constitucional adequado para a proteção judicial contra lesões a direitos subjetivos públicos não protegidos pelo hábeas corpus. Assim, a Constituição de 1934 consagrou, ao lado do hábeas corpus, e com o mesmo processo deste, o mandado de segurança para a proteção de "direito liquido e certo e incontestável, ameaçado ou violado por ato manifestamente inconstitucional ou ilegal de qualquer autoridade"[23]

Depois de inserido em 1934, o Mandado de Segurança não mais se perdeu das nossas Cartas Constitucionais à exceção da Carta ditatorial de 37, como já ocorreu com a ação popular.

Na atual Constituição, o Mandado de Segurança está disciplinado pelo inciso LXIX do artigo 5º, que dispõe:

> Conceder-se-á mandado de segurança para proteger líquido e certo, não amparado por hábeas corpus ou hábeas data, quando o responsável pela ilegalidade ou abuso de poder for autoridade pública ou agente de pessoa jurídica no exercício de atribuições do poder publico.

O âmbito de proteção é destinado à proteção efetiva de direito individual e, no nosso caso de direito coletivo líquido e certo contra ato ou omissão de autoridade pública não amparado por hábeas corpus ou hábeas data. Mendes defende que pela própria definição constitucional, o mandado de segurança tem larga utilização, abrangendo todo e qualquer direito público subjetivo sem proteção

---

[23] MENDES, Gilmar Ferreira; COELHO, Inocêncio Mártires; BRANCO Paulo Gustavo Gonet, *Curso de Direito Constitucional*, 511.

específica, desde que fique desde pronto comprovada a liquidez e a certeza, e a Constituição admite, expressamente, o mandado de segurança coletivo.

Uma forma de participação popular

> *O melhor modo de tratar as questões do meio ambiente é assegurando a participação de todos os cidadãos interessados, no nível pertinente.*[24]

A interpretação do disposto no artigo 225 de nossa Constituição permite-nos afirmar que a proteção ao meio ambiente, para além de um *direito fundamental* do cidadão, é um *dever fundamental*. A afirmação do dever fundamental de proteção ao meio ambiente está alicerçada, conforme defesa de Vieira de Andrade,[25] na pressuposição de que os deveres fundamentais, no caso específico, os voltados ao meio ambiente, remetem à condição de nele incluir princípios sócio-humanos de convivência que, por sua vez, instruem e são instruídos pelas questões presentes no direito fundamental ao contemplar o direito à igualdade, à liberdade, à solidariedade.

Como tal, defende Alexy,[26] mesmo que em oposição à idéia de deveres fundamentais, a condição de mandado de igualdade, direito geral de liberdade, a necessidade, como direito fundamental, de ordenar as ações à atender esses direitos.

Alexy,[27] propugna a fórmula de que "hay que tratar igual ao igual y desigual a lo desigual". Formulando um raciocínio, extrapolamos esta condição, por similitude, aos deveres fundamentais. Esta mesma fórmula empregada para balizar e justificar parte dos direitos fundamentais funciona também como um argumento de endosso da constituição de deveres fundamentais em relação à proteção ao meio ambiente. Tendo a proposta de uma vida digna e justa, do ponto de vista individual e coletivo, emerge a necessidade de constituição de uma esfera de deveres associada ou não aos direitos fundamentais. Esses deveres fundamentais norteiam o *ethos* de obtenção de uma vida digna, solidária, com liberdade e igualdade.

Ao falarmos em participação democrática, temos por base a conduta de tomar parte em alguma coisa, um agir em conjunto, como nos traduz Fiorillo[28] ao analisar a importância e a necessidade desta ação conjunta, dispondo que "esse foi um dos objetivos abraçados pela nossa Carta Magna, no tocante à defesa do meio ambiente".

A participação popular, com o intuito de conservação do meio ambiente, está inserida em um quadro mais amplo da participação diante dos interesses difusos e coletivos da sociedade. Kiss[29] atesta que:

---

[24] Artigo 10 da Conferência das Nações Unidas para o Meio Ambiente e o Desenvolvimento, de 1992.
[25] J.C. Vieira de Andrade. Op. Cit., p. 150.
[26] R. Alexy, Op. Cit., p.331ss.
[27] Idem, p. 385.
[28] C.A.P. Fiorillo, *Curso de Direito Ambiental Brasileiro*, p.37.
[29] Alexandre-Charles Kiss apud P. A. Leme Machado, *Direito Ambiental Brasileiro*, p.94.

O direito ambiental faz os cidadãos saírem de um estatuto passivo de beneficiários, fazendo-os partilhar da responsabilidade na gestão dos interesses da coletividade inteira.

O papel da sociedade civil e da esfera pública no cenário político se atualiza por intermédio de um efetivo exercício da democracia no que concerne à defesa dos interesses difusos do cidadão.

Referências bibliográficas

ALEXY, Robert. *Teoria de Los Derechos Fundamentales*. Madrid: Centro de Estudios Constitucionales, 1997.

ALMEIDA, Gregório Assagra. *Direito Processual Coletivo Brasileiro: um novo ramo do direito processual*. São Paulo: Saraiva, 2003.

ANDRADE, José Carlos Vieira de. *Os Direitos Fundamentais na Constituição Portuguesa de 1976*. Coimbra: Almedina, 1998.

BARACHO, José Alfredo de Oliveira. *Processo Constitucional*. Rio de Janeiro: Forense, 1984.

FIORILLO, Celso A. Pacheco. *Curso de Direito Ambiental Brasileiro*. São Paulo: Saraiva, 2004.

FREITAS, Juarez. *A Interpretação Sistemática do Direito*. São Paulo: Malheiros, 2001.

GOMES, Carla Amado, O ambiente como objeto e os objectos do direito do ambiente in *Revista Jurídica do Urbanismo e Ambiente*, n. 11/12, 1999, pp. 43 e ss.

GOMES, Carla Amado. *Textos Dispersos de Direito do Ambiente*. Lisboa: Associação Acadêmica da Faculdade de Direito de Lisboa, 2005.

LEITE, José Rubens Morato; DANTAS, Marcelo Buzaglo (orgs.). *Aspectos Processuais do Direito Ambiental*. Rio de Janeiro: Forense Universitária, 2004.

MACHADO, Paulo Affonso Leme. *Direito Ambiental Brasileiro*. São Paulo: Malheiros, 2005.

MEDEIROS, Fernanda Luiza Fontoura de Medeiros. *Meio Ambiente: direito e dever fundamental*. Porto Alegre: Livraria do Advogado Editora, 2004.

MENDES, Gilmar Ferreira; COELHO, Inocêncio Mártires; BRANCO, Paulo Gustavo Gonet. *Curso de Direito Constitucional*. São Paulo: Saraiva, 2007.

MORIN, Edgar. *A Religação dos Saberes: o desafio do século XXI*. Rio de Janeiro: Bertrand Brasil, 2002.

SARLET, Ingo Wolfgang. *A Dignidade da Pessoa Humana e os Direitos Fundamentais na Constituição de 1988*. Porto Alegre: Livraria do Advogado, 2003.

SILVA, José Afonso da. *Direito Ambiental Constitucional*. São Paulo: Malheiros, 2005.

SILVA, Vasco Pereira da. *Verdes são também os direitos do homem*. Coimbra: Coimbra Editora, 1999.

— 9 —

A antecipação de tutela, pedido incontroverso e as sentenças intermediárias

JOÃO LACÊ KUHN

Advogado e professor nos cursos de graduação e pós graduação de Direito Processual Civil e Direito Empresarial na PUCRS. UCS, LASALLE e UNIVATES.

Sumário: O processo em marcha como instrumento de efetividade; Da antecipação de tutela; Pressupostos; O artigo 273, § 6º, do CPC; O incontroverso. A sentença; O recurso aplicável; Conclusões.

O processo em marcha como instrumento da efetividade

Não se pode querer falar de tutela antecipada, de execução imediata, ou mesmo de tutela de urgência, sem antes examinar o processo como instrumento destas técnicas.

O processo civil ingressou neste limiar de século XXI com novas perspectivas conceituais que lhe atribuíram uma nova roupagem. O processo civil atua, modernamente, como instrumento do Estado na tutela dos direitos individuais, coletivos e sociais, tanto de primeira, segunda e de terceira dimensões. Todavia, nem sempre foi assim.

Inicialmente, tínhamos o processo como desdobramento do direito material. O plano do direito material e do direito processual não se distinguiam. Tal fenômeno, ligado profundamente com a teoria concreta da ação, teve seu ápice ao afirmar-se positivamente, como dentre nós o artigo 75 do Código Civil revogado, que afirma que a cada direito correspondia uma ação. Esta fase, vamos assim chamar, denomina-se como ensina Dinamarco,[1] como o sincretismo processual, tendo em vista a simbiose entre direito material e direito processual.

---
[1] DAMARCO, Cândido Rangel. *A instrumentalidade do Processo*, 6ª ed, p. 18. "Foi esse sincretismo jurídico, caracterizado pela confusão entre os planos substancias e processuais do ordenamento estatal, que no século XIX, principiou a ruir".

Na verdade, o processo como ciência era desnecessário, pois servia a interesses políticos nitidamente definidos, do poder central e absoluto ou da elite dominante, que se utilizava da aplicação do direito para manter-se no poder e assegurar os privilégios.

A mudança de postura da sociedade a partir do Iluminismo, portadora de uma nova ideologia, a representante do conhecido racionalismo, fez com que os cientistas do processo voltassem suas atenções para este fenômeno. Chegamos a partir de Wach,[2] Bülow[3] e posteriormente Chiovenda,[4] que adotou e difundiu a teoria científica do processo no continente europeu. Com certeza, a partir do paradigma das ciências naturais buscou-se para o processo uma metodologia matemática, reduzindo o processo à ciência não social, mas exata. Foi o período das grandes criações científicas do processo. Da criação das grandes categorias processuais que o identificaram como uma categoria científica. Chega-se à fase científica do processo, em cujo espaço se tem a criação de todo um ferramental teórico a fim de dar segurança ao intérprete e aplicador do novel instrumento, a fim de evitar toda e qualquer surpresa aos operadores do direito.

Como bem frisou Dinamarco,[5] é a fase da formação da autonomia processual. É o momento que a comunidade científica se dá conta da existência de mais uma categoria de ciência social. A ciência do Direito Processual Civil. Cria-se um sem número de institutos que nos acompanham até hoje, como os da preclusão, do litisconsórcio, da conceituação da ação, seus elementos e pressupostos, a partir da célebre obra de Oskar Bülow, *La Teoria de las Excepciones Procesales y los Presupuestos Procesales,* que efetivamente foi o marco histórico da fase científica do processo.

Por conta desse encarceramento científico, muitas injustiças se cometeram. Muitos direitos subjetivos-material fugaram entre as frestas dos tribunais, diante do dogma da aplicação científica do processo. Científica, pois baseada no paradigma racionalista do século XVI. Paradigma que não se alterou com o mundo. Este se industrializou, se globalizou, se redesenhou, novas fronteiras surgiram, todavia o processo ficou firme no seu domínio científico. Mas não por muito tempo.

Os movimentos que exigiam um processo visto como instrumento funcional, e não de escravidão e subserviência ao poder institucionalizado, não cessa-

---

[2] WACH, Adolf. *La pretension de Declaracion*, "La pretensión de protección del direcho constiuye el acto del ampara judicial que forma el objetivo del proceso.", p. 39.

[3] BÜLOW, Oskar. *La Teoria de las Excepciones Procesales y los Presupuestos Procesales.* El Proceso es una relación jurídica que avanza gradualmente y que se desarrollapaso a paso", p. 2.

[4] CHIOVENDA, Giuseppe, *Instituições de Direito Processual Civil.* "Ressalta-se antes de tudo, que no processo civil se desenvolve uma atividade de órgão púbicos destinados ao exercício de fuma função estatal" p. 56. "Em segundo lugar, que a função pública desenvolvida no processo consiste a atuação da vontade da lê, relativamente a um bem da vida que o autor pretende garantido por ela." p. 59.

[5] DINAMARCO, Cândido Rangel. *A instrumentalidade do Processo.* "Fundada a ciência, definida seu objeto, estabelecidas suas grandes premissas metodológicas e traçada a estrutura sistemática ao final de um ponto de maturidade mais do que satisfatório no direito processual.", p. 20.

ram. Viagens errantes, muitos cometeram. O afastamento da natureza puramente técnica do processo e a sua permeabilização pelos valores sociais, éticos e morais, cumprindo a máxima chiovendiana de pacificação social, não tardaram.

A dimensão social se avoluma a partir da socialização do mundo. O escopo político do processo ultrapassa o rigor científico. As questões jurídicas substanciais se sobrepõem às questões meramente formais. O juiz acomodado afasta-se dia-a-dia do cenário, pois o que se busca é a efetividade do processo, através de novas técnicas de tutela. A efetividade busca posição de destaque no cenário. O formalismo exacerbado cede ao privilégio, até então intocável, à realização dos direitos, tantos os individuais como os sociais. A aplicação dinâmica da carga da prova; o princípio da estabilização da demanda; os direitos coletivos e os transindividuias e a relativização da coisa julgada vêm pressionar a estrutura científica do processo.

O paradigma da *certeza* aparece em constante conflito com o da *celeridade*. A dicotomia cognição (na busca da certeza) e da execução ex-intervalo não mais resiste. Exige-se do processo uma resposta célere. Os direitos de segunda e terceira dimensão não mais podem ser tratados com uma estrutura científica ultrapassada. Avizinha-se o que Dinamarco chama de *instrumentalidade do processo*, ou Mauro Capelletti denomina de *terceira onda* do processo. Isto é, o processo, com a visão para a sociedade, visando ser efetivamente um instrumento de solução de litígio, mas de solução efetiva, e não apenas um paliativo metodológico de manutenção do *status quo*.

Esta *terceira onda* já rende frutos. O processo, a partir das idéias modernas, de uma forma não autopoiética, mas exógena, se projeta para além de seus limites, tentando dar efetividade com segurança.

Efetividade com segurança é grande desafio, pois como bem disse o insigne mestre paranaense, Egas Muniz de Aragão,[6] não se pode, nem deve, para alcançar efetividade, sacrificar direitos. Todos nós sabemos do paradoxo genético entre celeridade e segurança. Estes dois pilares foram, são e sempre serão os limites da atuação da vontade do Estado com relação aos direitos postos à sua apreciação. Diante disso, o processo não pode silenciar. Sua atuação para concretizar a vontade da lei deve obedecer a critérios mínimos de segurança, que mesmo sendo opção política da lei e do legislador não pode deixar escapar a razoabilidade de sua atuação como instrumento de Estado. Por outro lado, dentro da axiologia resultante do exame do fato, valor e norma, devem possuir um mínimo de segurança, mas também deve atender e dar concretude aos valores maiores, principalmente aqueles eleitos pela Carta Política.

---

[6] ARAGÃO, Egas Muniz de. "Efetividade no Processo de Execução", *Revista de Processo*, n. 72, p. 21. "O desejo de atribuir maior efetividade à execução não pode ser causa de menosprezo à igualdade das partes e ao devido processo. Seja no caso das execuções que ocorrem extrajudicialmente, seja nos das que acontecem no processo judicial, os litigantes não podem ser privados das garantias que a constituição outorga. Não se alcança a efetividade da justiça com o sacrifício de direitos".

Diante deste desafio, e para entender o processo como efetivo instrumento de realização da Lei e dos objetivos da sociedade, busca-se, como faz Daniel Francisco Mitidiero,[7] baseado nos ensinamentos de Carlos Alberto Alvaro de Oliveira,[8] o chamado formalismo valorativo, como sendo a *quarta etapa* do processo, que, além de possuir todas as características contidas nas fases anteriores, adiciona ao conteúdo dos efeitos, celeridade e justiça. Ou, como ensina Dinamarco,[9] o processo deve deixar de ser um mero instrumento de técnica para ser um fator de realização dos direitos materiais.

Toda esta evolução do processo da sua fase material, onde estava estreitamente comprometido com a teoria concreta da ação, não pode bastar-se em si mesmo, deve ser instrumento que busque solução para os conflitos. Conflitos contemporâneos, reais e efetivos e não conflitos acadêmicos, cristalizados pelas teorias.

A mudança do perfil social implica diretamente em mudança do perfil do direito, pois não podemos esquecer a lições de Luhmann,[10] de que o direito deve servir para estabilizar o conflito das relações sociais, a fim de minimizar as frustrações ou, como diz Pontes de Miranda,[11] é um mero processo social de adpatação. Ora, se as relações sociais se alteram, nada mais adequado também que o Direito também deva se alterar, o que produzirá uma necessidade natural de que o processo também se altere e busque se conformar com o tempo em que está sendo solicitado atuar.

Todavia, o processo civil é, sem dúvida, um movimento histórico, e como produto histórico pode ser observado. Assim, para que esta mudança de atitude, para que esta mudança de finalidade ou mesmo a alteração da teleologia processual se opere de forma efetiva, necessário se faz também algumas alterações nos paradigmas que até então instruíram e informaram o processo ao longo destes anos. Alguns destes paradigmas são importantes para nosso desiderato. Fundamentalmente referimo-nos ao racionalismo que propôs uma ordem ao processo que é de difícil remoção. Assim sendo, em homenagem ao paradigma ra-

---

[7] MITIDIERO, Daniel Francisco. *Elementos para uma Teoria Contemporânea para o Processo Civil*. "Deságua-se, de postremeiro, no formalismo-valorativo, entendido este como movimento cultural destinado a concretizar valores constitucionais no tecido processual (no formalismo ou na forma em sentido amplo, no exato sentido que dá à expressão Carlos Alberto Alvaro de Oliveira) à força do caráter nitidamente instrumental, trazendo novamente ao plano dos operadores do processo a busca pelo justo", p. 19.

[8] OLIVEIRA, Carlos Alberto. O formalismo valorativo em confronto com o formalismo excessivo. "Em conclusão pode-se afirmar que o sistema brasileiro dispõe de meios suficientes para vencer o formalismo pernicioso e conduzir o processo a suas reais metas. Mostra-se necessária, tão-somente, uma atitude mais aberta, talvez uma mudança de mentalidade, para o enfrentamento de problemas dessa ordem". Disponível em www.tex.pro.br. Acesso em 01.10.2006.

[9] DINAMARC O, Cândido. *Instituições de direito Processual Civil*. São Paulo: Malheiros, 2003, p. 60.

[10] LUHMANN, Niklas. *Sociologia do direito*. "Podemos agora definir o direito como estrutura de um sistema social que se baseia na generalização congruente de expectativas comportamentais normativas" vol. I, p. 121.

[11] MIRANDA, Francisco Cavalcanti pontes de. *Tratado das Ações*. Tomo 1, § 1º, p. 21. "A técnica que tem o direito, mero processo social de adaptação, para chamar a si o fato que antes não lhe importava, é a regra jurídica".

cionalista, cultuamos um processo comprometido com a apuração da verdade, com a apuração da certeza, pendendo destarte para o viés da ordinariedade, pois é nela que encontra a maior segurança, claro que em detrimento da celeridade e da efetividade.

Dentro desta mundivisão da ordinariedade é que decorrem as grandes dificuldades de obter satisfação de direitos antes de obter a declaração do direito e principalmente a chancela de imutabilidade desta declaração, como a produção da coisa julgada. Não é à toa que acerca de execução exige-se o cumprimento da fase integral do processo de conhecimento diretamente (sentença condenatórias) ou indiretamente (títulos executivos extrajudiciais). Nesta ordem de idéias, é muito difícil a evolução pretendida pelos teóricos do processo, que, fundamentalmente, se baseiam na sociologia jurídica ou até mesmo na filosofia jurídica empregada pelo poder político dominante.

Assim sendo, como leciona Ovídio Baptista da Silva,[12] derivam do dogma para com estes paradigmas uma verdadeira construção de uma tutela de urgência, seja na forma cautelar ou na forma de antecipação, pois subverteria a ordem clássica do primeiro conhecer para depois executar, comprometendo a fidelidade do sistema racionalista, uma vez que, como é sabido, nestes casos, ou se executa para assegurar (tutela antecipada) ou se assegura para executar (tutela cautelar).

Neste prisma, a dar continuidade às reformas processuais, tendentes a dar concretude ao novo modelo ideológico de processo, surge dentre nós a antecipação de tutela, uma vez que para o processo cautelar já havia a disciplina do Livro II do CPC, com toda a timidez possível, mas positivada através da inserção através da modificação do artigo 273 do CPC, através da Lei 8952 de 1994.[13] Vejamos, portanto, seu surgimento e seu desenvolvimento.

Da antecipação de tutela

Sem pretensão de revisitar o tema em toda sua extensão, mas de apenas situá-lo dentro do cenário, com o escopo de mostrar os problemas e o alcance, *smj*, das reformas que, mesmo homeopáticas e pelo modelo de remendos, o que inevitavelmente retira a unidade sistêmica do código, se bem aproveitadas pelos operadores e aplicadores do direito poderão coadunar-se com a proposta jurídica/filosófica do processo de efetivamente ser um instrumento atual de solução de conflitos e de produção de paz social, através de uma prestação jurisdicional fundamentalmente justa.

Dentro deste jaez, algumas técnicas são apresentadas para, na tentativa de *administrar* o tempo do processo, especialmente no sentido de retirar o ônus

---

[12] SILVA, Ovídio Baptista. *Processo e Ideologia, O Paradigma Racionalista.* "Derivam desse paradigma os obstáculos para a construção de uma autêntica tutela preventiva, p. 98.

[13] Art. 273. O juiz poderá, a requerimento da parte, antecipar, total ou parcialmente, os efeitos da tutela pretendida no pedido inicial, desde que, existindo prova inequívoca, se convença da verossimilhança da alegação e: (Redação dada pela Lei nº 8.952, de 13.12.1994)

maior que é suportado pelo autor e reparti-lo com o demandado que, no perfil dogmático racionalista em vigor, fica com o bem da vida que, possivelmente, não mais lhe pertença ou nunca lhe pertenceu, à sua disposição por todo o tempo do processo. Tal situação, de beneficiamento do demandado que levaram doutrinadores como Ovídio Baptista da Silva a anunciar que o processo ordinário privilegia tanto o demandado que o trata como *sua excelência* o réu.

Não há dúvidas de que o tempo no processo, como denuncia José Rogério Cruz e Tucci,[14] seguindo as declarações já referidas por Carnelutti,[15] acarreta desgastes de toda ordem, tanto no plano material como no plano processual institucional, como também no plano político, pois o retardo na prestação, decorrente de falta de estrutura logística; de legislação desconectada e de desinteresse dos operadores, (aqui incluídos advogados, juízes, serventuários etc.), não contribui para a consolidação da jurisdição como função do Estado, além de provocar descontentamento entre os destinatários desta pelo descrédito no acertamento judicial, tendo em vista a máxima de que justiça tardia é injustiça. Da mesma forma, só tende a privilegiar os detentores do poder, que primam pela manutenção do *status quo* para beneficiar-se (vide a litigância estatal, o meio de cumprimento de sua obrigações, os prazos privilegiados) em desfavor da realização da paz social, escopo maior da jurisdição.

A partir disso, insere o legislador de 1994 algumas técnicas que possibilitam modificar tal situação, isto é, permitem ao juiz, apresentado a demanda algumas condições objetivas, antecipar os efeitos da tutela. Entretanto, não se pode descurar de que tal hipótese, inserida, como vimos, no interior do processo ordinário fere o dogma racionalista, ao inverter a cômoda situação de primeiro conhecer para depois executar. Diante desta preocupação algumas considerações devem ser preambularmente examinadas para que se possa obter uma verdadeira radiografia da complexidade.

Uma das questões que inquietou, inquieta e continuará inquietando os processualistas, no novel instituto, é o que se pode antecipar, ou melhor, quais os efeitos que são passíveis de antecipação. Após alguns percalços, encaminha-se a doutrina em consolidar que os efeitos executivos mandamentais e condenatórios estão perfeitamente autorizados a serem antecipados, tanto pela lógica instrumental como também pela Lei. Ficando afastados da antecipação os efeitos constitutivos e declaratórios. Luiz Guilherme Manrinoni,[16] em exemplar trabalho sobre o assunto, também vê a possibilidade de que os reflexos decorrentes das sentenças constitutivas e declaratórias, quando forem capazes de produzirem modificações

---

[14] CRUZ TUCCI, José Rogério. *O Tempo no Processo*.

[15] CARNELUTTI, Francesco. *Diritto e Processo*, op. cit., p. 354.

[16] MARINONI, Luiz Guilherme. "A tutela Antecipatória nas Ações Declaratórias e Constitutivas", in *Aspectos Polêmicos da antecipação de Tutela*, Tereza Arruda Alvim Wambier, coordenadora. "Pensamos, porém, que embora não seja possível antecipar eficácia constitutiva da sentença (da mesma foram que não se possa conceber a antecipação da eficácia declaratória) nada pode impedir uma constituição em cognição sumária, nem mesmo a alegação de que a sentença constitutiva pode produzir efeitos *ex tunc*", p. 275.

no mundo exterior, também poderão ser objeto de antecipação. Ora, neste caso, como se sabe, e deve-se a Pontes de Miranda a afirmação de que nenhuma sentença é pura, mas possui um feixe de eficácias, não se está, e nem Marinoni diz isto, antecipando as eficácias que não possuem projeção no mundo dos fatos, como a declaratória e a constitutiva, mas somente aqueles efeitos reflexos que estas podem projetar para o mundo dos fatos, sendo destarte, modificativos da situação posta antes da demanda. Há que se notar também que estes reflexos são basicamente executivos e mandamentais.

Outro elemento indisfarçável, na *mens legis*, é a obrigatoriedade da instância, isto é, o previlegiamento do princípio da demanda. Contém o artigo 273 que, *a requerimento da parte,* pode ser requerido a antecipação de tutela, privilegia o Código o princípio da demanda insculpida no artigo 2º do CPC.[17] Optou o legislador pela necessidade de requerimento, o que significa dizer, vedação a qualquer tipo de tutela satisfativa de ofício, contrariamente do que acontece nas cautelares por força do comando do artigo 799 do CPC.[18] Assim, legitimam-se à antecipação o próprio autor, os intervenientes (v.g. MP, o assistente) ou até mesmo o réu, nos casos de reconvenção ou do contra-pedido quando da sua resposta no processo, conforme disciplina o art. 278, § 1º, do Código de Processo Civil. Por fim, o terceiro que tenha formulado pedido também se legitima à postulação da antecipação de tutela.

Manteve-se, assim, o anacronismo do sistema, como revela Luz Fux,[19] ao negar a possibilidade de o juiz agir de ofício, fundamentalmente naquelas situações de perigo, podendo acarretar uma desconfiança do judiciário, em homenagem à postura da inércia processual.

Ultrapassadas tais questões – o que pode ser antecipado e como deve ser o procedimento para se obter a antecipação –, adentra-se nos elementos necessários para que o juiz, em cognição sumária, se convença da possibilidade de inverter o paradigma: primeiro executar, para depois conhecer.

O legislador dividiu em três grandes hipóteses as possibilidades de se ver antecipado o provimento final. A primeira delas decorre da urgência; o segundo deles decorre do abuso de direito, e o terceiro deles é o que nos interessa profundamente, que não se comunica com os dois primeiros, pois trata das questões incontroversas, cuja análise faremos em tópico separado.

---

[17] Art. 2º Nenhum juiz prestará a tutela jurisdicional senão quando à parte ou o interessado a requerer, nos casos e forma legais.

[18] Art. 799. No caso do artigo anterior, poderá o juiz, para evitar o dano, autorizar ou vedar a prática de determinados atos, ordenar a guarda judicial de pessoas e depósito de bens e impor a prestação de caução. ZAVASKI, Teori Albino. *Antecipação de Tutela.* p. 74.

[19] FUX, Luiz. Tutela de Segurança e Tutela de Evidência. "O legislador nacional desperdiçou a excelente opurtunidade de enfrentar com coragem e ousadia a questão da inércia jurisdicional. A atuação *ex officio* do Judiciário, como sustentado na tese, é consectário do dever geral de segurança que se ancora nos poderes instrumentais do juiz, para prestar atividade substitutiva", p. 338, nota 391.

O primeiro elemento trata da urgência. Urgência esta que deve ser qualificada do ponto de vista jurídico. Não deve ser apenas um capricho das partes, mas juridicamente relevante à realização de um valor. Valor este que deve ser escalonado a partir de uma tábua axiológica que o intérprete e aplicador do direito deverá adrede estabelecer.

Em função da necessidade de urgência, o legislador autoriza o contraditório e postecipado, com provimento emanado antes de sua realização, que será um provimento necessariamente limitado aos conhecimentos dos fatos constitutivos, alegados pelo autor para fundamentar o direito deduzido em juízo. De fato, o momento em que ao réu não é admitido o contraditório, a qualidade dos elementos a serem verificados pelo juiz deve ser de uma grandeza razoável. Diante disso, exige a lei que, para viabilizar a tutela, deve a pretensão ter verossimilhança e probabilidade, devendo ser articulado através de provas inequívocas do alegado.

Tal cognição, para usar a terminologia chiovendiana, é definida como sumária, porque parcial, enquanto há no objeto só uma parte dos fatos relevantes, os fatos constitutivos, os outros podem ser alegados em juízo, mas, todavia, em uma fase sucessiva ao provimento do juízo.

Estes pressupostos, como adverte Teori Zavaski, são concorrentes, isto é, devem ocorrer simultaneamente. A verossimilhança deve corresponder a uma relativa certeza dos fatos alegados inequivocamente. Diferente do que se tem na cautelar, aqui o *fumus boni iuris* deve ser qualificado em superlatividade, pois não basta mera aparência, pois se exige, sim, uma consistência maior do direito e dos fatos postos a fundamentar este direito. No léxico temos que, como diz De Plácido e Silva,[20] a expressão "verossímil" significa plausibilidade, probabilidade de ser. A verossimilhança resulta das circunstâncias que apontam certo fato, ou certa coisa, como possível, ou como real, mesmo que não se tenham deles provas diretas. Não restam dúvidas do acerto da exigência, uma vez que em sede de antecipação irá se entregar o bem da vida ao autor que pede, diferentemente das cautelares, que apenas asseguram o objeto do direito material pleiteado em outro processo.

Ao lado da verossimilhança, encontra-se a necessidade de prova inequívoca. Esta expressão deve ser bem compreendida, pois confessamos que não é de melhor técnica sua literalidade. Prova inequívoca não quer significar certeza absoluta com relação ao conteúdo dos fatos, mas simplesmente atestar a sua existência. Do contrário, seria um paradoxo, pois carrega consigo uma verdade apenas provável. Esta condição, obrigatória, é verdade, deve ser relativizada e aplicada corretamente sob pena de frustrar toda a hermenêutica da Antecipação.

É necessário que a concessão da antecipação da tutela seja vista sob um único sentido, este inequívoco, e que conduza à procedência das alegações do autor no pedido. A contradição é apenas aparente, como afirma Cândido Rangel

---

[20] DE PLÁCIDO E SILVA. *Vocabulário Jurídico*. Rio de Janeiro: Forense, 1984. p. 482. Vol. III e IV

Dinamarco:[21] Para Athos Gusmão Carneiro,[22] prova inequívoca é aquela apta a provocar no magistrado um juízo de verossimilhança capaz de dar segurança na antecipação.

Ao lado destes dois pressupostos, a lei exige a presença do receio do dano. O dano aludido no inciso I[23] do artigo 273 do CPC não é o perecimento da pretensão, sem a antecipação da tutela, mas sim de um bem externo ao processo. O autor, ao postular a antecipação da tutela, falará de seu fundado receio de sofrer o dano irreparável ou de difícil reparação, assim como nas cautelares quando expõe ao juiz o fundado receio de que a outra parte cause a seu direito lesão grave e de difícil reparação, prevista no artigo 798 do Código de Processo Civil. Ou, como ensina Carreira Alvim,[24] quando o dano ainda não ocorreu, mas pode ocorrer, face às circunstâncias demonstradas, tornando-se de difícil reparação.

Com este panorama tem-se o contorno dos elementos identificadores da primeira opção legislativa para a concessão da tutela, chamada em doutrina de proativa, pois depende das ações exclusivas do autor, isto é, depende da demonstração de circunstâncias objetivas como visto acima – prova inequívoca, verossimilhança, prejuízo, necessidade e urgência. Presentes todos elementos, obedecidos o princípio da demanda, estando o magistrado convencido das alegações do autor, pode este, inclusive *inaudita altera parte*, conceder a antecipação dos efeitos pretendida pelo autor que só seria obtido ao final como provimento definitivo. Para tanto, postecipa-se o contraditório com base em cognição sumária, face, principalmente à urgência. Urgência que tem hoje sua matriz constitucional prevista no artigo 5º, LXXVIII, da Constituição Federal, incerto pela Emenda nº 45 de 2005. No bojo da chamada reforma do judiciário, ofertada pela Emenda 45, dentre tantos dispositivos que modificaram texto primitivo, para efeito da justificação da Tutela de Urgência, trouxe material precioso, o qual prevê que é direito da parte obter uma decisão judicial em tempo razoável.

A segunda das hipóteses de concessão de tutela decorre não apenas do exame dos pressupostos retrocitados, mas também depende do comportamento do demandado. Nos termos do inciso II[25] do artigo sob comento, quando o demandado se comportar com intuito protelatório, ou abusar do seu direito de defesa.

---

[21] DINAMARCO, Cândido Rangel. *A Reforma do CPC*, 4ª ed., p. 145. "A aparente contradição entre as expressões" prova inequívoca" e "verossimilhança", conjugadas no artigo 273 resolvem-se pela doação de um juízo de probabilidade, menos do que de certeza, mais do que um de simples credibilidade: "a exigência de prova inequívoca significa que a mera aparência não basta e que a verossimilhança exigida é mais do que o fumus boni iuris exigido para a cautela tutelar".

[22] CARNEIRO, Athos Gusmão. *Da Antecipação de Tutela no Processo Civil*. Forense, 1998, p. 20. "A nós, parece que *inequivocidade* significa uma plena aptidão para produzir no espírito do magistrado o juízo de verossimilhança capaz de autorizar a antecipação de tutela".

[23] I - haja fundado receio de dano irreparável ou de difícil reparação.

[24] ALVIM, J. E. Carreira. *Código de Processo Civil Reformado*. Rio de Janeiro. 5ª ed. 2003, p. 109. "O receio, aludido na lei, traduz a apreensão de um dano ainda não ocorrido, mas prestes a ocorrer, pelo que deve, para ser fundado, vir acompanhado de circunstâncias fáticas objetivas a demonstrar que a falta da tutela dará ensejo à ocorrência do dano, e que este será irreparável ou, pelo menos, de difícil reparação".

[25] II - fique caracterizado o abuso de direito de defesa ou o manifesto propósito protelatório do réu.

Presentes tais circunstâncias, poderá a tutela ser concedida de forma antecipada, desde que requerida, é claro.

Não há equívoco em entender que o abuso do direito de defesa escancara-se quando já estiverem nos autos provas inequívocas da verossimilhança, mas que ainda, na visão do magistrado, não são suficientes para, naquele momento, conceder a tutela. Não há como ser diferente, neste passo independe do perigo da demora, pois as condições objetivas são outras, como consta no expediente legislativo. Neste momento, encontra-se a justificação pela fragilidade dos argumentos de defesa, ou até mesmo pelas fantasias trazidas na defesa, que demonstram, com clareza, a verdadeira intenção do demandado em se aproveitar do processo para locupletar-se com direito que sabe não possuem isto, aliado ao fato da urgência e da necessidade, compõem os fundamentos objetivos para a concessão da tutela.

Na verdade exsurge com meridiana clareza, que nos casos da espécie – contestações não sérias – se avoluma a evidência do direito. Este é o verdadeiro sentido da norma. A distribuição dinâmica do ônus da prova turge-se de importância. Assim como o artigo 333 do CPC imputa o ônus da prova às partes em contraditório, não se pode aceitar que em matéria de defesa possa se alterar tal comando legislativo. A defesa temerária, que se subdivide em abusiva e protelatória, como ensina Joel Figueira Dias Júnior,[26] permite a concessão da tutela em homenagem ao princípio de lealdade processual, orientado pela presunção de boa-fé.

O artigo 273, § 6º, do CPC[27]

Neste particular, incluído pela Lei 10.444, de 7.5.2002, a tutela antecipada recebe um reforço de grande jaez, pois agrega uma nova hipótese de possibilidade de antecipação de tutela que merece ser desdobrado para facilitar sua compreensão.

Trata-se de prestação jurisdicional completa conforme se lê no Parecer 148 do Senador Omar Dias.[28] Trata-se de tutela de pedidos cumulados, ou que possam ser atendidos parcialmente. Tratam de pretensões incontroversas. Examinemos cada um desses novos pressupostos que, se presentes, constituem uma terceira hipótese de concessão de tutela antecipada e que, somada às outras duas retro-

---

[26] JÚNIOR, Joel Figueira Dias. *Comentários ao Código de Processo Civil*. Vol. 4, Tomo I "O malsinado propósito protelatório do réu, assim como o abuso do direito de defesa em determinado processo pode decorrer do confronto com o seu comportamento em outro feito, em que por exemplo, sustentará sua tese com base em fatos e/ou fundamentos jurídicos e, na demanda em questão, defende argumentos antagônicos e incompatíveis com aqueles defendidos em ação precedente, conexa ou continente, deixando de justificar, contudo, essa falta de sintonia", p. 218 e 219.

[27] § 6º A tutela antecipada também poderá ser concedida quando um ou mais dos pedidos cumulados, ou parcela deles, mostrar-se incontroverso.

[28] "A alteração contida no § 6º, proposto ao artigo 273, também se mostra pertinente, porque a tutela deve se concedida quando um ou mais dos pedidos cumulados, ou parte deles, mostra-se incontroverso. Considerando-se que a tutela é antecipada exatamente porque o magistrado, em juízo de deliberação, consegue perceber o provável desfecho da lide, então não devem mais subsistir razões para protelar a entrega da prestação jurisdicional". In *A Nova etapa da reforma do Código de Processo Civil*. Coord. Hélio Rubens Batista Ribeiro Costa, p. 518.

tratadas, completam as técnicas de tutela de urgência satisfativa, possíveis de se experimentar através de procedimento de cognição sumária material.

A inspiração, trazida por Luiz Guilherme Marinoni, vem do Código de Processo Italiano, fundamentalmente do artigo 186 bis.[29] A nosso juízo, o legislador nacional avançou com relação ao previsto no Código Italiano, pois empresta caráter definitivo ao julgamento que, de certa forma, foi antecipado baseado nestes pressupostos.

Na doutrina nacional, destarte, verificam-se duas corrente antagônicas entre si, no que diz respeito à prestação jurisdicional definitiva, com relação à lide incontroversa, atingindo o mérito da causa ou parcial e provisória, pois prosseguiria até o encerramento do processo, aguardando uma sentença final, e, neste caso, não sendo mérito. A primeira mais moderna, capitaneada por Ovídio,[30] que de há muito defende as sentenças parciais e definitivas com relação à lide ou questão da lide posta em julgamento, além de Marinoni,[31] Mitidiero,[32] dentre outros. A segunda, por Dinamarco,[33] Athos Gusmão Carneiro, Rogéria Dotti,[34] dentre outros.

A questão é de fundamental desate, pois teríamos o julgamento do mérito bipartido, proporcionando ao autor da demanda a possibilidade de ver satisfeita a sua pretensão através de uma execução definitiva e não de uma execução provisória, que lhe imputaria todos os ônus desta. Ademais, para obter o direito deveria prestar caução ou conter-se com apenas alguns atos executivos, e não com a execução propriamente dita.

Para nós, já antecipando nossa posição, especialmente pela mudança no conceito de sentença que se verá a seguir, está aberto o caminho para a jurispru-

---

[29] Art. 186. Sob instância de parte o juiz instrutor pode dispor, até o momento das precisões das conclusões o pagamento das partes não contestada das partes constituídas

[30] SILVA, Ovídio Araújo Baptista. "Decisões Interlocutórias e Sentenças Liminares", in *Da Sentença Liminar à Nulidade da Sentença*. Rio de Janeiro: Forense. 2002.

[31] MARINONI, Luiz Guilherme. *A tutela Antecipada e Julgamento Antecipado*. "Se o cidadão tem o direito à tutela tempestiva e, nesta perspectiva, é obviamente injusto obrigá-lo a esperar a realização de um direito que se mostra mais controvertido, o legislador está obrigado, para atender não princípio constitucional de acesso á justiça, a estruturar o procedimento de modo a permitir a fragmentação do julgamento dos pedidos", p. 226.

[32] MITIDIERO, Daniel Francisco. *Comentários ao Código de Processo Civil*. "Tal como escrevemos alhures, temos que o artigo 273, § 6º, CPC, encerra uma nova hipótese de julgamento antecipado da lide dando azo à prolação de uma sentença parcial de mérito, tomada sob o regime da cognição plena e exauriente e apta a lograr a qualidade de coisa julgada.", p. 76 e 77.

[33] DINARMARCO, Cândido Rangel. *A Reforma da Reforma*. "Quando essa incontrovérsia abranger todos os fatos relevantes para julgar o *meritum causa*, daí decorre a total desnecessidade de provar e o juiz estará autorizado a antecipar o próprio julgamento da causa, mediante sentença e não em termos de tutela antecipada (art. 330, inc. I). Mas, ficando incontroverso apenas um ou alguns dos fatos constitutivos descritos na *causa petendi* e restando outros a provar, o sistema processual brasileiro repele o parcial julgamento do mérito ainda quando os fatos incontroversos (ou mesmo comprovados por documentos) sejam suficientes para fundamentar esse julgamento parcial.", p. 95 e 96.

[34] DÓRIA DOTTI, Rogéria. *A tutela Antecipada em Relação à Parte Incontroversa da Demanda*. "A prestação Jurisdicional se impõe a partir do momento em que as partes concordam no que diz respeito ao pedido ou aos fatos de deram base ao pedido. Todavia, como não é possível ao órgão julgador apreciar imediatamente uma parte da lide, através da sentença (ato judicial final) e deixar de analisar outras questões de dependam de instrução probatória, o caminho a ser adotado é da concessão de tutela antecipada.", p. 82

dência trilhar de forma consolidada o caminho da cisão do julgamento, impondo julgamentos intermediários no processo, sempre que estiverem maduros os fatos referentes a determinados pedidos.

Apresentada a dissensão, que não ignoramos, será o grande instrumental de debate na busca da concretização da tutela antecipada com base no pedido incontroverso, devemos avançar no exame dos elementos integrantes do tipo legislativo do artigo sob comento. Elementos estes, no mais das vezes, intrinsecamente velados, como é o caso da necessidade/possibilidade de cumulação de pedidos.

Figura do Direito Processual Civil, recomendada em decorrência do princípio da economia processual. Comando insculpido na norma do artigo 292 do CPC. Neste particular, sem pretender incursionar pelos meandros do instituto da cumulação de ações, mas deixando à nu a situação que nos interessa, impõe-nos dizer que no caso presente deve-se depurar o conceito de cumulação de ações. Dentro deste prisma, não se perquire, para efeito de antecipação de tutela, da cumulação subjetiva, nem tampouco da cumulação das causas de pedir. Nossa observação centra-se nas hipóteses previstas de cumulação de pedidos. Cumulação de pretensões que, apenas por economia processual, devem ser discutidas e decidias dentro de uma mesma relação processual, mas autonomamente compõem diversas lides. Este é traço comum da chamada cumulação simples, como bem ensina Araken de Assis.[35] Na verdade, cada um destes pedidos pode ser apreciado em um processo independente. Desta forma, quando em cumulação objetiva simples, poderá o magistrado apreciá-los isoladamente, conforme pedido do autor, adequando-se perfeitamente tal situação aos cânones do artigo 273, § 6º. Com efeito, há um só processo como veículo de várias lides.

Perfilhando-se ao mesmo entendimento, temos J.J. Calmon de Passos[36] quando ensina que a cumulação simples dos pedidos não possue nada em comum a não ser o sujeitos, podendo ser formulados em processos autônomos, devendo o juiz apreciá-los isoladamente, acolhendo-os ou rejeitando-os no todo ou apenas em parte, ou apenas alguns.

O incontroverso

Diante do universo de indagações, uma de larga relevância deve ser aquela que procura o significado, a extensão e a profundidade do termo empregado pelo

---

[35] ASSIS, Araken de. *Cumulação de Ações*. "O traço comum das ações cumuladas consiste na aptidão de cada ação de se incluir como objeto de uma relação processual independente. O autor as formula no mesmo processo por razões de economia. E, constatado o cúmulo de ações totalmente independentes, que, entre si, nada ostentam em comum, salvo sujeitos – conexão subjetiva *ex vi* do art, 292, *caput* – se designa cumulação simples.", p. 231.

[36] PASSOS, Calmon José Joaquim. *Comentários ao código de Processo Civil*. Vol III, 8ª ed. Rio de Janeiro: Forense, 1998. "A primeira modalidade de cumulação de pedidos é a que tradicionalmente é chamada de cumulação simples: os pedidos nada tem de comum entre si, a não ser o sujeitos. Poderiam ser formulados em processos autônomos, sem qualquer prejuízo, salvo mais dispêndio de tempo e dinheiro. O juiz poderá acolher a todos, ou rejeitar a todos, como por igual acolher alguns e rejeitar outros".

artigo 273, § 6º,[37] isto é, o que se compreende por incontroverso? Será exclusivamente o sentido da lei? Será a convicção do juiz? Será apenas o significado do léxico? Estas respostas são imperativas para o exato dimensionamento do instituto da antecipação da parte incontroversa.

Não podemos olvidar que o próprio desiderato do processo de conhecimento é o de buscar a solução da lide. Lide em sentido técnico processual é a pretensão resistida. Pretensão resistida decorre da controvérsia dos fatos na visão do autor e do demandado. Não havendo controvérsia, não haverá lide, e, conseqüentemente, não haverá processo, não exigindo, destarte, decisão. Ocorre que em muitas oportunidades, mesmo sem lide ou sem controvérsia de fundo, apresentam-se situações à disposição do processo para serem solucionadas por ele. Tais casos se enquadram dentro do tipo legal do artigo sob comento.

Os melhores dicionários da língua portuguesa afirmam que incontroverso é aquilo que não tem controvérsia, que não tem polêmica, que não se impugna, que é indubitável. Esta seria uma visão perfunctória e rasa na perspectiva do processo e na tentativa de clarear o sentido da lei.

Para efeito do processo civil, buscando investigar o exato significado de incontroverso, algumas considerações são imperativas. A primeira delas decorre da análise do texto da lei processual, especificamente dos artigos 302.[38] Diante da lógica do processo, observa-se o exercício da pretensão através do pedido do autor. A partir desse exercício, estando presentes os pressupostos processuais de validade e de regularidade do processo, deve o juiz, em homenagem ao princípio do contraditório, dar ciência à parte que contra ele pende uma demanda e que tal demanda desafia um pedido. O processo civil é, como afirma Humberto Theodoro Junior, essencialmente dialético e só se justifica a prestação jurisdicional após amplo debate.[39] A partir desse momento abre-se ao demandado a possibilidade de exercitar suas defesas. Indiretas, nos termos do artigo 301, e as diretas, nos termos do artigo 302, ambos do CPC.

Não se pode também ignorar que e processo civil, aos moldes do Processo Civil Português, inadmite a defesa geral, isto é, a negativa total dos fatos articulados, o próprio texto legal orienta o demandado à necessidade de fazer as impugnações articuladas e objetivamente. Nesse sentido, a lição da maioria dos processualistas, que versam sobre o tema, tais como Calmon de Passos[40] e Joel

---

[37] § 6º A tutela antecipada também poderá ser concedida quando um ou mais dos pedidos cumulados, ou parcela deles, mostrar-se incontroverso.

[38] Cabe também ao réu manifestar-se precisamente sobre os fatos narrados na petição inicial. Presumem-se verdadeiros os fatos não impugnados.

[39] O processo é, desta forma, essencialmente dialético e a prestação jurisdicional só deve ser concretizada após amplo e irrestrito debate das pretensões deduzidas em juízo. *Curso* cit., vol. 1, p. 346.

[40] A primeira conseqüência a retirar do dispositivo é a da impossibilidade da contestação por negação geral. Não só a tradicional contestação por negação geral, mas também a contestação que se limita a dizer que não são verdadeiros os fatos aduzidos pelo autor. *Comentários* cit, p. 280.

Dias Figueira Júnior,[41] é de que a negação não pode ser geral, pois generalizar a impugnação não significa impugnar coisa alguma, uma vez que o texto de lei exige manifestação precisa.

Dito isto, devemos marcar posição no sentido de que não basta a contestação para que os fatos se tornem incontroversos. Também devemos gizar que há fatos que não admitem a presunção de verdadeiros, nos termos dos incisos I, II e III do citado artigo 302, uma vez que tais hipóteses, na visão do legislador, não se adequariam à disponibilidade da parte, já que sobre eles não pode confessar, ou se tiverem em contradição com o conjunto dos fatos, isto é, se forem intrinsecamente contraditórios ou, se ainda, a prova depender de instrumento público, cujo ônus cabia ao autor e este não o apresentou. Diante destas circunstâncias, mesmo havendo defesa genérica, ou não havendo defesa, os fatos aí enquadrados não poderão ser considerados incontroversos. Justifica-se tal posicionamento já que nem sempre o fato de não haver contestação do pedido levará à procedência do pedido.

Assim sendo, temos duas hipóteses para atribuir a qualificação de incontroverso. O primeiro deles é a acima citada, ou seja, quando o autor deduzir sua pretensão e esta for contestada genericamente. A segunda hipótese decorre da não contestação. Articulam-se diversos pedidos e o demandado, citado, contesta vários deles, mas deixa de referir-se a um ou a alguns dos pedidos. Neste caso se pode, à luz do artigo 302 do CPC, considerar tais fatos e tais pedidos incontroversos, pois por opção foram deixados à margem das argumentações que contrariariam os interesses do demandante. Neste segundo caso, a presunção de veracidade das afirmações do autor é inegável. O demandado teve a oportunidade de contestar e não o fez. Com isso assumiu deliberadamente o ônus decorrente deste ato, ou porque concorda com as afirmações, ou porque são irrefutáveis para ele, não lhe cabendo outra alternativa senão conformar-se com as pretensão do demandante.

Nesta ordem de idéias devemos também enfrentar outro conceito, por significativo ao processo e ao nosso desiderato, é o relativo à revelia. Revelia e não contestação são fenômenos diversos. Não contestação, como visto adrede, é o fato de optar em não refutar validamente a causa de pedir e/ou o pedido. Revelia (art. 319) é não comparecimento do demandado no processo. Este não comparecimento pode ter causas e motivação completamente diversas daquela que levou o demandado a não contestar. Pode ser decorrente da impossibilidade física e ou fática de defender-se. Pode decorrer da ignorância do comando citatório. Pode decorrer da falta de recursos para contratação do advogado, necessário na maioria dos casos para poder estar em juízo.

---

[41] O sistema não admite a defesa genérica, isto é, por negação geral. A regra do 302 denomina-se, também, na doutrina princípio do ônus da impugnação especificada, compreendido como a necessidade de o réu contestar cada alagação formulada na exordial, não sendo suficiente apenas dizer que os fatos alegados pelo autor não são verdadeiros ou eu eles não ocorreram. *Comentários* cit., p. 250.

Dentro desse conjunto de argumentos, não se torna tão simples atribuir ao revel o reconhecimento dos fatos alegados. Não se pode, a *prima facie*, gizá-lo de incontroverso os fatos simplesmente porque não houve contestação, ou melhor, não houve comparecimento da parte contrária no processo. Tais circunstâncias são bastante comuns em nossa realidade forense. A matriz social brasileira e heterogênea, muito pobre de recursos tanto financeiros como intelectuais. Diante disso a jurisprudência e a doutrina estão sendo menos rigorosas com o revel, como ensina Rogéria Dotti Dória,[42] esta categoria deve ter suas razões investigadas antes de lhe ser aplicada a pena da revelia.

Ultrapassado tais dificuldades temos que unicamente a revelia sem ter conforto em outros elementos do processo não pode, de forma absoluta, ser tida como definitiva para atribuir aos fatos alegados a incontrovérsia.

Como decorrente deste comportamento processual da parte – contestação, omissão e revelia – pende de análise o fato do reconhecimento do pedido, que, nos termos do artigo 26,[43] põe fim ao processo. Nesta hipótese, acaso haja cumulação de pedidos, com relação àquele que houve o reconhecimento, pode o magistrado conceder a tutela, pois nada mais há de lide sobre o pedido. Sua controvérsia é inconteste. Amolda-se definitivamente ao caso do presente ensaio.

Não podemos encerrar estas breves considerações sem antes gizar que o legislador faz alusão ao pedido e não aos fatos incontroversos. Só aqueles com base nos fatos incontroversos serão capazes de proporcionar a antecipação de tutela. Todavia não só os fatos são capazes de empresar a certeza ao pedido, nos pedidos que são baseados exclusivamente em questões de direito. Neste particular, nada obstante inexistir necessidade de provas ou de contraditório, pois exceto as questões previstas no artigo 337, não há necessidade de provar-se o direito, todavia as questões, independente de ausência de contestação, não implicam a possibilidade ou até mesmo a obrigatoriedade da antecipação ser concedida, pois fica no arbítrio do juiz aplicar o princípio do *iura novit curia e narra mih factum; dabu tibi ius*, como bem ensina Paulo Afonso Brum Vaz,[44] ao abordar o tema.

Por último, devemos confessar que nossa preocupação com a aplicação prática do dispositivo sob questão é que em certos casos possa o juiz querer aplicar outra compreensão do sentido de incontroverso que não seja a aqui tratada. Pode o magistrado querer depreender do conjunto de fatos, dentro do exercício da sua livre convicção, que para ele o fato ou os fatos estejam incontroversos, tal solução, apesar de possível, foge ao escopo da norma. As razões dessas afirmações

---

[42] O revel esta deixando de ser visto como aquele que tem um comportamento sempre caracterizado pela desídia, pelo desrespeito e desinteressem processual. Ob. cit., p.95.

[43] Art. 26. Se o processo terminar por desistência ou reconhecimento do pedido, as despesas e os honorários serão pagos pela parte que desistiu ou reconheceu.

[44] VAZ, Paulo Afonso Brum. "A Tutela Antecipada Fundada na Técnica da Ausência de Incontrovérsia sobe o Pedido". "A revelia da parte-ré não teria o condão de ensejar a tutela antecipada, se não houvesse, no caso concreto, o entendimento positivo do juiz acerca d da inconstitucionalidade alegada". *Revista de Processo*, n. 131, p. 132.

arrimam-se no fato de que se houve validamente qualquer tipo de contestação, quer seja formal ou até mesmo substancial, não poderá ser tratado de incontroverso pela razão de que a lide permanece acesa e as conseqüências de um tratamento inadequado poderá ser danos para o desate final. Não que não possa o juiz, nestas circunstâncias, conceder a antecipação de tutela, mas certamente para tanto, deverão estar presentes outros elementos, como vistos acima, e não pelo fato de existirem pedidos maduros, que no seu entender são incontroversos. O sentido e alcance de incontroverso devem ser atendidos, no sentido de que a antecipação nestes casos tem dimensão diferente daquele outro provocado pela antecipação concedida com base nos elementos de verossimilhança, probabilidade e urgência.

Incontroverso, portanto encontra definição, extensão e compreensão dentro da norma positivada no CPC, devendo dentro desse paradigma ser aplicado, a fim de dar-se concretude ao comando do artigo 273, § 6º.

A sentença

Nesta nova perspectiva em que se encontra o processo civil, não provoca surpresa que também com relação à sentença se tenha novas roupagens, novos conteúdos e fundamentalmente novas funções.

Historicamente, a sentença nos termos do artigo, 162, I, do CPC era o ato que punha fim ao processo. Não possui o artigo 162 uma coerência estrutural e de conteúdo, mas apenas funcional, pois continha elementos que estavam a serviço exclusivamente do sistema recursal, definindo sentença como ato que põe fim ao processo, e de decisões interlocutórias (inciso II) eram definições empíricas e tendiam, como dito, apenas a servir ao modelo de recurso que cada um deles desafiava. Não se tinha um conceito funcional, pois tanto uma como outra decisão poderia atingir questões nucleares e de mérito, mas dependendo da posição topológica que se encontravam seriam ou sentença (pondo fim ao processo) ou seriam interlocutórias, não pondo fim ao processo. Não possuíam preocupações com conteúdo ou função, estavam fiéis ao dogmatismo do processo científico, voltado para dentro de si mesmo e a serviço dele mesmo.

Tais constatações decorrem de diversas ordens, uma delas é declinada por Ovídio Baptista da Silva,[45] quando indica que a idéia de decisão interlocutória está medularmente comprometida com a ordinariedade do processo, que impede qualquer tipo de sumarização, assim como também se compromete com o dogmatismo da precedência da cognição à execução. O comprometimento histórico/ideológico com relação às interlocutórias moldaram-nas e colocaram a ser-

---

[45] SILVA, Ovídio B. A. da Silva. *Da Sentença Liminar à Nulidade da Sentença*. "Veremos depois que a conceituação da sentença definitiva como sendo, ora a que define a questão principal, ora a que, além de definir essa questão põe fim ao processo, ou seja, a dupla face do conceito de definitividade – que tanto pode corresponder a definir quanto extremar, pôr fim, estabelecer limites, do verbo latino *finire* – e o seu uso em lugar de sentença de mérito, contribuiu decisivamente para o obscurecimento do conceito de *interlocutio* no Direito Moderno.", p. 5 e 6.

viço de pequenas questões intermediárias que não tinham a capacidade de decidir sobre as verdadeiras questões da lide que tinham o momento próprio para serem decididas, sempre ao final do processo e por sentença que, nesta concepção é a verdadeira decisão, pois definitiva, única capaz de produzir coisa julgada, é, destarte, o verdadeiro julgamento capaz de caracterizar a jurisdição, conforme teoria defendida por Aloiro,[46] para diferenciar jurisdição de administração. Nesta saga, temos também Carnelutti,[47] que constrói sua teoria da jurisdição através da idéia da justa composição da lide que só poderia existir com a sentença ao final do processo.

Nossa carga escolástica é enorme no sentido de compreender, conhecer e interagir com o conceito de sentença como sendo produtora de coisa julgada sempre, pondo fim ao processo e servindo topologicamente como fixadora da certeza jurídica, através da eficácia declaratória, estando apta, destarte, a desencadear a execução, como modo de satisfação da pretensão posta em causa. Ou seja, execução para satisfação somente após o trânsito em julgado. Após a sentença. Após o fim do processo. Qualquer outra situação era considerada precária, provisória ou até mesmo temporária como no caso das cautelares. Sentença é única e põe fim ao processo. Qualquer outra manifestação diferente deste padrão, sentença não será.

Por tais razões, e já com propriedade denunciou Galeno de Lacerda,[48] quando o legislador, por imperativo político ou de poder, a fim de manuter o *status quo*, quis que houvesse uma decisão fora dos parâmetros tradicionais, o incluiu expressamente no tipo legal, como fez nos procedimentos especiais, a proteger as possessórias proteger a propriedade etc, mas nunca de forma genérica aplicável a todos os procedimentos.

Com estas breves considerações, concluímos que uma das maiores dificuldades para a consolidação da técnica antecipatória dentre nós é justamente o conceito de sentença que afastou a possibilidade de que uma decisão produzida antes do fim do processo pudesse ser objeto de execução definitiva, mas tão somente reduzir-se a uma interlocutória, atacável via agravo e capaz unicamente de *startear* uma execução em caráter provisória, que no mais das vezes não irá satisfazer a pretensão posta em causa e atendida através da antecipação. Vitória de *Pirro*.

Este á uma preocupação da comunidade processual e dos legisladores, pois não podem ignorar a nova ansiedade da sociedade para com relação ao processo

---

[46] ALLORIO. *Problemas de Derecho Processual*. "o efeito declaratórop, ou sejas a coisa julgada é o sinal inequívoco da verdadeira e própria jurisdição.", trad Argentina v.2. p. 15.

[47] CARNELUTTI, Fracesco. *Sistema de Direito Processual Civil*. "A jurisdição consiste na justa composição da lide, mediante sentença de natureza declarativa, por meio do qual o juiz *decit ius*; daí porque, segundo ele, não haveria jurisdição no processo de execução, p. 32.

[48] LACERDA, Galeno. *Mandados e Sentenças Liminares*. "Encontramos a cada passo no direito processual civil brasileiro a autorização legal para o decreto de atos judiciais coercitivos, logo no inicio da demanda, através de mandaos liminares a benefício do autor, ou requerente. Até a possibilidade de sentença ao umbral do processo já ocorre em determinados casos com tendência nítida de ampliação a hipot4eses outras. *Revista forense*, p. 12.

e a jurisdição como poder do Estado. Chegou a reforma da reforma reformada, veio a Lei 11.232/2005, em cujo texto o legislador, atento aos clamores e às tendências operativas da jurisdição, incluiu modificações no artigo 162,[49] não mais levando em consideração sua função, mas o seu conteúdo. Vamos tentar compreende-lo.

Na verdade não é só o conteúdo que compõe a sentença, já denuncia alhures Daniel Mitidiero, ensinando que além do conteúdo está presente na sentença a irrevogabilidade prevista no artigo 463 do CPC, nada obstante não mais o juiz extinguir seu ofício, não poderá modificar o conteúdo sentencial. Todavia, a mudança vem, senão para dar cores definitivas, indicar um caminho seguro para que se pratique, com tranqüilidade, no direito brasileiro, as sentenças intermediárias que, na verdade, não são parciais, mas são totais com relação à lide decidida.

A preocupação do legislador reformista é dar efetividade ao processo, resolvendo o maior número de lides possíveis no curso de uma mesma relação, medida que vai inexoravelmente acelerar o atendimento às pretensões postas em causa. Outrossim, há quebra de vários dogmas oriundos da escolástica clássica do processo civil. Dogmas que eram mais acadêmicos do que reais, pois o principal deles – a sentença põe fim ao processo – só ocorria para efeito teórico, uma vez que a partir dela iniciava-se toda uma fase recursal tendente à obtenção da coisa julgada, através da preclusão máxima, como muito bem denuncia José Carlos Barbosa Moreira.[50] Estas mudanças proporcionam uma aproximação maior do processo com o direito material possibilitando a realização do direito substantivo no mundo real com maior celeridade, isto é, efetividade. Ter ou não capacidade de pôr fim ao processo não é critério, como ensina Luiz Rodrigues Wambier,[51] para conceituar-se sentença, pois em qualquer hipótese, nos termos da lei vigente, a sentença apenas opera o marco inicial de uma nova fase processual.

Na verdade, abandonou-se a unidade da sentença, como ato final do processo em primeiro grau de jurisdição, para lhe atribuir um conteúdo diverso, como muito bem alerta Jean Carlos Dias,[52] que a sentença pode ser cindida desde que os pedidos possam também ser atendidos separadamente, não comprometendo em nada o sistema e ainda emprestando maior efetividade, pois acarretaria uma celeridade maior a lides que se encontram "maduras" para julgamento.

---

[49] § 1º Sentença é o ato do juiz que implica alguma das situações previstas nos arts. 267 e 269 desta Lei.

[50] MOREIRA, José Carlos Barbosa. *A Nova Definição de Sentença*. "Ressalve-se que, a rigor, não era nesse momento que o processo realmente terminava: ele continuava a fluir enquanto subsistisse a possibilidade de recorrer – é claro – durante a pendência do recurso".

[51] WAMBIER, Luiz Rodrigues. *Sentença Civil Liquidação e Cumprimento*. "Ter ou não aptidão para extingui o processo não é, efetivamente, critério hábil a definir-se se se está diante de sentença. Já que, nas ações executivas lato sensu, a sentença, antes de dar cabo ao processo, dá início a uma nova fase processual, voltada a atuação executiva do direito cuja existência foi reconhecida na sentença.", p. 35.

[52] DIAS, Carlos Dais. "A Reforma do CPC e o fim da Teoria da Unidade da Sentença". "Como demonstramos a tese da unidade da sentença não mais se sustenta diante da reforma da do ordenamento processual, porém é necessário o estabelecimento de algumas reflexões restritivas. A primeira observação é que a possibilidade de julgamentos cindidos, apesar de genericamente permitida pelo novo sistema, depende, porém de que os pedidos formulados sejam efetivamente autônomos.", in *Revista Dialética de Direito Processual*, n. 40, p. 83.

Resta-nos ainda umas poucas observações sobre as sentenças. Especialmente esta sentença "nova", que possibilita a decisão - compreenda-se solução do conflito de direito material. Inquestionável seu caráter decisório. Todavia tal característica terá o condão de tornar imutável a decisão se não atacada tempestivamente? Será que se operará a preclusão recursal se não houver insurgência do vencido através do recurso próprio. Em suma, fará dita decisão coisa julgada. Será tal sentença definitiva? Será tal sentença uma interlocutória? Será uma sentença liminar?

Afirmou Mitidieiro[53] estar *apta a lograr a qualidade de coisa julgada.* Se este for efetivamente a compreensão, estarão respondidas as questões supra. A decisão será imutável, inclusive não podendo ser modificada na sentença final do processo, no qual a decisão foi proferida em caráter antecipatório, nesta mesma orientação Orlando Venâncio dos Santos Filho,[54] que, ao discorrer sobre o artigo 273, 5º, entende que é caso de cognição exaureinte a modo de fazer coisa julgada com relação à porção da lide posta em causa. Será, destarte também, definitiva. Restando apenas a doutrina escolher se a denominará de sentença liminar ou interlocutória. Todos estes questionamentos estarão superados, entretanto, por ora, ficam as indagações. Uma coisa, dessarte, tem-se certeza, não se trata de uma sentença parcial, trata-se de uma sentença total. Total com relação à demanda decidida. Total em relação à lide controvertida. Total face à pretensão material posta em movimento pela ação processual.

Estas hipóteses adequam-se perfeitamente com o novo conceito de sentença, pois esta não mais traz a idéia, nem mesmo acadêmica, de que irá encerrar o processo. Bem ensina José Henrique Mouta Araújo,[55] que a "nova sentença" não possui a noção de extinção do processo, mas apenas de um capítulo preparatório para a fase, talvez mais importante – para parte sem dúvida –, que é a da execução.

Note-se que as decisões intermediárias – não pensamos ser sentenças parciais, mas totais relativo àquela demanda apreciada - mesmo sendo interlocutórias, porque se dão no curso do processo, têm conteúdo de sentença nos termos da nova redação do artigo 162, § 1º, como bem acentuou, ainda com base na legislação revogada, Teresa Arruda Alvin Wambier.[56]

---

[53] Op. cit., p. 76.

[54] VENÂNCIO DOS SANTOS FILHO, Orlando. *A Dogmatização da Ampla Defesa: Óbice à Efetividade do Processo.* "Trata-se, a rigor, de sentença parcial, definitiva quanto à matéria apreciada, proferida com base em cognição exauriente, que faz coisa julgada material, seguindo o procedimento para que a porção da lide. Que não foi objeto de apreciação da sentença parcial, venha a sê-lo em sentença final.", p. 112 e 113.

[55] MOUTA ARAUJO, José Henrique. *O cumprimento da Sentença e a 3ª etapa da Reforma Processual.* "... o conceito de sentença não trará consigo necessariamente a noção de extinção do processo, principalmente porque o feito passará para o capitulo seguinte (o da satisfação) assim como o projeto procura dar maior poder ao juiz de alcançar a solução para o caso concreto, sem as amarras que por vezes se encontram presentes no art. 128 do CPC".

[56] WAMBIER. Tereza Arruda Alvim. Os Agravos no CPC Brasileiro. "Situação parecida com a ora referida, igualmente relevante, e que deve ser levada em consideração para a definição das decisões interlocutórias, consiste na possibilidade de o juiz proferir decisões quando um ou mais pedidos cumulados, ou parcela deles, mostra-se incontroverso (CPC, art. 273, § 6º), neste caso, a decisão sobe um o dos pedidos terá conteúdo de sentença, muito embora, inegavelmente, não fim 'termo ao processo', tal como estabelece o art. 162, § 1º, do CPC".

Em verdade, o legislador abandonou o critério topológico funcional para albergar o critério substancial, desimportando, portanto, o momento da decisão, se no início, meio ou fim da relação jurídica de direito processual, o que interessa é seu conteúdo, a sua substância se implica em questões de forma ou mérito, mas que tenha o condão de pôr fim a uma demanda, a uma lide, serão consideradas sentenças. Não poderia ser outra a inteligência do novel instituto, pois o que se quer a acomodar tanto conhecimento quanto execução sincreticamente dentro de um mesmo processo.

O recurso aplicável

Por derradeiro, se deve arriscar um debate com relação a uma questão que não ficou, nem de longe, resolvida, ou mesmo, nem sequer tocada ou apreciada pela novel legislação. Trata-se da questão recursal, isto é, do recurso adequado para atacar as decisões que impliquem em mérito, proferidas no curso do processo. Cássio Scarpinella Bueno,[57] com precisão, denuncia a situação que a despeito de saber-se se a sentença termina ou não o processo, ou qual o melhor conceito de sentença, crê-se obstáculos processuais que tenham o condão de paralisação do feito por longa data, indo de encontro ao objeto da reforma.

O desafio é no sentido de adequar o sistema recursal ao novo conceito de sentença. Manter a sistemática atual ou modificá-la é situação secundária, o importante e necessário é disciplinar procedimento, pois, como se disse antes os conceitos de decisões interlocutórias e de sentença tinham na legislação revogada, exclusivamente a função de identificar qual o recurso adequado, uma vez que não estavam comprometidos com o conteúdo dos atos nelas contidos.

Pela sistemática vigente, o sistema recursal está montado em dois grandes pilares: o primeiro deles é aquele destinado a atacar as decisões terminativas, de méritos ou não, tanto em primeiro grau (apelação do art. 513) quanto em segundo ou tribunais superiores (recursos constitucionais). O segundo que visa atacar as decisões interlocutórias, isto é, aquelas proferidas no ínterim do processo, tanto quando sejam de mérito ou não (v.g. agravo do art. 522).

Não queremos deslocar o foco das atenções, mas apenas para elucidar o antes dito, pois o conceito de decisões terminativas aqui é empregado para efeito de encerramento da relação processual (fase) exclusivamente, esta compreensão tem por objetivo permitir o exame de todas as outras decisões que não puserem fim a uma fase processual serem denominadas interlocutórias. Todavia, não po-

---

[57] BUENO, Cássio Scarpinlea. *A Nova Etapa da Reforma do Código de Processo Civil*. "Não podemos, como reflexo de uma cabível e pertinente discussão doutrinária sobre o término ou não do processo com o proferimento de uma sentença ou qual o melhor ou único conceito de sentença, criar a possibilidade de uma artimanha que tenha condições de paralisar por um bom tempo o andamento do procedimento em primeiro grau de jurisdição.", p. 19.

demos olvidar que a função do recurso, seja ele qual for, é o de obstar o trânsito em julgado da decisão, como bem adverte Barbosa Moreira.[58]

Pois bem, postas tais colocações pensando-se em concreto devemos admitir que o novo conceito de sentença admite versões que não têm o condão de encerrar nenhuma fase processual, mesmo que tenha a capacidade plena de decidir a lide posta para apreciação do juízo, como ocorre nas decisões da parte incontroversa do processo, a luz do 273 do CPC.

Neste particular, pela modalidade atual, não há dúvida que mesmo sendo decisão definitiva com relação àquela pretensão, o recurso adequado é o de agravo, em uma de suas modalidades (retido ou de instrumento). Não nos parece lógico que se possa admitir desta decisão, mesmo que tenha todas as características de definitiva, possa ser atacada via apelo, mormente pelo procedimento que este recurso exige, inclusive com remessa dos autos, etc. Questão tormentosa também é a de se permitir a fungibilidade recursal, que para efeito de nossas observações são irrelevantes, pois nos parece tal via obstada em face de caracterização de erro grosseiro, uma vez que não há dúvidas, repetimos, que pela sistemática vigente o recurso adequado para a decisão incidental (de mérito) que aprecia pedido incontroverso é o agravo.

Importa estabelecer que tal agravo de instrumento deverá receber todo o tratamento de uma apelação. Poderá ser recebido no efeito devolutivo. Não haverá óbice para que se permita a sustentação oral, face seu conteúdo sentencial. Da mesma forma também deve ser admitido os embargos infringentes, quando modificada a decisão por maioria, assim como o recurso especial não deverá ficar retido nos autos, deverá ser processado e encaminhado ao Superior Tribunal de Justiça e finalmente esta decisão quando não mais couber recursos, ficará sujeita à Ação Rescisória (485 do CPC). Tais afirmativas decorrem tão somente do conteúdo da decisão intermediária atacada, pois, de fato, constitui-se em uma decisão de mérito com conteúdo de decisão definitiva quanto à lide apreciada, com a prestação jurisdicional completa relativa ao pedido.

Escoimada qualquer dúvida quanto ao recurso cabível, resta-nos investigar quais os efeitos de sua não interposição tempestiva. Haverá preclusão consumativa? Poderá o juiz revogar tal decisão por ocasião da decisão final do processo?

Teresa Arruda Alvim Wambier,[59] ao tratar do agravo no Direito brasileiro, aborda o tema com percuciência, afirmando ser uma verdadeira teoria dos prazos a afetar a dinâmica processual, estabelecendo fases procedimentais. Já dissemos

---

[58] MOREIRA, Barbosa. *O novo Processo Civil Brasileiro*. "Efeito comum e constante de todos os recurso, desde que admissíveis, é o de obstar, uma vez interpostos, ao trânsito em julgado da decisão.", p. 122.

[59] WAMBIER, Teresa Arruda Alvim. *Os Agravo do CPC brasileiro*. "Trata-se de uma figura que pode ser considerada uma verdadeiro princípio da teoria dos prazos porque interfere em toda a dinâmica do andamento processual,. Ela é espinha dorsal do processo, no que respeita ao seu andamento, pois é o instituto através do qual, no processo superam-se estágios procedimentais, e não deixa de ser também um instituto propulsionador da dinâmica processual, na media em que fora acatada pela legislação positiva". Os. 473 e 474, São Paulo: RT, 2006.

alhures que: "É a base formadora da coisa julgada. Em face de tal relevo abordar-se-á a preclusão como base vetora do processo, assim considerado em sua marcha contínua de fatos encadeados".[60]

Parece claro que há preclusão consumativa, pois as questões não atacadas tempestivamente não mais poderão ser revistas na sentença, nem de ofício pelo magistrado, nem a requerimento da parte. Fundamentalmente quando a decisão, nada obstante, ser intermediária, tem conteúdo de sentença, apta a formar coisa julgada material capaz de, portanto, projetar seus efeitos positivos e negativos, tanto naquele processo quanto nos subseqüentes. Não se trata de juízo precário, mas de juízo definitivo, cuja modificação só poderá ser efetuada através de rescisória.

Conclusões

Inquestionavelmente o processo civil deve estar a serviço de um fim. Este fim certamente não pode ser outro senão a tutela dos direitos. Com as alterações desses direitos no curso da história como produto natural da evolução social, não se pode engessar o processo com dogmas que se formaram em pilares que já ruíram. Neste vês busca-se, através do acomodamento científico ajustar as engrenagens processuais a esta nova realidade. Diante disso, novas teorias surgem para cientificoisar o processo a fim de dar segurança na sua utilização. Surge as *revoluções* processuais, com as suas ondas, sendo mais recente a formalista valorativa, que atua de forma a adequar as formas do processo com a necessidade das partes, visando sempre preservar os valores jurídicos que a jurisdição deve zelar.

Expoente frisante desta nova concepção é a antecipação de tutela que vem para remover o paradigma ordinário racionalista de que a decisão de mérito só poderá ser obtida em juízo de certeza após cognição exauriente e ao final do processo. Antecipação de tutela que evoluiu no sentido de também permitir nos termos do artigo 273, 6º, do CPC o julgamento da parte incontroversa ou não contestada em demanda cumulada ou em que o pedido possa ser cindido. Diante de tal fenômeno poderá o juiz resolver (isto é decidir) o mérito relativo a uma ou mais pretensões, desde que possíveis do ponto de vista lógico-jurídico.

Face tais alterações no procedimento, outros conceitos se tornaram insuficientes para dar concretude a determinados comandos. Um deles foi o conceito de sentença como previsto no artigo 162, § 1º, do CPC. Ora, se o juiz pode intermediariamente decidir questões de mérito, isto é, julgar e se o veículo do julgamento é a sentença, temos que também adequar o conceito desta, como foi feito pela Lei 11.232/2005. Sentença não é mais o ato do juiz que põe fim ao processo, mas ato do juiz que implique alguma situação contida nos artigos 267 e 269 do CPC.

---
[60] JUHN, João Lace. *A Coisa Julgada na Exceção de Executividade*. Porto Alegre: Livraria do Advogado, 2006, p. 209.

Sendo assim, qualquer decisão que contenha ou não uma resolução de mérito será uma sentença e, como tal, diante do seu conteúdo deve ser examinada.

Como não poderia deixar de ser, esta quebra de dogma, esta modificação paradigmática, tem suas conseqüências. A mais borbulhante é a questão recursal. Como adequar o sistema (preparado para outra realidade) a esta nova situação. De *lege ferenda*, certamente temos modificações a fim de acomodar a nova realidade, enquanto isto não vem, todavia devemos trabalhar com o instrumental disponível. Não sendo outra a única interpretação possível da disciplina vigente senão a de ajustar as regras do recurso próprio das interlocutórias às decisões definitivas de mérito.

Para tal mister, importante será o trabalho da doutrina e da jurisprudência, mas também não menos o dos advogados na prática forense que ditarão o rumo dos procedimentos a serem seguidos, tendentes a dar maior segurança e efetividade às decisões judiciais, visando o escopo maior que é o de pacificar com justiça.

Nesta ordem de idéias se insere o presente ensaio. Não pretendemos ser conclusivos com o tema, mas apenas expor algumas preocupações que seriam até sensações relativas ao presente momento em que se encontra o processo civil brasileiro. Verdade, insofismável, entretanto, que é justamente nestes momentos críticos que se forjam os novos caminhos da ciência. Quiçá o processo civil esteja incluído nesta afirmação, face às inúmeras modificações que vem passando, todas elas tentando conciliar o inconciliável – segurança e rapidez – na mira da efetividade, que na verdade é o encontro destes dois paradoxos.

Bibliografia

ALVÁRO Carlos Alberto de Oliveira. O formalismo valorativo em confronto com o formalismo excessivo. www.tex.pro.br. Acesso em 01.10.2006.

ALVIM, J. E. Carreira. *Código de Processo Civil Reformado*. Rio de Janeiro: RT 5ª edição. 2003.

ASSIS, Araken. *Cumprimento da Sentença*, Rio de Janeiro: Forense, 2006.

———. *Cumulação de Ações*, São Paulo: Revista dos Tribunais, 2ª ed. 1995.

BUENO, Cássio Scarpinlea. *A Nova Etapa da Reforma do Código de Processo Civil*. São Paulo: Saraiva, vol. I, 2006.

BÜLOW, Oskar. *La Teoria de las Excepciones Procesales Y los Presupuestos Procesales*. Tradução de Miguel Angel Rosas Lichtschein, Buenos Aires: EJEA, 1964.

CARNEIRO, Athos Gusmão. *Da Antecipação de Tutela no Processo Civil*. Rio de Janeiro: Forense, 1998.

CARNELUTTI, Francesco. *Diritto e Processo*. Napoli: Morano, 1958.

COSTA Hélio Rubens Batista Ribeiro. Coordenação. *A Nova etapa da reforma do Código de Processo Civil*, São Paulo: Saraiva, 2002.

DE PLÁCIDO E SILVA. *Vocabulário Jurídico*. Rio de Janeiro: Forense, 1984.

DIAS, Joel Figueira Junior. *Comentários ao Código de Processo Civil*. São Paulo: RT, v. 4, Tomo II, 2001.

DIAS, Carlos Dais. A Reforma do CPC e o fim da Teoria da Unidade da Sentença. *Revista de Dialética de Direito Processual* n. 40 julho 2006.

DINAMARCO, Cândido Rangel. *A Instrumentalidade do Processo*, 6ª ed. São Paulo: Malheiros, 1998.

———. *Instituições de direito Processual Civil*. 3ª ed. São Paulo: Malheiros, 2003.

———, *A Reforma do CPC*. 4ª ed. São Paulo: Malheiros, 1997.

DÓRIA, Rogéria Dotti. *A tutela Antecipada em Relação à Parte Incontroversa da Demanda*. São Paulo: RT, 2ª ed. 2004.

FUX, Luiz. *Tutela de Segurança e Tutela de Evidência.* São Paulo: Saraiva, 1996.
JUNIOR, Humberto Theodoro. *Curso de Direito Processual Civil.* Rio de Janeiro: Forense, 41ª ed. 2004.
JUHN, João Lace. *A Coisa Julgada na Exceção de Executi*vidade. Porto Alegre: Livraria do Advogado, 2006.
LUHMANN, Niklas. *Sociologia do Direito*, Rio de Janeiro: Biblioteca Tempo Universitário, 1985.
LACERDA, Galeno de. Mandados e Sentenças Liminar. *Revista Forense.* n. 19.
MARNONI, Luiz Guilherme. *Tutela Inibitória*, 2ª ed. São Paulo: RT, 2000.
MIRANDA, Francisco Cavalcanti Pontes de. *Tratado das Ações.* Tomo I, Campinas: Bookseller, 1998.
MITIDIERO, Daniel Francisco. *Elementos para uma Teoria Contemporânea do Processo Civil Brasileiro.* Porto Alegre: Livraria do Advogado, 2005.
——. *Comentários ao Código de Processo Civil*, São Paulo: Memória Jurídica, 2006.
MOREIRA, José Carlos Barbosa. A Nova Definição de Sentença. *In Revista IOB Direito Civil e Processual Civil.* n. 41 maio-junho 2006. São Paulo: IOB Thomson, p. 52.
——. *O Novo Processo Civil Brasileiro*. 22º ed. Rio de Janeiro: Forense, 2002.
MOUTA ARAUJO, José Henrique. O cumprimento da Sentença e a 3ª Etapa da Reforma Processual, *Revista de Processo*, n. 123 Ed. RT. São Paulo 2005, p. 147 e 148.
PASSOS, Calmon de Passos Joaquim. *Comentários do Código de Processo Civil.* Vol III, 8ª ed. Rio de Janeiro: Forense, 1998.
RIBEIRO, Darci Guimarães. *La Pretensión Processal Y La Tutela Judicial Efectiva.* Barcelona: Bosch Editor, 2004.
SCARPINELLA, Cassio Bueno. *Execução Provisória e Antecipação de Tutela,* São Paulo: Saraiva, 1999.
SILVA, Ovídio A Baptista da. *Processo e Ideologia*, Rio de Janeiro: Forense, 2004.
——. Decisões Interlocutórias e Sentenças Liminares, in *Da Sentença Liminar à Nulidade da Sentença.* Rio de Janeiro: Forense. 2002.
WAMBIER, Teresa Arruda Alvim. *Os Agravso do CPC brasileiro.* São Paulo: RT, 2006.
WATANABE, Kazuo. *Da Cognição no Processo Civil.* São Paulo: RT, 1987.
WACH, Adolf. *La Pretension de Declaracion.* Traducción de Dr. Juam M. Semom da edição alemã de 1889, Buenos Aires: EJEA.
VENÂNCIO DOS SANTOS FILHO, Orlando. *A Dogmatização da Ampla Defesa: Óbice à Efetividade do Processo.* Rio de Janeiro: Lumen Juris, 2005.
WAMBIER, Luiz Rodrigues. *Sentença Civil Liquidação e Cumprimento.* São Paulo: Rio de Janeiro, 2006.
WINDSCHEID, Bernard y MUTHER, Theodoro, *Polêmica sobre la "actio"*, tradução de Thomaz A. Banzhap, EJEA, Buenos Aires, 1974.
ZAVASKI, Teori Albino. *Antecipação de Tutela.* São Paulo: Saraiva, 1997.
VAZ, Paulo Afonso Brum. *A Tutela Antecipada Fundada na Técnica da Ausência de Incontrovérsia sobe o Pedido. Repro*.132. Revista dos Tribunais. Jan/2006.

— 10 —

Da ação – a teoria de Marinoni

JOSÉ MARIA ROSA TESHEINER
Livre Docente, Doutor em Direito, Professor da PUC-RS, Desembargador aposentado.

Sumário: 1. Introdução; 2. Exposição da teoria; 3. Conclusão.

1. Introdução

A construção de uma nova teoria decorre de uma insatisfação com as explicações anteriores. Supõe-se um ambiente cultural em que o construtor, insatisfeito, raciocina e conclui. Tratamos, pois, inicialmente, de situar Luiz Guilherme Marinoni no tempo e no espaço: o Brasil – após Constituição de 1988.

À sua consideração apresentavam-se apenas duas teorias: a de Liebman e a do direito abstrato de agir. A teoria de Chiovenda, do direito concreto de agir, foi liminarmente desprezada. Foi mesmo incompreendida, tanto que apontada como exemplo de isolamento da ação de qualquer vestígio de direito material, ainda que, segundo Chiovenda, ação somente existiria se o juiz afirmasse a existência de vontade da lei em prol do autor, ou seja, se existente o direito afirmado. E a existência dessa vontade da lei era a primeira das condições da ação, que Liebman veio posteriormente a substituir pela "possibilidade jurídica do pedido", aí sim, para separar mais fortemente o direito processual do material.

A concepção de Liebman, da ação como direito à sentença de mérito, não podia ser acolhida por Marinoni, no Brasil, sobretudo depois da Lei 11.232/2005, que fundiu os processos de conhecimento e de execução. A ação condenatória era, na verdade, uma fantasmagoria dos processualistas, porque o autor move sua ação para obter a satisfação de seu crédito e não apenas para obter uma sentença condenatória. A ação de Liebman acaba com a sentença e, pois, no caso de procedência, antes de atingido o objetivo último de toda a atividade desenvolvida, qual seja, a satisfação do direito do autor.

Restava, pois, como possível explicação, a teoria do direito abstrato de agir, ou seja, da ação concebida como direito subjetivo à tutela jurisdicional. Essa teoria, porém, deixava na sombra a idéia, tão presente no Brasil, da instrumentalidade do processo, ou seja, do processo como instrumento de realização do direito material. Cavava uma fosso entre o processo e o direito material, o que, como observado, jamais ocorreu com a teoria do direito concreto de agir.

Outro ponto a destacar, quanto ao ambiente cultural em que se encontrava Marinoni, é a tese, amplamente difundida no Brasil, da eficácia direta da Constituição e dos direitos fundamentais, levada, aliás, a extremos tais, que sofreu a crítica de Cezar Saldanha Souza Júnior, a falar de totalitarismo jurídico e de colonialismo do direito constitucional sobre os demais ramos do direito.[1]

2. Exposição da teoria

O ponto de partida da teoria de Luiz Guiherme Marinoni[2] é o direito fundamental de ação, consagrado no artigo 5º, XXXV, da Constituição, entendido não apenas como direito a um julgamento, pelo Poder Judiciário, de alegada lesão ou ameaça a direito, mas como pretensão à tutela efetiva de direitos subjetivos, sejam ou não fundamentais. A ação é mais do que direito a um julgamento. É direito à adequada e efetiva tutela do direito material, como destacado no artigo 83 do Código do Consumidor.

O direito de ação, compreendido como direito fundamental à tutela jurisdicional efetiva, obriga o legislador a desenhar os procedimentos e as técnicas processuais adequadas às diferentes situações de direito substancial e obriga o juiz a adotar o meio executivo apto a tutelar o direito.

O direito de ação é um direito fundamental: direito à tutela jurisdicional efetiva. É exercido pelo autor com vistas à obtenção da tutela efetiva do direito alegado. A tutela dos direitos subjetivos é a principal finalidade da jurisdição.

Hoje, a ação é mais do que uma garantia do cidadão em face do Estado, pois visa a atuar a jurisdição para a efetiva tutela do direito material. Implica uma série de prestações do Estado, como a edição de procedimentos e técnicas processuais adequadas às variadas situações de direito substancial (devida pelo legislador), assim como a compreensão, de parte da jurisdição, da função do processo, a partir dos direitos fundamentais processuais.

Os direitos não devem ser apenas proclamados. Devem, também, ser protegidos pela forma de tutela adequada à sua concretização. Compõem-se, assim, as "posições jurídicas protegidas".

Ainda no plano do direito material, extraem-se, da proclamação de um direito subjetivo, os seus corolários, quais sejam, as garantias ou formas de tutela,

---

[1] Cezar Saldanha Souza Junior. Direito Constitucional, Direito Ordinário, Direito Judiciário. In: SARLET, Ingo Wolfgan (org.). *Jurisdição e direitos fundamentais*. Porto Alegre: Livraria do Advogado, 2006. v. I, t. I.

[2] Ver: MARINONI, Luiz Guilherme. *Teoria Geral do Processo*. São Pualo: Revista dos Tribunais, 2006. v. I. capítulo V: Da ação abstrata e uniforme (ação única) à ação adequada à tutela do direito material e ao caso concreto.

necessárias para assegurá-lo: a tutela inibitória, a de remoção do ilícito, a ressarcitória; a tutela específica e, sendo o caso, sua conversão pelo equivalente em dinheiro.

Há os direitos e as formas de tutela, ambos no plano do direito material. As formas de tutela são garantias dos direitos, que com eles não se confundem.

A tutela inibitória, que objetiva impedir ou inibir a violação do direito, sua repetição ou a continuação de uma atividade ilícita, não precisa estar prevista na legislação processual, porque decorre naturalmente da norma atributiva de direito.

A tutela de remoção do ilícito é espécie de tutela específica, na medida em que não se compadece com sua transformação em dinheiro. Para a tutela de remoção do ilícito não se exige dano, nem perigo de dano. Basta a violação da norma.

A tutela específica decorre, via de regra, da simples existência de um direito, não mais se limitando, como outrora, aos direitos reais.

Situam-se no plano do direito processual a antecipação de tutela, a tutela sumária, a sentença, a declaração, a constituição, a condenação, o mandamento, assim como os meios executivos, como a multa, a busca e apreensão e a imissão na posse. São técnicas processuais que viabilizam a tutela prometida pelo direito material. Note-se: as sentenças declaratória e constitutiva constituem técnicas processuais, tanto quanto a condenatória, a mandamental e a executiva, ainda que mais dificilmente se distingam das formas de tutela, já que prestam tutela declaratória e constitutiva.

A relação entre o direito material e o processual se estabelece com as formas de tutela do direito material.

A categoria da tutela dos direitos permite a elaboração de uma dogmática capaz de responder adequadamente às relações entre o direito material e o direito de ação.

Não há, no plano do direito material, pretensão à condenação, mas pretensão à tutela ressarcitória. A condenação não é forma de tutela do direito, apenas meio processual vinculado à tutela ressarcitória. Também a sentença mandamental não constitui forma de tutela.

As técnicas processuais são diferenciadas para se adaptarem às diferentes espécies de tutela prometidas pelo direito material. O direito de ação envolve, sendo o caso, o direito à tutela cautelar e à antecipação de tutela.

Entre as formas de tutela prometidas pelo direito material e as técnicas processuais deve haver uma relação de adequação. Em outras palavras, as técnicas processuais devem adequar-se a um prius, dado pelo direito material, que são formas de tutela.

O autor não pede uma sentença qualquer, pede uma sentença de procedência.

Como a ação serve à proteção de qualquer direito, tem-se, como corolário, o direito do autor à adequação da ação à tutela do direito alegado.

A ação adequada deve ser construída no caso concreto, de conformidade com o pedido e causa de pedir. O artigo 461, § 5º, do CPC estabelece que, para a efetivação da tutela específica ou a obtenção do resultado prático equivalente, poderá o juiz, de ofício ou a requerimento, determinar as medidas necessárias, tais como a imposição de multa por tempo de atraso, busca e apreensão, remoção de pessoas e coisas, desfazimento de obras e impedimento de atividade nociva, se necessário com requisição de força policial (Redação dada pela Lei nº 10.444, de 2002). Consagra-se, aí, o direito à tecnica processual adequada, o direito à construção da ação adequada ao caso concreto. Dele decorre, também, o afastamento da idéia de procedimento previamente fixado na lei.

Cabe distinguir, de um lado, a pretensão à sentença e, de outro, a pretensão à tutela jurisdicional do direito, tendo esta conteúdo variável, em função das necessidades do direito material.

A sentença de improcedência presta tutela jurisdicional, mas é negatória da tutela jurisdicional do direito. Não presta tutela a direito material do réu, porque não há, de parte dele, pedido de tutela de direito.

A ação é abstrata, no sentido de que independe de uma sentença favorável. Mas deve-se-lhe acrescentar o plus da adequação à tutela do direito material e do caso concreto.

Ainda que abstrata, a ação deve admitir a utilização das técnicas processuais adequadas à situação concreta. Daí resulta que não há uma única ação, mas tantas quantas as exigidas pelo direito material, como resulta do art. 83 do CDC.

A ação adequada ao direito material não depende da efetiva existência do direito material alegado. Nesse sentido é abstrata.

A ação não mais pode ser entendida como direito a uma sentença de mérito (Liebman), tanto que (agora) o processo continua, com vistas à satisfação do vencedor. As condições da ação constituem requisitos para o julgamento do pedido, e não elementos constitutivos da ação.

Do próprio direito material podem decorrer restrições à defesa do réu (pense-se, por exemplo, na abstração das cambiais), sem lesão ao seu direito de participação no processo.

As velhas teorias da ação estão longe do direito fundamental à tutela jurisdicional efetiva, atualmente expresso no art. 83 do CDC.

Na impossibilidade de estabelecer as ténicas procesuais adequadas a cada possível direito, o legislador instituiu cláusulas gerais, assim como técnicas processuais expressas com conceitos indeterminados, com o objetivo de outorgar ao cidadão o direito à construção da ação adequada ao caso concreto.

Não há exercício de ação de direito material, nem apenas direito a uma sentença, mas sim direito às providências adequadas à tutela do direito alegado.

Nem ação abstrata, indiferente ao direito material, nem ação de direito material, mas a ação como direito à construção da ação adequada à tutela do direito e ao caso concreto.

3. Conclusão

A teoria da ação, assim desenhada por Marinoni, constitui notável contribuição à teoria geral do processo. Afasta, definitivamente, a idéia de ação de direito material, resquício da teoria do direito concreto de agir, que vinculava o direito de ação à superveniência de uma sentença favorável. Afasta-se, também, da teoria abstrata, em sua versão mais extremada, que desconsiderava a necessidade de conformação da ação à natureza do direito alegado. Põe uma pá de cal na teoria de Liebman, mostrando, por um lado, que se exerce o direito de ação, ainda que falte alguma das chamadas condições da ação e mostrando, por outro lado, que o direito de ação não se exaure com a prolação de uma sentença de mérito, quando necessária a prática de ulteriores atos processuais para a satisfação do direito declarado.

A ação de Marinoni é abstrata no sentido de que independe da existência do direito alegado e é concreta, na medida de sua necessária adequação às formas de tutela do direito material, expressas, na petição inicial, com a indicação do pedido e da causa de pedir.

— 11 —

Tutela ambiental:
algumas reflexões processuais

LAURA ANTUNES DE MATTOS

Professora da PUC/RS, Especialista em Direito Processual Civil, Mestre em Direito, Procuradora do Município de Porto Alegre e Advogada.

Sumário: 1. Introdução; 2. Meio ambiente: moldura constitucional e legal; 3. Meio ambiente: releitura de alguns institutos da ordem civil e processual; 4. Meio ambiente: reflexões acerca de alguns instrumentos processuais; 5. Conclusão.

1. Introdução

O meio ambiente é bem jurídico constitucionalmente protegido, composto do ambiente natural e do ambiente construído. Além de representar um dos bens jurídicos mais preciosos da humanidade, é o cenário do tempo presente. É a paisagem onde se vislumbra o passado, quer por relevar a história do homem, quer por espelhar as agressões que lhe foram impostas, trazendo à tona ambigüidades, arbitrariedades econômicas e desigualdades sociais. Assim como projeta para o futuro expectativas de sobrevivência e de vida saudável, trazendo intrinsecamente consigo novos parâmetros de cuidados que a ele devem ser dispensados. Exige, do Direito, readaptação aos fenômenos que dele exsurgem com manifesto reflexo no campo dos instrumentos destinados a protegê-lo.

No contexto contemporâneo, de interrogações, antagonismos e contradições, no que diz com o equilíbrio ecológico, assume relevo a compreensão do papel cumprido (ou a ser cumprido) pelo direito ao meio ambiente ecologicamente equilibrado, designadamente na sua conexão com a vida do homem em sociedade e a complexa relação que se estabelece entre o ambiente natural e o ambiente construído. Se de um lado é possível visualizar a necessidade premente de sua preservação, por outro há uma demanda indispensável pela evolução social e tecnológica.

A reflexão proposta é sobre a problemática da previsão constitucional de um direito ao meio ambiente ecologicamente equilibrado com a sua inserção no ordenamento jurídico como um direito de "todos", bem de uso comum do povo, que impõe ao poder público e à coletividade o dever de defendê-lo e preservá-lo para o presente e para o futuro, à luz dos instrumentos de acesso à jurisdição ambiental.

O pano de fundo da análise parte de conceitos de direito material para, após, encontrar elementos que subsidiem a relação jurídica processual. Diante de qualquer situação inerente ao meio ambiente existe, em geral, elemento a ser trabalhado no campo processual determinado pela urgência. Exige instrumento adequado para assegurar, satisfazer ou impedir a ocorrência ou a continuação do ilícito. Indispensável adequar o instrumento, veículo pelo qual o direito material é transposto para o processo, com visível renovação da concepção jurídica de prestar jurisdição, de forma a valorizar a celeridade e a efetividade na resolução dos conflitos, sempre guardando distanciamento de um discurso jurídico de costas para a realidade social e histórica.

Neste sentido, o grande valor jurídico dos fatos que substanciam os casos concretos representa a efetiva matéria prima na aplicação dos instrumentos jurisdicionais de forma a veicular os direitos. Assim, quando se trata de direito ao meio ambiente ecologicamente equilibrado, além do estudo do caso concreto, necessário a releitura de institutos civis e processuais, evitando formalismos inúteis ou acirrados. Para que o processo possa cumprir a sua função essencialmente instrumental, realizando de forma efetiva o direito ao meio ambiente, é necessário que, muitas vezes, sejam priorizados outros valores jurídicos em detrimento de fórmulas preconcebidas.

Assim, o percurso das idéias aqui proposto inicia na delimitação da moldura constitucional e legal do direito ao meio ambiente, com o objetivo de propiciar a releitura de alguns institutos civis e processuais de forma a torná-los mais aderentes à realidade do ambiente natural e construído. Para a sua efetiva tutela, visível a necessidade de readaptar alguns institutos aos fatos, encetando aos inúmeros instrumentos de que dispõe a ordem jurídica processual para a sua efetiva proteção. O enfoque é no sentido de analisar tutelas diferenciadas[1] como via de acesso à jurisdição ambiental, sempre sob o vértice da urgência, oferecendo abordagem, inevitavelmente, incompleta, uma vez que, diante da complexidade do tema, o vértice será apenas um, entre tantos possíveis de ser abordado.

2. Meio ambiente: moldura constitucional e legal

O cenário constitucional no campo da construção da tutela ambiental inicia, obrigatoriamente, no princípio fundante da República brasileira – art. 1º, inciso

---

[1] O conceito de tutela diferenciada adotado é no sentido da efetiva proteção dos direitos, de forma a garantir adequada prestação jurisdicional, valorizando, quando diante do direito ao meio ambiente, a verossimilhança do direito.

III, da CF: a dignidade da pessoa humana.[2] Para que este princípio seja respeitado em sua plenitude, além de todos os atributos que lhe são inerentes e privatísticos,[3] é imperioso que a pessoa humana viva em ambiente ecologicamente equilibrado – hostilizável sempre foi, é e será o ambiente insalubre à vida.

Ao lado deste princípio, dispositivo constitucional eleva o meio ambiente a bem jurídico constitucionalmente protegido, na forma constante no art. 225 da CF, no entendimento de que a natureza deve ser explorada, mas a utilização dos recursos naturais deve se realizar em proveito da geração presente e futura. Ademais, o art. 170 da CF consagra a defesa do meio ambiente como princípio geral da ordem econômica e financeira ao lado dos princípios da função social da propriedade, da redução das desigualdades e da busca do pleno emprego. Ou seja, a adoção destes princípios implica reconhecer que no Brasil o crescimento econômico deve estar integrado e respeitar o meio ambiente, o princípio de desenvolvimento sustentável está, pois, impregnado de caráter eminentemente constitucional.

Na dimensão jurídico-constitucional dos instrumentos de tutela ambiental, objeto precípuo do presente estudo, a análise direciona-se à proteção deste bem jurídico. Em âmbito constitucional, estes princípios e direitos devem ser apreciados em conjunto com os incisos XXXV e LXXVIII, do art. 5º, da CF. Com efeito, tais dispositivos constitucionais ao preconizarem que a lei não pode excluir da apreciação do poder judiciário lesão ou ameaça a direito, determina, mesmo que implicitamente, o dever de prestar justiça em prazo razoável, tendo o cidadão o direito de obter a tutela jurisdicional de modo tempestivo. O direito de ação, no Estado constitucional, engloba além do direito de acesso à jurisdição, o acesso a um processo justo, através do emprego de técnicas processuais adequadas.[4]

Ou seja, ao lado dos princípios e direitos constitucionalmente protegidos, está o direito fundamental à tutela jurisdicional efetiva que se traduz na duração

---

[2] No que diz respeito ao conteúdo e significado da noção de dignidade da pessoa humana, ver SARLET, Ingo Wolfgang. *Dignidade da pessoa humana e direitos fundamentais*, Porto Alegre: Livraria do Advogado, 2007.

[3] No decorrer do Século XX, foi possível assistir a uma profunda modificação na ordem de valores, expondo a influência de movimentos sociais, filosóficos, econômicos, tecnológicos e trazendo, por conseqüência, a desmistificação da crença igualitária, imposta pela Revolução Francesa. Na realidade, a igualdade, entendida como pressuposto meramente formal, baseada na autonomia da vontade e na iniciativa privada, fez-se acompanhar de um pensamento paradoxal, refletindo uma concepção do modelo liberal-burguês: a prevalência de valores relativos à apropriação de bens sobre o ser, o que impede, no âmbito do processo civil, a efetiva valorização da dignidade da pessoa humana, o respeito à Justiça distributiva e à igualdade material ou substancial, segundo RAMOS, Carmen L. S., A constitucionalização do direito privado e a sociedade sem fronteiras, In: FACHIN, Luiz Edson e outros. *Repensando fundamentos do Direito civil brasileiro contemporâneo*, Rio de Janeiro: Renovar, 1998, p. 5, referentemente ao direito privado com manifesta influência sobre o processo civil.

[4] O paradigma advindo da codificação francesa impôs uma igualdade formal, ignorando, sobremaneira, desigualdades peculiares e particulares da pessoa humana, com reflexos manifestos nas concepções da órbita processual. A concepção do processo dirigia-se a instrumentalizar aquilo que o direito material abstratamente previa, marcado pelo individualismo e positivismo jurídico, no qual era visto, apenas, o escopo jurídico do processo, sem preocupações pelo social e pelo político, segundo raciocínio de DINAMARCO, Cândido Rangel, *A instrumentalidade do processo*,10. ed. revista e atualizada. São Paulo: Malheiros Editores, 2002, p. 331.

razoável do processo por meio de instrumentos que garantam a celeridade de sua tramitação.

Assim, quando se fala em instrumentos para tutelar o meio ambiente, nítida deve ser a intenção de aproximar o direito material do direito processual, em face do estudo do caso concreto e, conseqüentemente, a efetiva análise dos fatos que substanciam a causa que estará à apreciação judicial. As potencialidades da vida em sociedade representam a matéria prima do Direito que deve conciliar os direitos que prevê com instrumentos aptos a essa proteção. Não sendo difícil concluir que o processo é o veículo pelo qual o direito material é levado à apreciação judicial.

Decorrente deste contexto constitucional, o direito ao meio ambiente ecologicamente equilibrado, de titularidade coletiva e de caráter transindividual, encontra tutela também em disposições constitucionais de ordem processual. E, pois, na órbita infraconstitucional tanto normas de direito material como normas de direito processual abrem a perspectiva de sua tutela, as quais serão a seguir alinhadas de forma meramente exemplificativa.

Do ponto de vista histórico, importa referir que o Código Civil de 1916, de tradicional orientação privatística, já dispunha, por exemplo, no capítulo destinado a regrar a propriedade, acerca dos direitos de vizinhança, visível a incipiente valorização do meio ambiente. Essa proteção tinha caráter privado, destinando-se a proteger a propriedade particular[5] e os direitos previstos direcionavam-se a uma pequena comunidade como é o caso, por exemplo, da previsão legal quanto ao fluir das águas.[6]

O Decreto nº 24.643/34 – Código das Águas – delimitava a faixa de reserva ou terrenos reservados, protegendo as margens das águas, prevendo a efetiva atuação do poder público na sua defesa. No mesmo sentido, o Código Florestal e a Lei do Parcelamento do Solo – Lei nº 6.766/79 –, que representou um organizador na questão da terra, na ordenação do solo urbano, quando o Brasil passava de uma realidade rural para uma realidade essencialmente urbana.

Mais recentemente, ainda em momento prévio à Constituição vigente, a Lei nº 6.938/81 estabeleceu uma política nacional do meio ambiente, introduzindo penalidades administrativas, definindo a legitimidade do Ministério Público para

---

[5] O direito de propriedade existente no início do século passado era considerado inviolável, sagrado e intangível por qualquer medida de ordem pública. Não se afeiçoando ao entendimento contemporâneo, multifacetado, com a concepção de função social ou a "nova propriedade". Observa-se a passagem da propriedade – direito subjetivo – à propriedade – função social. A doutrina liberal do Século XIX definia a propriedade como um direito absoluto, exclusivo e perpétuo e, por decorrência, na mesma linha de raciocínio, o ser humano é petrificado como sujeito de direitos e obrigações, tendo uma propriedade individualista, destinada a servir essa pessoa petrificada. Neste sentido, TEPEDINO, Gustavo, A nova propriedade (o seu conteúdo mínimo, entre o Código Civil, a legislação ordinária e a Constituição). Revista Forense. Rio de Janeiro, v. 306, p. 73-78, abr./jun. 1989; CARBONNIER, Jean. Les trois piliers du droit – La propriete. In Flexile droit. 7. ed., Paris, 1992.

[6] O art. 563 do CC/1916 continha a previsão no sentido de que o dono do prédio inferior é obrigado a receber as águas que correm naturalmente do superior e se este fizer obras para facilitar o escoamento não pode piorar a condição natural e anterior do outro. O enfoque direcionado, sempre, à relação entre particulares e no seu interesse.

a propositura da ação de responsabilidade civil e criminal por danos, visando a proteção do patrimônio Público e social, do meio ambiente e de outros interesses difusos e coletivos, dispondo acerca da responsabilidade do poluidor independentemente de culpa – responsabilidade objetiva.

A Lei nº 7.347/85 incluiu em seu campo protetivo a defesa do meio ambiente, do consumidor e do patrimônio cultural, passando a admitir a defesa em juízo de qualquer outro interesse difuso ou coletivo. Estendeu a legitimidade para a propositura da ação civil e cautelar aos Estados federados, à União, Municípios e outros. Através de instrumentos mais aderentes ao direito material, alargou os horizontes da sentença cível ao dispor que a coisa julgada terá efeito *erga omnes*, nos limites da competência territorial do órgão julgador, permitindo a propositura de nova ação, com idêntico fundamento, se apresentadas novas provas, em caso de improcedência. Com efeito, a ação civil pública tornou-se o instrumento mais eficiente de via de acesso à jurisdição ambiental.

No panorama pós-constituição, pode ser destacada a Lei nº 10.257/2001 – Estatuto da Cidade –, que possui o caráter de instrumento federal regulador do uso da propriedade urbana, promovendo um conjunto de intervenções e medidas coordenadas pelo Poder Público municipal com a participação da comunidade com o objetivo de alcançar melhorias e valorização ambiental. Essa lei representa, na esteira das disposições constitucionais, uma mudança de paradigma, conferindo ao poder público efetivos instrumentos normativos para atuar no meio social, ordenando a realidade no interesse da coletividade e, no cenário em que essa coletividade tem sua vida de relações – na moradia, no transporte, no lazer, enfim, o direito à cidade, o direito de morar. Com efeito, o local privilegiado para a implantação destes direitos é o Município, território onde o indivíduo estabelece a sua vida de relação.[7]

Assim, como o cenário jurídico infraconstitucional ocorre nas cidades, o direito à cidade passou a ser um bem jurídico constitucionalmente protegido – palco maior da vida do indivíduo, tanto no que diz com o ambiente natural como o construído. E, na esfera de atuação municipal, outra gama de leis garante os princípios e direitos constitucionais. A Lei Orgânica dos Municípios deve prever uma política urbana para o desenvolvimento da urbe e a proteção ao meio ambiente. Os planos diretores representam poderosos instrumentos de desenvolvimento a ser implementado em todo o seu território por meio da realização de planos urbanísticos específicos para criar e manter áreas especiais de interesse urbanístico, paisagístico. Com efeito, a ordenação da cidade fica atrelada à sua legislação urbanística pela utilização de institutos como o parcelamento do solo, a edificação,

---

[7] Ver a respeito PRESTES, Vanêsca Buzelato. Agenda urbano-ambiental e concertação público-privada. In: PRESTES, Vanêsca Buzelato (Org.). *Temas de Direito Urbano-Ambiental*. Belo Horizonte: Fórum, 2006. p. 257-277, no sentido de que "... o direito à Cidade pode ser entendido como expressão do direto à dignidade da pessoa humana, constituindo o núcleo de um sistema composto de direitos, incluindo o direito à moradia, (...), à educação, ao trabalho, à saúde, aos serviços públicos – implícito o saneamento –, ao lazer, à segurança, ao transporte público, à preservação do patrinômio cultural, histórico e paisagístico, ao meio ambiente natural e construído equilibradi – implícita a garantia do direito a cidades sustentáveis ..."

a transferência de índices construtivos, ao lado de outros poderosos instrumentos, como é o caso do zoneamento ambiental.

Esse o campo constitucional e infraconstitucional que reconhece e preve em direitos, desafiando as necessidades essenciais do ser coletivo no cenário do tempo presente.

3. Meio ambiente: releitura de alguns institutos da ordem civil e processual

Neste complexo contexto normativo, abre-se uma perspectiva de releitura de alguns institutos da ordem civil e processual. No âmbito do presente estudo, o enfoque direciona-se a instrumentos processuais, mas importa ressaltar, inicialmente, quando se trata de meio ambiente, alguns institutos da ordem civil com manifesto reflexo no campo processual.

A imprevisibilidade, por exemplo, dos danos[8] causados ao meio ambiente, principalmente em sua dimensão futura, não encontra enquadramento em um ordenamento civil projetado para tutelar o conflito individual quando sabido que a dimensão material do dano, com características de dano reparável, exige, na ordem civil tradicional, a certeza de sua existência e a circunstância do dano atingir pessoa certa.

Desta concepção de dano, surge a responsabilidade que importa em indenização. Outros elementos para análise, contudo, são introduzidos quando se trata de responsabilidade sem dano: a pretensão, em geral, quando se trata de proteger o meio ambiente, não é indenizatória pois, em inúmeras situações fáticas envolvendo esse direito, não há dano a ser reparado, mas implica necessária supressão de fatores de risco em atividades intrinsecamente perigosas.

A ameaça de lesão a este direito, no mais das vezes, constitui o fato propulsor da ação, tornando-se mais importante uma tutela preventiva em detrimento do ressarcimento pelo dano. Essa equação, pois, ultrapassa limites de uma relação jurídica de direito privado na concepção tradicional, pois, além da vítima ser difusa, a causa igualmente é difusa.

Neste contexto, importa ajustes nos pressupostos tradicionais para a configuração do dano ambiental reparável. É indispensável, visando a defesa do meio ambiente, adequar o instrumento a ser aplicado, uma vez que os requisitos de sua reparação não podem ser os mesmos exigíveis para a reparação do dano individual.

---

[8] A título exemplificativo cabe citar, quando a tutela direciona-se ao meio ambiente, do dano incerto, em contraposição ao dano certo, quando não há dúvidas quanto a sua existência. Em matéria ambiental as dificuldades somam-se havendo dificuldades inclusive técnicas quanto à prova do dano ambiental – os efeitos de uma contaminação de águas por óleo, por exemplo, ou do lençol freático em virtude de aterro por resíduos, são de complexa determinação e variam em intensidade. Outrossim, o dano ambiental é impessoal, uma vez que não atinge o patrimônio ou a integridade de pessoas determinadas por ser amplo e dinâmico, ademais, quando se trata de dano ambiental, há a ocorrência de danos futuros e de danos potenciais, uma vez que sofre, de forma inexorável, a influência do tempo. STEIGLEDER, Annelise Monteiro, Responsabilidade civil ambiental: as dimensões do dano ambiental no Direito brasileiro. Porto Alegre: Livraria do Advogado Editora, 2004, p. 128 e ss.

O agir preventivo, quando há a potencialidade da ocorrência de dano ambiental ou, simplesmente, impedir a consumação do dano, justifica a ação ou a imposição de medidas claramente preventivas e precaucionais. Em sentido contrário, aguardar a consumação do dano pode conduzir a efeitos catastróficos e, muitas vezes, irreversíveis.

Sendo, pois, o direito à preservação da integralidade do meio ambiente qualificado por seu caráter transindividual, de interesse coletivo, pressupõe, sempre, um processo coletivo, albergando em um dos pólos da relação jurídica processual o interesse de um grupo de pessoas indeterminadas e, sempre, visa proteger o bem maior que é o meio ambiente.

Assim como a concepção tradicional do dano e da responsabilidade estão inseridos na ordem jurídica, o processo, de igual forma, foi projetado para tutelar o conflito individual. Inúmeras questões processuais podem ser levantadas quando se trata de tutela do meio ambiente através do processo. Apenas para efeitos de raciocínio, na forma idealizada pelo ordenamento processual civil, o pedido, na forma preconizada pelo art. 286 do CPC, deve ser certo e determinado, possibilitando o pedido genérico nas restritas hipóteses arroladas em seus incisos. Se há a potencialidade da ocorrência de dano incerto e futuro – probabilidade de contaminação de efluentes líquidos lançados por uma fábrica em arroio, por exemplo, como conciliar o pedido a ser deduzido na ação de forma efetiva em um esquema que determina ao autor da demanda demonstrar a certeza do dano e, refletindo no processo, a certeza do pedido a ser deduzido?

A concepção de coisa julgada, de grande importância na vida contemporânea, destinada a estancar a sucessão indeterminada de conflitos, em noção individualista e tradicional, não se adapta para a aplicação em litígios nos quais o direito posto em causa tenha caráter coletivo. A Lei da Ação Civil Pública, art. 16, prevê que a sentença civil produzirá coisa julgada *erga omnes*, no limite da competência territorial do órgão prolator. Resolve, contudo, apenas parcialmente, a aplicação deste instituto aos conflitos coletivos.

Quanto aos limites subjetivos, como será o tratamento dispensado à coisa julgada em ação versando sobre o meio ambiente em contaminação das águas por agrotóxicos atingindo várias comunidades alojadas nas margens de determinado rio, a coisa julgada produzida em sentença de procedência do pedido indenizatório atingirá apenas quem é parte, ou apenas a comunidade atingida pela competência territorial do órgão prolator da decisão, na forma preconizada pela norma em apreço. As demais comunidades atingidas pela mesma contaminação deverão ajuizar a seu tempo outras ações para ter o direito reconhecido de indenização pelos danos já causados pela contaminação? Haverá a identidade destas ações?

Outro instituto processual geralmente apontado como insatisfatório na defesa de direitos não patrimoniais é a sentença condenatória, uma vez que, no regime anterior à Lei nº 11.232/05, ligada à posterior ação de execução e, ao fim e ao cabo, à conversão do próprio direito em pecúnia.

Não é difícil, pois, concluir pela necessária releitura dos instrumentos processuais a fim de delinear uma outra moldura quando o direito a ser tutelado seja o meio ambiente. O modelo edificado para proteger interesses individuais não atende em sua plenitude e com a necessária efetividade o ambiente natural e construído. Com efeito, a defesa do meio ambiente encerra, sempre, interesse coletivo, exigindo, pois, processo coletivo, não no sentido processual tradicionalmente concebido, a supor a presença de mais de uma parte num dos pólos da relação jurídica processual. No seu sentido atual, albergando o interesse de pessoas indeterminadas.

O direito a ser protegido e que emerge no processo coletivo ambiental decorre de sua peculiar característica: não se individualiza, mas pertence e envolve uma coletividade, essa representada pelo dispositivo constitucional expresso no *caput* do art. 225 da CF: *"todos"* têm direito a um meio ambiente ecologicamente equilibrado.

4. Meio ambiente: reflexões acerca de alguns instrumentos processuais

A contextualização normativa, na forma prevista em dispositivos constitucionais e infraconstitucionais, importa, pois, na releitura de alguns institutos civis e processuais que não se adaptam, em sua concepção tradicional, a proteger o meio ambiente. No âmbito processual, alguns instrumentos disponíveis serão analisados visando concretizar esse direito, considerando a dificuldade desta tarefa decorrente da gama de situações fáticas que afetam diretamente o equilíbrio ecológico.

Como anteriormente referido, a ação civil pública tornou-se o mais eficiente veículo de acesso à jurisdição para tutelar o meio ambiente. Dispõe, também, a ordem jurídico-processual da ação popular, do mandado de segurança coletivo, do mandado de injunção,[9] entre outros.

No bojo destas ações e em outras ações não especificamente arroladas, é possível utilizar instrumentos que viabilizam a efetividade do direito ao meio ambiente. A análise dos instrumentos de tutela ambiental independem da ação selecionada para veiculá-lo em juízo. A proteção cautelar é espécie de proteção jurisdicional preventiva, de simples segurança – não satisfativa -, sumária de urgência. Visa assegurar o direito sob risco de dano irreparável e de difícil reparação e, no desempenho dessa função, protege, também, eventual e futura função cognitiva ou executiva.

Quando a pretensão for no sentido de acautelar determinada situação que envolve o equilíbrio ecológico, em princípio, não haverá uma decisão sobre a existência ou não existência da situação a assegurar. Com efeito, nestas circuns-

---

[9] Neste sentido, RABELLO, José Geraldo de Jacobina. Acesso à justiça ambiental. *Revista de Direito Ambiental e Urbanístico*. Porto Alegre: Magister, v. 6, p. 88-96, jun./jul. 2006.

tâncias, a demonstração cabal do direito invocado, é irrelevante. Entra na esfera de cognição do julgador a simples plausibilidade da existência do direito, de forma sumária e superficial, menos aprofundada no plano vertical, contrapondo-se à longa investigação dos fatos. É suficiente a aparência do direito. Inviável seria, quando se trata de tutela de simples segurança e em face da urgência que emerge das situações que envolvem o meio ambiente, que o julgador fosse compelido a pronunciar-se com base em prova plena (cognição exauriente). Em sede cautelar a apreciação exauriente seria inócua, esvaziando a proteção pretendida. Caso o direito se apresente como uma realidade de indiscutível evidência, descabida a tutela de simples segurança, sendo mais adequado ao caso concreto alguma forma de tutela mais definitiva e, pois, mais satisfativa do direito.

É o caso, por exemplo, do ajuizamento de medida cautelar inominada em que se mostrava indispensável o ingresso de servidores públicos municipais em área declarada de utilidade pública, contígua a uma reserva biológica da cidade, com o fim de realizar a fiscalização da área.[10] O proprietário impedia, com armas de fogo, o acesso da fiscalização ao local. A área particular apresentava flora e fauna com características semelhantes à da reserva biológica contígua. Por este motivo, a desapropriação da área foi decretada, sem, naquele momento, ter sido paga a indenização. Houve denúncia de que, no local, estavam realizando atividades de criação de gado e limpeza do campo – ambas atividades lesivas e proibidas em área de reserva biológica a ser preservada.

Neste sentido, o ajuizamento da medida cautelar ajuizada tinha por objetivo manter o meio ambiente ecologicamente equilibrado para que, no futuro, quando concretizada a desapropriação, a área não estivesse totalmente degradada. Logo, o ingresso na área para fiscalizar, constatando, ou não, dano ecológico, decorreu de urgência, e a pretensão era assegurar o direito material (meio ambiente ecologicamente equilibrado) que estava sob manifesto risco de dano iminente e irreparável. Outro elemento mostrava-se favorável à pretensão, uma vez que presente a plausibilidade da existência do direito, externado pela noção do *fumus bonis iuris*.

Neste caso específico, adequada a proteção do meio ambiente por meio da tutela cautelar – acesso à área para verificar as condições do ecossistema local. Aliando o direito material e o direito processual, nos limites dos fatos, após a declaração de utilidade pública da área, inarredável que o ente municipal cumprisse com o seu dever de manter o meio ambiente ecologicamente equilibrado, através da proteção à fauna e à flora, combatendo as práticas que colocavam em risco sua função ecológica, nos exatos termos do inciso VII do § 1º do art. 225 da Constituição Federal.

---

[10] VIZZOTTO, Andrea Teichmann; MATTOS, Laura Antunes de. Exercício do poder de polícia municipal: limites e possibilidades. In: PRESTES, Vanêsca Buzelato (Org.). *Temas de Direito Urbano-Ambiental*. Belo Horizonte: Fórum, 2006. p. 109-122. O objeto da análise referente ao caso concreto, nesta publicação, diz respeito aos limites do poder de polícia e, em muitos casos, a importância de sua judicialização quando a administração pública necessita utilizar o processo judicial como meio de concretização dos atos administrativos.

A tutela de simples segurança do meio ambiente é diversa da tutela satisfativa, que pode ser veiculada por meio da antecipação da tutela. Na forma preconizada pelo art. 273 do CPC, há a previsão da tutela antecipada genérica e, nos arts. 461 e 461-A, há a previsão da antecipação da tutela quando a ação tenha por objeto o cumprimento de obrigação de fazer, de não fazer e de dar coisa, com a possibilidade da concessão da tutela específica.

A técnica da antecipação da tutela introduziu no sistema processual dose de executividade permitindo, já no início do processo, a antecipação total ou parcial de eficácias sentenciais. Esse sistema é subsidiário na veiculação do direito ao meio ambiente por meio da ação civil pública. Assim como, há a possibilidade do pedido pelo autor e a entrega, pelo julgador, da tutela específica,[11] conferindo poderes ao juiz para fazer cumprir a obrigação. Com efeito, o processo deve buscar respostas diversificadas, a fim de atender as diferentes situações jurídicas conferidas pelo direito material, de modo a proporcionar, da maneira mais fidedigna possível, a mesma situação que existiria caso o direito não tivesse sido ameaçado ou violado.

Neste sentido, assume relevo, quando a reflexão é direcionada à antecipação da tutela no contexto das obrigações, o conceito da tutela específica. Este conceito está diretamente vinculado ao direito substancial e, por este motivo, necessita proteção específica. Se o direito que está sendo colocado à apreciação judicial é o meio ambiente, a prestação jurisdicional não será adequada se houver composição pecuniária. Assim, o processo dispõe deste instrumento eficiente para prestar a tutela específica quando se trata de proteger obrigações de fazer e de não fazer – com manifesta importância na concretização do direito ao meio ambiente quando há a possibilidade de utilização de medidas mitigatórias e compensatórias, muitas vezes, em momento anterior à consumação da ofensa ao equilíbrio ecológico.

Esses instrumentos têm como pano de fundo o direito fundamental à tutela jurisdicional efetiva, no sentido de que o legislador deve estruturar um procedimento, uma técnica processual de modo a permitir a tutela do direito material, sendo imprescindível ligar a técnica processual com a tutela dos direitos. Esse direito depende da jurisdição, uma vez que o cidadão não pode constranger outro a cumprir suas obrigações e deveres no plano material ou sem o auxílio do juiz, sendo que a jurisdição é exercida por meio do processo, instrumento por excelência de que dispõe para cumprir o seu dever e exercer o seu poder. Logo, este processo deve ser estruturado de modo a permitir a outorga da tutela de direito material.

---

[11] A tutela específica deve ser pensada em face das diversas situações de direito substancial carentes de tutela. Se a obrigação é contratual para entregar coisa, pagar determinada quantia em dinheiro ou fazer ou não fazer, a tutela específica será aquela que confere ao autor o cumprimento da obrigação inadimplida. MARINONI, Luiz Guilherme. *Tutela específica*. 2. ed. São Paulo: Revista dos Tribunais, 2001, p. 67. No mesmo sentido, tutela específica é um conjunto de remédios e providências tendente a proporcionar àquele em cujo benefício se estabeleceu a obrigação o preciso resultado prático que seria atingido pelo adimplemento. GRINOVER, Ada Pellegrini, Tutela jurisdicional nas obrigações de fazer e de não fazer, *In*: *REPRO* 79, p. 66.

Neste sentido, fácil é constatar de que o legislador não pode construir tantos procedimentos quantas forem as situações de direito substancial carentes de tutela, decorrente da própria evolução social e, também, de avanços tecnológicos e, em termos de tutela ambiental, é necessário exatamente essa flexibilização nos instrumentos para viabilizar a sua tutela. Ademais, tal constatação não deriva apenas das necessidades do direito material, mas do caso concreto a ser apreciado judicialmente que sempre possui particularidades próprias e específicas.

Assim, não havendo como prever todas as situações que envolvem o meio ambiente, a sua instrumentalização ocorre por meio de normas processuais abertas com o intuito de permitir a concretização de técnicas processuais adequadas ao caso concreto. Logo, no processo de conhecimento o art. 273 do CPC contém conceitos jurídicos indeterminados ao prever a tutela antecipada genérica a ser requerida diante de qualquer situação de direito material, desde que preenchidos os requisitos previstos. E, nesta linha de raciocínio, os art. 461 e 461-A do CPC possibilitam o pedido e o deferimento da tutela específica ou a sua conversão pelo equivalente, optando pela técnica processual adequada ao caso concreto.

Ainda, em termos de tutela preventiva a ser aplicada ao direito ao meio ambiente, dispositivo constitucional contém a previsão genérica da não exclusão da apreciação judiciária da ameaça a direito, remetendo ao art. 461 do CPC, que prevê a existência de tutela jurisdicional preventiva atípica e inominada – a tutela inibitória. Voltada para o futuro e, não, para o passado. Com efeito, de forma diversa da tutela ressarcitória sempre vinculada ao dano já consumado, liga-se, de forma inexorável, à eficácia condenatória e declaratória. A inibitória, de forma diversa, pode ser deferida através de decisão interlocutória ou sentença que imponha um fazer ou um não fazer, conforme a conduta ilícita temida seja de natureza comissiva ou omissiva, projetada para o futuro, sob pena de multa.

A multa, assim, adquire relevo como instrumento típico de coerção para a prevenção do dano que pode ser incerto e futuro, adequando-se às questões que envolvem o meio ambiente – obstaculizar, por exemplo, a poluição sonora ou do ar pela emissão de efluentes gasosos. Não há como se pensar em uma tutela tipicamente preventiva, a ocorrer no mundo dos fatos em momento posterior ao provimento jurisdicional, destinada em sua própria essência a inibir um determinado fazer ou não fazer, sem a utilização de instrumento hábil como é a multa. O valor da multa, por decorrência lógica, nenhuma pertinência guarda com o ressarcimento, mas com a sua função precípua que é tipicamente inibidora, suficientemente gravosa, com o fito de conduzir o inadimplente ao cumprimento da obrigação. Ela incide de forma imediata, acumulando-se, diariamente, apenas cessando com o advento da prestação. Na obrigação negativa, o meio coativo deve conduzir a uma omissão, sendo, portanto, mais adequado, a fixação de multa de valor fixo, a incidir, tão-somente, acaso haja violação da obrigação.

Neste particular, difere substancialmente da multa contratual, prevista para as hipóteses de mora e de inadimplemento. O inadimplemento ocorre quando o devedor não cumpre a obrigação, voluntária ou involuntariamente, e este inadimplemento equipara-se à mora do devedor, consistente apenas no retardamento do pagamento.[12] Assim, além da possibilidade de antecipar a tutela nas obrigações, há instrumentos capazes de outorgar a tutela específica, a teor da previsão contida no § 4º do artigo 461, no sentido da multa diária de natureza coercitiva, representando um estímulo ao cumprimento da obrigação e, não, a comodidade de substituição do adimplemento da obrigação pela pecúnia.[13]

Depreende-se, pois, a importância da tutela inibitória como instrumento a serviço da efetividade do processo, no cumprimento dos ditames constitucionais, dentre outros, do livre acesso à Justiça. Efetividade do processo, sinale-se, que não significa a exclusão da segurança jurídica, mas o encontro do equilíbrio, de forma a privilegiar um direito provável em detrimento do direito improvável.

Interessante mostra-se o cotejo entre a tutela inibitória e a tutela ressarcitória. No atual contexto social, onde tudo tem seu preço, há um verdadeiro processo de "vitimização social", assim nominado por Todorov,[14] procurando sempre a responsabilidade dos outros por aquilo que não vai bem na vida: se o filho cai na rua, a culpa é da cidade que não fez as calçadas planas; se não sou feliz hoje, a culpa é dos meus pais no passado, de minha sociedade no presente: eles não fizeram o necessário para o meu desenvolvimento. Sob este estigma construímos um mundo jurídico diretamente relacionado com uma tutela ressarcitória, onde, repita-se, tudo tem seu preço e, sempre, alguém tem que ressarcir por alguma coisa.

Bens jurídicos de grande importância e considerados vitais na concretização de princípios constitucionais, como é o caso da dignidade da pessoa humana e da efetividade do processo, não podem ser, apenas, reintegrados pecuniariamente. Muitas vezes, a pretensão a ser deduzida em juízo não objetiva o ressarcimento, mas obstaculiza a ocorrência de danos ou suspende a ameaça de lesão. Neste sentido, é possível verificar a insuficiência da técnica ressarcitória para a efetividade de direitos não patrimoniais, como é o caso do direito ao meio ambiente que tem conteúdo e função não patrimonial.

Abstratamente, é possível imaginar a função da tutela inibitória em situações envolvendo o direito ao meio ambiente, por meio de uma ordem judicial, sob pena de multa para que determinada empresa pare de produzir resultado indesejado, como é o caso, por exemplo, da emissão de poluição por meio de gases.

---

[12] GOMES, Orlando, *Obrigações*, 8. ed., Rio de Janeiro: Forense, 1986, n. 111, p. 170. Explicita o autor que inadimplemento e mora não se confundem, pois enquanto a mora consiste apenas no retardamento do pagamento, o inadimplemento pode "... resultar de fato imputável ao devedor ou evento estranho à sua vontade, que determine a impossibilidade de cumprir."

[13] Neste sentido, PORTO, Sérgio Gilberto, *Comentários ao Código de Processo Civil*, v. VI, São Paulo: Revista dos Tribunais, 2000, p. 121.

[14] T. TODOROV, O homem desenraizado, Rio de Janeiro: Record, 1999, p. 225, *apud* MORAES, Maria Celina Bodin de, *Danos à pessoa humana: uma leitura civil-constitucional dos danos morais*, Rio de Janeiro: Renovar, 2003, p. 3.

Esta tutela inibitória, genuína espécie de tutela preventiva, destina-se a impedir de forma direta e principal a violação do próprio direito e desenvolve-se antes da prática do ato. Ela é prevista não para reparar o dano, não para obter indenização, situações que, em geral, já estampam o dano consumado. A tutela inibitória destina-se a proteger o direito de forma que seu titular possa usufruí-lo *in natura* – direito ao próprio meio ambiente ecologicamente equilibrado.

A previsão de técnica apropriada com instrumentos adequados permite reproduzir ao infinito as situações fáticas passíveis de ocorrência – envolvendo qualquer interesse coletivo, preservação de belezas naturais, potencialidade de contágio por doença infecciosa, meio ambiente ecologicamente equilibrado, prestação de serviços públicos, proteção do patrimônio histórico e cultural. Em qualquer destas situações, como não é possível regramento de procedimentos específicos para cada uma das situações, o raciocínio deve ser direcionado à técnica processual adequada, protegendo o direito *in natura*.

O instrumento hábil para também proteger esta situação: havendo a potencialidade do dano, ainda não ocorrido, evidencia-se a necessidade de uma tutela inibitória, capaz de impedir a prática, a continuação ou a repetição do ilícito. Desta forma, esta espécie de proteção jurisdicional não visa o ressarcimento, ou seja, a conversão do direito em pecúnia, mas visa obstaculizar a ocorrência do dano.

Neste sentido, notadamente se a tutela direciona-se ao meio ambiente, a existência de dano é irrelevante para estabelecer proteção. Operacionalizando-se de forma diversa à tutela ressarcitória, a inibitória não requer dano,[15] culpa ou dolo. O dano não é pressuposto da tutela inibitória por ser possível requerer que um ilícito não seja praticado, ela fica dependente, unicamente, da possibilidade, da potencialidade da ocorrência do ilícito e, não, do dano. Tem sua função definida pela inibição e prevenção.

A ausência de culpa ou dolo, como elementos psicológicos, também são afastados da tutela inibitória. Ela não tem por objetivo punir quem pode praticar o ilícito, mas, apenas, tem por objetivo impedir que o ilícito seja praticado. Por exemplo: se alguém, ainda que sem culpa, está na iminência de praticar um ilícito, cabível a tutela inibitória – a constatação de que uma fábrica está na iminência de expelir efluentes poluidores impõe ao Poder Público o agir, visando impedir o início dessa atividade que, certamente, poderá causar danos, em momento prévio a sua concretização. Por isso, a tutela inibitória é tutela preventiva, destinada a ser prudente, a vir antes, a tomar a dianteira e, por decorrência lógica, a regrar um conflito projetado para o futuro.

---

[15] A responsabilidade civil está ligada ao conceito de dano como pressuposto inafastável, trazendo como conseqüência jurídica a indenização a qual é medida pela extensão do dano, na forma prevista no ordenamento civil – artigos 186 e 944 e seguintes. Ver a respeito do conceito e características do dano e sobre a noção de culpa MORAES, Maria Celina Bodin de, Danos à pessoa humana: uma leitura civil-constitucional dos danos morais, Rio de Janeiro: Renovar, 2003, p. 141 ss.

5. Conclusão

É possível concluir que:

a) O ordenamento jurídico brasileiro dispõe de uma gama de instrumentos com aptidão para tutelar o meio ambiente, de forma a garantir o efetivo equilíbrio ecológico, dependente da adequada aplicação da técnica processual mais aderente ao direito material. O processo, quando veicula qualquer situação pertinente ao meio ambiente, não pode representar mera sucessão de formalidades, mas instrumento hábil para acolher e realizar o direito material, cumprindo sua função instrumental.

b) Os instrumentos de tutela ambiental devem ser aptos a enfrentar os inúmeros conflitos, direcionados a atender o risco de dano ou a ameaça de lesão, com a probabilidade de ocorrência incerta e futura. Para tanto, os instrumentos devem ser aptos a veicular medidas preventivas e precaucionais, em detrimento de medidas ressarcitórias que melhor atendem ao dano consumado e aos direitos não patrimoniais.

c) Os instrumentos necessários para tutelar o meio ambiente podem ser extraídos das normas processuais abertas previstas no ordenamento, o que permite a concretização dos direitos não patrimoniais através de técnicas processuais adequadas ao caso concreto. Assume relevo, neste contexto, o operador do Direito que, a partir de conceitos jurídico-processuais indeterminados, pode veicular qualquer situação de direito material mediante a tutela específica, garantindo a integralidade dos direitos em si, sem qualquer caráter sub-rogatório.

A insuficiência da redação do artigo 522, Código de Processo Civil, quanto ao cabimento do agravo de instrumento

LETÍCIA LOUREIRO CORREA
Mestre em direito processual civil. Professora da PUCRS.

Sumário: 1. O agravo do artigo 522 do Código de Processo Civil; 2. O recurso de agravo na modalidade retida e de instrumento; 3. O cabimento legal e lógico do agravo de instrumento; 4. Algumas hipóteses de agravo de instrumento; 5. Conclusão sobre a ineficácia da reforma.

1. O agravo do artigo 522 do Código de Processo Civil

Antes de mais nada, cabe explicar o cabimento do recurso de agravo previsto no art. 522, CPC, para, após, verificar a modalidade cabível. Assim, pode-se dizer que as decisões interlocutórias proferidas pelo juiz de primeiro grau são aquelas impugnadas pelo referido recurso. Contudo, consabidamente a definição de decisão interlocutória não é tarefa fácil, principalmente após a Lei n° 11.232 de 2005, que reconceituou sentença, suprimindo um importante diferencial entre as duas decisões de primeira instância,[1] que era a "extinção do processo".[2] Destarte, tinha-se como principal limite da sentença e da decisão interlocutória a capacidade de extinção do processo, ou melhor, do procedimento, sendo indispensável, ainda que brevemente, tentar compreender o tema, superando, tanto quanto possível, o problema do art. 162, §§ 1°[3] e 2°,[4] CPC.

---

[1] Aliás, importa mencionar que a dificuldade em diferenciar os atos do juiz não é uma novidade, tanto que quando do início da vigência da lei processual, em 1973, a jurisprudência não admitia a aplicação do princípio da fungibilidade recursal, pois entendia-se que, quer pela forma como foram conceituados os atos do juiz no artigo 162 do Código de Processo Civil, quer pela simplificação da sistemática recursal, não haveria como aceitar a interposição de um recurso por outro, sem que isso configurasse erro grosseiro, como narra Luiz Orione Neto. (*Recursos Cívei*, p. 180-181).

[2] A sentença jamais teve a capacidade de extinguir o processo, ela apenas põe termo ao ofício do juiz, como muito bem explica Alexandre de Freitas Câmara, *Lições de Direito processual Civil*, vol. II, p. 366.

[3] Art. 162 (...) § 1° Sentença é o ato do juiz que implica alguma das situações previstas nos arts. 267 e 269 desta Lei. (Redação dada pelo Lei n° 11.232, de 2005) (...) Art. 267. Extingue-se o processo, sem resolução de mérito: (Redação dada pela Lei n° 11.232, de 2005) (...) Art. 269. Haverá resolução de mérito: (Redação dada pela Lei n° 11.232, de 2005) (...).

[4] Art. 162 (...) § 2° Decisão interlocutória é o ato pelo qual o juiz, no curso do processo, resolve questão incidente.

No que concerne à definição de decisão interlocutória, cumpre inicialmente caracterizá-la, resultando daí dois traços definitivos, que são: 1) a sua ocorrência no curso do processo, e 2) sua função de resolver questão incidente,[5] evidenciando que ela não tem caráter terminativo do feito,[6] prestando-se a resolver "questões controvertidas" relacionadas à regularidade e marcha processual.[7]

Por seu turno a sentença, antes da reforma, tinha a característica de encerrar o procedimento, enquanto que agora o fim do mesmo é indiferente para constatá-la. Principalmente após a reforma da Lei n° 11.232 de 2005, importante parte da doutrina[8] conceitua sentença a partir de seu conteúdo, presente nos artigos 267 e 269, CPC, sem condicionar ao fim do procedimento.[9]

Até aqui, verifica-se, pois, que a decisão interlocutória consiste no pronunciamento judicial que, via de regra, prescinde do conteúdo dos artigos 267 e 269, CPC, ao contrário da sentença, que teria, ainda, como diferencial o poder de encerrar o procedimento em alguns casos, porém não todos. Resta, então, compreender os pronunciamentos judiciais proferidos no curso do processo que tenham como conteúdo aquele que, em tese, seria da sentença, de sorte que para simplificar a questão, serão analisados basicamente dois posicionamentos.

A primeira teoria é aquela que refere existir decisões no curso do processo que são, por seu conteúdo (art. 267 e 269, CPC) sentença, como, por exemplo a exclusão de um litisconsorte ou a extinção de uma ação cumulada, quando a outra prossegue, hipótese em que o recurso a ser interposto, por uma questão de praticidade, é o de agravo, ainda que o cabível seja o de apelação.[10]

Por outro lado, há quem defenda a insuficiência apenas do conteúdo para definir sentença, referindo que a finalidade também deve ser relevada, conceituando-a, portanto, como o pronunciamento judicial que extingue o processo ou o procedimento no primeiro grau de jurisdição, resolvendo ou não o mérito.[11] Para esta corrente, se a sentença não extingue o processo (na primeira instância), ela, pelo menos, encerra uma fase do mesmo, pondo fim ao ofício de julgar, independentemente da resolução do mérito,[12] de modo que, por exemplo, a decisão do juiz que extingue uma ação de oposição ou de reconvenção, onde prossiga a ação principal, será uma decisão interlocutória, logo agravável.

---

[5] MONIZ DE ARAGÃO, Egas Dirceu. *Comentários ao código de processo civil, Lei 5.869, de 11 de janeiro de 1973*, vol. II. p. 378.

[6] DE PLÁCIDO E SILVA. *Comentários ao código de processo civil*. Vol. III. p. 1534.

[7] CHIOVENDA, Giuseppe. *Instituições de direito processual civil*. Vol. III. p. 30.

[8] Nesse sentido: WAMBIER, Luiz Rodrigues. *Sentença Civil: Liquidação e cumprimento*, p. 31 e 32. MITIDIERO, Daniel. *A nova execução – Comentários à Lei 11.232, de 22 de dezembro de 2005*.

[9] Para Teresa Arruda Alvim Wambier, antes da reforma, o fim do procedimento já era indiferente para conceituar sentença, tendo sido seu raciocínio ratificado pela nova redação dos artigos 162, § 1º, 267 e 269, CPC. (*Nulidades do Processo e da Sentença*. p. 26).

[10] WAMBIER, Luiz Rodrigues; WAMBIER, Teresa Arruda Alvim; MEDINA, José Miguel Garcia. *Breves Comentários à nova sistemática processual civil – 2*. p. 36 a 38.

[11] NERY JUNIOR, Nelson. *Código de Processo Civil Comentado*. p. 373.

[12] CÂMARA, Alexandre de Freitas. *A nova execução de sentença*. p. 23 a 25.

Compatibilizando os entendimentos expostos, pode-se dizer que o pronunciamento judicial passível do recurso de agravo do art. 522, CPC, caracteriza-se por não extinguir totalmente o procedimento ou processo no primeiro grau de jurisdição, como é o caso da decisão parcial na cumulação de ações, ou, ainda, o indeferimento de produção de certa prova, indiferentemente, do conteúdo decisório, podendo, por exemplo, deferir a desistência (art. 267, VIII, CPC) ou a renúncia ao direito que se funda uma ação (art. 269, V, CPC) de reconvenção. Verifica-se, então, que uma solução, sem pretensão de ser a melhor, seria considerar o cabimento do recurso de agravo e de apelação diante da finalidade da decisão do juízo de primeiro grau, tendo em vista que o conteúdo é comum aos dois recursos.

2. O recurso de agravo na modalidade retida e de instrumento

Considerando que agravo é o recurso-gênero, instrumento ou retido não são recursos diversos, mas sim formas de sua interposição do agravo.[13] O agravo de instrumento é a modalidade interposta diretamente no órgão *ad quem* devidamente instruído, enquanto que o retido fica junto nos autos e será conhecido em virtude de pedido expresso, por ocasião do recurso de apelação, pois não há interesse na revisão imediata da decisão agravada, conforme o artigo 522, parágrafo único, do CPC.[14] Verifica-se, face os procedimentos, que para os tribunais a forma de instrumento é problemática, diante da sobrecarga de trabalho gerada pela subida imediata.

Ainda hoje, cumpre ao agravante "escolher" a modalidade cabível, respeitando, porém, os limites da lei, que restringiu a livre escolha, que era uma regra problemática. Cândido Dinamarco Rangel, comentando a reforma de 1995, afirmava que a plena liberdade de uso de qualquer das modalidades de agravo teve como conseqüência a interposição abusiva de agravos de instrumento, afogando, diariamente, os tribunais.[15] Buscou-se, portanto, impedir a liberdade do agravante com a reforma trazida pela Lei nº 10.352 de 2001, que "foi contudo bastante tímida e insatisfatória", visto que não se preocupou em delimitar as *avalanches* de agravos de instrumento que chegam aos tribunais, ao passo que a alternativa prevista cingia-se tão somente à conversão do agravo de instrumento em retido, segundo o artigo 527, II, do Código de Processo Civil.[16]

Diante dos referidos desacertos, tentando acabar com o problema do excesso de agravos de instrumento para os tribunais, a Lei nº 11.187 de 2005, de forma severa, impossibilitou a livre escolha na forma de interposição, mas foi inábil na

---

[13] NERY JÚNIOR, Nelson. *Princípios fundamentais: teoria geral dos recursos cíveis.* p. 873.
[14] BARBOSA MOREIRA, José Carlos. *Comentários ao Código de Processo Civil, Lei nº 5.869, de 11 de janeiro de 1973, vol. V.* p. 493.
[15] DINAMARCO, Cândido Rangel. *A reforma do processo civil.* p. 181-182.
[16] DINAMARCO, Cândido Rangel. *A reforma da reforma.* p. 178.

redação do art. 522, CPC, para indicar a excepcionalidade do agravo de instrumento, arrolando apenas algumas hipóteses de seu cabimento.

3. O cabimento legal e lógico do agravo de instrumento

A lei n°11.187 de 2005 expressamente estabeleceu a excepcionalidade do agravo de instrumento prevendo o retido como regra. Contudo, não há uma grande inovação neste aspecto, porquanto a Lei n° 10.352 de 2001 trouxe a presunção de que o agravo de instrumento se processa como se interposto na forma retida, visto que caberá ao relator deixar de convertê-lo,[17] tal implementação visou desabarrotar os tribunais, gerando um problema, quando precisava estar solucionando,[18] porque dificilmente o advogado se conformará com tal solução.

Indubitavelmente, o argumento para diferenciar as duas reformas consistiria na necessidade do relator, na reforma de 2001, fundamentar a decisão,[19] apontando a ausência da urgência, enquanto que na de 2005 o ônus de provar a situação urgente passou a ser do agravante. Entretanto, muitas vezes, na prática forense, desde sempre, cabe ao recorrente provar a existência de grave lesão e de difícil reparo a justificar a modalidade escolhida.[20]

Quanto ao art. 522, CPC, que restringiu expressamente a livre opção entre as modalidades de agravo, o mesmo lista as decisões passíveis de agravo de instrumento, indicando que, em regra, nos demais casos o agravo será retido. Todavia, no próprio código de processo civil já há outras hipóteses de cabimento do agravo na forma de instrumento (art. 475, *h* e *m*, § 3º , CPC[21]), deixando evidente que o rol do mencionado artigo é exemplificativo e não taxativo, motivo pelo qual, adiante, passa-se a verificar os pronunciamentos judiciais passíveis de agravo de instrumento não previstos no código de processo civil.

A certeza do cabimento do agravo de instrumento, além das hipóteses previstas em lei, incide em dois fatores: 1) a ineficácia do agravo retido para impugnar certas decisões interlocutórias, como, por exemplo, aquela que indefere exceção de incompetência, porque prorrogaria a competência do juízo;[22] 2) a sistemática

---

[17] DINAMARCO, Cândido Rangel. *A reforma da reforma.* p. 189-190.

[18] FERREIRA FILHO, Manoel Caetano. *Comentários ao código de processo civil, volume 7.* p. 84.

[19] CARVALHO, Fabiano. *A conversão do agravo de instrumento em agravo retido na reforma do código de processo civil.* p. 117.

[20] Exemplo de conversão de agravo de instrumento em retido que, se devidamente motivada, não seria convertida, por tratar-se de recurso contra decisão que inadmitiu apelação. DECISÃO: "Vistos, etc. 1. No caso dos autos, incide o disposto no art. 527, II, do CPC, eis que presentes os pressupostos previstos no CPC, determinando a conversão do agravo de instrumento em retido. 2. Dê-se baixa e arquive-se, observando-se o disposto no inciso II do art. 527 do CPC. Intimem-se. Porto Alegre, 19 de abril de 2006." (*AGRAVO DE INSTRUMENTO Nº 2006.04.00.011595-4/RS*)

[21] Art. 475-H. Da decisão de liquidação caberá agravo de instrumento. (Incluído pela Lei nº 11.232, de 2005) (...) Art. 475, M, § 3ª A decisão que resolver a impugnação é recorrível mediante agravo de instrumento, salvo quando importar extinção da execução, caso em que caberá apelação. (...).

[22] Acreditar que o provimento do agravo retido anula o processo, seria considerar o processo um fim em si mesmo, abandonando a sua instrumentalidade. Ora, se a finalidade é alcançada, ou seja a prestação jurisdicional,

recursal do atual[23] código de processo civil, que não admite o agravo contra todas as decisões interlocutórias,[24] não cabendo apenas quando há previsão expressa de irrecorribilidade, como é o caso do art. 519, CPC, ou em se tratando de despacho, que é impassível de recurso, nos termos do art. 504, CPC.[25]

Excelente é a alternativa encontrada por Teresa Arruda Alvim Wambier[26] para justificar a previsão legal do agravo de instrumento, quando, aparentemente, não há tutela legislativa. Para a referida doutrinadora o requisito grave lesão e de difícil reparo deve ser entendido de forma ampla, contemplando tanto o risco ao direito material da parte quanto o dano processual.[27]

Percebe-se, de forma irrefutável, que o art. 522, CPC, deveria, além das atuais hipóteses, prever o agravo de instrumento face a dano processual de difícil ou impossível reparo.

4. Algumas hipóteses de agravo de instrumento.

Sem qualquer pretensão de esgotar as hipóteses em que se impõe, como regra, a interposição de agravo de instrumento, passa-se a relacionar algumas das mais importantes:
- a que extingue ação, com ou sem resolução de mérito, desde que a(s) outra(s) ação prossiga;[28]
- que indefere argüição de ilegitimidade*;[29]
- a que exclui litisconsorte;
- a que fixa em definitivo a remuneração do perito ou do assistente técnico, desde que os honorários devam ser pagos pela parte;[30]
- a que indefere pedido de gratuidade da justiça;[31]

---

qual seria o prejuízo capaz de anular todos os atos praticados na primeira instância? Penso, inclusive, que em tal circunstância, se o recorrente agravasse retido, o recurso deveria ser inadmitido por falta de interesse recursal, diante da inexistência de prejuízo.

[23] Sergio Sahione Fadel explica a ampla recoribilidade das interlocutórias, diferentemente do código de 1039, apontando, como condição, que a decisão não seja extintiva do processo. *Código de processo civil comentado: arts. 444 a 645. Tomo III.* p. 104.

[24] NORONHA, Carlos Silveira. *Do agravo de instrumento.* p. 47.

[25] BARBOSA MOREIRA, José Carlos. *Comentários ao Código de Processo Civil, Lei nº 5.869, de 11 de janeiro de 1973, vol. V.* p. 493.

[26] WAMBIER, Teresa Arruda Alvim. *Os agravos no CPC brasileiro.* p. 459.

[27] Idem, ibidem.

[28] Como já se analisou no ponto 1, indiferentemente da classificação do ato que extingue ação com o prosseguimento de outra, quer sentença quer decisão interlocutória, o recurso a ser interposto é o agravo de instrumento, ou por praticidade ou porque cabível, respectivamente.

[29] Veja que a impossibilidade do agravo de instrumento quanto ao indeferimento do pedido de declaração de ilegitimidade poderá fazer com que o processo perdure anos no judiciário, quando poderia ser liminarmente extinto.

[30] Quando o juiz defere gratuidade ao requerente da perícia, incumbirá ao poder público estadual ou federal arcar com os honorários do perito, segundo o art. 3º, V, da Lei nº 1060 de 1950. Assim cabe ao magistrado, de ofício, deferir a quantia a ser paga, em nome do interesse público, não havendo interesse recursal das partes.

[31] Existe pelo menos um motivo para que o agravo seja de instrumento nesta hipótese, qual seja, o risco da deserção da apelação não preparada pela espera do julgamento do agravo retido.

- a que defere ou indefere intervenção de terceiros*;
- a que admite ou inadmite a assistência;
- a que impossibilita a intervenção do revel;
- a que concede ou denega a suspensão do processo;
- * a que rejeita alegação de prescrição ou decadência;
- a que decreta a prisão do devedor de alimentos;
- a que ordena reunião de ações que correm em separado;[32]
- a que acolhe ou rejeita a argüição de incompetência absoluta, ou a declara de ofício;
- deferimento ou indeferimento de substituição de penhora;
- a que ordena cessação da eficácia da medida cautelar liminar antes da sentença;
- a decisão que antecipa a tutela em audiência;
- qualquer decisão proferida no processo de execução, desde que não ocorra a sua extinção;[33]
- decisões proferidas no curso da execução da sentença civil condenatória, salvo quando importar a extinção da execução;[34]

(*) Bastaria tratar-se de apenas uma das hipóteses marcadas para justificar o agravo de instrumento, porém há jurisprudência demonstrando a cumulação das três, tendo o agravo de instrumento sido convertido em retido.[35]

5. Conclusão sobre a ineficácia da reforma

Imprescindível referir que se arrolou os casos objetivos de cabimento do agravo de instrumento, porém há casos que, apesar da orientação ser no sentido do agravo retido, como é o caso da matéria probatória, é questionável a conversão do agravo de instrumento em retido, como, por exemplo, o indeferimento de prova pericial, uma vez que, se provido o agravo retido, a sentença será cassada, devendo a prova ser produzida, no juízo *a quo*, violando expressamente o princípio da celeridade processual.

Não obstante todos os problemas apresentados, há mais um, muito importante, porque, demonstra a ineficácia legislativa. Não é incomum deparar-se com

---

[32] Imagine duas ações que correm em separado, uma de A contra B e outra de B contra A, ambos pedindo indenização por um mesmo acidente de trânsito, cujas sentenças são de procedência. Para evitar decisões contraditórias necessariamente as ações devem ser reunidas.

[33] O motivo do agravo necessariamente de instrumento reside no conteúdo da sentença do processo de execução, que se presta para encerrar as atividades executivas, sendo incomum apelar de tal sentença, não bastasse o argumento de que, muitas das vezes, no processo de execução gera decisão de grave lesão e de difícil reparo. (WAMBIER, Luiz Rodrigues; WAMBIER, Teresa Arruda Alvim; MEDINA, José Miguel Garcia. *Breves Comentários à nova sistemática processual civil – 2*. p. 255.)

[34] Igualmente no "cumprimento de sentença", o agravo sra de instrumento pelos motivos da nota 27.

[35] "Trata-se de agravo de instrumento interposto, com pedido de efeito suspensivo, contra decisão proferida em ação de indenização por desapropriação indireta, que, em despacho saneador, o juízo a quo afastou as preliminares argüidas pela União de a) ilegitimidade passiva; b) litisconsórcio passivo necessário com o Ibama e c: prescrição (fls. 39/41). (...) Diante do exposto, tendo em vista o disposto no art. 527, II, do CPC, com nova redação dada pela Lei nº 11.187/05, converto o agravo de instrumento em retido. Comunique-se ao Juízo a quo. Após o trânsito em julgado desta decisão, baixem os autos à Vara de origem para as providências cabíveis. Intimem-se. Porto Alegre, 07 de março de 2007. Decisão monocrática publicada em 16/03/2007. Agravo de Instrumento/ Processo: 2007.04.00.005949-9. Quarta turma. TRF da 4ª Região.

jurisprudência em que a conversão do agravo de instrumento em retido ocorre pelo raciocínio de improvimento do recurso,[36][37] ao invés de julgá-lo liminarmente (art. 557, CPC), ou deixar de convertê-lo, realizando o julgamento colegiado. Pode parecer ao julgador que a conversão é uma solução célere, na medida em que não precisará do colegiado, mas, em verdade, é muito mais trabalhosa, agravando a qualidade da prestação jurisdicional dos tribunais, bastando comparar os procedimentos:

Procedimento 1

Decisão interlocutória --> agravo de instrumento --> conversão em retido --> reconsideração para o próprio relator --> decisão da reconsideração --> mandado de segurança.

Procedimento 2

Decisão interlocutória --> agravo de instrumento --> decisão monocrática (art. 557, CPC) --> agravo interno --> decisão colegiada. (*)

Procedimento 3

Decisão interlocutória --> agravo de instrumento --> decisão colegiada.(*)

(*) O mandado de segurança dificilmente será impetrado, face à decisão colegiada, que tem maior potencialidade de conformar a parte.

Conclui-se, face à exposição feita, que os julgadores deveriam ter uma visão imediata e mediata quanto ao cabimento do agravo de instrumento, relevando tanto a urgência do direito material da parte, quanto o dano processual, que não raras vezes poderá gerar grave lesão e de difícil, ou até mesmo impossível, reparo ao recorrente, como, inclusive a perda do objeto da ação.

---

[36] AGRAVO DE INSTRUMENTO. tributário. embargos à execução fiscal. prova pericial indeferimento. questionamentos que dizem respeito ao direito aplicado à espécie e a fatos que podem ser esclarecidos mediante simples cálculo aritmético. manutenção da decisão hostilizada que não implica À parte lesão grave e de difícil reparação. aplicação do artigo 527, II, DO CPC, COM REDAÇÃO dada pela LEI Nº 11.187, DE 19 DE OUTUBRO DE 2005. AGRAVO DE INSTRUMENTO CONVERTIDO EM AGRAVO RETIDO. (TJRS. Agravo de instrumento nº 70018948737. 2ª Câmara Cível. PUBLICAÇÃO: Diário de Justiça do dia 04/04/2007).

[37] EMENTA: agravo de instrumento. Direito público não especificado. pedido de declaração de segredo de justiça. Manutenção da decisão hostilizada. Inexistência das hipóteses do artigo 155, do CPC. Ausência de verossimilhança da alegação e perigo de lesão grave e de difícil reparação. Aplicação do artigo 527, II, do CPC, com redação dada pela lei nº. 11.187, de 19 de outubro de 2005. Agravo de instrumento convertido em agravo retido. (TJRS. Agravo de Instrumento Nº 70019011618. Segunda Câmara Cível. Diário da Justiça do dia 02/04/2007).

— 13 —

O colapso do sistema processual civil

LUÍS GUSTAVO ANDRADE MADEIRA

Mestre em Direito pela PUCRS, Doutorando em Filosofia – PUCRS, Professor Coordenador do Departamento de Direito Processual Civil da PUCRS. Advogado.

> *Convien decidersi a una riforma fondamentale o rinunciare alla speranza di um serio progresso.*
> Chiovenda, *La riforma del procedimento civile*, Roma, 1911, p. 4.

Há aproximados doze anos, nosso Código de Processo Civil vem clamando por um basta diante de tantas e profundas alterações em seu texto, tornando-se, via de regra, o alvo preferido do Poder Legislativo Federal.

Na sua publicação original, o Código de Processo Civil (Lei 5.869, datada de 11 de janeiro de 1973) foi acolhido e aplaudido pela quase unânime manifestação dos processualistas de então, tendo, na pessoa de Alfredo Buzaid, Ministro da Justiça do Governo Emílio Garrastazu Médici, o seu mentor. Em sua exposição de motivos, justificou a profundidade das mudanças em harmonia com o progresso científico de então, preferindo elaborar um código novo (afastando o de 1939), por "ser mais difícil corrigir o Código velho que escrever um novo" (Exposição de Motivos CPC).

Daí resultou um Código lastreado a um plano de princípios sem afastar-se do plano prático, e sem derrubar os institutos gerais que dão norte ao Processo Civil, como ciência que é, tudo para a busca de uma racionalização do sistema procedimental.

Ora, diante do antagonismo de dois princípios que o próprio Buzaid acenou em sua exposição de motivos, quais fossem, o da *conservação* e o da *inovação*, houve um consenso formado a não permitir a sobreposição de um ou de outro dos princípios, mas uma atividade harmoniosa com ambos. De um lado, pelo sistema de *conservação,* não se esqueceriam os dogmas do vetusto Código, capaz o bastante para determinar as diretrizes do Direito Processual Civil por trinta e quatro anos, período suficiente a amadurecer conceitos e traçar estatísticas de sua aplicação. De outro, as necessárias mudanças se fizeram diante destas constatações, ora de mero conserto, ora de demolição de algumas estruturas para o soerguimento de outras, aqui residindo a *inovação*.

Veja-se que o antigo Código de 1939 também se desdobrava em quatro Livros: I – processo de conhecimento; II – procedimentos especiais; III – recursos e competência originária dos tribunais, e, IV – processo de execução. A má distribuição destes Livros se fazia sentir já na própria estrutura do Código, em especial, sendo preferidas as ações nominadamente especiais e seus respectivos procedimentos. O Código vigente, melhor formatado, apresenta seus Livros de acordo com a estrutura lógica do próprio processo, notadamente nos primeiros três, onde surge o Processo de Conhecimento (Livro I), o Processo de Execução (Livro II) e o Processo Cautelar (Livro III), deixando os Procedimentos Especiais ao final, tendo em vista a sua capacidade eclética de, até mesmo, abrigar os procedimentos dos três outros Livros.

Esta estrutura, ao que nos parece, ainda impõe elevada dose de acerto em sua concepção, mas, infelizmente, ao longo destes últimos anos, vivenciamos algumas tentativas de nosso Poder Legislativo para desarticulá-la.

A qualquer um dos legisladores atuais (e aqui leia-se, de 1994 para cá, com o advento da Lei 8.952), mesmo sem conhecimento científico ou de campo acerca do Processo, se tem dado poderes para "mexer" naquilo que lhes seja oportuno ou conveniente politicamente, alguns chegando até ao descaso com a realidade e com a necessidade de um mínimo de conhecimento técnico. Cito como exemplo o Projeto de Lei 7.599/2006,[1] que determina *indenização às partes do processo quando o Judiciário não prestar a jurisdição em prazo razoável*, indenização esta que se fará através da *criação* do "Fundo de Garantia da Prestação Jurisdicional Tempestiva – FUNJUR, no âmbito do Poder Judiciário da União e dos Estados" ... (!) A vingar esta idéia, será mais um óbice à aplicação da Justiça, quiçá ferindo a própria Justiça das decisões, em razão de uma *celeridade* criada com esta absurda "fórmula", pois os juízes, certamente, não desejarão ser responsabilizados. Mais não se precisa dizer!

Realmente, há uma vontade latente de se fazer do Direito Processual o mesmo que se fez (e, se faz!) com o Direito Material, criando, àquele, leis que não têm vida prática alguma. Sabemos que o Direito Material, ao arrepio de sua importância, também é um eterno alvo de alquimias legislativas, nele habitando incontáveis normas sem qualquer aplicação. Penso que seja este o caminho do Direito Processual e sua respectiva legislação, caso permaneça inalterado este modo de "fazer leis".

---

[1] Dispõe sobre a indenização devida pela prestação jurisdicional em prazo não razoável, institui Fundos de Garantia da Prestação Jurisdicional Tempestiva e altera o art. 20 da Lei nº 5.869, de 11 de janeiro de 1973, *Código de Processo Civil – CPC*, alterado pela Lei nº 6.355, de 1976. Disponível em www.senado.gov.br.

Questiono, ao atento leitor, quantas vezes deparou-se com os casos de aplicação do controvertido artigo 285-A do CPC, forjado no corpo da Lei 11.277, de 7 de fevereiro de 2007, e que hoje o Egrégio Conselho Federal da Ordem dos Advogados do Brasil lhe argúi a inconstitucionalidade, através da ADIn nº 3.695/2006. Como admitir-se que, a exemplo do artigo, sem qualquer impulso citatório, possa o juiz decidir o mérito da causa, por sua improcedência, tendo por espelho ação idêntica por ele próprio (!) julgada?

Neste caso que adoto como paradigma, a lei sepultou o contraditório. Sim, porque o réu desta ação "natimorta" poderá passar o resto de seus dias sem saber que um dia foi réu. Basta, para isso imaginar, ainda que remotamente, que o autor não recorra da sentença liminar indeferitória de mérito. Não teria, o réu, direito mínimo de saber que contra ele tramita demanda posta em juízo. E quanto ao autor? Não recorreria ele desta sentença liminar? É certo que sim. E vamos que o seu recurso fosse provido pelo tribunal, cujo acórdão nulificaria a sentença recorrida. Não teria, então, que se citar o réu, e não se daria continuidade na causa normalmente? A causa iniciaria do "zero", colocando-se por terra todo o tempo despendido nesta descartável tramitação. Que *celeridade* é esta que o legislador buscou "imprimir" ao processo? Quanto tempo não se perderia com a tramitação da referida apelação? Não seria melhor que o juiz, mesmo convicto pela improcedência da causa, determinasse a citação do réu e, aí sim, respeitado o amplo contraditório, julgasse antecipadamente a lide?

Temos visto muitas alterações no sistema recursal, no sistema executivo e no próprio processo de conhecimento, onde algumas leis processuais, embora criadas há anos, até agora nada disseram dos motivos de suas vindas.

A tutela antecipada, uma das grandes inovações da Lei 8.952/94 (a Lei que inaugurou o sistema de reformas) até hoje não consegue auto-afirmação de autonomia, eis que não se definiu, com nítida clareza, pelo menos à grande população de lidadores do Direito, qual a sua diferença em relação às cautelares inominadas, que, por décadas, vingaram imunes a contestações. E esta simples constatação que o quotidiano nos dá é bastante para fortalecer estatísticas sobre a confusão reinante dos institutos, mesmo em sede do Judiciário, seja em primeiro, como em segundo graus. Ainda, por anos, o legislador deixou-nos atônitos com a impossibilidade da execução da tutela antecipada quando esta vinha alojada na sentença, e esta última desafiada por recurso de apelação, recebido sempre, nestes casos, com os efeitos devolutivo e suspensivo. Somente em 2001, através da Lei 10.352 daquele ano, portanto, após sete (!) anos da reforma de 1994, é que se foi modificar o elenco das hipóteses do art. 520, CPC, acrescentando o inciso VII. E mesmo assim, surgiu com sua confusa redação, pois até hoje se discute se a expressão "confirmar a antecipação dos efeitos da tutela" se remete apenas à tutela dada anteriormente à sentença, ou se pode ser empregado tal inciso em caso onde a antecipação da tutela é fornecida "na" sentença. De novo, não houve auxílio do legislador, apenas uma tentativa – diga-se, frustrada! – de conserto que só fez por trazer outra confusão ao sistema pragmático do Processo.

O Processo de Execução – Livro II do CPC, aparentemente um dos mais elogiados do mundo quando de sua acepção, tem agora implodida a sua estrutura através de duas Leis de surgimento recente – Lei 11.232, de 22 de dezembro de 2005, e Lei 11.382, de 7 de dezembro de 2006. A primeira retira do livro II a execução de títulos executivos judiciais, 'batizando' este mecanismo de "cumprimento da sentença", o que, sem dúvida, mistura, sem necessidade, o Processo de Conhecimento com o Processo de Execução. Ficaria melhor como estava, pois, ao que parece, o Livro II do Código está fadado à extinção. A segunda Lei – 11.382/06, traz dispositivos inócuos à função executiva e aos motivos pelos quais foi erigida esta "reforma". Veja-se o art. 652, e seu parágrafo terceiro, alterado pela nova lei, onde "o juiz poderá de ofício ou a requerimento do exeqüente determinar, a qualquer tempo, a intimação do executado para indicar bens passíveis de penhora", sem indicar que reprimendas sofrerá o executado em caso de descumprimento. Imagina-se, este, um ato atentatório à dignidade da Justiça, com as cominações do artigo 600, como a necessária "punição" do desidioso devedor. Por que não, e de uma vez por todas (!), o legislador não previu qualquer punição, tendo em conta que nenhum outro artigo se reporta a tal situação de descaso, salvo a litigância temerária lançada nos artigos 17 e 18 do CPC?

A propósito, temas dignos de uma necessária correção não resultaram corrigidos ao longo destes anos. Cito, por amor à exemplificação, a extinção do Tribunal Federal de Recursos, ocorrida em 1988, por ocasião da promulgação da atual Constituição Federal. Pois bem, durante 18 (dezoito!!!) anos ficamos convivendo com este tribunal defunto em nosso quotidiano. Bastava abrir o CPC, a exemplo dos arts. 411, e 493, I, e lá estava o referido Tribunal. Saliente-se, reservadas as circunstâncias e competências, o Superior Tribunal de Justiça foi criado no lugar daquele na mesma Constituição de 1988 (arts. 104 e 105, CF). Embora, desde 1994, já se fizesse menção ao STJ, como se vê dos arts. 539 e 540, alterados pela Lei 8.950/94, seria aquele o momento de corrigir-se também tão gritante falha. No entanto, somente em 2006, através da Lei 11.382, de 6 de dezembro, artigo 2º, é que tal correção se verificou!

Volto a lembrar o leitor, estes pontos apenas são tópicos de exemplos, uma vez que muitos outros pontos mostram-se dignos de crítica, e devem ser tratados em sede própria, de específica análise. Servem, portanto, apenas para espelhar o descalabro legislativo a que estamos obrigados a conviver.

Mas, a mais sentida das matérias, objeto de tantas reformas, por todos estes anos, foi a matéria recursal, onde, nela, o legislador elaborou fórmulas e verdadeiras alquimias para, em nome da celeridade processual, desafogar os tribunais. Veja-se, o maior dos exemplos neste caso está no instituto recursal do agravo, em especial, o agravo de instrumento.

Este modelo de recurso foi vítima de verdadeiros atentados ao longo destes, idos, trinta e quatro (!) anos de existência do Código de Processo Civil, sofrendo, ao todo, quatro (isto mesmo: quatro!) tentativas de modificações, senão vejamos:

a) a primeira, com a criação dos agravos retido e de instrumento contra decisões interlocutórias de primeiro grau, vinda com a Lei 5.869, de 11 de janeiro de 1973; b) a segunda, através da Lei 9.139, de 30 de novembro de 1995, passando a viger em 30 de janeiro de 1996; c) a terceira, com a Lei 10.352, de 26 de dezembro de 2001; d) a quarta, com a Lei 11.187, de 19 de outubro de 2005. Em nenhuma das alterações feitas após o advento do Código de 1973, o Legislador conseguiu sucesso em seu desiderato, qual fosse o de dar "celeridade" a este modelo de recurso. Em segunda tentativa, já com a Lei de 1995, empurrou para o jurisdicionado a tarefa da formação do instrumento de agravo, além de outras incumbências. Com a Lei de 2001, o agravo de instrumento começou a perder força em sua utilização, pois vedadas algumas situações para o seu emprego. Finalmente, em verdadeiro golpe de misericórdia, através da Lei 11.187/05, o agravo de instrumento deixou de ser escolha do recorrente, para dar lugar ao obrigatório emprego do agravo retido, ficando, aquele outro, sujeito a condições excepcionais, diante, por exemplo, de exame de urgência da matéria impugnada. Ainda, e o pior (!), criou a impossibilidade recursal contra a decisão conversora do agravo instrumental em retido (art. 527, II e parágrafo único, CPC), ou contra a decisão do relator em relação aos efeitos suspensivo ou tutelar recursal antecipado (art. 527, III e parágrafo único, CPC).

Por aí se vê que o legislador vem utilizando expedientes experimentais, fazendo das questões recursais dos jurisdicionados verdadeiros laboratórios, na ânsia de localizar qual a melhor fórmula de diminuir o volume de recursos de agravo dos tribunais.

Daí, as perguntas: – onde se localiza o ideal distributivo de justiça ? Não se estaria dando lugar a soluções objetivas e funcionais, em detrimento de casos que mereceriam exame e decisões justas? Este procedimento aventureiro do legislador se mostra como a melhor fórmula de suavizar a hipertrofia do Judiciário ?

Mas, não ficam só nas órbitas legislativas tantas alterações.

É que os Tribunais do País vêm, paulatinamente, "auto-legislando" suas conveniências, tudo ao arrepio da vontade do jurisdicionado e do conhecimento prévio dos lidadores do Direito que não pertençam a estas Cortes.

Veja-se, a propósito, o Agravo Regimental, o recurso de Embargos Infringentes, os Recursos Especial e Extraordinário, os quais cada vez mais se apresentam como uma verdadeira loteria aos que deles lançam mão, no tocante às suas admissibilidades nos Tribunais.

O Agravo Regimental, como recurso insculpido nos Regimentos Internos dos Tribunais, empresta ao jurisdicionado o poder de recorrer contra qualquer decisão do relator do recurso ou do presidente do Tribunal que o prejudique. Muitos Tribunais pátrios, por seus julgadores, já não mais acolhem tal recurso, por entender que o mesmo não elenca o rol dos recursos do CPC. Viram as costas, pois, para o regimento de suas próprias Cortes, embora muitas decisões clamem por um remédio recursal que, com esta simplória postura de desconsideração, mostra-se inexistente.

O recurso de Embargos Infringentes, por sua vez, há muito combatido, teve sua possibilidade de admissibilidade ceifada pela metade quando do advento da Lei 10.352/01, eis que não basta que a decisão seja colegiada, não unânime, provinda de julgamentos de apelação ou de ação rescisória, como se mostrava anteriormente a 2001. Os *ingredientes* trazidos pela citada Lei obliteraram o cabimento através do acréscimo das expressões: *quando o acórdão não unânime houver reformado, em grau de apelação, a sentença de mérito, ou houver julgado procedente a ação rescisória*. Ou seja, se o julgamento em apelação confirmar a sentença, ou decidir pela improcedência da ação rescisória, os Embargos infringentes não terão cabimento, mesmo que inexistente a unanimidade de votos.

Já os Recursos Especial e Extraordinário ganham, cada vez mais, expedientes impeditivos às suas admissibilidades, passando pelo crivo inaugural do Tribunal de origem, necessitando prequestionamento da matéria discutida, além da demonstração, no caso do extraordinário, da *relevância social* ou *repercussão geral* da questão, matéria recentemente legislada pela Lei 11.418, de 19 de dezembro de 2006 (aliás, um expediente ressuscitado da Constituição Federal de 1967, anteriormente denominado *relevância da questão federal*).

Veja-se, também, posicionamento recentíssimo do STJ, editado em 22 de janeiro de 2007, que fornece ao seu Presidente o *poder* unipessoal de não conhecer recursos de agravos ou especiais quando "não tenham perspectivas de provimento"(?), funcionando como uma depuração de tanto volume processual que naquela Corte circula. Novamente, questiona-se a legitimidade deste ato, pois não há qualquer balizador objetivo ou criterioso para dizer o que significa "*perspectiva de provimento*" para os recursos ... A essência dos tribunais é traduzida por um funcionamento plúrimo, vários julgadores para uma mesma causa, exatamente para proporcionar melhor controle na aplicação da justiça. Ao que parece, os Tribunais estão se tornando "colegiados de um juiz único" por recurso.

Igualmente, a par da recém regulamentada "súmula vinculante" (criada pela EC 45/2004, e regulada pela Lei 11.417, de 19 de dezembro de 2006), estamos às voltas com outra *criatura* engenhada (pelo "gen" da *efetividade*) em prol dos Tribunais, denominada "súmula impeditiva de recursos" que, na verdade, impede recurso contra decisões do juiz em questões que, sobre elas, já existam decisões sumuladas no Superior Tribunal de Justiça e no Supremo Tribunal Federal (v. proposta de Emenda Constitucional nº 358). Esta, ao contrário da súmula vinculante (que impede de forma restritiva a autonomia dos julgadores de 1º e de 2º graus, dada a sua obrigatória aplicação), não impede que os julgadores tenham "flexibilidade" na aplicação do direito ao caso concreto, servindo apenas como paradigma

Na verdade – e isto mostra-se de difícil contestação –, os tribunais têm realizado um *lobby* velado, ocorrente dentro das casas legislativas, para retirar de suas estruturas volume tão significativo de recursos. E estão se mostrando bastante competentes neste desiderato, sem qualquer reação da população que, mais e mais, dia-a-dia, observa estarrecida que as fórmulas mirabolantes criadas pelo legislador afastam a necessária justiça das questões postas em juízo, dando lugar a busca de uma celeridade que até aqui, nestes tantos anos de alquimia legal, de nada adiantou à distribuição do direito.

Voltemos àquela cansada tecla que, embora ainda sonora, vem sendo convenientemente desprezada, onde a solução não está na criação de tantos "remédios inadmissionais" dos recursos, nem nos entraves grotescos que os próprios tribunais, aos seus talantes, criam via Legislativo; a solução para a necessária distribuição da justiça está no aparelhamento destes tribunais, quer pessoal, quer funcional; está na boa vontade do legislador de buscar o devido orçamento para estas conquistas, e não legislar ao sabor das conveniências de poucos, em detrimento de muitos.

Estamos perdendo o que de mais fundamental temos no ideal de justiça, na distribuição dela com a conseqüente satisfação da sociedade pela resolução justa do conflito. Não se resolve problemas sociais apenas com soluções legislativas "técnicas", "frias", simplesmente porque este ou aquele recorrente, por exemplo, "não foi feliz na interposição de seu recurso, pois existente súmula impeditiva para ele", porque o ideal de justiça continuará a gritar por sua sobrevivência.

Não é para lidar com isto que fomos ensinados (e muito menos ensinarmos!) nos bancos acadêmicos das Faculdades de Direito. Não é para a formação de técnicos de tantas fórmulas e escaramuças processuais que os nossos neófitos causídicos se preparam, pois isto é para enxadristas. Preparam-se, isto sim, para a missão maior do lidador do Direito, seja qual seja a sua atividade jurídica, que é a do seu aprimoramento nas questões jurídicas, e o seu engajamento nas questões sociais. Não nos esqueçamos da denominação de nossa ciência precípua, guia maior dos nossos estudos e de nossa dedicação às causas sociais, resultando na sua desinência: *Ciências Jurídicas e Sociais.*

A sociedade espera – e, merece! – uma legislação de certa forma perene, sem percalços em sua estrutura, muito mais quando se lida com normas de interesse público, como a do Direito Processual Civil.

Mas, acima de tudo, que esta norma seja distributiva de justiça, de uma melhor e rápida solução dos conflitos que a própria sociedade apresenta. O que se está fazendo com a norma processual, atualmente, é um descaso a tudo isso, pois a busca pela justiça e pela "celeridade com justiça" há muito está esquecida, deixada ao relento das intenções espúrias daqueles que desejam, a qualquer custo, baixar o volume de processos e recursos sem que se preste uma verdadeira jurisdição à população, dizendo o direito a quem de direito e esgotadas todas as vias recursais com o completo exame, pelos julgadores, das matérias ínsitas em tais recursos.

Dessarte, a primeira providência a ser adotada é a de estancar, forma urgente e imediata, esta sangria que se efetiva numa avalanche de reformas em um Código Processual que já se encontra roto e rasgado, diante do manuseio de tantas mãos ávidas por verem triunfar seus interesses pessoais ao arrepio do interesse coletivo.

Não foi sem razão que Alfredo Buzaid, mentor do Código, em sua exposição de motivos afirmou:

> Ao iniciarmos os estudos depararam-se duas sugestões: rever o Código vigente ou elaborar Código novo. A primeira tinha a vantagem de não interromper a continuidade legislativa. O plano de trabalho, bem que compreendendo a quase totalidade dos preceitos legais, cingir-se-ia a manter tudo quanto estava conforme com os enunciados da ciência, emendando o que fosse necessário, preenchendo lacunas e suprimindo o supérfluo, que retarda o andamento dos feitos.
>
> Mas a pouco e pouco nos convencemos de *que era mais difícil corrigir o Código velho que escrever um novo*. A emenda ao Código atual requeria um concerto de opiniões, precisamente nos pontos em que a fidelidade aos princípios não tolera transigências. E quando a dissensão é insuperável, a tendência é de resolvê-la mediante concessões, que não raro *sacrificam a verdade científica a meras razões de oportunidade*. O grande mal das reformas parciais é o de *transformar o Código em mosaico, com coloridos diversos que traduzem as mais variadas direções*. Dessas várias reformas tem experiência o país; mas, como observou Lopes da Costa, umas foram para melhor; mas em outras saiu a emenda pior que o soneto.
>
> Depois de demorada reflexão, verificamos que o problema era muito mais amplo, grave e profundo, atingindo a substância das instituições, a disposição ordenada das matérias e a íntima correlação entre a função do processo civil e a estrutura orgânica do Poder Judiciário. Justamente por isso a nossa tarefa não se limitou à mera revisão. Impunha-se refazer o Código em suas linhas fundamentais, dando-lhe novo plano de acordo com as conquistas modernas e as experiências dos povos cultos. Nossa preocupação foi a de realizar um trabalho unitário, assim no plano dos princípios, como no de suas aplicações práticas. (Exposição de Motivos do CPC, Capítulo I – grifos do autor).

Mais não necessita ser dito, apenas ressaltar que este texto expositivo foi elaborado em agosto de 1972, seis meses antes da promulgação do Código. Naqueles idos já se vislumbrava a impossibilidade de emendar o Código de 1939, porque muitos matizes imprimiam a diversidade de sistemas, inconveniente para uma Lei de direito público como o CPC.

Atualmente, parece que os conselhos do mestre Buzaid não foram lembrados...

O Ministro Athos Gusmão Carneiro, meu dileto Professor da Escola Superior da Magistratura, cujos ensinamentos ainda guardo no melhor lugar de minhas lembranças, ao referir acerca de tantas reformas, e das quais, muitas delas, foi mentor:

> A comissão de Reforma, mantida pelo Instituto Brasileiro de Direito Processual e também a Associação dos Magistrados Brasileiros, com as suas associações estaduais, a Associação dos Juízes Federais, recebem contribuições de numerosos órgãos e de Colegas individualizados, resultando em projetos setoriais. Já desde o começo da década de 90, estes projetos vêm sendo feitos. E às vezes surgem críticas: por que projetos setoriais? Não estará sendo transformado o Código de Processo Civil em um mosaico de leis novas, nem sempre bem entrosadas com as outras?

> É verdade que esta sistemática apresenta alguns inconvenientes. Não se discute isso. Uma alternativa é deixar tudo como está, manter o Código Buzaid em sua integralidade, um código de 1973, e esquecer todas as imensas alterações ocorridas no mundo desde então. E a outra hipótese seria tentar *um novo Código de Processo Civil*, mas temos a experiência do Código Civil que levou 27 anos, entre discussões, debates, até finalmente ser sancionado. E, sancionado, há quem diga que alguns dispositivos, ou vários, já estão obsoletos, e que foram deixados de lado alguns temas que deveriam ter sido regrados.
>
> Então, um novo Código de Processo Civil, até pelo vulto dos debates doutrinários, *iria levar 15 ou 20 anos para ser finalizado*, e, certamente, correria o risco de resultar obsoleto, porque as necessidades de reformas processuais são muito mais acentuadas que as necessidades do Direito Material. O Direito Material, por sua natureza, é mais estável. O Direito Processual, até por sua natureza instrumental, exige aperfeiçoamentos constantes. Por isso, optou-se pelos projetos setoriais, porque o Congresso aprova sem maiores demoras – um, dois anos",[2] (grifos do Autor).

Que me perdoe o Ministro, mas ouso lançar ao leitor o questionamento de quanto tempo conviveremos com tais reformas. Até quando nosso Código de Processo Civil suportará tamanha carga de emendas, com artigos e parágrafos "alfa-numéricos", a exemplo do art. 475, "desmembrado" em 475, 475-A a 475-R (Lei 11.232/05), e outras leis esparsas, como é o caso da Lei 11.419/06, que cria o "processo eletrônico" de forma genérica e com indicativos de mudança em outros tantos artigos do CPC.

De 1994, ano da grande reforma através da Lei 8.952, até estes dias, já transcorreram treze anos, período aproximado a que faz menção o Ministro Athos para a construção de um novo Código, eis que, como expôs, estima em 15 a 20 anos. E, quantos anos mais levaremos até que recrie a mesma mentalidade que levou o Ministro Buzaid a preferir este caminho da nova lei processual?

No entanto, nunca é tarde para despertar uma consciência coletiva dos lidadores do Direito, para direcionarem seus pensamentos à criação de uma norma simples, cômoda, sem qualquer cosmético que disfarce intenções pessoais. Uma norma que informe como o processo deve ser "conduzido", preocupando-se apenas com ele, e que se esqueçam as fórmulas de como deva ser "reduzido" para atender a caprichosas pretensões dos tribunais.

De outro lado, que os legisladores tenham por meta legislar em prol da ampliação da máquina jurisdicional, como se disse, buscando aprovação de leis orçamentárias que canalizem verbas suficientes a serem destinadas a este aparelhamento pessoal e funcional, dando ao Judiciário condições dignas e verdadeiras à boa administração da Justiça.

Pois somente através dela é que obteremos a desejada cidadania, atingindo as garantias dos direitos individuais e coletivos, na certeza de que a questão judicial foi suficiente e verdadeiramente apreciada em toda a sua extensão.

---

[2] As recentes Reformas Processuais – Cadernos do Centro de Estudos – do Poder Judiciário do Estado do Rio Grande do Sul – depto. De Artes Gráficas do Tribunal de Justiça – Vol. I, p. 12

Anexo I
Projeto de Lei nº 7.599, de 2006

Dispõe sobre a indenização devida pela prestação jurisdicional em prazo não razoável, institui Fundos de Garantia da Prestação Jurisdicional Tempestiva e altera o art. 20 da Lei nº 5.869, de 11 de janeiro de 1973, *Código de Processo Civil – CPC*, alterado pela Lei nº 6.355, de 1976.

O Congresso Nacional decreta:

Art. 1º O Poder Público indenizará os vencedores das ações judiciais, nas quais a prestação jurisdicional, e a conseqüente satisfação de direitos dos vencedores, tenha excedido razoável duração, fixada em lei com fundamento no art. 5º, inciso LXXVIII, da Constituição Federal

Art. 2º Ficam instituídos Fundos de Garantia da Prestação Jurisdicional Tempestiva – FUNJUR, no âmbito do Poder Judiciário da União e dos Estados, cujos recursos serão destinados ao pagamento das indenizações a que se refere o art. 1º.

Art. 3º O FUNJUR contará com as seguintes receitas:

I – recolhimento da quantia a que se refere o *caput* do art. 20 da Lei nº 5.869, de 11 de janeiro de 1973, *Código de Processo Civil – CPC*, alterado pela Lei nº 6.355, de 1976, com a redação que lhe é dada pelo art. 3º desta Lei;

II – doações, legados ou patrocínios de organismos ou entidades nacionais, internacionais ou estrangeiras, de pessoas físicas ou jurídicas nacionais ou estrangeiras;

III – recolhimento da quantia proveniente da arrecadação das custas judiciais e da taxa judiciária;

IV – resultado das aplicações financeiras dos recursos arrecadados;

V – reversão de saldos não aplicados;

VI – outras receitas previstas em lei.

Art. 4º O art. 20 da Lei nº 5.869, de 11 de janeiro de 1973, *Código de Processo Civil – CPC*, alterado pela Lei nº 6.355, de 1976, passa a vigorar com a seguinte redação:

> "Art. 20. A sentença condenará o vencido a pagar ao vencedor as despesas que antecipou e os honorários advocatícios, bem assim a recolher ao Fundo de Garantia da Prestação Jurisdicional Tempestiva – FUNJUR da União ou do Estado, conforme o caso, quantia equivalente a quinze por cento do somatório desses valores. A verba honorária será devida, também, nos casos em que o advogado funcionar em causa própria."

Art. 5º A indenização devida, nos termos do art. 1º desta Lei, a ser fixada em sentença, não ultrapassará vinte por cento do valor da causa, avaliadas as respectivas circunstâncias, sua complexidade, o comportamento dos recorrentes, bem assim dos agentes do Poder Judiciário.

Art. 6º Aplica-se aos agentes do Poder Judiciário responsáveis pela prestação jurisdicional em prazo não razoável a regra de responsabilidade objetiva fixada no § 6º do art. 37, da Constituição Federal.

Art. 7º O órgão colegiado responsável pela gestão do Fundo contará com a participação de representantes dos Poderes Judiciário, Legislativo e Executivo, bem assim da Ordem dos Advogados do Brasil, nos termos de regulamento.

Art. 8º Esta lei em vigor no primeiro dia do exercício financeiro imediatamente subseqüente à data de sua publicação oficial.

— 14 —

Da não apresentação de bens passíveis de penhora e das multas

MÁRCIO LOUZADA CARPENA

Doutorando em Direito, Mestre em Direito Processual Civil. Professor de Direito Processual Civil na Faculdade de Direito da PUC/RS, Membro da Academia Brasileira de Direito Processual Civil – ABDPC. Advogado em Porto Alegre/RS.

Sumário: 1. Introdução; 2. Do dever de cooperação do executado na Lei 11.382 e a indicação de bens passíveis de penhora; 3. Dos limites do dever de cooperação; 4. Da não apresentação do patrimônio a ser penhorado e das multas do art. 14 e 601, ambos do CPC; 5. Conclusão; 6. Bibliografia.

1. Introdução

As reformas legislativas, em regra, têm por propósito adequar as normas à nova realidade social (evitando a ocorrência de uma "defasagem normativa") e, principalmente, permitir que os anseios legítimos da sociedade contemporânea e jurisdicionada – os quais se alteram constantemente na medida da própria evolução científica, tecnológica, social, cultural, etc. – sejam, dentro dos limites dos valores sedimentados por ela mesma, satisfeitos da maneira mais adequada possível.

A Lei 11.382, de 7 de dezembro de 2006, no nosso sentir, teve justamente tal propósito: impor à atual sociedade, dentro dos valores hoje presentes, novas regras instrumentais para permitir que, em sede de *processo de execução ou procedimento de execução*, um dos objetivos almejados pela comunidade jurídica e pelos próprios jurisdicionados tutelados pelo Estado – qual seja, a efetividade da prestação jurisdicional executiva – seja alcançado mais facilmente.

Na perspectiva da nova disposição legal, vários pontos chamam a atenção, sobressaindo-se, contudo, na nossa concepção, aquele que passa, expressa e indubitavelmente, a exigir uma conduta de mais comprometimento e de colaboração do réu, então executado, para com a efetividade da prestação jurisdicional e celeridade do desfecho da lide, fixando, por outro lado, meios de reprimenda às atitudes que se mostrem contrárias a tais interesses.

Com efeito, a nova norma segue a orientação ideológica, já disposta anteriormente em outras leis que ultimamente alteraram o processo de conhecimento no CPC, de exigir um comportamento leal e ético das partes, principalmente do demandado, coibindo, ainda que pontualmente, atos que importem procrastinação ou alongamento desarrazoado ou indevido do tempo do processo executivo, impedindo que ele se torne, na prática, instrumento de tortura da parte que tem crédito a receber e de desprestígio da própria atividade jurisdicional estatal.[1]

Tal objetivo de inibir comportamentos não compatíveis com a rápida tramitação da lide executória afigura-se claramente correto, pois pode-se afirmar que a conduta desequilibrada ou abusiva de uma das partes, ao longo de um processo, no intuito de protelar a efetivação da prestação jurisdicional, apresenta-se, sem dúvida, inadmissível como um dos tantos fatores que colabora para com a morosidade e desmoralização da Justiça, merecendo, só por isso, ser coibida.[2]

A orientação legislativa de afastar comportamentos descomprometidos e não colaborativos com o desfecho da demanda judicial recebe, aliás, amparo na própria idéia, hoje sedimentada na Constituição pátria em vigor,[3] de que o processo judicial deve desenvolver-se em tempo razoável, isto é, dentro do tempo absolutamente necessário à obtenção de um resultado justo e adequado à lide,[4] sem dilações indevidas e indesejadas.[5]

É umas das tônicas processuais da pós-modernidade, segundo lembra em obra recente o jurista e Ministro do Superior Tribunal de Justiça, Luiz Fux, exacerbar o prestígio da função estatal jurisdicional, cercando-a de instrumentos capazes de preservar a seriedade da jurisdição.[6]

---

[1] De fato, o fortalecimento das penas por litigância temerária (arts. 17 e 18), a positivação do dever de colaboração das partes e de terceiros (art. 14), bem como a disposição de possibilidade de antecipação de tutela diante de comportamento abusivo do demandado (art. 273, inc. II) são somente alguns exemplos das disposições legais que foram inclusas nos últimos tempos no Código de Processo Civil e com as quais a Lei 11.382 parece se coadunar.

[2] Segundo leciona corretamente Milman, "o abuso do direito processual atinge, antes e acima de tudo, a dignidade da justiça, atinge o Estado-Juiz sempre causando mal ao interesse público, não se voltando apenas contra a parte contrária merecendo sua ocorrência, assim, punição com ou sem demonstração de dano material." (Milman, Fabio. *Improbidade Processual*. Rio de Janeiro: Forense, 2006, p. 64).

[3] Diz o art. 5º., inc. LXXVIII, incluso pela EC nº. 45: "A todos, no âmbito judicial e administrativo, são assegurados a razoável duração do processo e os meios que garantam a celeridade de sua tramitação."

[4] CRUZ E TUCCI, José Rogério. Garantia da prestação jurisdicional sem dilações indevidas como corolário do devido processo legal. *Revista de Processo*, São Paulo, Revista dos Tribunais, nº. 66, p. 72-78.

[5] A respeito de acesso à justiça, vide: CAPPELLETTI, Mauro & GARTH, Briant. Acesso à justiça. Tradução de Ellen Gracie Northfleet, Porto Alegre: Fabris, 1988. A respeito da Emenda Constitucional n. 45, vide: Delgado, José Augusto. *A reforma do Poder Judiciário*, art. 5º. LXXVIII, da CF. WAMBIER, Teresa Arruda Alvim e Outros (coord.). Reforma do Judiciário. São Paulo: Revista dos Tribunais. 2005, pp. 355/371.

[6] FUX, Luiz. *A reforma do Processo Civil*. Niterói: Editora Impetus. 2006, p. 241.

2. Do dever de cooperação do executado na Lei 11.382 e a indicação de bens passíveis de penhora

Na Lei 11.382, a idéia de exigência de colaboração do demandado para com o desenvolvimento escorreito da tutela jurisdicional, e até mesmo para com a satisfação do direito da parte adversa, então exeqüente, extrai-se claramente a partir de vários dispositivos, tais como e entre outros: do art. 740, parágrafo único, quando passa a impor multa para o caso de apresentação de defesa – embargos – com intuito tido por procrastinatório; do art. 745-A, § 2º, quando comina, no caso de inadimplência de pedido de pagamento parcelado, multa sobre o valor das prestações não pagas, sem prejuízo de vedação à oposição de embargos; do art. 746, § 3º, quando impõe multa, caso os embargos à arrematação forem declarados manifestamente protelatórios.

Com efeito, todos esses dispositivos trazem sanções passíveis de serem impostas ao executado em razão de atitudes (ações) contrárias à conduta de cooperação esperada e que, de fato, causam embaraços ao normal desenvolvimento da demanda e prejudicam a efetividade da tutela jurisdicional.

Destaca-se, entretanto, dentro da disposição legislativa introduzida pela lei em comento, a redação atribuída ao art. 652, § 3º, que combinada com o art. 656, parágrafo 1º, também inserido pela mesma lei, referenda a obrigação do executado, sob pena de sanção, em colaborar com a fase de seleção de bens a serem constritos para, posteriormente, submeterem-se à fase expropriatória. De fato, a redação legal consigna que o juiz "poderá, de ofício ou a requerimento do exeqüente, determinar, a qualquer tempo, a intimação do executado para indicar bens passíveis de penhora", bem como determina que é "dever do executado (art. 600), no prazo fixado pelo juiz, indicar onde se encontram os bens sujeitos à execução, exibir a prova de sua propriedade e, se for o caso, certidão negativa de ônus, bem como abster-se de qualquer atitude que dificulte ou embarace a realização da penhora (art. 14, parágrafo único)".

O legislador fez constar, de forma clara e límpida, o dever de cooperação[7] do executado em um dos momentos mais delicados da execução, qual seja, a localização de bens do demandado para submissão ao procedimento expropriatório.[8]

Doravante, há a obrigação de o executado, mediante a discriminação de seu acervo patrimonial, colaborar com o exeqüente para que este escolha entre a gama de bens apresentada, aquele(s) que julgar mais adequado(s), observada a regra do art. 655 e as peculiaridades do caso em específico, a satisfazer o seu direito material.

---

[7] Vide: DIDIER JÚNIOR, Fredie. O Princípio da Cooperação: uma Apresentação. *Revista de Processo*, São Paulo, *Revista dos Tribunais*, n. 127, pp. 75/80, 2005.

[8] Aliás, Teori Albino Zavascki, de há muito bem refere que a descoberta do patrimônio penhorável é o ponto crítico da execução, "do qual se aproveitam os maus pagadores, pondo em xeque a autoridade e a dignidade da justiça, com os quais pouco se importam." (ZAVASCKI, Teori Albino. *Comentários ao Código de Processo Civil*, Vol. VIII, São Paulo: Revista dos Tribunais, 2000, p. 313.)

Por certo, de nada adiantaria fortalecer-se o dever de lealdade e colaboração do demandado no processo executivo, atrelando, por exemplo, a aplicação de multa de até 20% (vinte por cento) do valor em execução para o caso de propositura de embargos à execução manifestamente protelatórios (art. 740, parágrafo único, CPC), se não se combatesse o momento mais crítico e nevrálgico do processo expropriatório que é, com certeza, aquele em que se escolhe e se delimita o patrimônio do devedor a ser desapropriado, a fim de satisfazer-se o crédito do então demandante.

Pela nova disposição legal, o devedor não mais será intimado para pagar ou nomear bens à penhora no prazo de 24 (vinte e quatro) horas, mas, sim, para, no prazo de 3 (três) dias, efetuar o pagamento da conta. A nomeação de bens à penhora, destarte, pelo que agora se observa caberá ao credor – que, inclusive, poderá fazer a indicação na própria petição inicial – (art. 652, parágrafo 2º, CPC). Com tal novo procedimento, doravante, evita-se aquela terrível situação de nomeação, por parte do executado, de bens sabidamente difíceis de serem alienados ou sem qualquer valor comercial, a qual em muito retardava a tramitação e o desfecho do processo.

Por derradeiro, nos casos em que o exeqüente não tenha conhecimento sobre qual é ou onde se encontra o patrimônio do executado, poderá requerer ao juiz que determine a intimação deste para indicar o rol de seus bens a fim de que, tomando conhecimento sobre a realidade patrimonial, possa escolher um ou alguns sobre os quais recairá a constrição, penhora.

Calha observar que a referência legal introduzida, no sentido de exigir-se a cooperação do devedor na apresentação do patrimônio a ser constrito, representa um verdadeiro avanço e altera por completo a concepção inclusive já sedimentada na jurisprudência do Superior Tribunal de Justiça, encarregado de dar a última palavra em relação à interpretação de lei federal.

De fato, cabe lembrar que, muito embora a disposição do art. 600, inc. IV, do CPC, já referisse que "se considera ato atentatório à dignidade da justiça o ato do devedor que intimado, não indica ao juiz, em 5 (cinco) dias, quais são e onde se encontram os bens sujeitos à penhora e seus respectivos valores", e o art. 601 do Código salientasse que, para tal situação, o magistrado poderia arbitrar uma multa em até "20% (vinte por cento) do valor atualizado do débito, sem prejuízo de outras sanções de natureza processual e material", o Superior Tribunal de Justiça tinha entendimento consolidado[9] no sentido de que "o executado não está

---

[9] STJ, 2ª Turma: "Processo Civil. Execução Fiscal. Penhora. Devedor que não indica bens à penhora. Inexistência de ato atentatório à dignidade da justiça. A circunstância de o executado não indicar, em execução fiscal, bens passíveis de penhora, acarreta, tão-somente, a perda do benefício da indicação, sem que esteja configurada a prática de ato atentatório à dignidade da justiça. Estabelece o artigo 659 do CPC que "se o devedor não pagar, nem fizer nomeação válida, o oficial de justiça penhorar-lhe-á tantos bens quantos bastem para o pagamento do principal, juros, custas e honorários advocatícios". "O executado não está obrigado a relacionar seus bens passíveis de penhora, sob pena de sofrer a multa do art. 601 do CPC." (REsp 511.445/SP, Rel. Ministro Franciulli Neto, julgado em 10.08.2004, DJ 08.11.2004 p. 201).

obrigado a relacionar seus bens passíveis de penhora, sob pena de sofrer a multa do art. 601 do CPC".

De fato, segundo a concepção desta Corte Superior, a não indicação pelo devedor do seu patrimônio a ser penhorado mostrava-se uma "conduta legítima", um expediente de defesa como qualquer outro, gerando, meramente, a inversão do ônus ao credor de indicar o patrimônio a ser penhorado.[10]

Tal orientação jurisprudencial, inclusive inexoravelmente refletida nos tribunais regionais, de há muito já vinha sendo por nós criticada, porquanto, *data venia*, além de não parecer ser a melhor interpretação da clara redação do art. 600 combinada com a disposição do art. 601, ambos do CPC, nem de longe se apresenta sustentável diante da triste realidade do processo executivo no país, como instrumento efetivo e rápido de satisfação de direitos.

Não tem cabimento se exaltar um pseudodireito de omissão em desprestígio ao dever de colaboração e cooperação que se encontra inserido no processo civil brasileiro. Ora, conforme já registramos em outra oportunidade:[11] "a partir do momento em que se definiu que o processo civil se situa no ramo do direito

---

[10] STJ, 4ª Turma: "Execução. Penhora. Indicação de bens pelo devedor. Omissão Atentado à justiça. O executado não está obrigado a relacionar seus bens passíveis de penhora, sob pena de sofrer a multa do art. 601 do CPC. Recurso conhecido e improvido. (REsp 152737/MG, Rel. Ministro Ruy Rosado de Aguiar, julgado em 10.12.1997, DJ 30.03.1998 p. 81) No corpo do voto constou: " A regra do inc. 600, inc. IV do CPC, deve ser interpretada e aplicada nos limites do seus termos: isto é, os bens sujeitos à execução, seja porque dados em garantia, seja porque penhorados ou de outro modo constritos, devem ter sua localização indicada ao juiz pelo devedor. Do só fato da existência da execução não surge para o devedor a obrigação de relacionar seu patrimônio penhorável, a fim de que o credor indique o bem de sua preferência para o penhora. Tem o executado, sim, o direito de nomear bens à penhora (art. 652 CPC), direito que poderá não exercer, hipótese em que a escolha do bem passa a ser do oficial de justiça (art. 659 CPC). Para a efetivação da penhora, nesse caso, o credor pode colaborar, assim como o devedor, mas a simples omissão deste não constitui ato atentatório à dignidade da justiça, nem resultará necessariamente na aplicação da multa prevista no art. 601 do CPC. Do devedor, diante do processo de execução, exige-se passividade, para sofrer os atos forçados, e se proíbe conduta maliciosa ou fraudulenta. A simples omissão do devedor somente será punível processualmente quando a lei lhe impuser o dever de evitar o resultado danoso, como acontece com a obrigação de apresentar os bens dados em garantia, ou de preservar os que estão sob sua guarda. Fora disso, a omissão pode ser um expediente de defesa como qualquer outro, ou o não exercício de um direito, como deixar de nomear bens à penhora. Reproduzo a fundamentação expendida pelo em. Dr. Ferreiro Esteves, relator do acórdão recorrido: "A norma do art. 600, inciso IV, do CPC, não autoriza possa ser intimado o executado para indicação de bens a serem penhorados. É certo que o procedimento das execuções deve ser considerado demasiado gravoso ao devedor, o que se justifica em razão do prévio reconhecimento do direito que se quer exercitar. Essa situação desfavorável ao devedor não pode, entretanto, ser levada às conseqüências aqui pretendidas pelo exeqüente, a possibilidade de se obrigar a devedora exibir, de pronto, o seu patrimônio, com o esclarecimento sobre que bens deve recair a penhora. Ora, nessa questão, faculta-se ao devedor nomear bens à penhora, e não o obriga à exibição de bens. Nesse sentido, vem se posicionando a jurisprudência, como, por exemplo: 'Penhora. nomeação de bens. Decisão que indeferiu pedido de intimação do executado para indicação de bens à penhora. Admissibilidade. Hipótese em que a nomeação constitui um direito e não obrigação do devedor. Circunstância em que, no caso de omissão, deve o credor indicar os bens passíveis de constrição. Recurso improvido' (Primeiro Tribunal de Alçada Civil de São Paulo 2 Câmara, AGI n. 00627168-3/CO, Relator Juiz Luiz Fernando Martins Pup. pvb. DJ de 2 1.06.95)". (fls. 32/33)
Posto isso, conheço do recurso, pela divergência, mas lhe nego provimento. É o voto."

[11] CARPENA, Márcio Louzada. *Da (Des)lealdade no processo civil*. AMARAL, Guilherme Rizzo & CARPENA, Márcio Louzada. *Visões críticas do processo civil brasileiro*. Porto Alegre: Livraria do Advogado, 2005, p. 33.

público,[12] tendo perspectiva coletiva fundada no bem comum da sociedade, afastando-se das idéias de liberalismo e individualismo,[13] sucumbiu a perspectiva defendida por doutrina mais antiga, cuja orientação era no sentido de não haver dever de colaboração das partes, principalmente, da demandada, por considerar que tal circunstância se assemelharia a um instituto inquisitivo e contrário à livre disponibilidade das partes, podendo até mesmo ser considerado um "instrumento de tortura moral".[14] "Ora, hoje, a idéia de que o descompromisso ou a não colaboração processual pode ser cogitada como arma legítima, de fato, não encontra mais espaço, seja no direito pátrio, seja na doutrina moderna[15] alienígena".[16]

Calha observar, de resto, que essa criticável orientação jurisprudencial até então perpetrada no sentido de exonerar o executado de colaborar com a fase constritiva, não obstante a regra do art. 600, inc. IV, aliada à negativa de vários juízes auxiliarem os credores na busca de bens (v.g., mediante ofícios à Receita Federal, Banco Central, etc.), sob a alegação de que tal ônus incumbe à parte, foi, sem dúvida, uma das grandes responsáveis não só pela demora e prolongamento injustificado na tramitação de milhares de processos nos últimos tempos, mas também pelo arquivamento de vários outros, ante a incapacidade real de o exeqüente localizar bens do devedor, muito embora existentes.[17] Orientação pretoriana nesse diapasão, com a devida *venia*, sem dúvida, estava indo na contramão da concepção prestigiada pela processualística moderna, que exige um juiz forte e comprometido com o resultado da demanda, com a satisfação daquele que tem o direito.

Por derradeiro, mostra-se digna de aplausos a nova referência legal que, de vez, alterou a procedimentalidade na seara executiva de indicação de bens à penhora e, de acordo com o que já vinha sendo imposto nas últimas alterações legislativas, registrou por meio de referências pontuais o dever, de forma indubi-

---

[12] Neste sentido: BUZAID, Alfredo. Estudos e pareceres de direito processual civil. São Paulo: *Revista dos Tribunais*, 2002, p. 37; e, ALVIM, Arruda. Deveres das partes e dos procuradores, no direito processual civil brasileiro. Revista de Processo, São Paulo, *Revista dos Tribunais*, ano 18, n.º 69, 1993, p. 7 e segs.

[13] Segundo bem refere Enrico Túlio Liebman, em comentários, em notas de rodapé à obra de Chiovenda: "A partir do famoso § 178 da Ord. Proc. austríaca, que sanciona a obrigação das partes de dizer a verdade, vasto movimento para moralização do processo manifestou-se por toda parte, tanto na legislação quanto na doutrina. Destinado a fazer triunfar a verdade e o direito, não deve o processo constituir meio ou ocasião para prática da má-fé ou da fraude. Essa orientação das legislações mais recentes equivalente a outra manifestação do abandono da concepção individualística do processo, substituída por uma concepção publicística, não hesitante em limite à liberdade das partes em consideração ao princípio da conduta processual honesta, e que, portanto, estabelece a obrigação de só se utilizar do processo para fins e com meios lícitos. (Chiovenda, Giuseppe. Instituições de direito processual civil. Trad. Paolo Capitano. Campinas: Bookseller. 1998, p.437)

[14] DINAMARCO, Cândido Rangel. *Teoria geral do processo*. São Paulo: Revista dos Tribunais, p. 72.

[15] ALVIM, Arruda. Deveres das partes e dos procuradores, no direito processual civil brasileiro. Revista de Processo, São Paulo: *Revista dos Tribunais*, ano 18, n.º 69, 1993, p. 7.

[16] Por todos: MOREIRA, José Carlos Barbosa. *Abuso dos direitos processuais*. Rio de Janeiro: Forense, 2000.

[17] Segundo nossa concepção, ao juiz também se aplica o princípio da cooperação e colaboração com o deslinde e desfecho da lide. Deve ele pautar suas decisões no sentido de resolver a controvérsia e auxiliar a parte que lhe pede socorro para satisfazer o seu direito. O deferimento de pedido como, por exemplo, o de expedição de ofícios para encontrar patrimônio em nada afeta o princípio da imparcialidade do magistrado.

tável, de cooperação do demandado, também no procedimento executório, mais especificamente em um dos momentos mais delicados, que é a fase constritória no que diz respeito à indicação de bens a serem penhorados.

3. Dos limites do dever de cooperação

Uma vez não tendo o credor conhecimento dos bens do devedor, poderá solicitar, na própria petição inicial ou em qualquer outra peça processual ao longo da lide, que o magistrado determine a intimação do executado para indicar o seu patrimônio passível de penhora.

Aqui a questão merece atenção: o executado não deverá ser intimado para indicar bens à penhora, mas, sim, para indicar bens passíveis de penhora! A referência legal é absolutamente clara, e o propósito da norma é evidente: evitar a velha e conhecida situação, até então diariamente vivenciada nos foros, de o devedor fazer a nomeação de bens à penhora, porquanto a vida já demonstrou que tal circunstância, em regra, descamba para uma indicação de bens sem valia ou de difícil alienação, o que, por si só, como se disse, acaba por retardar o andamento do processo e conseqüentemente a satisfação do direito do credor.

Por certo, a decisão do julgador que, após a nova redação dada pela norma em comento, vier a determinar a intimação do devedor para nomear bens à penhora, com certeza, mostrar-se-á em evidente descompasso e afronta à expressa disposição de lei federal.

A intimação do devedor para apresentar o patrimônio passível de penhora será feita na pessoa do seu procurador constituído nos autos, nos termos do parágrafo 4º do art. 652, disposição essa que, de certa maneira, revela a astúcia por parte do legislador, na medida em que, conforme é cediço, a intimação na pessoa do advogado mostra-se mais rápida e eficiente do que a feita na pessoa do executado, sem salientar que evita aquelas conhecidas situações inconvenientes de protelamento da atividade jurisdicional quando o demandado não é encontrado ou se furta do oficial de justiça para evitar a intimação.

Infelizmente, todavia, nos casos em que o devedor não ostentar procurador constituído nos autos, não haverá milagre, sendo a intimação pessoal inevitável, podendo, obviamente, ser realizada por carta com aviso de recebimento ou outro meio idôneo.

Por certo que a intimação na pessoa do advogado gera a responsabilidade de esse transmitir ao constituinte o dever de apresentar bens. A eventual alegação posterior por parte do executado de falta de comunicação pelo seu procurador da referida obrigação não elide os efeitos da falta ocorrida e da oneração que irá suportar, cabendo, no máximo e se for o caso, direcionar a devida ação de responsabilidade contra o mandatário judicial para se ver ressarcido dos prejuízos experimentados. A prova da comunicação feita pelo advogado ao cliente, nestes termos, passa a ser de notável relevância para prevenir sua responsabilização.

Seja como for, uma vez intimado o devedor, pessoalmente ou por meio de seu procurador, para apresentar os bens passíveis de penhora, dúvida resta a respeito da extensão em que deverá se dar tal apresentação, vale dizer, estará o executado obrigado a declarar em juízo todo o seu patrimônio passível de expropriação ou somente parte dele capaz de cobrir o crédito exeqüendo?

A lei, no nosso sentir, em razão de falha legislativa, não previu tal questão, a qual, por certo, poderá gerar muitas controvérsias e polêmicas.

Segundo nosso entendimento, a *regra* é no sentido de que o devedor deverá ser intimado para apresentar todo o seu patrimônio em juízo, a fim de que o credor possa selecionar um ou alguns bens sobre os quais recairá a constrição e posterior expropriação. Evidentemente que, a partir de tal momento, o processo deverá passar a correr em regime de segredo de justiça,[18] até mesmo para a preservação da "intimidade patrimonial" do devedor. Aliás, seguindo tal propósito, é importante notar que o juiz poderá determinar, inclusive, que o rol patrimonial do devedor não seja juntado aos autos, mas, sim, fique depositado em cartório até a finalização da lide.

A apresentação de todo o descritivo patrimonial do executado contribui de forma notável para com a atividade expropriatória, na medida em que possibilita que o exeqüente, entre vários bens, faça a escolha daquele sobre o qual ostenta mais interesse, inclusive para fins adjudicatórios (art. 685-A), ou sobre o qual julga que uma das formas expropriatórias previstas no art. 647 do CPC (alienação por iniciativa particular, hasta pública ou usufruto) será mais efetiva. É claro que a escolha feita pelo credor será apreciada e chancelada pelo juiz da causa, que analisará a opção do credor à luz da disposição de preferência de bens a serem penhorados (art. 655, CPC), da conveniência da escolha no caso em concreto, bem como das próprias razões eventualmente sustentadas pelo executado.

Nesse aspecto, cumpre notar que, muito embora seja imponente o princípio segundo o qual "a execução deva correr pelo meio menos gravoso ao devedor" (art. 620, CPC), não se pode esquecer de que ela tem finalidade específica, qual seja, satisfazer o direito do credor, de maneira que deve o juiz tentar amoldar essas duas disposições ao caso em apreço, no momento em que analisar a escolha feita pelo credor e eventual impugnação pelo devedor.

De qualquer maneira, a discussão a respeito de quais bens serão objetos de constrição é situação que se evidenciará somente após a apresentação do inventário patrimonial por parte do devedor.

Tal exigência de apresentação, aliás, não encontra qualquer óbice no nosso sistema e é, inclusive segundo aponta Leonardo Greco,[19] medida prevista no direito alemão de longa data, podendo lá o juiz, a partir de requerimento feito pelo credor, determinar que o devedor apresente inventário completo de seus bens,

---

[18] Sobre a publicidade geral e especial no Código de Processo Civil, vide: MITIDIERO, Daniel. *Comentários ao Código de Processo Civil.* São Paulo: Memória Jurídica Editora, 2005, pp. 31/37, tomo II.

[19] GRECO, Leonardo. *O processo de execução.* Rio de Janeiro: Editora Renovar, vol. I, 1999, p. 74.

inclusive de seus créditos, sob pena de multa ou prisão, prestando o chamado juramento de manifestação. O juramento de manifestação mostra-se, pois, juntamente com a prisão, como um meio coativo auxiliar da execução forçada (§§ 899 a 945 da ZPO).

Nesse diapasão, segundo nosso parecer, a *regra* é de apresentação de todo o acervo patrimonial. No entanto, se o caso concreto recomendar, a regra pode ser excepcionada. Evidentemente, se se verificar que a juntada de toda a extensão patrimonial do devedor não se mostrar proporcional ao caso dos autos, poderá o magistrado restringir a obrigação. Não há sentido em, por exemplo, determinar que uma grande empresa apresente todo o seu extenso patrimônio em uma execução cujo crédito executado seja de poucos salários mínimos. Pode e deve o julgador, neste caso, autorizar a apresentação parcial dos bens, desde que suficientes para garantir o juízo e satisfazer de maneira célere o eventual direito afirmado pela parte exeqüente.

Se assim deferido for e, no entanto, o executado apresentar bens que, sabidamente, não ostentam valor econômico, que são de difícil alienação ou que não se mostram capazes de garantir de forma célere a satisfação de direito afirmado, caberá ao magistrado, por derradeiro, determinar que o executado complemente o rol já apresentado com outros bens ou com todo o restante patrimonial, a fim de que possa o pretenso credor realizar a escolha sobre quais bens irá pretender a constrição para, posteriormente, expropriá-los e, assim, satisfazer o seu direito.

Nesses termos, previamente à intimação do executado para apresentar os bens a serem escolhidos para expropriação pelo credor, deverá o juiz definir qual é a extensão do inventário a ser apresentado, podendo, todavia, posteriormente, estendê-lo mediante a análise da conduta do devedor e dos interesses do credor, segundo o que se referiu acima.

Cumpre registrar, por oportuno, que a indicação por parte do executado de inventário falso, incompleto ou posteriormente verificado irreal (omissão de patrimônio), constitui comportamento temerário e absolutamente inaceitável, em legítimo abuso de direito. Aliás, o abuso do direito processual, segundo refere Humberto Theodoro Júnior, revela-se justamente pelo comportamento de má-fé daquele que, tendo a faculdade de agir no curso do processo, dela se utiliza "não para seus fins normais, mas para protelar a solução do litígio ou para desviá-la da correta apreciação judicial, embaraçando, assim, o resultado justo da prestação jurisdicional".[20]

A configuração de ato abusivo gera a incidência das sanções previstas nos arts. 17 e 18 do CPC, sem prejuízo da aplicação das multas consignadas nos arts. 14 e 601, do mesmo diploma legal.[21]

---

[20] THEODORO JUNIOR, Humberto. *Abuso dos Direitos Processuais*. Rio de Janeiro: Forense. 2000, p. 113.

[21] O legislador, ao tratar da litigância de má-fé e dos atos atentatórios à dignidade da justiça, conforme observa Francisco Fernandes de Araújo, utilizou-se quase sempre de conceitos abertos, indeterminados, de conteúdo e extensão em larga medida incertos, aos quais o juiz dará preenchimento, caso a caso, topicamente, mediante ato

Não obstante tais regras acima, o fato é que o magistrado continuará autorizado a requisitar colaboração de terceiros para, ante a negativa do executado, descobrir qual é o seu patrimônio penhorável. O auxílio dos departamentos públicos e da própria Receita Federal, por certo, é medida que permanece útil e que se impõe em nome da eficiência da atividade jurisdicional. Aliás, em análise ao art. 600, inc. IV, do CPC, Teori Albino Zavascki bem refere a possibilidade de o magistrado oficiar a Receita Federal para apurar a extensão patrimonial do devedor, sendo que o sigilo fiscal "não constitui, por si só, embaraço insuperável à providência requisitória, devendo ceder passo quando, não sendo possível a localização de bens pelos meios ordinários, se configurar a inviabilidade do prosseguimento da execução, atividade jurisdicional que interessa não apenas ao exeqüente mas ao próprio Estado".[22]

A propósito, em análise ao tema em questão, corretamente aponta Daniel Mitidiero que, na busca de efetivação da tutela jurisdicional executiva, como direito fundamental,[23] o juiz deve valer-se de todos os atos necessários a permitir a satisfação do direito do credor, sob pena de frustrar o acesso à ordem jurídica justa e efetiva.[24]

4. Da não apresentação do patrimônio a ser penhorado e das multas do art. 14 e 601, ambos do CPC

Determinando o magistrado que o executado apresente os bens, parcialmente ou na totalidade, no prazo de 5 (cinco) dias, para serem escolhidos pelo exeqüente e negando-se aquele a fazê-lo – ou apresentando rol de bens falso ou em desacordo com o determinado -, incidirá contra o jurisdicionado recalcitrante (executado) as seguintes sanções, a saber:

a) multa por afronta à dignidade da justiça, prevista no art. 600, inc. IV, combinado com art. 601, ambos do CPC, de até 20% (vinte por cento) sobre o valor exeqüendo; e,

---

de valoração. (ARAÚJO, Francisco Fernandes. *O abuso do direito processual e o princípio da proporcionalidade na execução*. Rio de Janeiro: Forense, 2004, p. 147.)

[22] E segue Zavascki: "Sempre foi nesse sentido também a jurisprudência do Supremo Tribunal Federal, preocupada em salvaguardar os superiores interesses públicos em jogo nesses casos. 'Essa requisição', diz um precedente da Corte Suprema, 'se faz no interesse da Justiça, pois a penhora é ato preliminar para a execução do patrimônio do devedor, e o titular desse poder de excutir é o Estado, que o tem como instrumento necessário para desincumbir-se de seu dever de prestar jurisdição. Daí, o preceito contido no art. 600, IV, do CPC, o qual considera atentatório à dignidade da justiça o ato do devedor que não indica ao juiz onde se encontram os bens sujeitos à execução". No Superior Tribunal de Justiça a jurisprudência sobre o tema é, até o momento, vacilante, parecendo prevalecer o entendimento assim sumariado em precedente da Segunda Seção: "somente em hipóteses excepcionais, quando comprovadamente infrutíferos os esforços diretos do exeqüente, admite-se a requisição pelo juiz de informações (à Receita Federal) sobre a existência e localização de bens do devedor". (ZAVASCKI, Teori Albino. *Comentários ao Código de Processo Civil, Do Processo de Execução* (arts. 566 a 645), Vol. VIII, São Paulo: Revista dos Tribunais, 2000, p. 313/315.)

[23] Conforme, por todos: GUERRA, Marcelo Lima, Direitos Fundamentais e a Proteção do Credor na Execução Civil. São Paulo: *Revista dos Tribunais*, 2003, p. 157.

[24] MITIDIERO, Daniel. *Comentários à Lei. 11.382*. Obra no prelo a ser publicada pela editora Forense. Artigo cedido cordialmente pelo autor.

b) multa por ato atentatório à dignidade da jurisdição, prevista no art. 14, parágrafo único, CPC, de até 20% (vinte por cento) sobre o valor da causa.

Tratam-se, pois, de multas com finalidades e destinatários diversos e, por tal razão, é que são cumuláveis.[25] A primeira reverte-se em favor do credor e tem por finalidade, justamente, "compensá-lo" pelo ato suportado e como prejudicado direto pelo comportamento lesivo da parte adversa.[26] Já a segunda, reverte-se não em favor do credor, mas, sim, do Estado, como Poder aviltado pela conduta praticada. Trata-se a segunda pena pecuniária em questão, de espécie análoga ao *contempt of court* do direito anglo-saxão, tendo propósito de punir o jurisdicionado recalcitrante que afronta o *imperium iudicis*.

Releva anotar que a multa do art. 600, inc. IV, combinado com o art. 601 poderá ser cobrada no bojo da própria execução em que arbitrada, já que reverterá em favor do exeqüente. A multa do parágrafo único do art. 14, todavia, ficará relegada à inscrição em dívida ativa.

A regra do art. 601 é aplicável na sua integralidade, de forma que o juiz relevará a pena se o devedor se comprometer a não mais praticar quaisquer atos definidos nos incisos do art. 600 e apresentar fiador idôneo que responda ao credor pela dívida principal, despesas e honorários advocatícios. Tal relevação da pena, segundo recorda Alcides de Mendonça Lima,[27] não fica ao arbítrio do juiz, na medida em que o Código diz que o juiz "relevará" a pena e não que "poderá relevar", de forma que, se o devedor peticiona assumindo o compromisso referido e apresenta fiador idôneo, o juiz não poderá negar a relevação da pena. Essa relevação, todavia, não se aplica àquela arbitrada com base no art. 14, parágrafo único, do CPC, por absoluta falta de previsão legal.

Interessante indagar, por outro lado, se as multas que incidiram em razão da não indicação de bens passíveis de penhora (art. 601 e art. 14) pelo devedor, muito embora os tivesse, se manterão no caso de este embargar à execução ou impugnar o cumprimento de sentença e neles restar vitorioso?

Segundo pensamos, a resposta deve levar em consideração a natureza jurídica das multas em questão.

---

[25] ASSIS, Araken. *Comentários ao Código de Processo Civil.* Vol. VI, Rio de Janeiro: Forense. 2004, p. 285.

[26] Diversamente, a respeito da multa em questão Zavascki leciona: "Configurado ato atentatório à dignidade da justiça, devedor estará sujeito a multa – que reverterá em proveito do credor – em montante não superior a vinte por cento do valor atualizado do débito em execução". Seu caráter é eminentemente punitivo, e não indenizatório, razão pela qual, na fixação do valor, o juiz levará em conta, não necessariamente a existência ou o montante do dano que possa ter sofrido o credor, mas sim a gravidade da culpa ou do dolo com que agiu o devedor. Sendo o atentado contra a dignidade da justiça, é irrelevante a circunstância de ter, também o credor, sido atingido pelas conseqüências do ato. Aliás, pela mesma razão, não parece ter sido adequada a opção legislativa de destinar ao credor o produto da pena. A rigor, ele deveria reverter aos cofres públicos, pois a vítima do ato apenado foi, primordialmente, a função jurisdicional. (ZAVASCKI, Teori Albino. *Comentários ao Código de Processo Civil, Do Processo de Execução (arts. 566 a 645)*, Vol. VIII, São Paulo: Revista dos Tribunais, 2000, p. 313/315.)

[27] LIMA, Alcides de Mendonça. *Comentários ao Código de Processo Civil*, Vol. VI, tomo II, Rio de Janeiro: Forense, 1977, p. 608.

Efetivamente, a multa prevista no art. 14 nos parece ostentar o nítido caráter de proteção à dignidade e à autoridade do Poder Judiciário, tendo clara natureza sancionatória ao comportamento processual do litigante que se recusou a cooperar com o escorreito desenvolvimento do processo, de tal sorte que, uma vez configurada a atitude temerária, assim deflagrada pela negativa de colaboração na indicação do patrimônio passível de expropriação, a pena pecuniária se manterá independentemente de qual for o resultado final da execução. Vale dizer, a multa é aplicada em função do comportamento processual e da afronta ao Estado-Juiz, não do direito material debatido ou da sorte final da execução proposta, de maneira que, ainda que venha o devedor/executado ser vencedor nos embargos à execução ou na impugnação ao cumprimento de sentença, conseguindo, inclusive, eventualmente, extinguir a execução no tocante ao crédito principal cobrado, a multa que lhe foi fixada em razão do comportamento processual desrespeitoso de forma alguma se verá prejudicada. A procedência das alegações de defesa do executado, por certo, gerará efeito em relação à parte exeqüente, não apagando o comportamento processual temerário e afrontoso à ordem judicial, motivo pelo qual a multa imposta pela realização de ato atentatório à dignidade da jurisdição se mantém hígida, ainda que tenha derrotado o exeqüente.[28]

Já a multa prevista no art. 600, inc. IV, combinado com o art. 601 tem, no nosso sentir, natureza jurídica de medida de "compensação" ao exeqüente pelo comportamento processual de resistência indevida assinalado pelo demandado. Tendo em vista tal natureza, entendemos que, logicamente, a multa não se manterá no caso de vitória do executado nos embargos à execução que redunde extinção do processo executivo. De igual maneira, se houver, por meio do resultado dos embargos, não a extinção da execução, mas, sim, a redução do crédito exeqüendo, a multa, logicamente, ficará relegada a este último valor, isto é, ficará incidindo sobre o valor efetivamente declarado como devido, e não o originariamente executado.

Em realidade, a não manutenção dessa pena pecuniária do art. 601 deve ser interpretada da mesma forma com que se tem compreendido, ainda que de forma não unânime no meio doutrinário, a não sobrevivência das *astreintes* em obrigações de fazer quando arbitradas em favor daquele que, ao final, resta derrotado na ação.[29]

---

[28] Conforme já registramos em outra oportunidade: A multa se origina e se mantém independente do mérito da tutela em que é deferida. Nasce aquela materialmente do menosprezo à ordem judicial. O fato de a ação ter sido extinta contra a pretensão do requerente não desfaz o desrespeito do requerido para com a dignidade da justiça e sua imperatividade. A multa decorre da verificação de violação ao mandamento quando válido, pouco importando o resultado final do pleito, que, para tal fim, se mostra irrelevante. (CARPENA, Márcio Louzada. *Do Processo Cautelar Moderno*. Rio de Janeiro: Forense, 2004, p. 199 e segs.)

[29] Neste sentido, aliás, manifesta-se: TALAMINI, Eduardo. *Tutela relativa aos deveres de fazer e não fazer*. São Paulo: Revista dos Tribunais, p. 259; AMARAL, Guilherme Rizzo. *As astreintes e o processo civil brasileiro*, Porto Alegre: Livraria do Advogado, p. 68, MARINONI, Luiz Guilherme. *Tutela inibitória*. São Paulo: Revista dos Tribunais, p. 181; ARENHART, Sérgio Cruz. *A tutela inibitória da vida privada*. São Paulo: Revista dos Tribunais, 2001, p. 200.

De fato, não ostentando o exeqüente razão, não há por que trazer para ele benefício econômico derivado do patrimônio do executado que é o verdadeiro titular do direito. Em outras palavras, pode-se dizer que não há motivo para a manutenção da "multa compensatória" em favor do exeqüente pelo ato realizado pelo executado se, ao fim e ao cabo, comprova-se que aquele não tinha direito à execução e, logo, nenhuma privação ao seu direito de crédito suportou em razão da não nomeação de bens à penhora pelo executado.

5. Conclusão

As reformas legislativas têm, ultimamente, demonstrado o atual intuito do legislador em enfatizar o dever de comprometimento e a responsabilidade das partes e de terceiros para com o escorreito andamento do processo, mediante a imposição de obrigações diversas.

De fato, felizmente, está-se enrijecendo o dever de colaboração, principalmente do réu, e abandonando-se a idéia, ainda muito arraigada na cultura do nosso sistema, de manutenção de algumas concepções e procedimentos, os quais, ao fim e ao cabo, vão contra o conceito de efetividade e celeridade do processo civil.

Por evidente, o processo moderno deve ser compreendido como instrumento adequado de solução de controvérsias e deve ser otimizado para entregar, da forma mais rápida e justa possível, a cada um o que lhe pertence, necessitando-se, para tanto, afastar de seu ventre todos os procedimentos que o distanciam, de forma injustificada e não inteligente, desta realidade.

Nesse diapasão, a Lei 11.382, ao alterar a fase de constrição, parece não só ter eliminado, na medida do possível e do aceitável dentro dos limites do nosso sistema, alguns procedimentos que, na execução, davam espaço ao travamento da demanda, como também impôs explicitamente um dever de colaboração ao executado, desmistificando, de vez, a idéia segundo a qual podia valer-se da omissão como legítima arma de defesa.

Não se pode pretender, de fato, que o demandado não resista, que não se oponha à pretensão de direito material do demandante. Aliás, isso nem se cogita. O que não se pode aceitar ou admitir é, sim, que possa não cooperar, de forma ilegítima, para com o correto andamento e desfecho da lide, prejudicando sobremaneira não somente o direito da parte adversa, mas toda a atividade jurisdicional e à sociedade, que, ao fim, paga o preço da morosidade e do acúmulo de processos que não conseguem efetivar direitos.

Outrossim, não é demais lembrar que a prestação jurisdicional necessita ser efetiva e respeitada, devendo ser compreendida sob o ponto de vista de atividade pública essencial e engajada na manutenção da paz social e do Estado Democrático, tendo as partes dever de colaborar para que ela possa cumprir o seu papel em benefício de toda a sociedade.

6. Bibliografia

ALVIM, Arruda. Deveres das partes e dos procuradores no direito processual civil brasileiro. *Revista de Processo*. São Paulo: Revista dos Tribunais, 1993, pp. 7-16, n.º 69.

AMARAL, Guilherme Rizzo. *As astreintes e o processo civil brasileiro*, Porto Alegre: Livraria do Advogado, 2005.

ARAÚJO, Francisco Fernandes de. *O abuso do direito processual e o princípio da proporcionalidade na execução*, Rio de Janeiro: Forense, 2004.

ARENHART, Sérgio Cruz. *A tutela inibitória da vida privada*. São Paulo : Revista dos Tribunais, 2001.

ASSIS, Araken. *Comentários ao Código de Processo Civil*. Vol. VI, Rio de Janeiro: Forense, 2004.

BARBOSA MOREIRA, José Carlos. O processo civil brasileiro: uma apresentação. *In Temas de direito processual* – 5.ª série. São Paulo: Saraiva, 1994.

BUZAID, Alfredo. *Estudos e pareceres de direito processual civil*. São Paulo: Revista dos Tribunais, 2002.

CARPENA, Márcio Louzada. "Da (Des)lealdade no processo civil". AMARAL, Guilherme Rizzo & CARPENA, Márcio Louzada (orgs.). *Visões críticas do processo civil brasileiro*. Porto Alegre: Livraria do Advogado, 2005.

——. Do Processo Cautelar Moderno. 2ª. ed. Rio de Janeiro: Forense, 2005.

CASTRO, Amílcar de. *Comentários ao código de processo civil*. 2.ª ed. São Paulo: Revista dos Tribunais, 1976.

CAPPELLETTI, Mauro & GARTH, Briant. *Acesso à justiça*. Tradução de Ellen Gracie Northfleet, Porto Alegre: Fabris, 1988.

CHIOVENDA, Giuseppe. *Instituições de direito processual civil*. Trad. Paolo Capitano. Campinas: Bookseller, 1998.

CRUZ E TUCCI, José Rogério. Garantia da prestação jurisdicional sem dilações indevidas como corolário do devido processo legal, *Revista de Processo*. São Paulo: Revista dos Tribunais, p. 72-78, n. 66.

DELGADO, José Augusto. A reforma do Poder Judiciário, art. 5º, LXXVIII, da CF. WAMBIER, Teresa Arruda Alvim e Outros (coord.) Reforma do Judiciário. São Paulo: Revista dos Tribunais, 2005.

DINAMARCO, Cândido Rangel. *Execução civil*. 7ª ed. São Paulo: Malheiros, 2000.

——. *Teoria geral do processo*. São Paulo: Revista dos Tribunais, 2002.

DIDIER JÚNIOR, Fredie. O Princípio da Cooperação: uma Apresentação, *Revista de Processo*. São Paulo: Revista dos Tribunais, 2005, pp. 75/80, n. 127.

GRECO, Leonardo. *O processo de execução*. Rio de Janeiro: Editora Renovar. vol. I. 1999.

GUERRA, Marcelo Lima. *Direitos Fundamentais e a Proteção do Credor na Execução Civil*. São Paulo: Revista dos Tribunais, 2003.

FUX, Luiz. *A reforma do Processo Civil*. Editora Impetus: Niterói, 2006.

LIMA, Alcides de Mendonça. *Comentários ao Código de Processo Civil*, Vol. VI, tomo II, Rio de Janeiro: Forense, 1977.

MARINONI, Luiz Guilherme. *Tutela inibitória*. São Paulo: Revista dos Tribunais, 1998.

MITIDIERO, Daniel, *Comentários ao Código de Processo Civil*. São Paulo: Memória Jurídica Editora. 2005. tomo II.

——. *Comentários à Lei. 11.382*. Obra no prelo a ser publicada pela Editora Forense. Artigo cedido pelo autor.

MOREIRA, José Carlos Barbosa. *Abuso dos direitos processuais*. Rio de Janeiro: Forense, 2000.

PONTES DE MIRANDA, Francisco Cavalcanti. T*ratado de direito privado*. 3ª ed. Rio de Janeiro: Borsói, 1971.

——. *Comentários ao código de processo civil (1939)*. Rio de Janeiro: Forense, 1947.

TALAMINI, Eduardo.*Tutela relativa aos deveres de fazer e não fazer*. São Paulo: Revista dos Tribunais. 2003.

THEODORO JUNIOR, Humberto. *Abuso dos Direitos Processuais*. Rio de Janeiro: Forense, 2000.

WAMBIER, Luiz Rodrigues. WAMBIER, Teresa Arruda Alvim. *Breves comentários à segunda fase da reforma do código de processo civil*. 2ª ed. São Paulo: Revista dos Tribunais, 2002.

ZAVASCKI, Teori Albino. *Comentários ao Código de Processo Civil*, Vol. VIII, São Paulo: Revista dos Tribunais, 2000.

Impressão:
Evangraf
Rua Waldomiro Schapke, 77 - P. Alegre, RS
Fone: (51) 3336.2466 - Fax: (51) 3336.0422
E-mail: evangraf.adm@terra.com.br